FACHBUCHREIHE
für wirtschaftliche Bildung

Einzelhandel 2025

Kaufmann/Kauffrau im Einzelhandel

Beckmann Bittger Huse Knüppe Meißner Meyer gen. Potthoff
Sauthoff-Böttcher von Wildemann

2. Ausbildungsjahr

VERLAG EUROPA-LEHRMITTEL
Nourney, Vollmer GmbH & Co. KG
Düsselberger Straße 23
42781 Haan-Gruiten

Europa-Nr.: 91703

EUROPA LEHRMITTEL

Autorinnen/Autoren

Felix Beckmann	58730 Fröndenberg
Eva Maria Bittger	40223 Düsseldorf
Dr. Karin Huse	50996 Köln
Daniel Knüppe	50825 Köln
Patrick Meißner	40591 Düsseldorf
Axel Meyer gen. Potthoff	49086 Osnabrück
Stefan Sauthoff-Böttcher	26605 Aurich
Christoph von Wildemann	40476 Düsseldorf

Verlagslektorat

Anke Hahn

Externes Lektorat: Stefan Sauthoff-Böttcher

1. Auflage 2021

Druck 5 4 3 2 1

Alle Drucke derselben Auflage sind parallel einsetzbar, da sie bis auf die Behebung von Druckfehlern identisch sind.

ISBN 978-3-8085-9170-3

Umschlag, Satz: tiff.any GmbH & Co. KG, 10999 Berlin
Umschlagkonzept: tiff.any GmbH & Co. KG, 10999 Berlin
Umschlagfoto: © 06photo – stock.adobe.com
Druck: Firmengruppe APPL, aprinta druck GmbH, 86650 Wemding

Vorwort

Einzelhandel 2025 ist als modernes Komplettprogramm konzipiert. Das vorliegende Unterrichtswerk ist ein neu entwickeltes Lehr- und Lernbuch für die Ausbildung in **Einzelhandel** und **Verkauf**. Es richtet sich an

- Lehrende und Lernende in der Ausbildung zum Kaufmann/zur Kauffrau im Einzelhandel
- Lehrende und Lernende in der Ausbildung zum Verkäufer und zur Verkäuferin
- Dozent/-innen und Teilnehmer/-innen in der Umschulung/Einarbeitung in Einzelhandelsaufgaben
- Dozent/-innen und Teilnehmer/-innen in der innerbetrieblichen Fortbildung

Das Programm **Einzelhandel 2025** wurde auf Basis der zuletzt 2017 geänderten Lehrplan- und Ausbildungsordnungsvorgaben neu erstellt und ist konsequent auf die aktuell geltenden Regelwerke für die Ausbildung ausgerichtet.

Umfassendes Europa-Ausbildungsprogramm

Einzelhandel 2025 ist ein umfassendes Ausbildungsprogramm bestehend aus drei **Informationsbänden**, welche komplett die Inhalte des Lehrplans der drei Ausbildungsjahre für die **Kaufleute im Einzelhandel (Band 1 bis 3)** und der zwei Ausbildungsjahre für die Verkäufer/Verkäuferinnen (Band 1 und 2) abdecken, sowie drei begleitenden **Arbeitsbüchern** mit didaktisch aufbereiteten und variationsreichen **Lernsituationen**.

Der vorliegende **Band 2** umfasst die Lernfelder 6 bis 10 des Rahmenlehrplans im 2. Ausbildungsjahr.

Im Lernfeldgedanken entwickelt – von Grund auf!

Die **Informationsbände** und Lösungsbände werden durch ein auf jeden Band abgestimmtes **Arbeitsbuch mit Lernsituationen**, Kompetenzbögen, Zusatzmaterialien und Lösungsbänden ergänzt. Ausgehend von den Anforderungen der Lernsituationen im Arbeitsbuch durchlaufen die Lernenden Situationen aus dem Unternehmensalltag im Einzelhandel.

Die Unterrichtswerke des Programms **Einzelhandel 2025** verfolgen gezielt eine Didaktik, die **Handlungs- und Kompetenzorientierung** zugrunde legt und Lernende zu **selbstständigem Analysieren, Planen, Durchführen, Kontrollieren und Beurteilen** von Arbeitsaufgaben unter Berücksichtigung aller Kompetenzdimensionen führt. Hierbei wird die **berufliche Wirklichkeit** als Ganzes mit ihren ökonomischen, rechtlichen und sozialen Aspekten erfasst.

Ihr Feedback ist uns wichtig

Wenn Sie mithelfen möchten, dieses Buch für die nachfolgende Auflage zu verbessern, schreiben Sie uns unter lektorat@europa-lehrmittel.de. Gerne nehmen wir Ihre Hinweise und Verbesserungsvorschläge auf.

Juli 2021 — Autoren, Autorinnen und Verlag

Inhaltsverzeichnis

Lernfeld 6: Waren beschaffen

Lernfeld 7: Waren annehmen, lagern und pflegen

Lernfeld 8: Geschäftsprozesse erfassen und kontrollieren

Waren beschaffen

1. Beschaffungsprozesse planen
2. Beschaffungsprozesse durchführen
3. Besondere Arten von Kaufverträgen berücksichtigen

© malkovkosta – stock.adobe.com

© pikselstock – stock.adobe.com

LF 6

1 Beschaffungsprozesse planen

Der wirtschaftliche Erfolg eines Einzelhandelsunternehmens hängt in besonderem Maße von der Warenbeschaffung ab. Um seine wirtschaftlichen Ziele mit dem optimalen Sortiment in Einklang zu bringen, hat der Einzelhändler vor der Entscheidung, welche Waren beschafft werden sollen, eine Vielzahl von Rahmenbedingungen und Aspekten zu beachten. Äußere Einflüsse wie z. B. die Fridays-for-Future-Bewegung, Mode- oder Ernährungstrends oder die Corona-Pandemie können dabei die Sortiments-, Bedarfs-, Mengen-, Zeit- und Preisplanung stark durcheinanderbringen.

1.1 Die Beschaffung wird vorbereitet

Aspekte, die den Beschaffungsprozess begleiten

Die Beschaffung von Waren durch den Einzelhändler muss gut vorbereitet sein, unabhängig davon, ob es sich dabei um einen kleinen Floristladen handelt, eine Einzelhandelsgruppe oder einen großen Elektronikfachmarkt. Die nachfolgenden Aspekte verdeutlichen, dass der Einzelhändler eine Vielzahl von Informationen benötigt, die den Beschaffungsprozess begleiten.

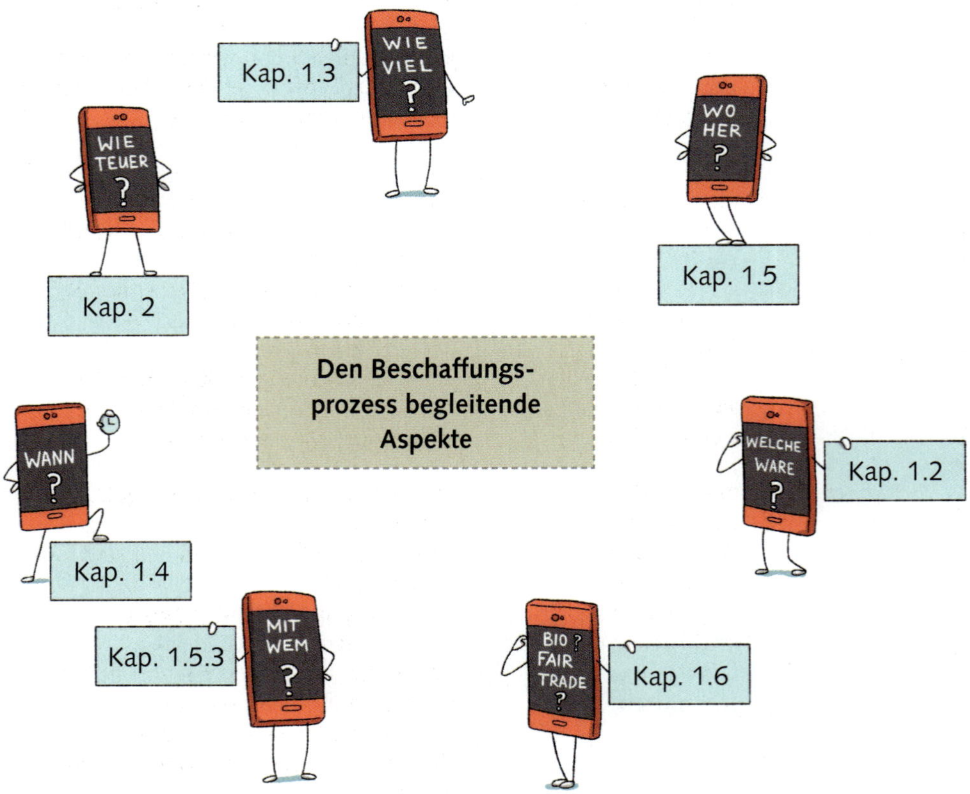

In den folgenden Kapiteln werden die inhaltlichen Schwerpunkte und Handlungsansätze des Beschaffungsprozesses näher beschrieben:

Den Beschaffungsprozess begleitende ...

Aspekte	inhaltliche Schwerpunkte	Fragen und Handlungsansätze des Einzelhändlers
Sortiment	Sortimentsumfang, Sortimentsbreite/ Sortimentstiefe, Kern- und Randsortiment, Saison-/ Aktionssortiment, Renner und Penner-Ware	• Orientiert sich das Sortiment an den Kundenbedürfnissen? • Ist es konkurrenzfähig? • Ist ausreichend Saison- und Aktionsware berücksichtigt? • Soll das Sortiment ergänzt oder auf neue Bereiche ausgeweitet werden? (Differenzierung bzw. Diversifikation) • Soll das Sortiment bereinigt oder verändert werden? („trading-up"/„trading-down")
Bestellmenge und Lagerkosten	optimale Bestellmenge in Abhängigkeit der Lagerkosten (z. B. für Raum, Energie, Personal, durch Kapitalbindung, durch Verderb und Schwund oder durch Fehlmengen)	• Welche Absatzmenge ist zu erwarten (Einkaufs-/Verkaufsdatenanalyse)? • Wie wird die optimale Bestellmenge ermittelt, bei der die Lagerkosten am geringsten sind? • Wie ermittelt man den Bestellbedarf, gibt es ein Bestelllimit? • Besteht durch besonders trendige Ware und durch Ladenhüter die Gefahr eines negativen Images und hoher Fehlmengenkosten?
Bestellzeitpunkt und Lagerkapazität	optimaler Bestellzeitpunkt: Bestellrhythmus-/Bestellpunktverfahren, verkaufssynchrone Beschaffung in Abhängigkeit von den jeweiligen Lagerbestandsgrößen	• Sind Höchst-, Mindest- und Meldebestand für die zu bestellenden Waren berücksichtigt? • Ändern sich die Preise bei einer Bestellverzögerung bzw. sind Preisschwankungen zu erwarten? • Ist das Lager bezüglich Kapazität, Ausstattung und Personal auf die Warenbeschaffung vorbereitet?
ökonomische Aspekte	Bestellkosten und Bezugspreis der Ware, Qualität der Ware, Preisentwicklung in der Zukunft, Erschließung neuer Märkte und Bezugsalternativen	• Wie sieht es mit der eigenen Liquidität aus? Besteht die Gefahr einer negativen Rentabilität? Wie ist die Konjunkturprognose? • Ist ein Einkaufslimit festgelegt? (Limitrechnung bzw. ABC-Analyse) • Wie leistungsfähig sind die Lieferanten in Bezug auf die Einhaltung der Liefertermine, der Preise, der Qualität? • Gibt es günstigere Bezugsquellenalternativen?

LF 1, Kap. 3.4

LF 1, Kap. 4.4

Den Beschaffungsprozess begleitende …

Aspekte	inhaltliche Schwerpunkte	Fragen und Handlungsansätze des Einzelhändlers
ökologische und soziale Aspekte	Bezug von Waren, die umweltgerecht, sozial verträglich, ökologisch nachhaltig, rechtskonform und menschenwürdig gefertigt wurden. Keine Waren mit schlechtem Image.	• Erfüllen Lieferanten/Waren unter dem Aspekt der Nachhaltigkeit die Anforderungen an Umweltstandards, an Gesundheits- und Sozialverträglichkeit? • Sind Verpackung, Liefer- und Transportwege gesundheitsverträglich und umweltfreundlich? • Welches Image haben Waren/Lieferanten? • Nehmen Lieferanten an Zertifizierungs- oder Öko-Audit-Verfahren teil (z. B. FSC, CSE, TÜV, EMAS, FAIRTRADE, OEKO-TEX usw.)
Organisation der Beschaffung	interne/externe Beschaffungsorganisationen, vertikale und horizontale Beschaffungskooperationen	• Ist die Lieferanten- und die Artikel- bzw. Warendatei auf den neuesten Stand? • Kann eine Einkaufsstatistik genutzt werden? • Welche externen Informationsquellen geben zuverlässige Auskünfte über das Marktgeschehen, die Lieferanten, die Warenpreise?

Aufgaben des Beschaffungsmarketings

Verkaufsdaten-Analyse
Auswertung früherer Verkaufszahlen

Absatzmarkt-Analyse
Auswertung von Trends und neuer Ware

Kundenwünsche und -ansprüche

Beschaffungsmarketing

Festlegung des Sortiments
Welche Ware?

Festlegung der Bestellmenge
Wie viel?

Festlegung des Bestell- bzw. Lieferzeitpunktes
Wann?

Entscheidung für den geeigneten Lieferanten unter …

Berücksichtigung ökologischer Aspekte
Nachhaltig und umweltfreundlich produziert z. B. BIO oder FAIRTRADE?

Festlegung ökonomischer Eckdaten
Wie teuer ist die Ware?
Welche Qualität hat sie?

Mithilfe eines Kooperationspartners
Kooperation … mit wem?
… wie intensiv?
… in welcher Art?

Durch den Handel einen angemessenen wirtschaftlichen Erfolg (Gewinn) zu erreichen ist das Ziel, das ein Einzelhandelsunternehmen anstrebt, wenn es gewinnorientiert wirtschaftet. Ob das Ziel durch den Verkauf möglichst vieler Waren mit geringer Handelsspanne erfolgt oder durch den Verkauf exklusiver Waren im höheren Preissegment, ist von nachrangiger Bedeutung. Entscheidend ist, dass der Unternehmer die in der Tabelle aufgeführten Fragen beantworten und danach handeln kann. Der Beschaffung kommt also eine Schlüsselrolle im wirtschaftlichen Handeln zu. Die Gesamtheit der dabei durchzuführenden Handlungsschritte wird als Beschaffungsmarketing bezeichnet.

Mithilfe des **Beschaffungsmarketings** wird der Beschaffungsprozess geplant.

Merke

Eine Beschaffung ist also immer eine Entscheidung für einen Warenkauf, der zukünftig stattfindet, aber basierend auf Informationen aus der Vergangenheit (Verkaufsdatenanalyse) und gegenwärtigen, aktuellen Trends (Absatzmarktanalyse). Die Art und Weise, wie ein Unternehmen seine Beschaffung gestaltet, wird als Sourcing-Strategie bezeichnet, dabei spricht man von

- Single-Sourcing: die gesamte Beschaffungsmenge wird von einem Lieferanten bezogen,
- Double-Sourcing: die gesamte Beschaffungsmenge wird von zwei Lieferanten bezogen wird,
- Multiple-Sourcing: die Beschaffungsmenge wird auf mehrere Lieferanten verteilt,
- Local-Sourcing: die Beschaffung beschränkt sich auf Lieferanten des nationalen oder regionalen Marktes,
- Global Sourcing: beschreibt die Ausdehnung der Beschaffungssuche auf internationale Märkte, also die weltweite Suche nach Lieferanten.

Organisation der Beschaffung

Der Einzelhandelsunternehmer hat je nach Betriebsstruktur mehrere Möglichkeiten, den Beschaffungsprozess für das Unternehmen zu optimieren. Von interner Beschaffungsorganisation spricht man, wenn innerhalb des Unternehmens Mitarbeiter für eine bestimmte Produkt-/Warengruppe, auch als Objekte bezeichnet, komplett verantwortlich sind. Sie sind betreuen bei einem objektorientierten Einkauf alle Stationen der Warenbeschaffung von der Beschaffungsanalyse über die Preisanalyse bis hin zur Bestellentscheidung und -abwicklung. Ist die interne Beschaffungsorganisation funktionsorientiert aufgebaut, dann sind die betrieblichen Arbeitsprozesse verschiedenen Tätigkeiten zugeordnet, z. B. analysiert die Abteilung A alle Beschaffungsprozesse, Abteilung B ist für die Preisanalyse zuständig, Abteilung C übernimmt die Bestellabwicklung usw.

Mit dem Begriff externe Beschaffungsorganisation wird die Organisation und Beziehung zu den Lieferanten beschrieben. Sie ist als zentrale Beschaffungsorganisation möglich, also die Einrichtung einer „Zentrale“, der die Beschaffung für alle beteiligten Unternehmen oder Filialen obliegt, oder als dezentrale Beschaffungsorganisation, bei der jedes Unternehmen oder Filiale seine eigene Beschaffungsstelle besitzt.

Vergleicht man die beiden externen Organisationsformen, so ist die zentrale Beschaffung einfacher zu koordinieren, die Bestandsübersicht ist leichter zu handhaben, sie ermöglicht höhere Rabatte durch größeren Mengeneinkauf und günstigere Lieferbedingungen, dafür sind die Transportkosten i.d.R. aufgrund der größeren Entfernung und die Kapitalbindungskosten höher.

1.2 Anforderungen an den Beschaffungsprozess

Aufgaben/Ziele der Beschaffung

Das Sprichwort „Wer gewinnen will, muss täglich bereit sein, sich zu verbessern!" verdeutlicht, dass der Beschaffungsprozess verantwortungsvoll betreut und ständig optimiert werden muss, wenn das Einzelhandelsunternehmen gewinnorientiert wirtschaften will.

Ziel ist es daher, Waren bzw. ein bedarfsgerechtes Sortiment zu beschaffen

- in entsprechender Qualität und Güte,
- in ausreichender Menge,
- zur richtigen Zeit und am richtigen Ort,
- zu möglichst geringen Beschaffungskosten,
- und möglichst unter dem Aspekt der Nachhaltigkeit.

Anpassung an ein bedarfsgerechtes Sortiment

© auremar – stock.adobe.com

LF 1

Von Fall zu Fall muss der Einzelhandel sich den veränderten Marktbedingungen stellen. Das Streben nach einer hohen Verkaufsbereitschaft eines aktuellen, bedarfsgerechten Sortiments erfordert immer wieder Anpassungen bei der Sortimentsgestaltung. Aus dem LF 1 sollten dazu die Begriffe Sortimentstiefe und Sortimentsbreite bekannt sein. Werden Warengruppen aus dem Sortiment genommen, spricht man von Sortimentsbereinigung, bei einer Erweiterung von Diversifikation bzw. Differenzierung. Bei sich wandelnden Kundenansprüchen kann eine Niveauanpassung erfolgen; diese führt zu einer quantitativen Hebung (Trading-up) oder einer Senkung (Trading-down) des Sortiments. Hat ein Einzelunternehmer Ware nicht am Lager, die von Kunden nachgefragt werden, geht dem Händler Umsatz verloren. Es wird dann von Fehlmengenkosten gesprochen.

© SimpLine – stock.adobe.com

Bei der qualitativen Hebung wird das Einzelhandelsunternehmen verstärkt auf Markenartikel,

Handelsmarken, Eigenmarken, die selbst produziert werden, oder auf Me-too-Artikel zurückgreifen. Dies sind Imitationen bereits vorhandener Produkte, die am Markt eingeführt sind. Mit diesen Produkten lassen sich Wettbewerbsvorteile erzielen, Forschungs- und Entwicklungskosten sowie Marketing- und Markterschließungskosten können eingespart werden. Bei der qualitativen Senkung wird in einem verstärkten Maße auf No-Name-Artikel zurückgegriffen, auch als „Weiße Ware" bezeichnet. Hinreichend Beispiele hierzu findet man bei den Lebensmitteldiscountern.

Beispiel Sortimentsbereinigung: *In der „BAGs and more GmbH" finden sich auf einer „Penner-Liste" unter anderem die Warengruppe „Leder-Sporttaschen und -Sportbeutel"; diese Warengruppen werden aus dem Sortiment genommen, weil die Sportabteilung aufgelöst wird.*

Beispiel Sortimentsvariation: *In der „BAGs and more GmbH" bleibt der Sortimentsumfang der Taschen erhalten, es findet lediglich ein Austausch von Warengruppen/-arten/-sorten statt, z. B. werden Taschen der Fa. TEX durch die Öko-Marke „Nature" ausgewechselt.*

Beispiel Sortimentserweiterung: *Die „BAGs an more" nimmt die bisher nicht geführte Warengruppe „Outdoor-Taschen" neu ins Sortiment auf (Diversifikation) Zu den Outdoor-Taschen werden noch einige andere Warengruppen mit Outdoor-Charakter ergänzt (Differenzierung), z. B. die Smartphone-Outdoor-Tasche/Box.*

© TuTheLens – stock.adobe.com

© RUD – stock.adobe.com

Beispiel „Quantitative Hebung": *In der „BAGs and more GmbH" werden nun nur noch Taschen von Markenherstellern im höherwertigen Segment angeboten, hinzu wird verstärkt die Eigenmarke „More BAGs" angeboten. Als Ersatz für die Designer-Taschen namhafter Hersteller werden ähnlich aussehende Nachahmerprodukte ohne Markenlogo angeboten (Me-too-Artikel).*

Beispiel „Quantitative Senkung": *In der „BAGs and more GmbH" wird das Sortiment in den Abteilungen Herrenmoden und Damenmoden um verschiedene unifarbene Bio-T-shirts ohne Markenlogo aus einer Überschussproduktion erweitert, die im Eingangsbereich zu Dauerniedrigpreisen angeboten werden.*

Zielkonflikt beim Beschaffungsprozess

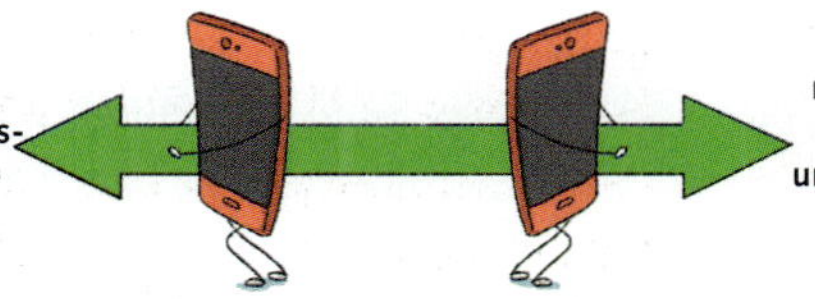

Werden alle Aufgaben des Beschaffungsprozesses intensiv durchgeführt, wird der Einzelhändler mit einem Problem konfrontiert. Zum einen soll er zu jeder Zeit in ausreichender Menge ein aktuelles, bedarfsgerechtes Sortiment gewährleisten, das zu einem möglichst geringen Preis eingekauft werden soll. Zum anderen muss er auf möglichst geringe Bestell- und Lagerkosten achten, um den Preis der Waren attraktiv und gewinnorientiert gestalten zu können. Ein Kunde, der eine Ware nachfragt, die nicht vorhanden ist, könnte sich verärgert an einen Mitbewerber wenden und dem Einzelhändler verloren gehen. Andererseits könnte bei einem Einkauf zu großer Warenmengen mit dem Risiko nicht verkaufter Ware und hohen Lagerkosten die Gefahr bestehen, dass hohe Kosten verursacht werden.

Es zeigt sich, dass diese beiden Ziele nicht miteinander vereinbar sind. Das Verfolgen von Ziel 1 blockiert das Erreichen von Ziel 2. Umgekehrt blockiert das Verfolgen von Ziel 2 das Erreichen von Ziel 1. Werden Ziele verfolgt, die sich gegenseitig blockieren, stehen diese in einem „Konflikt". Eine solche Situation wird auch ein Zielkonflikt genannt.

Um diesen Zielkonflikt lösen zu können, muss der Einzelhändler einen Kompromiss finden.

Es ist ein Ausgleich herzustellen zwischen dem Streben nach einer hohen Verkaufsbereitschaft und dem Bestreben, die Bestell- und Lagerkosten möglichst gering zu halten.

Merke

Die Ziele der Beschaffung sind:

- die Herstellung einer hohen Verkaufsbereitschaft eines aktuellen, bedarfsgerechten Sortiments
- den Ausgleich herzustellen zwischen dem Streben nach einer hohen Verkaufsbereitschaft und dem Bestreben, die Bestell- und Lagerkosten möglichst gering zu halten
- das Bestreben, Bestellkosten und Kosten der Lagerhaltung möglichst gering zu halten

1.3 Die Bestellmenge planen

Wie hoch die Bestellmenge einer Ware ist, hängt von der geplanten und erwarteten Absatzmenge ab. Einerseits ist eine exakte Voraussage schwierig, sodass der Einzelhändler alle wesentlichen Einflussfaktoren, die er ermitteln oder abschätzen kann, nutzen sollte. Andererseits steht der Einzelhändler bei der Entscheidung der Bestellmenge vor zwei grundsätzlichen Möglichkeiten:

- er beschafft große Mengen in großen Zeitabschnitten oder
- er ordert kleinere Mengen in kleineren Zeitabschnitten.

Merke

Die Lagerkosten nehmen mit der Erhöhung der Beschaffungsmenge und Häufigkeit zu.

© photolars – stock.adobe.com

1.3.1 Die optimale Bestellmenge

Ein Ziel der Beschaffung ist, einen Kompromiss zwischen dem Streben nach einer hohen Verkaufsbereitschaft und dem Bestreben, die Bestell- und Lagerkosten möglichst gering zu halten (s. o.), herzustellen. Orientiert sich der Einzelhändler bei der Festlegung der Beschaffungsmenge an der optimalen Bestellmenge, kann ihm dieser Ausgleich gelingen.

Legt der Einzelhändler für den Einkauf einer Ware eine vorgegebene Menge innerhalb eines bestimmten Zeitraumes (z. B. Jahresmenge) fest, so liegt es in der Entscheidung des Einkäufers, ob er diese Warenmenge auf einmal (gesamt) oder häufiger (in kleinen Mengen) bestellt. Hierbei muss berücksichtigt werden, dass für jeden Bestellvorgang Kosten anfallen. Dies bedeutet, je häufiger Ware innerhalb dieses Zeitraumes bestellt wird, desto häufiger fallen Bestellkosten an und je höher sind diese insgesamt.

Bestellt der Einzelhändler von der benötigten Warenmenge mehr Ware, muss er seltener bestellen. Für den Einzelhändler bedeutet das, je seltener er Ware innerhalb dieses Zeitraumes bestellt, desto seltener fallen Bestellkosten an und desto geringer sind diese.

Der Einzelhändler muss aber auch die Lagerkosten im Blick haben. Je höher die Warenmenge im Lager ist, desto mehr Kosten verursacht die Lagerung dieser Waren. Demnach erhöhen höhere Bestellmengen die Lagerkosten, insbesondere durch die stärkere Kapitalbindung, während geringere Bestellmengen die Lagerkosten reduzieren.

Zu den Bestellkosten gehören:

- Personalkosten (Bearbeitung der Bedarfsmeldung, Einholen der Angebote und Durchführung des Angebotsvergleiches etc.)
- Gebühren (z. B. Bankgebühren)
- Lieferkosten

Zu den Lagerkosten gehören:

- Energiekosten (z. B. Strom)
- Raumkosten (z. B. Miete)
- Personalkosten (Mitarbeiter/innen im Lager)
- Kapitalbindungskosten (z. B. steht das Geld, das für die Ware ausgegeben worden ist, dem Unternehmen zu diesem Zeitpunkt nicht für andere Ausgaben wie etwa dem Kauf von neuer, aktueller Ware zur Verfügung.)

Tipp

Beim Festlegen der benötigten Warenmenge sollte der Einzelhändler sowohl die Bestell- als auch die Lagerkosten im Blick haben. Aus kaufmännischer Sicht ist die Bestellmenge so zu wählen, dass die Summe aus Bestell- und Lagerkosten am niedrigsten ist. Hier spricht man dann von der optimalen Bestellmenge.

Die optimale Bestellmenge lässt sich grafisch ermitteln. Sind die Werte der Bezugs- und der Lagerkosten bekannt, können diese in einer Grafik eingetragen werden. Die optimale Bestellmenge ergibt sich dann als Schnittpunkt der beiden Kostenkurven, zum einen der (blauen) Bestellkosten und zum anderen der (roten) Lagerkosten.

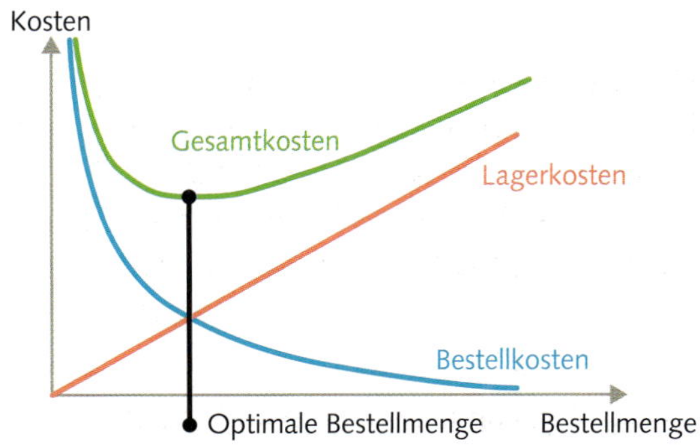

Beispiel *zur Ermittlung der „optimalen Bestellmenge“:*
In der BAGs and more GmbH rechnet Sven Klausen, Mitarbeiter der Abteilung Einkauf, die Bestellmenge für modische Damengürtel aus, bei der die Bestell- und Lagerkosten am geringsten sind. Der Gesamtjahresbedarf an Damengürtel liegt bei 1.500 Stück.

Zahl der Bestellungen pro Jahr	Bestellmengen in Stück je Bestellung pro Jahr	Bestellkosten in Euro pro Jahr	Lagerkosten in Euro pro Jahr	Gesamtkosten in Euro pro Jahr
1	1.500,00	45,00	1.875,00	1.920,00
2	750,00	90,00	937,50	1.027,50
3	500,00	135,00	625,00	760,00
4	375,00	180,00	468,75	648,75
5	300,00	225,00	375,00	600,00
6	250,00	270,00	312,50	582,50
7	214,29	315,00	267,86	582,86
8	187,50	360,00	234,38	594,37
Daten				
Jahresbedarf			1.500 Stück	
Bestellkosten je Beschaffungsvorgang			45,00 EUR	
Lagerhaltungskosten je Stück			1,25 EUR	
Stückpreis je Damengürtel			6,75 EUR	

Bei einer Bestellmenge von 250 Stück sind die Gesamtkosten pro Jahr am niedrigsten. Somit liegt die optimale Bestellmenge bei 250 Stück.

1.3.2 Rahmenbedingungen, die die Bestellmenge beeinflussen

LF 1

Verschiedene Rahmenbedingungen beeinflussen die Bestellmenge

Preis

Aus unterschiedlichen Gründen unterliegen Beschaffungspreise großen Preisschwankungen (saisonal, konjunkturell, unternehmensintern). Der Einzelhändler sollte aus wirtschaftlichen Gründen erwägen, ob er bei niedrigen Preisen größere Mengen Ware einkaufen kann und die Lagerkapazitäten vorhanden sind..

Absatz

Die Höhe der Bestellmenge ist in erster Linie abhängig von dem erwarteten Absatz der jeweiligen Ware. Handelt es sich um neue, trendige Ware, kann der Einzelhändler von einer hohen Nachfrage ausgehen und sollte größere Mengen in Betracht ziehen.

wirtschaftliche Lage

Schwierig ist die Einschätzung der konjunkturellen Entwicklung. Bei einer möglichen Warenverknappung sollten höhere Mengen geordert werden, da der Preis dann später steigen wird. Andererseits kann bei zurückhaltendem Konsumverhalten (wie z. B. bei der Corona-Pandemie) der Einkauf geringerer Mengen die Probleme hoher Lagerhaltungskosten und nicht verkaufter Saisonware reduzieren.

Bei der Warenbeschaffung ergeben sich für den Einzelhändler die unten aufgeführten Vorteile einer hohen Bestellmenge:

Vorteile einer hohen Bestellmenge:

- hohe Verkaufsbereitschaft, hohe Sortimentsdichte
- höhere Mengenrabatte möglich
- personelle Bearbeitungsgebühren (pro Bestellung) geringer

1.3.3 Risiken einer zu hohen Bestellmenge

Mögliche Risiken einer mengenmäßig zu hohen Bestellmenge

Risiko eines negativen Images

© auremar – stock.adobe.com

Kunden erwarten im Einzelhandel aktuelle und neue Ware. Besonders bei modischer und trendiger Ware sollte sich das Warenangebot häufig ändern und den Trends entsprechen. Zu hohe Einkaufsmengen können dazu führen, dass die Ware nicht mehr aktuell und dadurch schwer verkäuflich wird. Kunden finden die Ware nicht mehr attraktiv und wandern zur Konkurrenz ab. Der Einzelhändler bekommt ein negatives Image.

Risiko einer negativen Rentabilität

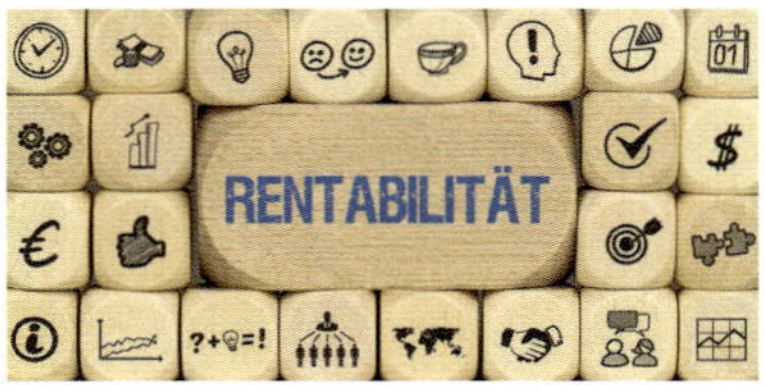

© magele-picture – stock.adobe.com

Ist die Ware nicht mehr aktuell und modisch, wird sie schwer verkäuflich. Häufig müssen Preisreduzierungen vorgenommen werden, um darüber die Ware für Kunden wieder attraktiv zu machen. Für den Einzelhändler bedeuten die Preisreduzierungen Ertragsminderungen. Diese haben eine negative Auswirkung auf seine Rentabilität.

Risiko einer geringen Liquidität

© andyller – stock.adobe.com

LF 8

Die Beschaffung der Ware muss bezahlt werden. Sind die Beschaffungsmengen hoch, steht dem Einzelhändler weniger Geld für weitere Ausgaben zur Verfügung. Das Geld ist in der Ware gebunden. Dadurch ist die Liquidität (die Menge der flüssigen Mittel, z. B. Bargeld und Bankguthaben) geringer.

Risiko hoher Lagerkosten

© Robert Kneschke – stock.adobe.com

Kap. 1.4

Ein großer Lagerbestand verursacht hohe Kosten, deshalb ist er regelmäßig zu überwachen; sind Lagerbestandsgrößen, die Lagergegebenheiten und die genaue Aufteilung der Warengruppen nicht exakt dokumentiert, wirkt sich das negativ auf die Mengenbestellung aus. Wichtige Lagerbestandsgrößen werden im Kapitel 1.4 beschrieben.

1.3.4 Planung des Einkaufslimits (Limitrechnung)

Selbst wenn das Einzelhandelsunternehmen vor dem Bestellvorgang alle Gesichtspunkte des Beschaffungsprozesses abwägt, so bleiben die finanziellen Möglichkeiten doch immer limitiert, wenn der Einzelhändler ein nicht überschaubares Risiko eingehen will.

Diesen festgelegten, maximalen Betrag, das sogenannte Einkaufslimit, gilt es, für alle Waren/-gruppen für einen bestimmten Zeitabschnitt festzulegen. Das Einkaufslimit ist also die Obergrenze des für den Einkauf verfügbaren Betrages, der sich ergibt als Differenz zwischen dem Umsatz und der Handelsspanne. Wird der Lagerbestand überschritten, ist eine Kürzung des Einkaufslimits vorzunehmen, wird er unterschritten, sollte eine Erhöhung des Einkaufslimits vorgenommen werden.

Das Einkaufslimit gibt an, für wie viel Euro Ware in einem bestimmten Zeitabschnitt angeschafft werden kann.

Merke

Mithilfe des Einkaufslimits wird die Warenbeschaffung finanziell für den Einzelhändler planbar und überprüfbar. Berechnet wird das Einkaufslimit mithilfe der Limitrechnung. Die Limitrechnung gilt für den Einzelhändler als Planungs- und Steuerungsinstrument, indem die Beschaffung wertmäßig begrenzt wird. Hierdurch sollen mögliche Risiken einer mengenmäßig unkontrollierten Beschaffung und Lagehaltung (siehe oben) vermieden werden.

© yadli – stock.adobe.com

Beispiel: *Die BAGs and more GmbH plant für Herren-Wintersneakers das Einkaufslimit für den Planungszeitraum Oktober, November und Dezember. Im vergangenen Jahr wurden in dem gleichen Zeitraum 1.500 Herren-Wintersneakers verkauft. Der Bezugspreis eines Paares beträgt 25,00 EUR. Für den zu planenden Zeitraum wird eine Umsatzsteigerung von 15 % erwartet, weil Wintersneakers in den kommenden Monaten besonders gefragt sind. Noch sind 200 Paar Herren-Wintersneakers aus dem Vorjahr auf dem Lager. Da es sich bei den Herren-Wintersneakers um eine sehr modische Ware handelt, sollen bis zum Ende der Planungsperiode, Dezember alle Sneakers verkauft sein.*

© Hanna – stock.adobe.com

Aus Erfahrung weiß die BAGs and more GmbH, dass es häufig am Anfang der Saison zu einem starken Absatz von Modeartikel kommt und dadurch nach kurzer Zeit eine Nachbestellung getätigt werden muss. Für diesen Zweck sollen 30 % des Einkaufslimits als Limitreserve zurückbehalten werden.

Für die BAGs and more GmbH stellt sich die Frage, wie hoch der Betrag ist, der für die Beschaffung der Herren-Wintersneakers zur Verfügung steht.

Vorgehensweise bei der Limitrechnung	Anwendung auf das Beispiel (Stück bedeuten hier ein Paar Sneakers)	Erläuterung
Bruttolimit: geplanter Verkauf des Planungszeitraums Oktober, November und Dezember	1.500 Stück	Absatzmenge des Vorjahreszeitraums,
	1.500 × 25 EUR = 37.500,00 EUR	Umsatz im Vorjahr
	15 % = 225 Stück	Die erwartete Umsatzsteigerung entspricht in Stück 225 (Paar Sneakers).
	225 × 25 EUR = 5.625,00 EUR	Die erwartete Umsatzsteigerung in Euro beträgt 5.625,00 EUR.
	1.725 Stück	Es sollen im neuen Planungszeitraum 1.725 Stück (Paar Sneakers) verkauft werden.
	1.725 × 25,00 EUR = 43.125 EUR	Diese weisen einen geplanten Wareneinsatz (geplante Absatzmenge in Stück x Bezugspreis in Euro) auf.
+ Lageraufbau		Da das Lager in unserem Beispiel nicht aufgebaut werden soll, findet diese Größe in unserem Beispiel keine Anwendung.
- Lagerabbau	200 × 25,00 EUR = 5.000 EUR	Aus dem Vorjahr befinden sich noch 200 Stück (Paar) Sneakers im Lager. Die Anzahl wird mit dem Bezugspreis multipliziert. So errechnet man den Warenwert der Sneakers im Lager.
= Nettolimit (auch Gesamtlimit)	43.125 EUR – 5.000 EUR = 38.125,00 EUR	Das Gesamtlimit für die Beschaffung der Herren-Wintersneakers beträgt 38.125,00 EUR.
- Limitreserve	30 % von 38.125,00 EUR = 11.437,50	Für kurzfristige Nachbestellungen wurde geplant, einen Anteil von 30 % zurückzuhalten. Die Limitreserve beträgt hier 11.437,50 EUR.
= freies Limit	38.125,00 EUR – 11.437,50 EUR = 26.687,50 EUR	Für die Beschaffung der Herren-Wintersneakers stehen der BAGs and more GmbH 26.687,50 EUR zur Verfügung.

1.3.5 Die ABC-Analyse als Planungsinstrument

Mit der ABC-Analyse werden die Artikel bestimmt, um die sich der Einkauf besonders kümmern sollte.

Merke

Die ABC-Analyse kann in Einzelhandelsunternehmen zu einem wichtigen Hilfsmittel der Beschaffungsplanung werden. Dabei sind die regelmäßig zu beschaffenden Artikel in Tabellenform aufzulisten und dann in die Wertklassen A, B und C einzuteilen. Die Erfahrung zeigt, dass – je nach Branche – zwischen 50 bis 80 % des Umsatzes eines Einzelhandelsunternehmens auf relativ wenige Artikel entfallen, während viele Artikel, die mengenmäßig stark nachgefragt werden, nur einen kleinen Teil des Umsatzes ausmachen. Ein Artikel mit einer hohen Absatzgeschwindigkeit, der einen großen Anteil am Umsatz leistet, wird der Wertklasse A zugeordnet und muss also immer ausreichend im Angebot zu finden sein. Bei der Beschaffung dieser Waren (der Wertstufe A) ist also besonders auf günstige Preise, auf Rabatte und gute Zahlungsbedingungen sowie auf ausreichende Mengen im Lagerbestand zu achten.

Neben der Analyse der Bezugspreise lässt sich diese Vorgehensweise alternativ auch für die Verkaufspreise anwenden; auch eine Lieferantenanalyse nach ähnlichem Verfahren ist möglich. Damit werden die für den Einzelhändler wichtigsten Lieferanten ermittelt, die Beschaffungsaktivitäten können dann darauf abgestimmt werden.

Tipp

Vorgehensweise bei der ABC-Analyse

- Zuerst werden jeweils Bezugspreis (alternativ: der Verkaufspreis) und die Einkaufsmenge (alternativ: die Absatzmenge) pro Artikel erfasst.
- Anschließend wird der Einkaufswert (Bezugspreis je Einheit × Menge) je Artikel berechnet (alternativ: der Umsatz).
- Der prozentuale Wert am gesamten Einkaufswert (alternativ: Umsatz) wird danach ermittelt und dann vom höchsten bis zum niedrigsten Artikel sortiert.
- Zuletzt werden die Prozentwerte kumuliert (= angehäuft bzw. aufaddiert) und den jeweiligen Wertklassen (A, B oder C) zugeordnet.

Beispiel: *Sven Klausen vom Einzelhandelsunternehmen „BAGs and more GmbH" führt eine ABC-Analyse für ein Herrengeldbörsen-Sortiment durch. Zunächst ermittelt er für zehn Artikel die jeweiligen Einkaufswerte (Spalte 4), indem er den Bezugspreis (Spalte 2) mit der Menge (Spalte 3) multipliziert und den Gesamteinkaufswert aller Waren ermittelt; dieser beträgt für die zehn Artikel insgesamt 5.000,00 EUR (siehe letzte Zeile, Spalte 4). Die Einzelwerte stammen aus der Halbjahresstatistik.*

In einer Tabelle führt er dann alle von Nr. I – X durchnummerierten Artikel auf, beginnend mit dem Artikel, der den höchsten Einkaufswert hat. Am Ende der Tabelle sind die Waren aufgeführt, die nur einen sehr geringen Wertanteil am Gesamtum-

satz erzielen können. Jeder Artikel trägt mit seinem Einkaufswert – bezogen auf den Gesamteinkaufswert – einen unterschiedlich hohen prozentualen Anteil zum Gesamtergebnis bei.

Die Grenze der A-Güter setzt Herr Klausen beim kumulierten %-Wert (Spalte 6) von 80 % an, Waren die weniger als 5 % Wertanteil haben, werden als C-Güter eingestuft. Diese Grenzen liegen im Ermessen des jeweiligen Unternehmens. Die Wertklasse A erhalten bei diesem Beispiel nur drei von zehn Artikel, erreichen aber einen Beschaffungsaufwand von 80 %. Das bedeutet für Sven Klausen, dass er bei der Beschaffungsplanung diese Artikel intensiv im Auge behält, da sich hier Preis- und Kostensenkungen besonders stark auswirken würden.

Die Artikel der Wertstufe C haben nur eine sehr geringe Bedeutung im Hinblick auf den Umsatz. Würde dieser Artikel im Sortiment fehlen oder die Versorgung unterbrochen, wäre das für die BAGs and more GmbH weniger problematisch.

ABC-Analyse der BAGs and more GmbH (Herrengeldbörsen-Sortiment)

Spalte 1	Spalte 2	Spalte 3	Spalte 4	Spalte 5	Spalte 6	Spalte 7
Artikel-Nr.	Bezugspreis (in EUR)	Menge (je Stück)	Einkaufswert (in EUR)	Einkaufswert (in %)	kumulierter Wert (in %)	Wertklasse
II	4,00	450	1.800	36,0	36,0	A
VI	22,50	60	1.350	27,0	63,0	A
IX	8,50	100	850	17,0	80,0	A
VII	18,00	25	450	9,0	89,0	B
V	0,30	1.000	300	6,0	95,0	B
I	7,00	10	70	1,4	96,4	C
III	1,00	50	50	1,0	97,4	C
VIII	0,25	200	50	1,0	98,4	C
X	2,00	25	50	1,0	99,4	C
IV	1,50	20	30	0,6	100,0	C
Summe		1.940	5.000	100,0		

Sven Klausen berechnet, dass die Artikel, die in der Wertklasse C zu finden sind, nur 5 % des gesamten Einkaufswertes ausmachen, allerdings ist die benötigte Lagerkapazität – bis auf Artikel VIII – nicht so groß. Die Artikel Nr. II und V dagegen nehmen eine große Lagerkapazität in Anspruch, sie sind für sein Unternehmen allerdings auch wesentlich bedeutsamer. Herr Klausen leitet aus den Zahlen ab, dass bei Artikeln der Wertklasse A langfristige Beschaffungsverträge vorteilhaft sein können und entsprechende Kapazitäten im Lager eingeplant werden, um Lieferunterbrechungen zu vermeiden. Bei Artikeln der Wertstufe B muss er von Fall zu Fall entscheiden, wann bzw. bei welchen Bezugspreisen eine Beschaffung sinnvoll ist. Sie dürfen im Gegensatz zu C-Artikeln nur ausnahmsweise im Sortiment fehlen.

1.4 Bestellzeitpunkt und Beschaffungsstrategien

Kap. 1.1.3

Bei der Ermittlung der optimalen Bestellmenge ist deutlich geworden, dass Lagerkosten sinken, wenn die Anzahl der Bestellungen steigt und umgekehrt. Diese auf rechnerischem Wege optimierte Mengenermittlung funktioniert jedoch nur, wenn die Bedingungen für die Bestell- und Lagerkosten annähernd gleichbleiben und den Einzelhandel beeinflussende Beschaffungsbedingungen sich nicht gravierend ändern. Darüber hinaus ist eine Limitrechnung, die ja basiert auf früheren Daten und Erwartungen, nur dann erfolgreich, wenn sich die Planungsdaten (z. B. aus dem Vorjahr) und der erwartete Umsatz nicht durch ein unvorhergesehenes Ereignis überproportional verschlechtern.

So sind beispielsweise zu Beginn der Corona-Pandemie Lieferketten wesentlich kürzer geworden; niedrige Lagerbestände, Just-in-time-Lieferung oder Bestellpunktverfahren, die insbesondere durch die Globalisierung zugenommen hatten, brachten viele Einzelhandelsbranchen in Schwierigkeiten, weil der außereuropäische Flug- und Schiffsverkehr stark eingeschränkt war, die Produktion in Asien und die damit verbundenen Exporte zeitweise blockiert waren und der europäische Binnenmarkt durch Grenzschließungen schwächelte.

Beschaffungsstrategien

Benötigte Waren erst kurz vor ihrem Verkauf zu beschaffen sorgt für eine Entlastung des Lagers, ist aber risikoreich, wenn eine Anlieferung z. B. durch Produktionsveränderungen in Krisenzeiten nicht gesichert ist. Diese Lieferform bezeichnet man als Just-in-time-Lieferung. Bekannt wurde diese Lieferform besonders durch die Autoindustrie.

Kaum Anforderungen an die Lagerlogistik ergeben sich für Einzelhändler, die erst nach Kundenauftrag bei einem Unternehmen bestellen, als Beschaffung nach Einzelauftrag. Beispielsweise im Möbeleinzelhandel lassen sich so auch individuelle Kundenwünsche gut realisieren.

Ist eine Warenbestellung regelmäßig durchzuführen, d. h. orientiert sich eine Vorratsbeschaffung an einen bestimmten Rhythmus, so spricht man von einem Bestellrhythmusverfahren.

Als Bestellpunktverfahren bezeichnet man dagegen die Beschaffung der Ware, wenn der Meldebestand erreicht wird. Im folgenden Kapitel werden diese Beschaffungsstrategien und die jeweiligen Rahmenbedingungen näher beschrieben.

Planerische Rahmenbedingungen

Der Bestellzeitpunkt orientiert sich dabei an verschiedenen Rahmenbedingungen:

- an der Höhe des Warenabsatzes innerhalb eines bestimmten Zeitraums,
- an den für die Ware vorgesehenen Mindest-, Melde- und Höchstbestand,
- an die von der Bestellung über die Auftragsannahme, -bearbeitung und Lieferung bis hin zur Warenannahme, -überprüfung und -einlagerung benötigte Zeit.

1.4.1 Bestellrhythmusverfahren

Das Bestellrhythmusverfahren orientiert sich an regelmäßigen, zeitlichen Abständen. So kann die Bestellung z. B. einmal pro Monat, alle zwei Wochen oder einmal pro Woche durchgeführt werden. Bei diesem Bestellverfahren wird die Warenmenge auf Vorrat gekauft und gelagert.

Während bei diesem Verfahren der Bestellzeitpunkt festgelegt wird, kann die Bestellmenge jedoch unterschiedlich behandelt werden:

> Ziel der Verfahren zur Planung des Bestellzeitpunktes ist es, eine lückenlose Verkaufsbereitschaft sicherzustellen.
> **Merke**

> Für das Bestellrhythmusverfahren sind feste Bestelltermine und variable oder feste Bestellmengen kennzeichnend.
> **Merke**

Variante 1: Die Bestellmenge ist immer gleich.

Nach Ablauf der festgelegten Zeitabstände (Rhythmen) wird die vorher festgelegte Warenmenge regelmäßig geliefert.

Variante 2: Die Bestellmenge variiert.

Nach Ablauf der festgelegten Zeitabstände (Rhythmen) wird festgelegt, ob und wie viel Ware nachbestellt werden soll. Die Bestellmenge richtet sich bei diesem Verfahren nach der Differenz zum jeweiligen Höchstbestand.

Das Bestellrhythmusverfahren

Vorteile	Nachteile
• zeitliche Planbarkeit der Bestellung, da an einem festen Termin bestellt wird • keine Kontrolle des Meldebestandes • die Lagerüberwachung ist einfacher und nicht so aufwändig • die Bestellungsabläufe laufen i. d. R. automatisiert ab und sind weniger fehlerbehaftet	• Die Lagermenge kann nicht zeitlich flexibel angepasst werden. • Gefahr, den Mindestbestand zu unterschreiten und somit die eiserne Reserve zu berühren. • Zusätzliche Überprüfung des Lagerbestandes ist notwendig, um Verkaufsbereitschaft zu sichern. • Fehlmengen oder Überstände können leichter entstehen, wenn sich Verkaufsmengen ändern.

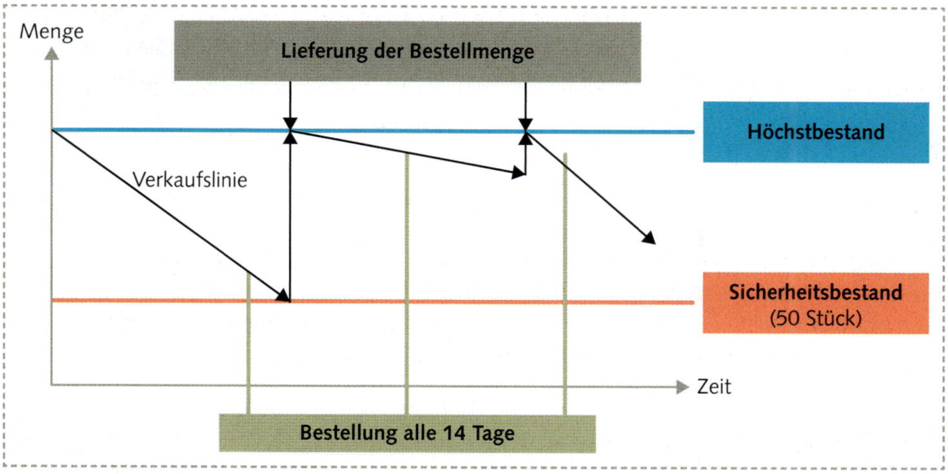

Quelle: Zukunft im Einzelhandel, 5. Auflage, Europa-Nr. 99761, Verlag Europa-Lehrmittel

Beispiele zur Berechnung (siehe obere Abbildung): *Die Auszubildende Anke von der BAGs and more GmbH soll in der Abteilung Rucksäcke den Bestellvorgang für den Typ HIGH COAST (in verschiedenen Farben) überwachen. Da der Rucksack über das ganze Jahr relativ gleichmäßig nachgefragt wird, ist die Bestellung an einen Rhythmus (14-tägig) gebunden.*

© Fjällräven®

Der Mindestbestand (Sicherheitsbestand) beträgt 50 Stück. Da das Lager relativ beschränkt ist, variiert die Bestellmenge, sodass bei jeder Lieferung immer der Höchststand von 250 Stück erreicht wird.

Wie hoch ist der tägliche Absatz der Rucksäcke gewesen, wenn das WWS durch die Absatzflaute während der Corona-Pandemie nach 14 Tagen noch einen Bestand von 208 Stück erfasst? Wie viele Rucksäcke sind zu ordern?

Höchstbestand: 250 Stück, Restbestand nach 14 Tagen: 208 Stück; es müssten nur 42 Rucksäcke nachgeliefert werden;

durchschnittlicher Absatz: 250 – 208 Stück = 42 Stück ÷ 14 Tage = 3 Rucksäcke

1.4.2 Bestellpunktverfahren

Dieses Verfahren beruht auf einem bestimmten „Punkt" des Lagerbestandes. Ist dieser Punkt erreicht, muss die Ware bestellt werden.

Das Bestellpunktverfahren wird insbesondere dann angewendet, wenn die Bestellung bei Erreichen des Meldebestandes (Meldebestand = (Tagesabsatz × der Lieferzeit) + dem Mindestbestand) erfolgen soll.

LF 7

Bei diesem Bestellverfahren orientiert sich der Einzelhändler am Warenverbrauch. Das setzt voraus, dass der Lagerbestand laufend überwacht werden muss. Was gebraucht wird, wird nachbestellt. Arbeitet das Unternehmen mit einem Warenwirtschaftssystem, so wird der Meldebestand automatisch gemeldet.

Kap. 1.7

Auch bei diesem Bestellverfahren wird die Warenmenge auf Vorrat gekauft und gelagert.

Merke: Bei dem Bestellpunktverfahren wird die Bestellung getätigt, wenn der Meldebestand erreicht worden ist.

Das Bestellpunktverfahren

Vorteile	Nachteile
• das Lager wird regelmäßig überwacht, Lagerkosten verringern sich • es wird nur Ware bestellt, die auch gebraucht wird • der Mindestbestand (Sicherheitsbestand) bleibt relativ niedrig, wenn pünktlich geliefert wird.	• Ladenhüter werden spät erkannt • Sammelbestellungen werden erschwert • Mengenrabatte können nicht so genutzt werden, wenn die Bestellmenge gering ist. • häufigere Bestellungen führen zu höheren Bestellkosten • es werden höhere Anforderungen an die Lagerlogistik gestellt.

Beispiele zur Berechnung (siehe untere Abbildung): *Anke möchte das Bestellrhythmusverfahren in ein Bestellpunktverfahren ändern und bestellt bei einem anderen Großhändler. Es wird ein durchschnittlicher Tagesabsatz von 12 Stück geplant. Die Lieferzeit beträgt 10 Tage. Der Mindest- und der Höchstbestand sind aus dem oberen Beispiel geblieben.*

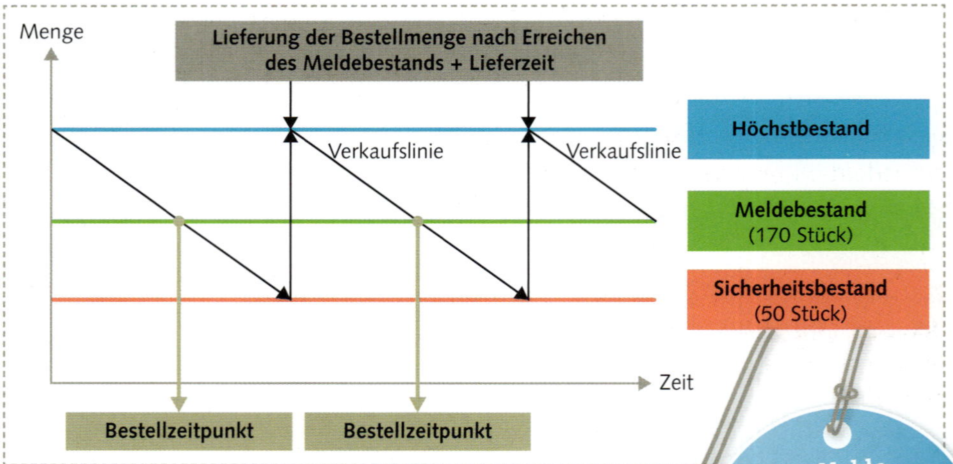

Wie hoch ist der Meldebestand? Wie hoch ist der Höchstbestand, wenn am Liefertag der Sicherheitsbestand um 10 Rucksäcke unterschritten wird?

Meldebestand = [durchschnittlicher. Tagesabsatz × Lieferzeit] + Mindestbestand

Meldebestand = [12 × 10] + 50 = 17 Stück.

Höchstbestand → Menge, die maximal eingelagert wird: 250 Stück.

Wenn der Bestand auf 170 Rucksäcke gefallen ist, muss Anke die Bestellung veranlassen.

Merke: Der **Meldebestand** ist die Lagermenge, bei dessen Erreichen eine Bestellung ausgelöst wird.

Merke: Der **Mindestbestand** (auch eiserner Bestand oder Sicherheitsbestand genannt) gibt den Lagerbestand an, der nicht unterschritten werden darf.

Merke: Der **Höchstbestand** ist die Menge, die maximal auf Lager liegen sollte.

1.4.3 Just-in-time-Lieferung

Eine weitere Bestellungsstrategie ist, sich Ware exakt zum benötigten Zeitpunkt liefern zu lassen und zur rechten Zeit bereitzustellen (Just-in-time-Lieferung). Zwischen Lieferung und Warenverkauf liegen nur wenige Tage. Diese Lieferungsform ist abhängig von einer guten Kommunikation bzw. einem ständigen Informationsaustausch zwischen dem verlässlichen Lieferanten, evtl. der Spedition sowie der Lagerlogistik und der Warenbestellungsabteilung des Einzelhändlers.

Just-in-time-Lieferung

Vorteile	Nachteile
• Reduzierung der Lagerkosten • Reduzierung der Lagerrisiken • geringeres Risiko des Warenverderbs, von Ladenhütern und des Warenschwunds	• große Abhängigkeit von den Lieferanten • Absprache des genauen Lieferzeitpunkts und zuverlässige Einhaltung • moderne Kommunikationstechnik notwendig • stärkere Belastung der Umwelt durch Zunahme der Lieferfahrten

1.5 Bezugsquellenanalyse und Einkaufskooperation

„Da haben wir schon immer eingekauft, eigentlich bin ich doch mit dem Lieferanten zufrieden!". Wenn der Unternehmer vor der Warenbestellung diesen Satz sagt, klingt im Unterton eine gewisse Unzufriedenheit mit.

© Gina Sanders – stock.adobe.com

Zufriedenheit drückt sich in erster Linie über den Bezugspreis aus, aber auch durch andere Serviceleistungen im Zusammenhang mit einem Lieferer.

Nicht immer ist das günstigste Angebot bekanntermaßen auch das beste.

Insofern sollte ein Einzelhändler regelmäßig eine Bezugsquellenanalyse machen, um den Beschaffungsmarkt zu erkunden. Bezugsquellenanalyse bedeutet, mit den geeigneten Datenquellen die richtigen Lieferer ausfindig zu machen, mit ihnen Kontakt aufzunehmen und Angebote einzuholen.

Kap. 2

Eine der ältesten Datenquellen, die Unternehmern zur Verfügung steht, existiert seit 1932, als die erste Buchausgabe von „Wer liefert was" (wlw) herauskam; insgesamt nahezu 600.000 Unternehmen sind mit Kontaktdaten bei wlw eingetragen, das hier als Beispiel für

© WLW

eine externe Bezugsquelle aufgeführt ist. Wurden die Waren bereits früher von verschiedenen Lieferern bezogen, so liegen dem Unternehmen ja eigene Informationen vor. Diese internen Bezugsquellen sind in verschiedenen Ordnern oder Karteien abgelegt bzw. mithilfe des WWS in Dateien abgespeichert.

1.5.1 Betriebsinterne Bezugsquellen

Häufig nutzt der Einzelhandelsunternehmer interne Bezugsquellen, um sich über Lieferanten zu informieren. Durch die im Unternehmen gepflegte Lieferantendatei (siehe WWS) stehen dem Einzelhandelsunternehmen in der Regel viele mögliche Lieferanten zur Verfügung. Mit diesen Lieferanten besteht bereits eine Zusammenarbeit. Aus der Lieferantendatei lassen sich Hinweise auf den Lieferanten als Bezugsquelle von regelmäßig benötigter Ware, auf die Preise, die Lieferungs- und Zahlungsbedingungen sowie auf gemachte Erfahrungen mit dem Lieferanten entnehmen.

Kap. 1.7

Interne Informationen erhält man außerdem durch eine gut geführte Warendatei, die entweder in Karteiform oder als Einkaufssätze im computergestützten Warenwirtschaftssystem zu finden sind. Auch sie enthält Informationen über bisherige Lieferanten dieses Artikels, Bestellungsumfang, Qualität, Liefertreue usw.

Beispiel:

Datensatz aus einer Lieferantendatei

Best Nature GmbH, Im Wald 14, 50876 Köln, Telefon: 0221-674207-0, www.best-nature.com

Artikel	Artikelnummer	Angebot am…		Einzelpreis je Mengeneinheit	Lieferungs- und Zahlungsbedingungen	Erfahrungen
Best Nature Baby…	72345…	13.03.	V	8,95 EUR	frei Haus; 15 Tage 3 %; oder 30 Tage netto	pünktliche Lieferung; gute Reklamationsabwicklung; korrekter Lieferant
Best Nature Yoga…	42133…	13.03.	M	12,45 EUR		
Best Nature Herren…	72397…	13.03.	K	24,95 EUR		

V = Vertreter; M = Muster; K = Katalog

1.5.2 Betriebsexterne Bezugsquellen

Einerseits sind heute Unternehmen in der Lage, durch die Waren- und Preistransparenz, die das Internet mit verschiedenen Suchplattformen (idealo.de, preis.de, check24.de, billiger.de, geizhals.de usw.) bietet, sich regelmäßig Informationen über die Preis- und Angebotslage zu besorgen, andererseits haben aber auch die Verbraucher diese Möglichkeit der Preisinformation. Das führt dazu, dass die Umsatzzahlen des stationären Einzelhandels seit Jahren rückläufig sind, während der E-Commerce stetig wächst. Ein Strukturwandel im Einzelhandel ist daher unumgänglich. Externe

Informationen sind dabei nicht nur wichtig, um neue Bezugsquellen zu erschließen, sondern auch, um den Markt zu beobachten und um sich Anregungen über eine Ausweitung des Warenangebots oder Handels via Internet zu holen.

Bezugsquellenermittlung und Warenbeschaffung erfolgen immer mehr über elektronische Systeme. Der Handel zwischen Unternehmen und Verbrauchern wird dabei als B2C (Business-to-Consumer) bezeichnet, der Handel zwischen zwei Unternehmen als B2B (Business-to-business). Dieser Handel steht dem Einzelhändler über die Nutzung elektronischer Marktplätze weltweit 365 Tage/24 Stunden zur Verfügung.

Selbstverständlich sind auch „analoge" oder persönlich erworbene Informationen wichtig, insbesondere durch Fachliteratur, Mitteilungen von Verbänden und Kammern, auf Infoveranstaltungen von Messen und Ausstellungen oder einfach durch Fachgespräche.

Beispiel: *Sven Klausen vom Einzelhandelsunternehmen „BAGs and more GmbH" möchte das Warenangebot erweitern und besucht die ISPO in München, die internationale Lederwarenmesse (ILM) in Offenbach und die IWA OutdoorClassics in Nürnberg. Durch die Gespräche an den Messeständen erhält Sven Klausen wichtige Informationen zu neuen Trends, zur Warenbeschaffenheit und -herstellung sowie zu den Preisen.*

ISPO Munich

© https://www.ispo.com

ILM

© ILM

IWA OUTDOOR CLASSICS 2021
High performance in target sports, nature activities, protecting people

© https://www.iwa.info

Interne und externe Bezugsquellen sind Voraussetzung einer optimalen Preisplanung.

Merke

Auch andere Quellen kann Herr Klausen nutzen:

- Kataloge, Fachzeitschriften, Prospekte
- Messen und Fachausstellungen
- Gelbe Seiten
- IHK, Großhändler etc.
- Internetplattformen

Bezugsquellen im Überblick

betriebsinterne Bezugsquellen	betriebsexterne Bezugsquellen
→ Es werden eigene (interne) Informationen des Unternehmens genutzt:	→ Es werden externe Informationen außerhalb des Unternehmens genutzt:
Waren-/Artikeldatei: • Sie enthält alle wichtigen Daten wie z. B. Artikelnummer, Artikelgruppe, evtl. Materialbeschreibung, Angebotsdatum, Einstands-/Vk-Preis, Lager- bzw. Meldebestand und Bestellungstermine.	**primäre (direkte) Bezugsquellen:** • Informationen werden direkt auf dem Beschaffungsmarkt eingeholt, z. B. Messebesuche, Vertreterinformationen, Betriebsbesichtigungen, telefonische Anfragen, Gespräche mit Kunden und Lieferern.
Liefererdatei: • Sie enthält Informationen über die Lieferanten, z. B. Name/Adresse, Telefon/Internetadresse, Bonität, Kontaktdaten und Lieferschwerpunkte.	**sekundäre (indirekte) Bezugsquellen:** • Die Informationen zur Bezugsquelle erhält man indirekt über Fach-, Adress-, Einkaufs- oder Branchenhandbücher, Zeitschriften, Kataloge und natürlich durch Internet-Suchmaschinen z. B. Gelbe Seiten oder Wlw.
Es ist wichtig, durch Datenpflege die Waren- und Liefererdatei auf dem neuesten Stand zu halten.	Viele gedruckte Medien sind auch in digitalisierter Form erhältlich, das macht die Suche einfacher, schneller und umweltfreundlicher.

Kriterien, die die Entscheidung für einen Lieferer beeinflussen sollten:

- Image des Unternehmens, Warenpreis und -qualität, Rabatt und Skonto, Pünktlichkeit und Zuverlässigkeit der Lieferung, Leistungsfähigkeit und -bereitschaft des Unternehmens, Zahlungsziel, Mängelbearbeitung, Konkurrenzverhältnisse, Einhalten von Umwelt- und Sozialstandards.

1.5.3 Einkaufskooperationen

Der Wettbewerb als wesentliches Merkmal der Marktwirtschaft zwingt den Einzelhandel dazu, seine Leistungen (Preis und Qualität der Ware, Service und andere Dienstleistungen) möglichst günstig an den Nachfrager, also an seine Kunden, anzubieten. Bei annähernd gleichbleibendem Marktvolumen und zunehmendem Wettbewerbsdruck durch den E-Commerce sind die Anbieter gezwungen, Kooperationen einzugehen, denn die Wettbewerbsfähigkeit hängt in erster Linie vom Lieferanten ab.

Bei Kooperationen verpflichten sich wirtschaftlich eigenständige Unternehmen zur Zusammenarbeit.

Merke

Für den wirtschaftlichen Erfolg eines Einzelhandelsunternehmens ist es wichtig, die gewünschte Ware zu günstigen Preisen und günstigen Konditionen zu erwerben. Aus diesem Grund ist es vor allem für kleinere und mittelständische Einzelhandelsunternehmen sinnvoll, mit anderen Unternehmen eine Einkaufskooperation einzugehen. Durch den gemeinsamen Einkauf werden größere Mengen gekauft, was zu deutlich günstigeren Bezugspreisen und Lieferkonditionen führt. Bei den Kooperationen lassen sich horizontale und vertikale Kooperationen unterscheiden.

Horizontale Kooperation

Von einer horizontalen Kooperation ist dann die Rede, wenn sich Handelsunternehmen, die sich auf der gleichen Handelsstufe befinden, durch Verträge zusammenschließen. Im Beschaffungsprozess wird der Einkauf auf den Kooperationspartner übertragen, z. B. bei Einkaufsgemeinschaften und Einkaufsgenossenschaften (REWE e. G., Edeka e. G.). Durch den gemeinsamen Einkauf werden günstigere Preise und weitere Vorteile erzielt. Die Einzelhändler behalten ihre rechtliche und wirtschaftliche Selbstständigkeit.

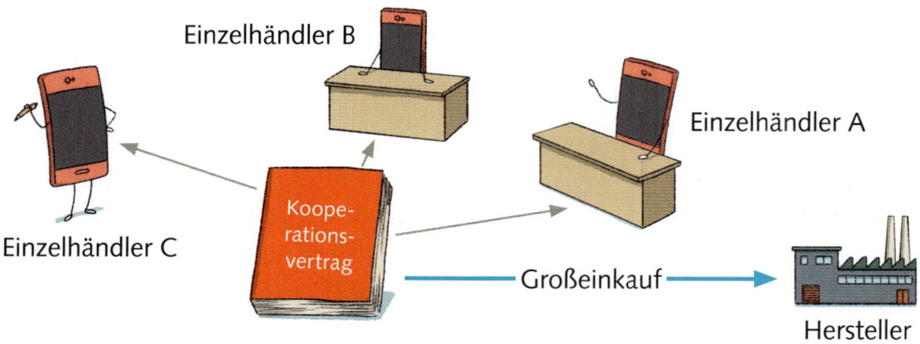

Einkaufsgenossenschaft

REWE, EDEKA und Intersport sind Beispiele für Einkaufsgenossenschaften; die Rechtsform ist die Genossenschaft.

INTERSPORT

Einkaufsverbände

Sie verfolgen die gleichen Ziele wie Einkaufsgenossenschaften, z. B. Sport 2000, Ringfoto oder Europa-Möbel-Verbund. Rechtsform ist meist eine GmbH oder AG.

EUROPA MÖBEL

Vertikale Kooperation

Vertikale Kooperationen liegen dann vor, wenn Unternehmer von vor- und nachgelagerten Handelsstufen zusammenarbeiten. Für den Einzelhandel sind in diesem Zusammenhang die freiwilligen Ketten von großer Bedeutung. Hierbei schließen sich

Großhändler mit Einzelhandelsunternehmen zusammen. Auch hier behalten die Einzelhändler ihre rechtliche und wirtschaftliche Selbstständigkeit.

© Asif Islam, CoinUp – stock.adobe.com

LF 12

Insbesondere im Textilbereich konnten stark vertikal organisierte Filialbetriebe, wie z. B. H & M, Mango oder Zara, erhebliche Marktanteile gewinnen (Marktanteil = der eigene Umsatz im Vergleich zum Marktvolumen).

Der Begriff „vertikal" verdeutlicht also den Zusammenschluss auf verschiedenen Handelsstufen, die Unternehmen sind in der Wertschöpfungskette durch Kooperation miteinander verbunden.

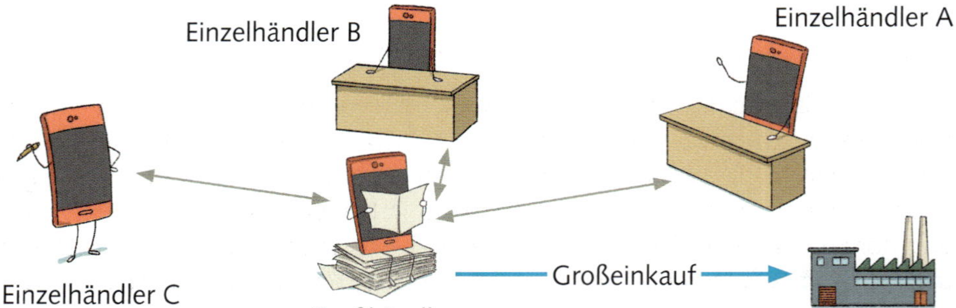

Von einer freiwilligen Kette (Handelsketten) wird gesprochen, wenn der Großhändler den Einzelhändlern anbietet, über ihn zu kaufen. Durch diese Kooperation kann der Großhändler bessere Preise für die Einzelhändler anbieten; außerdem ist der Einfluss gegenüber den Herstellern größer. Nur Waren, die dort nicht gelistet sind, kann der Einzelhändler über Lieferanten beziehen. Juristisch sind die Einzelhändler selbstständig, jedoch sind sie stark an den Großhändler gebunden und in ihrer Entscheidungsfreiheit eingeschränkt. Der weltweit größte Zusammenschluss von Händlern zu einer Handelskette, die unter gleichem Namen und Logo auftreten, rechtlich jedoch eigenständige Gesellschafter sind, ist die SPAR-Gruppe. In Deutschland existiert sie allerdings nicht mehr.

SPAR

© Spar Group

Durch Rackjobber (aus dem Englischen übersetzt: Zwischenhändler), haben Einzelhandelsunternehmen die Möglichkeit, Großhändlern und Herstellern Flächen im Verkaufsraum oder in Regalen gegen ein Entgelt zur Verfügung zu stellen.
Diese Dienstleistung wird Rackjobbing genannt und dient der Verkaufsförderung der eigenen Produkte des Herstellers oder Großhändlers.

© Ionut Catalin Parvu – stock.adobe.com

Die im Rahmen des Rackjobbings angemieteten Flächen werden von dem Rackjobber in eigener Verantwortung verwaltet, gestaltet und abgerechnet.

Zu den Aufgaben des Rackjobbers zählen u. a. der Aufbau der Verkaufsfläche (Regale), die optimierte Präsentation der Ware und die Warenpflege, die Auswahl der ausgestellten Ware und die Auszeichnung der Ware.

© Tchibo GmbH

Am weitesten sind Rackjobber in Einzelhandelsunternehmen mit Selbstbedienung verbreitet. Ein bekannter Rackjobber ist z. B. Tchibo.

Für das Einzelhandelsunternehmen ergeben sich durch das Rackjobbing u. a. die folgenden Vorteile:

- Risikolose Ergänzung des Sortiments,
- Gewinnung neuer Kunden,
- zusätzliche Einnahmen durch die vermietete Fläche.

Franchising ist ebenfalls eine vertikale-kooperative Vertriebsform. Sie ist dadurch gekennzeichnet, dass ein Franchise-Geber selbstständige Unternehmer als Franchise-Nehmer sucht, die mit eigenem Kapitaleinsatz Waren oder Dienstleistungen anbieten, die der Franchise-Geber bereitstellt. Dabei wird ein einheitliches Marketing-Konzept zugrunde gelegt, die Rechte und Pflichten werden im Franchise-Vertrag geregelt, sehr bekannt sind z. B. McDonald`s, BackWerk, Studienkreis, Vom Fass.

Vertragshändler sind selbstständige Gewerbetreibende, die sich verpflichtet haben, nach der Konzeption eines Herstellers Waren zu verkaufen, aber auf eigene Rechnung und im eigenen Namen. Meist erhält der Unternehmer dafür einen Exklusivvertrag (Gebietsschutz) und kann stark von dem Namen des Herstellers profitieren. Das Vertragshändlersystem ähnelt dem Franchising, jedoch ist die Bindung nicht so stark und es müssen keine Gebühren bezahlt werden. Im Einzelhandel findet diese Kooperation vor allem als sogenanntes Depotgeschäft im Kosmetikbereich und im Kaffeevertrieb statt.

DOUGLAS

© Douglas

Full-Service-Kooperation

War der frühere Zweck einer Kooperation durch den gemeinsamen Wareneinkauf gekennzeichnet, um günstigere Preise sowie bessere Liefer- und Zahlungsbedingungen zu bekommen, so hat sich in der heutigen Zeit eine Vielzahl von Verbundgruppen weiterentwickelt. Die ursprüngliche Einkaufsfunktion wurde durch eine Reihe von zusätzlichen Dienstleistungen zu Full-Service-Kooperationen weiterentwickelt.

Full-Service-Kooperationen bieten neben dem günstigen Wareneinkauf ein „Full-Service-Konzept".

Merke

Verbundgruppen mit Full-Service-Konzept bieten	
Markt- und Trendforschung	Die Mitglieder haben Zugriff auf Marktforschungsdaten → optimierte Sortiments- und Beschaffungspolitik.
Bündelung der Marktmacht	Waren werden in großen Mengen weltweit für die Mitglieder beschafft → günstige Preise.
Bildung von Eigenmarken	Eigenmarken (Handelsmarken) verbessern die Ertragssituation → stärkt die Marktposition gegenüber den Mitbewerbern.
Sortimentsplanung/-analysen	Berater helfen bei der Sortimentsgestaltung unter Berücksichtigung der örtlichen Gegebenheiten.
Marketing	Die Verbundgruppe entwickelt einheitliche Werbekonzepte und Verkaufsstrategien → erspart eine eigene Werbeabteilung oder -agentur.
zentraler Zahlungsverkehr	Die Kooperationszentrale führt die Zahlungsregulierung der Mitglieder mit den Lieferanten durch.
Ladengestaltung	Die Verbundgruppe unterstützt die Mitglieder bei der Ladengestaltung der Verkaufsräume → oft wird ein einheitliches Shop-Layout angestrebt.
Logistik-Konzepte	Bundesweite dezentrale Lagerstandorte gewährleisten bei den meisten Verbundgruppen eine schnelle und reibungslose Warenversorgung mit eigenen Fahrzeugen.
Betriebsberatung	Hilfestellung für die Mitglieder durch • betriebswirtschaftliche Beratung • Personalwesen (z. B. Schulungen) • Organisation (z. B. EDV-Anwendungen) • Betriebsvergleiche (z. B. Kennzahlen) • Standortanalysen
Erfahrungsaustausch	Durchführung von Versammlungen, Bildung von Sortiments- und Fachausschüssen
weitere Serviceleistungen	Finanzierung von Warengeschäften, Anmietung von Grundstücken bzw. Gebäuden, Bauvorhaben, Mitwirkung bei der Abfallbeseitigung usw.

Quelle: Zukunft im Einzelhandel, 5. Auflage, Europa-Nr. 99761, Verlag Europa-Lehrmittel

1.6 Ökologische und soziale Aspekte des Wareneinkaufs

Der Preis ist ein wichtiges Mittel im Wettbewerb um Kunden und Marktanteile. Wenn Wettbewerber sich im Preis gegenseitig unterbieten und auch mal Verluste in Kauf nehmen, dann spricht man vom „Preiskrieg“. Nur Branchenriesen können diesen Preiskampf durch ihre finanziellen Reserven mitmachen, „kleine“ Einzelhandelsunternehmen bleiben schnell auf der Strecke und werden aus dem Markt gedrängt.

Das Bewusstsein für umweltfreundlich und human erzeugte Ware bzw. fairen Handel ist stark gestiegen. Ökonomie, Ökologie und soziale Verantwortung sind bei der Warenbeschaffung gleichermaßen wichtig.

Merke

Große Handelskonzerne verfügen über eine starke Marktmacht gegenüber Herstellern und Lieferanten, denn die Preisnachlässe, die dem Verbraucher angeboten werden, werden kompensiert durch supergünstige Einkaufspreise. Das bedeutet aber auch, dass Produzenten ihre Waren zu immer günstigeren Preisen produzieren müssen, sehr häufig verbunden mit sehr schlechten Arbeitsbedingungen und miserablen Billigstlöhnen.

Beispielhaft lassen sich hier die Textilbranche und die Lebensmittelbranche herausgreifen. Für ökologisch und sozialverträglich hergestellte Textilien oder Lebensmittel wird verstärkt geworben. Immer mehr Umweltsiegel und -zertifikate sollen Verbraucher beruhigen. Es scheint, als hätte die Textilbranche flächendeckend umgestellt – von konventionell gefertigten auf sozial-ökologisch unbedenkliche Textilien. Dieser Eindruck täuscht, denn der Anteil für den Gesamtmarkt ist sehr gering, z. B. Textilien mit dem Gots-Siegel liegen bei unter 1 %. Rechnet man andere ökologische Qualitätszertifikate hinzu, ist es mehr. Allerdings wird insgesamt nur ein Prozent der Baumwolle weltweit biologisch angebaut und hergestellt. Ähnlich sieht es bei sozialverträglichen Textilien aus. Nur etwa 0,2 Prozent der hierzulande verkauften Stücke kommen aus Fabriken, deren Besitzer beispielsweise vernünftige Löhne, Gewerkschaftsfreiheit und Arbeitsschutz garantieren.

Ökologische und soziale Produktion ist teurer als konventionelle Herstellungsverfahren. Auch bessere Arbeitsbedingungen haben ihren Preis: Fairer Lohn, Brandschutz in den Fabriken sowie mehr Urlaubstage kosten ebenso mehr Geld, wie kürzere Arbeitszeiten und Fortbildungen für die Arbeitnehmer. Das schlägt sich oft in geringeren Gewinnmargen der Firmen oder etwas höheren Preisen in den Geschäften nieder.

(Quelle: https://www.badische-zeitung.de/sozialvertraeglich-hergestellte-kleidung-ist-nur-ein-nischenprodukt, vom 01.04.2019).

Umwelt-Siegel, Labels oder Zertifikate informieren über nachhaltige Produkte

Immer häufiger sind an Waren Kennzeichnungen zu finden, die Auskunft über die nachhaltige Produktion des Produktes und seinen umweltgerechten Handel geben.

Das oben abgebildetet „Gots-Siegel" kennzeichnet z. B. den weltweiten Standard für die Produktion von Textilien aus Naturfasern, gefertigt aus biologischem Anbau. Es beinhaltet Umwelt- und Sozialkriterien. Händler möchten deshalb gerne damit werben, dass die von ihnen verkaufte Kleidung umwelt- und sozialverträglich hergestellt und gehandelt wird.

Merke: Fairtrade-Siegel, Öko-Labels oder Bio-Zertifikate informieren den Einzelhandel und den Verbraucher über nachhaltige Produkte und fairen Handel.

Das Fairtrade-Siegel kennzeichnet Waren, die aus fairem Handel stammen und bei der Herstellung bestimmte soziale, ökologische und ökonomische Kriterien einhalten. Dass Waren, die nachhaltig produziert oder gehandelt werden, im Einzelhandel einen höheren Preis erzielen müssen, ist insbesondere bei Verbrauchern, die nur über ein begrenztes Budget verfügen, nicht immer vermittelbar. Aber der Anteil dieser Waren im Handel steigt, nicht zuletzt verstärkt durch Berichte in den Medien. Typische Beispiele hierzu sind die unmenschlichen Arbeitsverhältnisse mit mangelhaftem Arbeitsschutz in der Textilindustrie in Asien oder die durch den COVID-19-Ausbruch entstandene Diskussion über die Produktionsverhältnisse in Schlachthöfen sowie über die katastrophalen Wohnverhältnisse der schlecht bezahlten – meist ausländischen – Mitarbeiter, die (bis dahin) in der Regel in Werkverträgen beschäftigt wurden.

Wichtiger Gesichtspunkt bei der Warenbeschaffung wird somit für den Einzelhandel immer mehr die Einhaltung von Sozialstandards und der nachhaltige Umgang mit Rohstoffen und Ressourcen, d. h. die Verbesserung der Arbeitssituation der Beschäftigten bei der Warenproduktion und allgemein der Umweltschutz. Einzelhändler haben viele Möglichkeiten, auf diese Nachhaltigkeitsaspekte bei der Beschaffung, beim Warentransport, bei der Warenpräsentation und Warenlagerung Einfluss zu nehmen, beispielsweise durch

- Vermeidung von nicht notwendigem Verpackungsmaterial,
- Förderung umweltfreundlicher Verpackungsmaterialien (Mehrweg statt Einweg, recycelbare Verpackungen, „lose" Ware),
- Produkte aus ökologisch kontrolliertem Anbau bzw. kontrollierter Tierhaltung,
- regionale Produkte, die durch den geringen Transportweg eine gute Ökobilanz haben und zusätzlich den heimischen Anbau fördern,
- Abgabe von Waren (z. B. Backwaren, Obst und Gemüse), die qualitativ nicht mehr 1. Wahl sind, und somit einer Zweitverwertung zugeführt werden können,
- Produkte, die wiederverwertbar sind oder sich leicht entsorgen lassen,
- Produkte, die gesundheitsschonend oder energiesparend sind,
- Produkte, mit einem Umwelt-Siegel, -Label oder -Zertifikat versehen sind.

Beispiel: *Waren, die nicht mehr verkauft werden können (z. B. durch Beschädigungen, bei Erreichen des Mindesthaltbarkeitsdatums oder bei Reklamationsware) werden an gemeinnützige Organisationen oder Tafeln abgegeben.*

Bekannte Siegel, Labels und Zertifikate und ihre Bedeutung

Deutsches und EU-Bio-Siegel kennzeichnen Lebensmittel aus kontrolliert ökologischer Landwirtschaft. Die Vergabekriterien richten sich nach Bestimmungen gemäß EG-Bio-Verordnung zum ökologischen Landbau. Das deutsche Siegel kann zusätzlich zum EU-Bio-Logo angebracht sein.

Produkte, die mit dem Blauen Engel ausgezeichnet werden, sind umweltfreundlicher als vergleichbare konventionelle Produkte. Für jede Produktgruppe gibt es spezifische Kriterien, die die mit dem Blauen Engel gekennzeichneten Produkte erfüllen müssen.

Das FSC-Siegel des Forest Stewardship Council (FSC) gewährleistet, dass das verwendete Holz aus nachhaltiger und umweltgerechter Waldbewirtschaftung stammt. Das Label findet sich auf Holz- und auf Papierprodukten.

Das Siegel MSC (Marine Stewardship Council) kennzeichnet Fisch und Meeresfrüchte aus umweltgerechter Fischerei. Das Gütesiegel ist unter besonderer öffentlicher Beobachtung, Kritik wird immer wieder bekannt. Anfang 2019 hat der NABU eine Studie veröffentlicht, die Mängel am MSC-Siegel äußert.

Das EU-Energielabel (EU-Energieverbrauchskennzeichnung) findet sich inzwischen auf vielen Produkten. Die Farbskala von Dunkelgrün (= sehr gut) bis Rot (= sehr schlecht) ermöglicht eine schnelle Orientierung, wie energieeffizient ein Produkt ist. Außerdem finden sich auf dem Energielabel – je nach Produktgruppe – weitere nützliche Angaben für Verbraucherinnen und Verbraucher (z. B. Jahresenergieverbrauch).

Unabhängiges Qualitätssiegel, schadstoffgeprüfte unbedenkliche Textilien aller Art (vom Garn bis zum fertigen Artikel) dürfen das Produktlabel STANDARD 100 tragen.
Werden die Textilien in umweltfreundlichen Betrieben unter sozial verantwortlichen Arbeitsbedingungen hergestellt, erhalten sie das Label MADE IN GREEN.

Das EU-Ecolabel kennzeichnet Produkte und Dienstleistungen, die geringere Umweltauswirkungen haben als vergleichbare Produkte. Das Label gibt es für 34 verschiedene Produktgruppen. Das Spektrum reicht von Reinigungsprodukten über Elektrogeräte, Textilien, Schmierstoffe, Farben und Lacke bis zu Beherbergungsbetrieben und Campingplätzen.

1.7 Warenwirtschaftssysteme begleiten den Beschaffungsprozess

1.7.1 Warenwirtschaftssysteme steuern den Daten- und Warenfluss

LF 3

Wie bereits im ersten Ausbildungsjahr beschrieben, kann mithilfe eines softwaregestützten Warenwirtschaftssystems (WWS) der Warenstrom bzw. Warenfluss sowohl mengenmäßig, als auch wertmäßig erfasst, analysiert und kontrolliert werden. Alle Tätigkeiten, die mit dem Einkauf und der Disposition (= Beschaffung) der Ware, mit dem Wareneingang und der Lagerhaltung sowie mit dem Marketing und Warenausgang verbunden sind, gehören zu den Bereichen der Warenwirtschaft.

Zur Optimierung der Warenwirtschaft ist es für jedes Einzelhandelsunternehmen wichtig, eine möglichst detaillierte Analyse der Warenströme vorzunehmen. Dazu dienen Warenwirtschaftssysteme (offene, geschlossene oder integrierte WWS). Die Daten, die das WWS liefern kann, unterstützen den Einzelhändler, notwendige Informationen für den Beschaffungsprozess zu erhalten, z. B. welche Ware fehlt, welche Ware bereits nachbestellt wurde, wie viel von der Ware im letzten Jahr verkauft wurde, welche Artikel für Kunden besonders attraktiv sind, welche nicht (Renner- und Penner-Listen) u. v. m. In den meisten Einzelhandelsunternehmen vollziehen sich Waren- und Informationsströme wie folgt:

Der Waren- und Informationskreislauf im Einzelhandelsunternehmen

Die Ware wird physisch (= körperlich) durch das Unternehmen bewegt und befindet sich so in einem Warenfluss.	Informationen über die Ware werden i. d. R. digital, z. T. auch handschriftlich oder mündlich von Mitarbeitern bearbeitet und über das WWS an andere Stellen des Unternehmens weitergegeben; die Waren befinden sich bis zum Verkauf in einem Informationsfluss.
Beispiel: Nach der Bestellung wird die Ware angeliefert, nach dem Wareneingang und der Warenannahme kommt die Ware in ein Lager, dann in den Verkaufsraum und verlässt schließlich durch den Bezahlvorgang an der Kasse das Einzelhandelsunternehmen.  	**Beispiel:** Der Wareneingang setzt eine Reihe von weiteren Tätigkeiten in Gang: • Erfassen des Lieferanten in die Lieferantendatei • Überprüfung des Lieferscheins • Überprüfung der Rechnung • Aktualisieren des Warenbestandes in der Lagerdatei • Festlegen des Verkaufspreises (mit Hilfe der Preiskalkulation) • Erfassen der Absatzzahlen und der erzielten Umsätze der Ware • Bestellung von neuer Ware

LF 9

Zur Sicherstellung des Unternehmenserfolgs muss der Waren- und Informationsfluss in allen Bereichen der Warenwirtschaft reibungslos und fehlerfrei funktionieren. Wenn sich dennoch Fehler einschleichen, können sie weitreichende Folgen für die Existenz des Einzelhandelsunternehmens haben.

So führt beispielsweise eine schnelle Veränderung des Konsumverhaltens zu immer kürzeren Intervallen bei der Sortimentsanpassung. Dabei gibt das WWS dem Einzelhändler wichtige Hilfestellung, um sein Sortiment zu überarbeiten und teilweise neu zu strukturieren. Im Folgenden sind alle Bereiche des Waren- und Informationskreislaufs im Zusammenspiel mit dem Warenwirtschaftssystem bildlich dargestellt.

Über das **WWS** sind alle betrieblichen Teilbereiche der Warenwirtschaft miteinander verbunden.

Merke

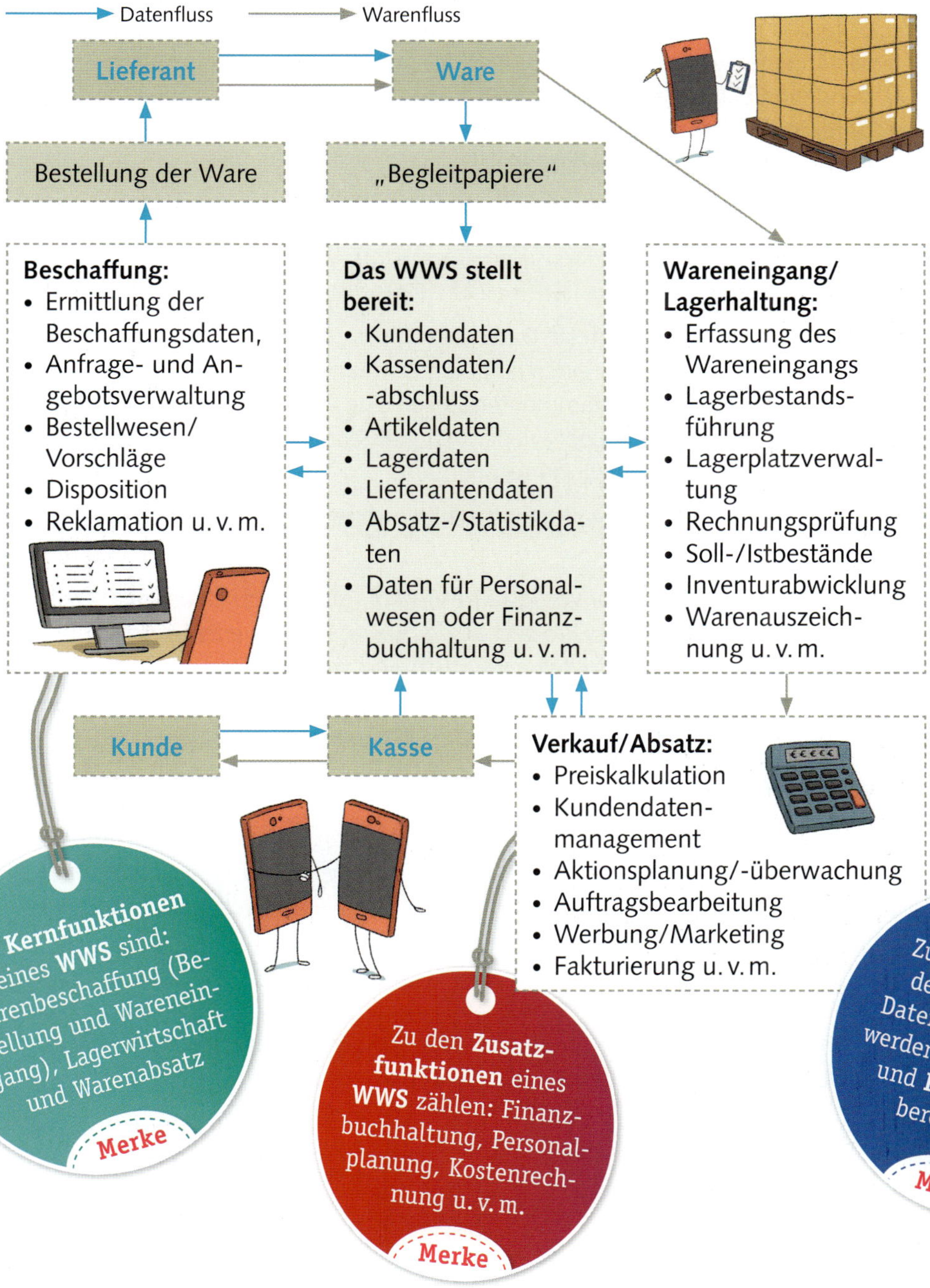

Die **Kernfunktionen** eines **WWS** sind: Warenbeschaffung (Bestellung und Wareneingang), Lagerwirtschaft und Warenabsatz

Merke

Zu den **Zusatzfunktionen** eines **WWS** zählen: Finanzbuchhaltung, Personalplanung, Kostenrechnung u. v. m.

Merke

Zur Unterstützung des Material- und Datenflusses im **WWS** werden versch. **Module** und **Komponenten** bereitgestellt.

Merke

1.7.2 Stamm- und Bewegungsdaten eines Warenwirtschaftssystems

Damit das Warenwirtschaftssystem Bestellungen oder andere oben beschriebene betriebliche Vorgänge automatisch vornehmen kann, muss die Anwendungssoftware des WWS, die auf Datenbanken basiert, die Stammdaten und die Bewegungsdaten verwalten.

Aufbau eines Warenwirtschaftssystems

Stammdaten	Bewegungsdaten
• Artikeldatei (enthält die wichtigsten Informationen über die Ware) • Lagerdatei (enthält Informationen zu den Lagerbeständen) • Kundendatei (enthält die relevanten Kundendaten) • Lieferantendatei (beinhaltet Kontaktdaten, Absprachen, E-Mails, Telefondaten usw.) • Personalstammdatendatei (enthält Informationen für die Lohnbuchhaltung, zu Arbeitsplänen, zum Arbeitseinsatz usw.	• Angebote • Aufträge • Rechnungen • Lieferscheine • Bestellungen • Verkaufszahlen usw.

Stammdaten werden auch als feste Daten bezeichnet, denn sie sind, wenn sie einmal im System angelegt sind, über einen längeren Zeitraum nahezu unverändert verfügbar (zustandsorientiert). Die Stammdaten stellen eine Art „Gerüst" dar. Bewegungsdaten hingegen entstehen immer wieder neu während einer betrieblichen Transaktion; sie sind variabel und abwicklungsorientiert.

Beispiel für die Verarbeitung von Daten durch das WWS bei der BAGs and more GmbH:

Ein Stammkunde kauft zwei vorbestellte Artikel (mit zusätzlich ausgestellter Rechnung) und bezahlt mit Girocard an der Kasse. Einen weiteren Artikel bezahlt er bar. Da die Kassensysteme verpflichtend mit einer zertifizierten technischen Sicherheitseinrichtung (TSE) ausgerüstet sein müssen, sind besondere Herausforderungen an die Archivierung der Kassendaten zu stellen.

↓

Der Verkauf und die Zahlung durch den Kunden wird durch die elektronische Kasse erfasst (z. B. verkaufter Artikel, Preis, Zahlungsart, Kassierer); aufgrund der ausgestellten Rechnung werden Daten an die Finanzbuchhaltung und die Kundendatei übermittelt bzw. von dort abgerufen.

↓

Der Warenbestand wird im Teilbereich Lager in der Artikeldatei und in der Lagerdatei um die verkauften Artikel gemindert.

↓

Wird bei einem der verkauften Artikel der vorher festgelegte Meldebestand erreicht, wird im Teilbereich Beschaffung ein Bestellvorgang an den Lieferanten ausgelöst.

↓

Der Bestellvorgang (Artikel, Menge, Datum usw.) wird in der Lieferantendatei vermerkt.

↓

Nach Erhalt der Ware wird der Wareneingang im Teilbereich Warenannahme registriert und die Kontrolle der Ware vermerkt; anschließend wird der Warenbestand um die Anzahl der gelieferten Artikel erhöht.

Der Einzelhändler kann sich zu jedem Zeitpunkt über die Absatzzahlen, die Warenbestände im Lager oder die aktuell beschaffte Ware im WWS informieren. Er kann auch sehen, welche Menge der bestellten Ware zu welchem Zeitpunkt eintreffen wird. Beim Eingang der Ware wird diese mit einem mobilen Datenerfassungsgerät (MDE) erfasst und durch Datenübertragung mit dem WWS verbunden. Die mit Hilfe des WWS erfassten Warenbestände sind sogenannte Soll-Bestände. Damit der Einzelhändler seine tatsächlichen Warenbestände, die Ist-Bestände, für die Finanzbuchhaltung verwenden kann, müssen diese z. B. im Rahmen einer Inventur (= körperliche Bestandsaufnahme) ermittelt werden.

1.7.3 Vorteile eines Warenwirtschaftssystems

Ein Warenwirtschaftssystem bietet dem Einzelhändler eine Reihe von Vorteilen, es ist Voraussetzung für einen optimalen Unternehmenserfolg. Dazu zählen:

- Optimierung der internen Geschäftsabläufe bzw. -prozesse (Zeitersparnis, einfache Datenpflege in einem System, Automatisierung statt manuelle Prozesse)
- gute Kenntnisse des Kundenverhaltens durch Echtzeit-Auswertungen
- hoher Servicegrad für den Kunden
- bedarfsgerechte Beschaffung
- Optimierung bzw. Reduzierung der Lagerbestände
- Sortimentsoptimierung durch Kenntnis der tagesaktuellen Statistiken.

LF 8

Ein Warenwirtschaftssystem steuert und kontrolliert den mengen- und wertmäßigen Warenfluss des Unternehmens und stellt hierzu alle wichtigen Informationen bereit.

Merke

1.7.4 Warenwirtschaftssysteme ermöglichen zielorientierte Planungen

Das Warenwirtschaftssystem erfasst wichtige Informationen und speichert diese in unterschiedliche Dateien ab. Abhängig von dem verfügbaren WWS können dem Einzelhändler verschiedene Dateien zur Verfügung gestellt werden, auf deren Grundlagen eine zielorientierte und genaue Planung durchgeführt werden kann:

Das Warenwirtschaftssystem beinhaltet verschiedene Dateien, die Informationen zur Planungsgrundlage liefern:

Datei	Informationen über […]	Planungsgrundlage für […]
Kundendatei 	Kunden, z. B.: Umsätze, Einkaufsgewohnheiten, bevorzugte Produkte, Alter, Geschlecht, Wohnort.	Werbemaßnahmen, bedarfsgerechte Sortimentsgestaltung, Bedarfsermittlung, Aufbau eines CRM-System (Customer-Relationship-Management)[1].
Artikeldatei 	Waren bzw. Artikel, die im Sortiment zu finden sind, z. B. für die ABC-Analyse, zur Limitplanung, zur Ermittlung der Umschlagshäufigkeit oder für Renner- und Penner-Listen.	Sortimentsgestaltung, qualifiziertere Kundengespräche, Lieferantenbeziehungen, Preisgestaltung.
Lagerdatei 	Lagerbestände einzelner Artikel, Lagerorte, Lagerdauer, Haltbarkeit der Artikel, Höchst-, Melde- und Mindestbestand, Umsatzhäufigkeit.	Bestellungszeitraum, Förderung des Abverkaufs einzelner Produkte durch Verkaufsaktionen, Angebote und Sonderplatzierungen. Erhalt der Verkaufsbereitschaft.
Lieferantendatei 	Informationen über Lieferanten bzw. Hersteller, wie z. B. Zuverlässigkeit, Termineinhaltung, Verhalten bei Reklamationen, Einhaltung der Umweltstandards und Aspekte der Nachhaltigkeit.	Gezielte Lieferantenauswahl nach Artikel, Menge und Konditionen (Preise, Lieferbedingungen).

1.7.5 Voraussetzung für das Funktionieren eines WWS

Voraussetzung für ein gut funktionierendes Warenwirtschaftssystem sind – unter Beachtung der gesetzlichen Vorgaben – insbesondere

- geeignete Datenerfassungsgeräte beim Wareneingang, im Lager und im Verkaufsbereich

1 „Kundenbeziehungsmanagement", mithilfe dieser Software verfolgt das Unternehmen die Strategie, die Bedürfnisse der Kunden in den Mittelpunkt aller Geschäftsprozesse zu stellen. Ziel dieser Strategie ist die Kundengewinnung und Kundenbindung.

- Vernetzung aller technischen Geräte (von der Datenerfassung über dezentrale Terminals und der Kassensysteme bis hin zum Zentralrechner bzw. Server)
- Etikettierung der Artikel mit Strichcode
- Einsatz geeigneter Hard- und Software, bei der sich die (physischen) Warenströme jederzeit verfolgen bzw. abbilden lassen, bei der die kaufmännisch relevanten Datenströme der Finanzbuchhaltung, der Fakturierung u.a. Bereichen jederzeit zur Verfügung stehen und die Datenpflege gesetzeskonform möglich ist.

Aufgaben

1. Nennen Sie fünf verschiedene Aspekte, die vor der Beschaffung von Waren durch den Einzelhändler zu berücksichtigen sind und beschreiben Sie die inhaltlichen Schwerpunkte dieser Aspekte stichwortartig.
2. Erklären Sie folgende Begriffe, die beim Beschaffungsprozess relevant sind: „Differenzierung" bzw. „Diversifikation" des Sortiments, „trading-up" bzw. „trading-down" des Sortiments, „Bestell-Limit", „Me-too-Artikel", No-Name-Artikel".
3. Wie gestaltet ein Einzelhandelsunternehmen seine Beschaffungspolitik, wenn sie als „Multiple-Sourcing" bezeichnet wird?
4. Welche Vor- und Nachteile für ein Einzelhandelsunternehmen lassen sich der Beschaffungssuche beim „Global-Sourcing" zuordnen? Erläutern Sie je zwei Aspekte, die vorteilhaft bzw. nachteilig sein können.
5. Bei der Organisation der Beschaffung unterscheidet man zwischen einem „objektorientierten" und „funktionsorientierten" Einkauf. Erklären Sie die Unterschiede beider interner Beschaffungsorganisationen.
6. Nennen Sie die zwei Formen „externer Beschaffungsorganisationen".
7. Erklären Sie, wie „Fehlmengenkosten" entstehen.
8. Erläutern Sie die Begriffe „Sortimentsbereinigung/-erweiterung", „Quantitative Hebung" und „Quantitative Senkung".
9. Beschreiben Sie beim Beschaffungsprozess den Zielkonflikt zwischen Verkaufsbereitschaft sowie den Bestell- und Lagerkosten.
10. Erklären Sie, wie man zeichnerisch die optimale Bestellmenge ermittelt, wenn Lagerkosten, Bezugskosten und Gesamtkosten in einer Tabelle dargestellt werden.
11. Beschreiben Sie anhand von drei Rahmenbedingungen, wodurch die Bestellmenge einer Ware beeinflusst wird.
12. Bewerten Sie die Risiken eines negativen Images, einer negativen Rentabilität und einer zu geringen Liquidität bei einer sehr hohen Warenbestellmenge.
13. Erläutern Sie, was man mit einer „ABC-Analyse" bezweckt. Beschreiben Sie darüber hinaus, wie man diese Analyse durchführt.
14. Erklären Sie, welche Bedeutung Artikel der Wertstufen A bzw. C für Einzelhändler haben.
15. Erläutern Sie die Begriffe „Höchst-, Mindest- und Meldebestand".

Aufgaben

16. Vergleichen Sie die Beschaffungsstrategien „Bestellpunktverfahren", „Bestellrhythmusverfahren", „Verkaufssynchrone Beschaffung" und „Beschaffung nach Einzelauftrag". Beschreiben Sie in einer Tabelle stichwortartig alle Verfahren und erläutern Sie mehrere Vor- und Nachteile der jeweiligen Beschaffungsstrategien.
17. Die „BAGs and more GmbH" muss den Meldebestand anpassen, weil der durchschnittliche Tagesabsatz an Rucksäcken auf täglich 10 gefallen ist. Die Lieferzeit beträgt 8 Tage. Wie hoch ist der Meldebestand, wenn der Mindestbestand 60 und der Höchstbestand 240 Rucksäcke beträgt?
18. Geben Sie fünf Beispiele für betriebsexterne Bezugsquellen an, die primär (direkt) genutzt werden können.
19. Geben Sie fünf Beispiele für betriebsexterne Bezugsquellen an, die sekundär (indirekt) genutzt werden können.
20. Erläutern Sie fünf Kriterien, die die Entscheidung für einen Lieferer beeinflussen sollten.
21. Vergleichen Sie „horizontale" und „vertikale" Kooperationen, die Einzelhändler eingehen können. Nennen Sie dazu Beispiele bekannter Unternehmen.
22. Welche Tätigkeiten übernehmen „Rackjobber"? Erläutern Sie den Begriff, nennen Sie Aufgabenbereiche und leiten Sie Vorteile für den Einzelhandel ab.
23. Erklären Sie die Vertriebsform „Franchising".
24. „Ökologische und soziale Aspekte" bei der Warenproduktion gewinnen für den Verbraucher immer mehr an Bedeutung? Erläutern Sie anhand von mehreren Aspekten, wie sich diese Produktionsform von konventionellen Herstellungsverfahren unterscheidet.
25. Geben Sie mindestens fünf Beispiele an, wie der Einzelhandel bei der Warenbeschaffung auf „Nachhaltigkeitsaspekte" Einfluss nehmen kann.
26. Beschreiben Sie verschiedene Umwelt- oder Gütesiegel, die im Einzelhandel eine besondere Bedeutung haben.
27. Nennen Sie einzelne Stationen des Warenflusses, die ein Warenwirtschaftssystem dokumentieren sollte.
28. Beschreiben Sie, wie in einem Warenwirtschaftssystem die einzelnen Teilbereiche miteinander kommunizieren, wenn „Bewegungsdaten" vom Beschaffungsvorgang bis zum Verkauf einer Ware verarbeitet werden.
29. Welche Stammdaten sind in einem Warenwirtschaftssystem besonders wichtig, welche Informationen enthalten diese Stammdaten im Einzelnen?
30. Ein Warenwirtschaftssystem bietet dem Einzelhandel die Möglichkeit, Warenströme zu erfassen, zu kontrollieren bzw. zu analysieren.
    a) Unterscheiden Sie zwischen den Begriffen „offenes", „geschlossenes" oder „integriertes" Warenwirtschaftssystem.
    b) Welches sind die Kernfunktionen eines Warenwirtschaftssystems?
    c) Erläutern Sie vier verschiedene Vorteile, die ein Warenwirtschaftssystem dem Einzelhandelsunternehmen ermöglichen.

2 Beschaffungsprozesse durchführen

Demografischer Wandel, Digitalisierung und ein intensiver Wettbewerb unterschiedlicher Handelsformate einschließlich des Online-Handels haben den Einzelhandel in den letzten Jahrzehnten entscheidend beeinflusst bzw. verändert. Darüber hinaus hat sich das Konsumverhalten der Verbraucher gewandelt, bedingt durch eine stark gestiegene Informationsflut durch das Internet und durch die Möglichkeiten der Globalisierung des Warenverkehrs.

Dieser Strukturwandel stellt auch den Einzelhandel vor große Herausforderungen, sodass Beschaffungsprozesse sehr gut analysiert und Verträge mit Lieferanten entsprechend optimal vorbereitet sein müssen.

Merke

Wird im Einzelhandel eine Ware beschafft oder an Kunden verkauft, kommt ein Kaufvertrag zustande. Es wird ein Rechtsgeschäft durchgeführt.

2.1 Der Kaufvertrag wird vorbereitet

Einzelhandelsunternehmen beschaffen Waren verschiedener Hersteller, fügen sie zu einem Sortiment zusammen und verkaufen diese an nicht-gewerbliche Kunden. Einzelhändler „leben" vom Verkauf. Das bedeutet, dass täglich eine Vielzahl von Verträgen mit Herstellern bzw. Kunden getätigt werden. Diese vertraglichen bedingten „Handelsgeschäfte" werden in der Betriebswirtschaft als Rechtsgeschäfte bezeichnet. In diesem Kapitel werden die rechtlichen Aspekte des Wareneinkaufs behandelt. Detaillierte Informationen verschiedener Arten von Rechtsgeschäfte finden sich im Lernfeld 3 des ersten Ausbildungsjahres. 49

LF 3

2.1.1 Informationsbeschaffung durch eine Anfrage

Für die Beschaffung von Waren stehen dem Einzelhandel meist sehr viele Bezugsquellen zur Auswahl. Um Informationen zu diesen Waren einzuholen, stellt der Einzelhändler Anfragen an mögliche Lieferanten bzw. Hersteller. Diese Informationen beziehen sich auf die Ware selbst, insbesondere die Qualität und Beschaffenheit, auf den Preis, auf die Menge, auf die Lieferungs- und Zahlungsbedingungen, auf mögliche Rabatte und auf den Lieferzeitpunkt.

Inhalt der Anfrage

Bei allgemeinen Anfragen wird der Anbieter gebeten, Preislisten, Prospekte, Produktinformationen, Muster oder Kataloge zu schicken, damit sich der Einzelhändler ein Bild über das angebotene Sortiment machen kann. Manchmal wird auch um ein persönliches Gespräch mit einem Außendienstmitarbeiter gebeten.

Bestimmte Anfragen haben das Ziel, dass detaillierte Informationen zu einer Ware übermittelt werden und der Anbieter zu einem konkreten Angebot veranlasst werden soll.

> **Unter einer Anfrage versteht man das unverbindliche Einholen von Informationen zur Abgabe eines Angebots.**
>
> Merke

BAGs and more GmbH, Kurze Straße 10, 50885 Köln
Fashion company GmbH
Bonner Allee 123
12345 Berlin

Anfrage

Sehr geehrte Damen und Herren,
wir haben unsere Taschenabteilung erweitert und beabsichtigen, unser Sortiment an Business- und Reisegepäcktaschen zum Frühjahr zu erweitern. Auf der letztjährigen Lederwaren-Messe in Offenbach haben mir Ihre neuesten Modelle schon einmal präsentiert. Wir möchten unseren Kunden insbesondere die Serien Rügen, Fehmarn, Norderney, Borkum und Usedom anbieten.
Bitte senden Sie uns dazu ein verbindliches Angebot mit Ihren Liefer- und Zahlungsbedingungen.
Wir bedanken uns für eine zeitnahe Bearbeitung.

Mit freundlichen Grüßen

Sven Klausen

Beispiel: *Das Einzelhandelsunternehmen BAGs and more GmbH erweitert zum Frühjahr das Sortiment an Reisetaschen. Dazu sendet Sven Klausen eine allgemeine Anfrage an die Fashion company GmbH in Berlin, deren Messestand er bereits auf der letzten Lederwaren-Messe in Offenbach besucht hatte. Um ein detailliertes Angebot zu erhalten, muss Herr Klausen die Modelle genau benennen.*

> **Anfragen sind rechtlich stets unverbindlich, sie verpflichten zu nichts.**
>
> Merke

Form und rechtliche Bedeutung einer Anfrage

Für die Anfrage ist gesetzlich keine Form vorgeschrieben. Sie kann mündlich, telefonisch oder schriftlich per Fax, Email oder Brief erfolgen. Eine Anfrage ist grundsätzlich unverbindlich, d. h. der Anfragende geht mit der Anfrage keine Verpflichtungen ein; es kommt kein Vertrag zustande.

2.1.2 Angebote

Wesen des Angebots

Ein Angebot ist eine verbindliche Willenserklärung eines Produzenten bzw. Händlers, Waren oder Dienstleistungen zu den angegebenen, vorher festgelegten Bedingungen zu verkaufen. Wichtig dabei ist, dass das – meist schriftliche – Angebot an eine bestimmte Person oder ein Unternehmen direkt gerichtet ist.

„Angebote", die man aus Schaufensterauslagen, aus Zeitungs- bzw. Internetanzeigen oder aus Katalogen, aus Funk und Fernsehen sowie von Plakaten kennt, sind nicht an eine bestimmte Person gerichtet, sondern an die Allgemeinheit und daher rechtlich kein Angebot. Diese „Angebote" werden als Anpreisungen bezeichnet. Auch die Warenpräsentationen in Geschäften mit Preisangaben gelten nicht als Angebote im rechtlichen Sinne.

Form des Angebots

Wie bei der Anfrage ist auch das abgegebene Angebot an keine Form gebunden. Grundsätzlich kann es abgegeben werden

- unter Anwesenden: mündlich, schriftlich oder durch schlüssiges Handeln;
- unter Abwesenden: schriftlich (durch Brief, Fax, Email) oder bildhaft (Prospekte, Kataloge, Internet).

Wer einer bestimmten Person ein Angebot ohne Einschränkung abgibt, ist an dieses Angebot gebunden.

Merke

Mündliche oder telefonisch übermittelte Angebote werden i. d. R. noch einmal schriftlich bestätigt, um Fehler oder Versehen zu vermeiden. Schriftliche Angebote sind bei Rechtsstreitigkeiten aufgrund der Beweiskraft vorteilhaft.

Bindung an das Angebot

Produzenten und Händler können die angebotenen Preise (oder Mengen) für ihre Waren gegenüber Kunden nicht immer garantieren. Deshalb wird die Bindung an das gemachte Angebot zeitlich eingeschränkt oder ausgeschlossen, wenn eine Lieferung nicht möglich ist. Folgende Einschränkungen sind gesetzlich oder vertraglich zu unterscheiden:

Einschränkung	Merkmal	Beispiele	
gesetzliche Bindungsfrist (unter Anwesenden)	Das Angebot ist nur solange wirksam, wie Anbieter und Interessent sich unterhalten.	• Gespräch im Verkaufsraum • Telefonat	§ 147 (1), BGB
gesetzliche Bindungsfrist (unter Abwesenden)	Das Angebot wird erst wirksam, wenn es dem (abwesenden) Interessenten zugeht und dieser Zeit hat, darauf sofort zu reagieren.	• Brief (max. 1 Woche) • Fax (max. 3 Tage) • E-Mail (1 Tag)	§§ 130, 147 (2), BGB
vertragliche Bindungsfrist	Der Anbieter kann für die Annahme des Angebots eine Frist bestimmen; die Annahme ist nur während der Frist möglich.	• gültig bis zum 2. Mai, • Gültigkeit zwei Wochen ab xxx	§ 148, BGB
Freizeichnung	Der Anbieter kann die Bindung an das Angebot durch Freizeichnungsklauseln einschränken oder ausschließen.	• freibleibend, unverbindlich, vorbehalten	§ 145, BGB

Formulierung	Bedeutung der Freizeichnungsklausel
Angebot freibleibend, Angebot unverbindlich	Die Bindung an das Angebot ist vollständig aufgehoben, es kann geändert oder zurückgenommen werden.
Preisänderung vorbehalten, Preis freibleibend/unverbindlich	Der angebotene Preis kann nicht garantiert werden, er kann sich – aufgrund von Preisschwankungen – jederzeit ändern.
solange der Vorrat reicht, Menge freibleibend	Die angebotene Liefermenge kann nicht garantiert werden, möglicherweise ist das Angebot an Waren nicht ausreichend bzw. die Nachfrage größer als das Angebot.

Das Angebot (= Antrag des Lieferers) ist Teil eines rechtsgültigen Kaufvertrages, sofern die gesetzlichen Vorgaben eingehalten worden sind. Im BGB ist die vertragliche Bindung bzw. die Annahmefrist eindeutig geregelt:

§ **Bürgerliches Gesetzbuch (BGB)**

§ 145 Bindung an den Antrag
Wer einem anderen die Schließung eines Vertrages anträgt, ist an den Antrag gebunden, es sei denn, dass er die Gebundenheit ausgeschlossen hat.

§ 146 Erlöschen des Antrags
Der Antrag erlischt, wenn er dem Antragenden gegenüber abgelehnt oder wenn er nicht diesem gegenüber nach den §§ 147 bis 148 rechtzeitig angenommen wird.

§ 147 Annahmefrist
(1) Der einem Anwesenden gemachte Antrag kann nur sofort angenommen werden. Dies gilt auch von einem mittels Fernsprechers oder einer sonstigen technischen Einrichtung von Person zu Person gemachten Antrag.
(2) Der einem Abwesenden gemachte Antrag kann nur bis zu dem Zeitpunkt angenommen werden, in welchem der Antragende den Eingang der Antwort unter regelmäßigen Umständen erwarten darf.

Die Bindung des Lieferers an sein Angebot erlischt,

- wenn der Empfänger das Angebot durch eine abweichende Bestellung abändert oder der Lieferer die Gebundenheit ausschließt, (§ 145)
- wenn die Annahmefrist nicht eingehalten bzw. zu spät bestellt wurde, (§ 146 und 147)
- wenn der Anbieter sein Angebot rechtzeitig widerruft; das ist möglich, wenn der Widerruf vor oder mit dem Angebot beim Empfänger eintrifft.

Anhand verschiedener Situationsbeispiele aus der BAGs and more GmbH soll überprüft werden, ob ein Lieferer an ein gemachtes Angebot gebunden ist oder nicht:

Beispiele aus dem Alltag der BAGs and more GmbH:

Situation	Bewertung der Situation, rechtliche Erläuterung	Angebot bindend?
Die BAGs and more GmbH bekommt am 10. Mai ein Angebot der Fa. FIT per E-Mail. Die Auszubildende Anke soll zu diesem Angebot unverzüglich die Bestellung fertigmachen. Sie sendet dem Anbieter ein Fax am 13. Mai.	Ein Angebot ist nur solange gültig, wie der Empfänger Zeit hat, auf dieses Angebot unmittelbar zu reagieren. Die E-Mail hätte somit noch am selben Tag beantwortet werden müssen; nicht erst zwei Tage später. Der Anbieter muss diese Bestellung nicht mehr annehmen.	 Das Angebot ist nicht mehr bindend.

Situation	Bewertung der Situation, rechtliche Erläuterung	Angebot bindend?
Abteilungsleiterin Karin Roberts erhält beim Messebesuch ein mündliches Angebot über einen Posten Fußmatten. Frau Roberts schläft eine Nacht über dieses Angebot und sagt am nächsten Tag am Messestand zu; der Anbieter lehnt ab.	Bei einem mündlichen Angebot muss der Empfänger während des Aufenthaltes auf dem Messestand zusagen, wenn er das Angebot annehmen möchte. Eine spätere Zusage ist nicht mehr rechtsverbindlich, die Bindung kann abgelehnt werden, wenn das Angebot so nicht mehr realisiert werden kann.	 Das Angebot ist nicht mehr bindend.
Karin Roberts telefoniert mit einem Lieferanten, sie bekommt ein sehr günstiges Angebot über einen Posten Stofftaschen; da die Sekretärin eine Frage hat, unterbricht Frau Roberts kurz das Gespräch, indem sie den Hörer zur Seite legt. Als die Sekretärin den Raum verlassen hat, nimmt sie den Hörer wieder in die Hand und bestellt die Taschen. Der Lieferant bemerkt einen Rechenfehler und widerruft sein Angebot noch während des Telefonats.	Bei einem fernmündlichen Gespräch wird die Bindung an das Angebot solange aufrechterhalten, wie Lieferant und Interessent telefonieren. Da das Telefonat nicht abgebrochen, sondern nur kurz unterbrochen wurde, bleibt das Angebot nach der Wiederaufnahme des Telefongesprächs rechtsverbindlich. Ein Widerruf ist ebenfalls nicht möglich, da dieser vor oder zeitgleich mit dem Angebot ausgesprochen werden müsste. Der Lieferant kann das Angebot nicht zurücknehmen, wenn er die Bindung nicht eingeschränkt hat z. B. durch eine Freizeichnungsklausel.	 Das Angebot ist bindend; die Beweislast kann für Frau Roberts schwierig werden, dass sie ein so gutes Angebot bekommen hatte.
Anke fordert ein neues Angebot bei der Fa. FIT an, das mittags per Post versendet wird. Am Abend bemerkt die Fa. FIT einen Fehler und sendet ein Fax mit einem Widerruf.	Ein Widerruf ist dann rechtsgültig, wenn er vor oder zeitgleich mit dem Angebot eintrifft. Da das Angebot frühestens am nächsten Tag mit der Post kommt und das Fax schon am Abend vorher da ist, ist der Widerruf ok, die Bindung ist erloschen.	 Das Angebot ist nicht mehr bindend.

2.2 Inhalte von Angeboten

Ein Angebot sollte alle wesentlichen Angaben beinhalten, die sich vor Abschluss eines Kaufvertrages regeln lassen, damit es zwischen Verkäufer und Käufer nicht zu Streitigkeiten kommt. Es gibt jedoch keine gesetzlichen Vorschriften über die Inhalte von Angeboten. Oft werden detaillierte Vereinbarungen und Klauseln in den Allgemeinen Geschäftsbedingungen (AGB) formuliert, wodurch sich Verträge vereinfachen und standardisieren lassen.

Wenn in einem Angebot einzelne Angaben fehlen, die man auch in den AGB nicht findet, dann gelten die gesetzlichen Bestimmungen, die man im BGB oder HGB findet. Für bestimmte Branchen – wie z. B. in der deutschen Textilwirtschaft – gelten sogenannte Einheitsbedingungen, die die Liefer- und Zahlungsbedingungen sowie andere Vertragsinhalte einheitlich regeln.

> Vor dem Abschluss eines Kaufvertrages sollten möglichst viele Vertragsinhalte festgelegt werden.
>
> **Merke**

Zu den Inhalten eines Angebotes gehören:

- Art, Güte und Beschaffenheit der Ware
- Preis und Menge der Ware
- Zahlungsbedingungen und Eigentumsvorbehalt
- Lieferungsbedingungen
- Vertragserfüllung (Erfüllungsort und Gerichtsstand)
- Verpackungskosten

Inhalte eines Angebotes – welche Informationen sind in Angeboten zu finden

Angebotsinhalt	… wird gekennzeichnet, festgelegt oder beschrieben durch	Beispiele
Art (der Ware)	• handelsübliche Bezeichnungen	• Laptop-Tasche • Regenjacke • Fachbuch • Wanduhr
Beschaffenheit, Güte, Qualität (der Ware)	• Qualitätsangaben, Gütesiegel • Handelsklassen • Muster oder Proben • Abbildungen/ Beschreibungen • Typklassen • Herkunft • Marken	• Premium, Bio, FSC • Obst, Äpfel, Eier • Tapeten, Wein, Öle • Prospekte, Kataloge • Mehl (405), E.-geräte • Anbaugebiete • Adidas, Nike, Puma
	gesetzliche Regelung: Wird nichts festgelegt, ist Ware mittlerer Art und Güte zu liefern	
Menge (der Ware)	• gesetzliche Maßeinheiten • handelsübliche Bezeichnungen • Mindest- bzw. Höchstbestellmengen möglich	• m, kg, l, t, m^3, m^2 • Stück, Kiste, Sack
Preis (der Ware)	• bezieht sich auf die handelsübliche Mengeneinheit oder auf die angegebene Gesamtmenge	• in € (Euro), andere Währungen möglich
Preisstellungen	• Nettopreis: es sind keine Abzüge mehr möglich • Bruttopreis: es werden noch Preisabzüge zugelassen	• zahlbar netto Kasse, zahlbar ohne Abzug • Rabatt, Skonto und andere Preisnachlässe
Preisnachlässe	Lieferanten gewähren oft Preisnachlässe	

Preisnachlässe im Überblick:

Rabatte	Preisnachlässe aus besonderen Gründen, die man im Vorhinein gewährt. Beispiele: Mengenrabatt, Treuerabatt, Personalrabatt
Bonus (Plural: Boni)	Preisnachlässe, die nachträglich gewährt werden Beispiele: Wenn am Ende eines Jahres eine gewisse Umsatzhöhe erreicht wird
Skonto (Plural: Skonti)	Preisnachlass, der nachträglich bei Zahlung innerhalb einer bestimmten Frist vom Rechnungsbetrag abgezogen werden darf Beispiele: Wenn innerhalb einer vorgegebenen Zahlungsfrist bezahlt wird, kann der Kunde einen Abzug in vereinbarter Höhe vornehmen z. B. 2 % Skonto bei Zahlung innerhalb 7 Tagen.

Zahlungsbedingungen

Hier geht es um die Klärung der Frage, wann die Zahlung erfolgen soll. Werden keine besonderen Regelungen zum Zahlungszeitpunkt getroffen, kann der Verkäufer (Gläubiger) nach der gesetzlichen Regelung die Zahlung sofort verlangen.

Laut BGB (§ 270f.) hießt es: „Geldschulden sind Bringsschulden"; das bedeutet, der Einzelhändler muss dafür sorgen, dass der Zahlungsbetrag auf seine Kosten an den Lieferer gesendet wird. Dabei muss der Betrag am Fälligkeitstag eingegangen sein. Die Ware ist nach gesetzlicher Regelung sofort bei Lieferung zu zahlen, es sei denn, es wurde vertraglich etwas anderes vereinbart.

Welche Vereinbarung zum Zahlungszeitpunkt getroffen wird, ist von verschiedenen Faktoren abhängig. Hierzu zählen die folgenden Überlegungen:

- der Umfang des Geschäftes
- die Bonität (finanzielle Zuverlässigkeit einer Person)
- ein möglicher Stammkundenstatus

„Warenschulden sind Holschulden", „Geldschulden sind Bringschulden".

Merke

Zahlungszeitpunkt	Zahlungsform
vor der Lieferung der Ware	• Vorkasse • Vorauszahlung • Anzahlung
bei der Lieferung der Ware	• Barzahlung • Teilzahlung (bei Teillieferung)
nach der Lieferung der Ware	• Zahlungsziel • Ratenzahlung

Eigentumsvorbehalt

Zur Sicherung des Zahlungseingangs bei Zielverkäufen werden in den Allgemeinen Geschäftsbedingungen häufig Formulierungen folgender Art aufgenommen:

„Alle Lieferungen erfolgen unter Eigentumsvorbehalt“, d. h., die Ware bleibt bis zur vollständigen Bezahlung Eigentum des Verkäufers.

Liefertermin

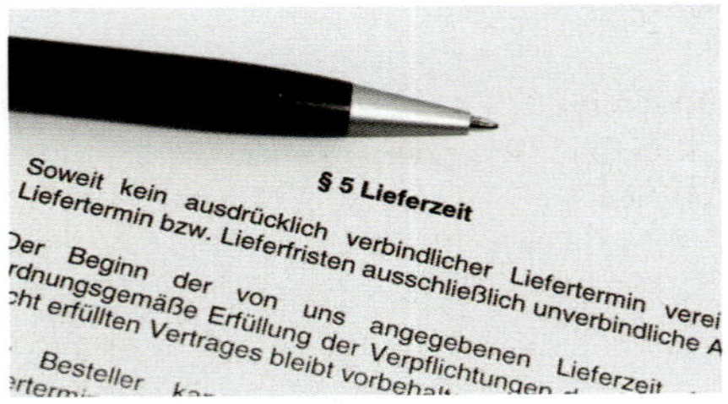

© belende11.photo – stock.adobe.com

Zu den Lieferbedingungen zählen die Lieferzeit, die Verpackungskosten und die Beförderungskosten.

Die Lieferzeit ist für den Einzelhandelsunternehmer in Hinblick auf seine Verkaufsbereitschaft ein wichtiger Entscheidungsfaktor im Beschaffungsprozess. Sie bezeichnet den Zeitraum zwischen der Bestellung und dem Wareneingang.

Gibt es im Angebot keinen Hinweis über den Lieferzeitpunkt, so gilt die gesetzliche Regelung, dass der Käufer sofortige Lieferung verlangen kann.

Vertraglich werden sehr häufig zwei Varianten bei der Lieferzeit vorgegeben:

- Terminkauf: Lieferung erfolgt innerhalb einer Frist oder zu einem bestimmten Termin.
- Fixkauf: Lieferung erfolgt zu einem festen (fixen) Termin.

Verpackungskosten

Bei den Verpackungen ist zu unterscheiden zwischen der Verkaufsverpackung und der Versandverpackung. Die Kosten für die Verkaufsverpackung trägt immer der Verkäufer, das sind Tüten, Schachteln, Dosen, Flaschen usw., ohne die viele Güter sich nicht verkaufen lassen. Die Schutz- oder Versandverpackungen zahlt (laut § 380 HGB bzw. 448 BGB) immer der Käufer, es sei denn, dass man sich vertraglich anders geeinigt hat.

Das Gewicht der Versandverpackung wird als Tara (Gewicht der Verpackung) bezeichnet. Es ist die Differenz zwischen dem Gesamt- bzw. Bruttogewicht und dem Rein- bzw. Nettogewicht.

Beförderungskosten

Ist im Angebot nichts vereinbart, so gilt bei den Lieferkosten laut Gesetz „Warenschulden sind Holschulden“. Grundsätzlich orientieren sich die Aufwendungen für die Warenlieferung nach dem „Leistungsort“. Das ist der Ort, an dem der Schuldner seine Leistung zu erbringen hat. Für den Lieferer ist das der Sitz bzw. Firmenort seines Unternehmens. Im BGB wird der Leistungsort als „Erfüllungsort“ bezeichnet.

> Bei den Beförderungskosten gilt die gesetzliche Regelung: Warenschulden sind Holschulden.
>
> Merke

Folgende Vereinbarungen bezüglich der Übernahme der Kosten können sein:

Vereinbarte Übernahme der Beförderungskosten

Vereinbarte Beförderungsbedingungen	Verkäufer	Rollgeld	Verladekosten	Fracht	Entladekosten	Rollgeld	Käufer
ab Fabrik, ab Lager, ab Werk	Bereitstellung durch Verkäufer	Der Käufer übernimmt alle Beförderungskosten.					
ab hier, ab Bahnhof hier, unfrei	Der Verkäufer übernimmt die Anfuhrkosten bis zur Versandstation.		Der Käufer übernimmt Verlade-, Fracht-, Entladekosten sowie Rollgeld (Zustellkosten).				
frei Waggon	Der Verkäufer übernimmt die Anfuhrkosten und Verladekosten.			Der Käufer übernimmt Fracht-, Entladekosten sowie Rollgeld (Zustellksoten).			
frei Bahnhof dort, frachtfrei, frei dort	Der Verkäufer übernimmt die Anfuhr-, Verlade- und Frachtkosten.				Der Käufer übernimmt Entladekosten sowie Rollgeld (Zustellkosten).		
frei Haus, frei Lager, frei Werk	Der Verkäufer übernimmt alle Beförderungskosten bis in den gesicherten Verfügungsbereich des Käufers.						Einlagerung durch den Käufer
frei Keller, frei Lagerplatz, frei Regal	Der Verkäufer übernimmt alle Beförderungskosten bis in den vom Käufer bestimmten Einlagerungsort.						

Beispiel: *Die BAGs and more GmbH erhält ein Angebot aus Berlin über die in der letzten Woche angefragten Business- und Reisetaschen. Neben dem Preis und den Verpackungskosten ist vermerkt, dass der Erfüllungsort und Gerichtsstand für beide Teile Berlin ist, zu den Beförderungskosten ist nichts vermerkt. Da die Auszubildende Anke das Angebot bearbeiten soll, schaut sie sich in ihren Unterlagen noch einmal an, wie die gesetzliche Regelung bei den Beförderungskosten ist. Hierbei gilt:*

Käufer muss die Ware beim Verkäufer abholen.

Verkäufer | **Käufer**

Der Käufer übernimmt das Transportrisiko und die Transportkosten.

Werden die Waren allerdings mit Fahrzeugen des Verkäufers transportiert, dann befindet sich die Ware solange noch in der „Verfügungsgewalt" des Verkäufers, bis sie dem Käufer übergeben wurde. Anders verhält sich der Übergang des Risikos auch beim sogenannten Versendungskauf. Daher sollte Anke mit dem Verkäufer vereinbaren, dass die Ware durch einen Spediteur oder Paketdienstleister zur BAGs and more GmbH gesendet wird. Dann wird das Transportrisiko auf den Dienstleister übertragen.

§ Gefahrübergang beim Versendungskauf, (§ 447)

(1) Versendet der Verkäufer auf Verlangen des Käufers die verkaufte Sache nach einem anderen Ort als dem Erfüllungsort, so geht die Gefahr auf den Käufer über, sobald der Verkäufer die Sache dem Spediteur, dem Frachtführer oder der sonst zur Ausführung der Versendung bestimmten Person oder Anstalt ausgeliefert hat.
(2) Hat der Käufer eine besondere Anweisung über die Art der Versendung erteilt und weicht der Verkäufer ohne dringenden Grund von der Anweisung ab, so ist der Verkäufer dem Käufer für den daraus entstehenden Schaden verantwortlich.

Erfüllungsort und Gerichtsstand

Bei einem Kaufvertrag muss festgelegt sein, wo der Schuldner seine geschuldete Leistung zu erbringen hat. Für die „Übergabe der Ware" ist dieser Erfüllungsort nach gesetzlicher Regelung der Firmenort des Verkäufers, für die „Übergabe des Geldes" ist das der Wohnort des Käufers. Es kann auch eine vertragliche Regelung gefunden werden, auf die sich die beiden Vertragspartner einigen können.

Der Gerichtsstand richtet sich nach dem Erfüllungsort, der im Angebot vereinbart wurde oder der gesetzlich vorgegeben ist. Sollten sich Streitigkeiten aus der Vertragserfüllung ergeben, wäre bei Problemen im Zusammenhang mit der Lieferung (= Warenschuld) ein Gericht im Wohnort bzw. im Bezirk des Verkäufers zuständig, bei Problemen im Zusammenhang mit der Bezahlung (= Geldschuld) wäre das der Wohnort bzw. im Bezirk des Schuldners, denn der Gerichtsstand richtet sich, sofern die gesetzliche Regelung gilt, nach dem Erfüllungsort. Um diesen Umstand zu vermeiden, der für den Anbieter nachteilig ist, wird i. d. R. vertraglich festgelegt, dass der Gerichtsstand für beide Vertragspartner der Geschäftssitz des Lieferers ist.

§ 11 Gerichtsstand – Erfüllungsort

Gerichtsstand für alle Streitigkeiten aus diesem Vertrag ist das für unseren Geschäftssitz (Berlin, Bundesrepublik Deutschland) zuständige Gericht, wenn der Käufer ein Kaufmann, eine juristische Person des öffentlichen Rechts oder öffentlich-rechtliches Sondervermögen ist.

Erfüllungsort für die Lieferung der Ware ist unser Auslieferungswerk in Potsdam, sofern keine vertragliche anderweitige Vereinbarung getroffen wurde.

Es gilt das Recht der Bundesrepublik Deutschland. Das UN-Kaufrecht (CISG) sowie etwaige sonstige zwischenstaatliche Übereinkommen finden keine Anwendung, auch nach ihrer Übernahme in deutsches Recht.

Sollte eine der in den AGB aufgeführten Punkte ganz oder teilweise unwirksam sein oder werden, wird hierdurch die Wirksamkeit der anderen Bedingungen nicht berührt.

Fashion company GmbH

Durch den Erfüllungsort wird geregelt, wo die Vertragspartner ihre Leistung erbringen müssen.

Merke

Der Gerichtsstand richtet sich nach dem Erfüllungsort.

Merke

Eine vertragliche Abänderung des Gerichtsstandes ist nur bei zweiseitigen Handelskäufen (Verträge zwischen zwei Kaufleuten) möglich, bei Kaufverträgen zwischen einem Einzelhändler und seinem Privatkunden (einseitiger Handelskauf) ist dies nicht möglich.

2.3 Angebotsvergleich

Liegen mehrere Angebote verschiedener Lieferanten vor, muss sich der Einzelhändler für das beste Angebot entscheiden. Dafür muss er einen gründlichen Vergleich aller Angebote durchführen.

Die Kaufentscheidung richtet sich nach verschiedenen Bewertungskriterien, die zwei unterschiedliche Vorgehensweisen bei der Entscheidungsfindung erforderlich machen: den quantitativen und den qualitativen Angebotsvergleich.

Der Angebotsvergleich dient der Vorbereitung einer Kaufentscheidung.

Merke

Kriterien beim Angebotsvergleich

quantitative Kriterien	qualitative Kriterien
Listeneinkaufspreis oder Katalogpreis	Warenqualität und -ausstattung
Rabatte, Bonus	Zuverlässigkeit/Flexibilität des Lieferers
Lieferkosten/Frachtkosten	Image des Lieferers bzw. der Ware
Zoll	Lieferbedingungen, Liefer-/Bestellfristen
Verpackungskosten	Mindestbestellmenge
Transportversicherung	Service und Kundendienst
Lieferantenskonto	Nachhaltigkeit und ökologische Aspekte

2.3.1 Quantitativer Angebotsvergleich

Die bei einem Angebot messbaren bzw. rechnerisch erfassbaren Kriterien werden bei einem quantitativen Angebotsvergleich möglichst tabellarisch gegenübergestellt. Dazu gehören natürlich der Listenpreis, aber auch Abzüge durch Rabatte und Skonto sowie Kosten durch Transport, Versicherung, Lieferung und Verpackung. Diese messbaren Größen werden auch als quantitative Kriterien bezeichnet.

Beim quantitativen Angebotsvergleich werden die Bezugspreise der verschiedenen Anbieter miteinander verglichen und tabellarisch gegenübergestellt.

Tipp

Das Schema der Bezugspreiskalkulation wird auf jedes Angebot angewendet:

Schema Bezugskalkulation

	Listeneinkaufspreis	Verkaufspreis, der auf dem Angebot steht
–	Lieferantenrabatt	vereinbarte Preisnachlässe (z. B. Mengen- oder Saisonrabatt)
=	Zieleinkaufspreis	zu zahlender Preis
–	Lieferantenskonto	Zahlungsnachlass, wenn innerhalb einer vorgegebenen Frist gezahlt wird
=	Bareinkaufspreis	Einkaufspreis (nach Abzug von Rabatten und Skonto)
+	Bezugskosten	zusätzliche Kosten für Lieferung, Transportversicherung, Verpackung etc.
=	Bezugspreis oder Einstandspreis	endgültiger Preis

Beispiel: *Die BAGs and more GmbH möchte aufgrund der gestiegenen Nachfrage das Sortiment an modischen Abend- und Umhängetaschen erweitern.*

Frau Roberts fragt für einen bestimmten Modelltyp mehrere Anbieter an, die vergleichbare Taschen anbieten; von einem der drei angefragten Unternehmen, der ALL Age KG, erhält sie umgehend ein Angebot.

Insgesamt möchte die BAGs and more GmbH 140 Taschen in verschiedenen Modefarben kaufen, bezahlt werden soll sofort nach Rechnungserhalt.

Angebot

Sehr geehrte Damen und Herren,

wir bedanken uns für Ihre Anfrage bezüglich unseres Taschen-
modells „TINA" bieten an:

Menge	Einheit	Artikel	Einzelpreis
140	Stück	**Umhängetasche TINA** (erhältlich in verschiedenen Farben)	**23,98 €** (zzgl. MwSt.)

TINA ist aus hochwertigem, genarbten Rindsleder; erhältlich in
den Farben mango, dark pink, marine blau, peppermint green
oder black. TINA hat einen Reißverschluss, einen abnehmbaren
Umhängeriemen und Einsteckfächer auf der Vorder- und Rück-
seite. Das Taschenvolumen lässt sich durch seitliche Reißver-
schlüsse vergrößern. Maße 20 × 15 × 2,5 cm (B×H×T).

Ab einer Bestellmenge von 100 Stück gewähren wir 25 %
Rabatt. Die Farben sind dabei frei wählbar. Die Transportkosten-
pauschale beträgt 84,56 €. Zahlungsziel: 30 Tage netto oder 3 %
Skonto innerhalb 8 Tagen. Alle Preise sind Nettopreise zuzüglich
der gesetzlichen Mehrwertsteuer von 19 %. Die Lieferung er-
folgt umgehend nach Eingang Ihrer schriftlichen Bestellung.

Erfüllungsort und Gerichtsstand ist für beide Teile Hamburg.

Wir bedanken uns für Ihr Interesse und freuen uns auf Ihre Bestellung.

Mit freundlichen Grüßen

W. Momsen

ALL Age KG

Zusammen mit der Auszubildenden Anke schauen sich die beiden das Modell TINA noch einmal im Internet an. Anhand des Bezugskostenschemas ermitteln die beiden gemeinsam den Bezugspreis. Weil Anke die Prozentrechnung noch mal üben soll, fertigt Frau Roberts dazu eine Tabelle an:

Schema und Rechenweg der Bezugspreiskalkulation

Einzelwerte		EUR/%	Rechenweg	Ergebnis
Einzelpreis (ohne MwSt.)		23,48 EUR		
Gesamtmenge 140 Stück			23,98 × 140	3.357,20 EUR
–	Mengenrabatt	25 %	$\frac{3.357,20 \times 25}{100}$	839,30 EUR
=	Zieleinkaufspreis		3.357,20 – 839,30	2.517,90 EUR
–	Skonto	3 %	$\frac{2.517,90 \times 3}{100}$	75,54 EUR
=	Bareinkaufspreis		2.517,90 – 75,54	2.442,36 EUR
+	Bezugskosten	84,56 EUR		
=	Bezugspreis (gesamt)		2.442,36 + 84,56	2.526,36 EUR
=	Bezugspreis (Stück)		$\frac{2.526,36}{140}$	**18,05 EUR**

Anke fertigt nach Erhalt der anderen beiden Angebote für alle drei Anbieter einen qualitativen Angebotsvergleich an:

Quantitativer Angebotsvergleich

		Dr. Schüllers Leder GmbH		Best Nature GmbH		All Age KG	
Einzelpreis/EUR			18,90 EUR		28,98 EUR		23,98 EUR
Menge/Stück		140		140		140	
Bezugskalkulation							
	Listeneinkaufs-preis		2.646,00 EUR		4.057,20 EUR		3.357,20 EUR
–	Lieferantenrabatt	10 %	264,60 EUR	20 %	811,44 EUR	25 %	839,30 EUR
=	Zieleinkaufspreis		2.381,40 EUR		3.245,76 EUR		2.517,90 EUR
–	Lieferantens-konto	0	0,00 EUR	3 %	97,37 EUR	3 %	75,54 EUR
=	Bareinkaufspreis		2.381,40 EUR		3.148,39 EUR		2.442,36 EUR
+	Bezugskosten		124,60 EUR		0,00 EUR	84,56 EUR	84,56 EUR
=	Bezugspreis		2.506,00 EUR		3.148,39 EUR		2.526,92 EUR
	Bezugspreis/Stück		17,90 EUR		22,49 EUR		18,05 EUR

Ergebnis des quantitativen Angebotsvergleiches: die Dr. Schüllers Leder GmbH und die All AGE KG liegen preislich dicht beieinander, das Angebot der Best Nature GmbH ist deutlich teurer. Anke möchte nun den Auftrag für die Dr. Schüllers Leder GmbH fertigmachen. Frau Roberts teilt Anke mit, dass erst der qualitative Vergleich der drei Angebote, eine sogenannte Nutzwertanalyse, Klarheit darüber bringt, bei wem die BAGs and more GmbH bestellen wird. Anke hat den Begriff noch nie gehört.

2.3.2 Qualitativer Angebotsvergleich (Nutzwertanalyse)

Neben den quantitativen Entscheidungskriterien gibt es noch weitere, nicht allein durch Zahlen zu berechnende Kriterien, die zu berücksichtigen sind. Diese nennt man die qualitativen Kriterien.

Diese Kriterien werden von dem Einzelhändler individuell festgelegt. Im Einzelnen handelt es sich dabei um die folgenden Aspekte:

- Qualität der Ware
- Umweltverträglichkeit der Ware und nachhaltige Produktion
- schnelle und verlässliche Lieferzeiten
- Image und Flexibilität des Lieferers
- Serviceleistungen und Kundendienst.

Die qualitativen, nicht berechenbaren Kriterien müssen

- strukturiert werden,
- nach einem vorher festgelegten Bewertungsschlüssel verglichen werden und
- zu einer nachvollziehbaren Entscheidung führen.

Um dem Anspruch der Nachvollziehbarkeit gerecht werden zu können, bedient man sich der Nutzwertanalyse. Die Nutzwertanalyse oder auch das Scoring-Modell ist ein Verfahren zur nachvollziehbaren Entscheidungsfindung.

Die Nutzwertanalyse erfolgt in fünf Schritten

1. Zuerst werden Kriterien festgelegt, die sich bei allen Anbietern ermitteln lassen. Jedes Kriterium erhält – je nach Wichtigkeit – einen entsprechenden prozentualen Wert, der individuell festgelegt wird. Alle Einzelwerte ergeben den Gesamtprozentwert von 100.
2. Die einzelnen Kriterien werden nun bei allen Anbietern mit einem Faktor gewichtet (1 = sehr schlecht erfüllt, 6 = sehr gut erfüllt).
3. Bei jedem Kriterium wird nun die %uale Wertigkeit mit dem Faktor multipliziert, daraus ergeben sich Werte für jedes Kriterium und jeden Anbieter.
4. In Schritt 4 sind die Einzelwerte nun aufaddiert, daraus ergibt sich dann die Gesamtpunktzahl für jeden Anbieter.
5. In Schritt 5 erfolgt die Entscheidung für den besten Anbieter. Diese ergibt sich durch die höchste Punktzahl.

Die Durchführung der Nutzwertanalyse soll diese Frage beantworten:

Schritt 1 — Schritt 2 — Schritt 3

Qualitativer Angebotsvergleich

Kriterium	Wertigkeit %	Dr. Schüllers Leder GmbH	Faktor	Wert	Best Nature GmbH	Faktor	Wert	All Age KG	Faktor	Wert
Qualität der Ware	25	häufige Reklamationen	1	25	gelegentliche Reklamationen	4	100	sehr hohe Qualität	6	150
Umweltverträglichkeit, ökologische Gesichtspunkte	35	niedrig (Produktion in Bangladesch durch Kinderarbeit)	1	35	hoch	4	140	sehr hoch (Umweltsiegel)	6	210
Zahlungsbedingungen	10	sofort	2	20	30 Tage auf Ziel	6	60	30 Tage auf Ziel	6	60
schnelle und zuverlässige Lieferzeiten	15	schlechte Bewertung	1	15	ja	6	90	ja	6	90
Gewährleistung des Lieferanten bei Mängeln	15	schlechte Bewertung	1	15	gut	5	75	gut	5	75
Gesamtwerte	**100**			**110**			**465**			**585**

Schritt 4 — Schritt 5

Ergebnis des gesamten Angebotsvergleichs der BAGs and more GmbH: *Bei der Nutzwertanalyse ist der BAGs and more GmbH besonders die Umweltverträglichkeit (mit 35 %) wichtig, außerdem die Zahlungsbedingungen (10 %) sowie die Lieferzeiten und die Handhabung bei Mängeln (je 15 %).*

Beim qualitativen Angebotsvergleich ist die All Age KG (585 Punkte) mit deutlichem Vorsprung vor der Best Nature GmbH (110 Punkte) und der Dr. Schüllers Leder GmbH (100 Punkte) bewertet worden. Nimmt man nun beide Angebotsvergleiche zusammen, so schneidet die All Age GmbH am besten ab; sie erhält den Auftrag für die Lieferung der Taschen.

2.4 Bestellung durch den Käufer

Die Bestellung einer Ware oder Dienstleistung ist Voraussetzung für den Einzelhändler, wenn Waren gekauft werden müssen. Da ein Kaufvertrag ist ein Rechtsgeschäft ist, das durch die Übereinstimmung zweier übereinstimmender Willenserklärungen (von Verkäufer und Käufer) zustande kommt, gibt es zwei Möglichkeiten, wie dieses Rechtsgeschäft abgeschlossen werden kann:

> **Merke:** Mit der verbindlichen Bestellung kommt zwischen Käufer und Verkäufer ein rechtlich bindender Vertrag zustande, sofern zwei übereinstimmende Willenserklärungen vorliegen, also ein Angebot und Bestellung inhaltlich übereinstimmen.

LF 2

- Der Verkäufer macht zuerst ein Angebot, das der Käufer durch eine Bestellung annimmt oder
- der Käufer bestellt eine Ware (z. B. im Internet) und der Verkäufer stimmt dieser Bestellung durch eine Bestellungsannahme zu.

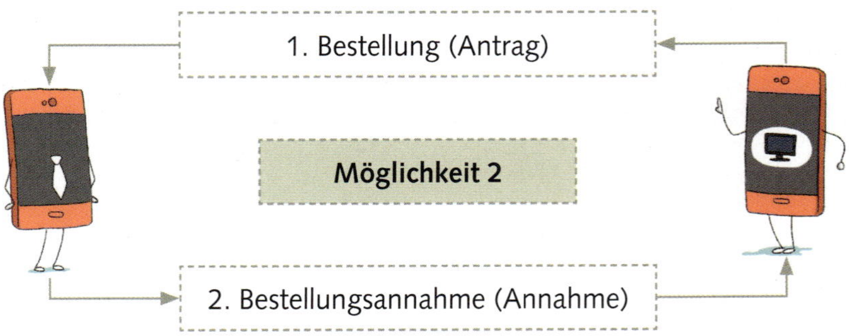

© guukaa – stock.adobe.com

Form der Bestellung

Eine Bestellung wird verbindlich, wenn sie sich auf ein Angebot bezieht und den Empfänger erreicht. Sie ist an keine Formvorschrift oder an bestimmte Inhalte gebunden.

Zur Vermeidung von Missverständnissen oder im Falle einer Auseinandersetzung ist es ratsam, eine Bestellung schriftlich durchzuführen oder sich schriftlich bestätigen zu lassen, um einen Nachweis vorlegen zu können.

Rechtliche Bindung an die Bestellung

Liegt ein umfangreiches Angebot vor, kann sich der Käufer einfach darauf beziehen oder inhaltlich noch einmal detailliert dazu äußern (Möglichkeit 1). Liegt vom Verkäufer noch kein (verbindliches) Angebot vor, kann der Käufer trotzdem eine Bestellung – z. B. aufgrund einer Katalog- oder Internetinformation – vornehmen, dann wird der Kaufvertrag durch eine Bestellungsannahme des Verkäufers rechtlich bindend (Möglichkeit 2).

Zu einem rechtsgültigen (zweiseitigen) Kaufvertrag ...

kommt es, wenn ...	kommt es nicht, wenn ...
• der Verkäufer ein Angebot unterbreitet, der Käufer dieses Angebot rechtzeitig durch eine Bestellung annimmt und nicht abändert.	• der Verkäufer ein Angebot unterbreitet, der Käufer dieses aber nicht rechtzeitig annimmt und verspätet bestellt.
• der Käufer eine Ware bestellt und der Verkäufer dieses durch eine Bestellungsannahme bestätigt.	• der Verkäufer ein Angebot unterbreitet, der Käufer das Angebot abändert und dann bestellt.
• der Verkäufer ein freibleibendes Angebot unterbreitet, der Käufer dieses Angebot ohne Abänderung bestellt und der Verkäufer die Bestellung bestätigt oder sofort liefert.	• der Verkäufer ein freibleibendes Angebot unterbreitet, der Käufer dieses Angebot ohne Abänderung und rechtzeitig bestellt, aber der Verkäufer die Bestellung ablehnt.
• der Verkäufer unbestellte Ware zusendet, der Käufer diese Warensendung annimmt*.	• der Verkäufer unbestellte Ware zusendet, der Käufer diese Warensendung ablehnt*.

* Die Zusendung einer unbestellten Ware ist eine Willenserklärung (Antrag) des Verkäufers); bei Stillschweigen des Empfängers unterscheidet das BGB zwischen Kaufleuten, bei denen bereits eine Geschäftsbeziehung besteht und denen, die noch keine Geschäftsbeziehung hatten oder bei denen die Warensendung an einen Verbraucher gegangen ist. Bei bestehender Geschäftsbeziehung muss der Kaufmann, wenn er die Ware nicht haben will, reagieren und mitteilen, dass er die Ware nicht annehmen will, im anderen Fall muss bezüglich der Warensendung nicht reagiert werden.

Widerruf einer Bestellung

Wie bei einem Angebot muss auch bei der Bestellung, die widerrufen werden soll, der Widerruf vor oder gleichzeitig mit der Bestellung eingehen. Durch den rechtzeitigen Zugang des Widerrufs kommt der Kaufvertrag nicht zustande.

Widerruf bei Fernabsatzverträgen

Werden Verträge über die Lieferung von Waren oder Dienstleistungen zwischen einem Unternehmer und einem Verbraucher ausschließlich über Fernkommunikationsmittel (Telefon, E-Mail, Internet, Katalog usw.) abgeschlossen, werden diese Verträge als Fernabsatzverträge bezeichnet. Der Verbraucher hat dann ein Widerrufsrecht oder Rückgaberecht innerhalb von 14 Tagen. Die Bedeutung dieser Vertragsart nimmt stetig zu. Ausgeschlossen von diesem Widerrufsrecht sind z. B. Lebensmittel, Ton- oder Videoaufnahmen oder individuell angefertigte Waren. Wurde der Verbraucher nicht ordnungsgemäß über dieses Widerrufsrecht informiert, verlängert sich die Frist.

§ 356 BGB

§ Fernabsatzverträge, § 312c BGB

(1) Fernabsatzverträge sind Verträge, bei denen der Unternehmer oder eine in seinem Namen oder Auftrag handelnde Person und der Verbraucher für die Vertragsverhandlungen und den Vertragsschluss ausschließlich Fernkommunikationsmittel verwenden, es sei denn, dass der Vertragsschluss nicht im Rahmen eines für den Fernabsatz organisierten Vertriebs- oder Dienstleistungssystems erfolgt.

(2) Fernkommunikationsmittel im Sinne dieses Gesetzes sind alle Kommunikationsmittel, die zur Anbahnung oder zum Abschluss eines Vertrags eingesetzt werden können, ohne dass die Vertragsparteien gleichzeitig körperlich anwesend sind, wie Briefe, Kataloge, Telefonanrufe, Telekopien, E-Mails, über den Mobilfunkdienst versendete Nachrichten (SMS) sowie Rundfunk und Telemedien.

Quelle: https://dejure.org/gesetze/BGB/312c.html

Beispiel: *Die BAGs and more GmbH bietet einen speziellen Internetverkauf für Lederwaren an. Eine Kundin bestellt online einen Rucksack; Anke wird beauftragt, diese Bestellung per Email schriftlich zu bearbeiten. Sie bestätigt der Kundin den Kauf mit einer Bestellungsannahme und veranlasst die Lieferung des Rucksacks nach acht Tagen.*

Nach Erhalt der Lieferung sendet die Kundin den Rucksack ohne Angabe von Gründen sofort wieder an die BAGs and more GmbH zurück. Da es sich um einen Fernabsatzvertrag handelt, ist der Widerruf bzw. die Annahmeverweigerung rechtens.

Aufgaben

1. Geben Sie fünf Informationen an, die man durch eine Anfrage einholen möchte.
2. Wie unterscheiden sich allgemeine und bestimmte Anfragen?
3. Welche rechtliche Bedeutung hat eine Anfrage im Vergleich zu einer Bestellung?
4. Erläutern Sie, was eine Anpreisung von einem Angebot unterscheidet.
5. Zählen Sie drei Möglichkeiten auf, in welcher Form ein Angebot abgegeben werden kann.
6. Erläutern Sie den Unterschied zwischen der gesetzlichen Bindungsfrist unter Anwesenden, unter Abwesenden und der vertraglichen Bindungsfrist von Angeboten.
7. Erläutern Sie, was ein Verkäufer beabsichtigt, wenn er Freizeichnungsklauseln in seinem Angebot verwendet? Geben Sie dazu verschiedene Beispiele von Freizeichnungsklauseln mit unterschiedlicher Bedeutung an.
8. Wann ist ein Widerruf zu einem abgegebenen Angebot rechtsgültig?
9. Zählen Sie fünf verschiedene Punkte auf, die in einem Warenangebot enthalten sein sollten.
10. Welche Bedeutung haben Erfüllungsort und Gerichtsstand in einem Angebot?
11. Nennen Sie verschiedene Formen von Preisnachlässen.
12. Wenn in einem Angebot Angaben fehlen, so gelten automatisch die gesetzlichen Bestimmungen. Erläutern Sie in diesem Zusammenhang die Regelungen zur Lieferzeit, zu den Beförderungskosten, zu Erfüllungsort, zum Gerichtsstand, zu den Verpackungskosten und zum Zahlungszeitpunkt.
13. Vergleichen Sie quantitative und qualitative Angebotskriterien. Erläutern Sie die Begriffe anhand von Beispielen und bewerten Sie einzelne Kriterienpunkte.
14. Erläutern Sie anhand verschiedener Situationen, wann eine Bestellung zu einem rechtsgültigen Vertrag wird und wann nicht (je zwei).
15. Beurteilen Sie die Bedeutung von Fernabsatzverträgen für den Verkäufer im Hinblick auf die Widerruf-Praxis von Internetbestellungen.

3 Besondere Arten von Kaufverträgen berücksichtigen

Im ersten Ausbildungsjahr wurden im Lernfeld 2 die Grundlagen zum Thema „Kaufvertrag“ ausführlich behandelt. Kommt es im Rahmen einer Warenbeschaffung infolge einer Bestellung des Einzelhändlers zu einem rechtsgültigen Kaufvertrag mit einem Verkäufer, unterscheiden sich die Verträge hinsichtlich ihrer Rechtswirkung und ihrer Vertragsinhalte. Die rechtlichen Unterschiede der jeweiligen Inhalte sind im BGB und HGB verankert und werden im Folgenden vorgestellt:

3.1 Kaufvertrag – Unterscheidung nach der rechtlichen Stellung der Vertragspartner

Kaufverträge, die sich über die Rechtsstellung und den Sitz der Vertragspartner definieren, stellen die am Vertrag beteiligten Vertragspartner in den Vordergrund:

1. bürgerlicher Kauf
2. einseitiger Handelskauf/Verbrauchsgüterkauf
3. zweiseitiger Handelskauf

Je nachdem, ob die am Kaufvertrag beteiligten Personen Kaufleute oder Privatpersonen sind, ergeben sich unterschiedliche Rechtsvorschriften. Für Kaufleute sind diese rechtlichen Bestimmungen durchweg strenger gehalten. Das hat beispielsweise Einfluss auf die Warenannahme und die Gewährleistung. Beim bürgerlichen Kauf finden ausschließlich Vorschriften des BGB Anwendung, für den Handelskauf finden sich zusätzlich Regelungen im HGB.

Für Kaufleute sind die Rechtsvorschriften, die sich durch einen Kauf ergeben, strenger als für Privatpersonen.

Merke

Kaufverträge nach der Rechtsstellung und dem Sitz der Vertragspartner

bürgerlicher Kauf	Bei beiden Vertragspartnern handelt es sich um Privatpersonen (Bürger).	Beispiel: *Eine Mitschülerin aus der Berufsschule verkauft einem Mitschüler ein gebrauchtes Smartphone.*	§ 13 BGB
einseitiger Handelskauf/ Verbrauchsgüterkauf	Bei einem Vertragspartner handelt es sich um einen Kaufmann (er handelt als Vertreter eines Unternehmens). Der andere Vertragspartner ist eine Privatperson.	Beispiel: *Ein Second-Hand-Laden kauft von einer Privatperson Kleidung an.* *Ein Kunde kauft sich bei der BAGs and more GmbH Schuhe.*	§ 373–376, 380 HGB
zweiseitiger Handelskauf	Beide Vertragspartner sind Kaufleute und handeln als Kaufleute.	Beispiel: *Die BAGs and more GmbH kauft Ware bei einem Lieferanten.*	§ 373–376, 380 HGB

3.2 Unterscheidung nach Vertragsinhalten

3.2.1 Kaufverträge, die sich in den Lieferbedingungen unterscheiden

Nicht bei jedem Kauf ist es für den Käufer wichtig und möglich, dass er die gekaufte Ware oder Dienstleistung sofort erhält. Insbesondere wenn die Lagerkapazitäten begrenzt sind oder ein Termin exakt eingehalten werden muss, ist eine präzise Angabe des Liefertermins unerlässlich. Im Einzelnen sind folgende Vertragsarten möglich:

Kaufverträge nach Lieferbedingungen

Sofortkauf 	Nach Abschluss des Kaufvertrages wird die Ware sofort vom Händler direkt an den Kunden übergeben. Erfüllungs- und Verpflichtungsgeschäft fallen auf einen Zeitpunkt.	Beispiel: *In der BAGS and more GmbH werden täglich durch Sofortkauf direkt an der Kasse viele Waren an Kunden verkauft.*

▶

Kaufverträge nach Lieferbedingungen

Streckengeschäft

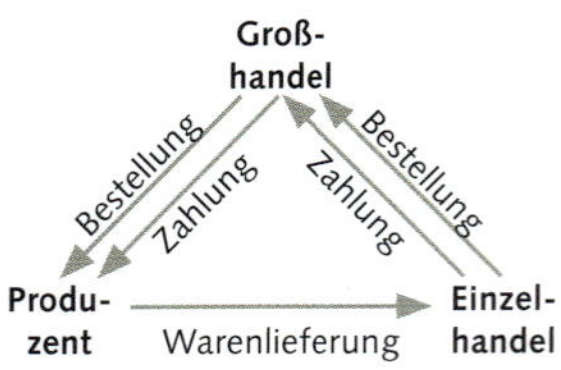

Nach Abschluss des Kaufvertrages lässt der Verkäufer die Ware vom Hersteller direkt an den Kunden zusenden, ohne selbst mit der Ware Kontakt zu haben.

Beispiel: *Die BAGs and more GmbH kauft bei einem Großhändler ein neues Verkaufsregal. Der Großhändler lässt das Regal vom Produzenten direkt an die BAGS an more GmbH schicken.*

Terminkauf

Der Liefertermin einer bestellten Ware erfolgt innerhalb einer vereinbarten Frist.

Beispiel: *Für die Lieferung eines Regals wird die 17. Kalenderwoche vereinbart. Alternativ kann z. B. auch die Lieferung innerhalb der nächsten 30 Tage oder bis Mitte des Monats festgelegt werden.*

Fixkauf/Zweckkauf

Die Lieferung der Ware erfolgt zu einem fest vereinbarten (kalendermäßig festgelegten) Termin.

Beispiel: *Für die Lieferung wird ein genauer Termin festgelegt, z. B. Lieferung am 15. Dezember oder Lieferung am Samstag vor Muttertag.*

Kauf auf Abruf

Die Ware kann auf Wunsch des Käufers innerhalb eines vereinbarten Zeitraumes in Teilmengen entnommen bzw. geliefert werden.

Beispiel: *Die BAGs and more GmbH hat 100 Koffersets gekauft. Aufgrund der knappen Lagerkapazität lässt sie sich die Ware in 10 Teilmengen liefern.*

3.2.2 Kaufverträge, die sich in Art, Güte und Beschaffenheit unterscheiden

Kaufverträge, die sich über ihre Art, Güte und Beschaffenheit definieren, stellen die Ware in den Vordergrund. Dazu zählen:

Kaufverträge nach Art, Güte und Beschaffenheit

§ 375 HGB

Spezifikationskauf/ Bestimmungskauf

Zum Zeitpunkt des Abschlusses des Kaufvertrages legen der Einzelhändler und der Lieferant nur die Warenart und die Menge fest. Der Einzelhändler hat innerhalb einer bestimmten Frist das Recht, Details der Ware wie Farbe oder Form später genauer zu bestimmen.

Beispiel: *Die BAGs and more GmbH bestellt im März Handschuhe und Schals aus rein pflanzlichen Fasern für die kommende Herbst-/Wintersaison. Die Farben sollen erst im August festgelegt werden, um den aktuellen Farbtrends gerecht zu werden.*

Kaufverträge nach Art, Güte und Beschaffenheit

Ramschkauf/ Kauf in Bausch und Bogen	Das Einzelhandelsunternehmen kauft einen großen Warenposten für einen Pauschalpreis. Hierbei hat der Einzelhändler nicht die Möglichkeit, Ware auszuwählen und Qualitätsmängel können nicht reklamiert werden.	Beispiel: *Bei der Auflösung des Geschäftes und des Lagers eines Schuhproduzenten kann die BAGs and more GmbH zu einem vorgegebenen Pauschalpreis 500 Stück Kinderschuhe aus hochwertigem Bio-Material kaufen.*	
Kauf auf Probe	Hierbei überlässt der Verkäufer dem Kunden eine Ware „probeweise" für eine gewisse Zeit, um sie zu testen. Innerhalb einer vereinbarten Frist kann die Ware zurückgegeben werden. Es gibt keine Kaufverpflichtung.	Beispiel: *Die BAGs and more GmbH testet den Absatz von veganen Schuhen. Hierzu werden fünfzig Paar Schuhe auf Probe bestellt. Sollten die Schuhe innerhalb einer festgelegten Zeit nicht abgesetzt werden, können sie innerhalb dieser bestimmten Frist zurückgeschickt werden.*	§ 454, 455 BGB
Kauf zur Probe	Es wird eine geringe Menge von einer Ware bestellt, um diese zu testen. Ein Rückgaberecht besteht hier nicht.	Beispiel: *Die BAGs and more GmbH ist sich unsicher, ob sie vegane Gürtel im Sortiment aufnehmen soll. Zu Testzwecken werden fünf Gürtel bestellt. Verkaufen sich die Gürtel gut, werden weitere Gürtel bestellt.*	
Kauf nach Probe	Die in einem Vertrag festgelegten Wareneigenschaften werden durch eine Probe bzw. ein Muster ersetzt, das zum Verkaufsabschluss vorgelegt wird. Wesentlicher Vertragsbestandteil ist, dass die Probe mit der Ware übereinstimmen muss.	Beispiel: *Die BAGs and more GmbH bekommt Material-Muster aus verschiedenfarbiger Merinowolle, die für Schuhe verarbeitet werden. Von diesen Schuhen werden, wenn die Produktion erfolgt ist, 100 Paar bestellt.*	§ 434 BGB
Gattungskauf	Die gekaufte Ware ist nach allgemeinen Gattungsmerkmalen bestimmt wie Art, Größe, Farbe oder Gewicht. Die Ware ist vertretbar, d. h. sie kann durch eine gleichartige Ware ersetzt werden.	Beispiel: *Die BAGs and more GmbH bestellt 500 verschiedene Handschuhe-Modelle. Das Design ist nicht näher bestimmt, lediglich, dass es sich um Bio-Qualität handeln muss.*	§ 243 BGB § 360 HGB
Stückkauf	Die gekaufte Ware ist individuell bestimmt. Hier handelt es sich nicht um eine vertretbare Ware, d. h. die Ware kann nicht durch eine andere Ware ersetzt werden.	Beispiel: *Die BAGs and more GmbH bestellt ein Kleid in einem extra angefertigten Farbton.*	

Merke

Je genauer im Kaufvertrag die Güte, Art und Beschaffenheit von Waren festgelegt werden, desto weniger Beanstandungen sind nach der Lieferung zu erwarten.

3.2.3 Kaufvertragsarten, die sich in den Zahlungsbedingungen unterscheiden

Für den Einzelhändler kann es insbesondere in umsatzarmen Zeiten wichtig sein, dass das Zahlungsziel zeitlich nach hinten verschoben ist oder nur die Waren zu bezahlen sind, die er in einem bestimmten Zeitraum tatsächlich verkauft hat. Im Gegensatz dazu ist es für den Lieferanten natürlich immer vorteilhaft, wenn eine Ware vor oder bei der Lieferung bezahlt wird.

© Robert Kneschke – stock.adobe.com

Hinsichtlich der Zahlungsbedingungen sind folgende Vertragsvereinbarungen üblich:

Kaufvertragsarten nach Zahlungsbedingungen

Barkauf	Sofort bei der Übergabe der Ware wird der Kaufpreis bezahlt.	**Beispiel:** *An der Kasse bei BAGs and more zahlen viele Kunden bar.*
Zielkauf	Zur Zahlung der Ware wird eine festgelegte Zahlungsfrist vereinbart (Zahlungsziel).	**Beispiel:** *Bei der Lieferung eines Taschensortiments an die BAGs and more GmbH wird das Zahlungsziel 30 Tage netto vereinbart.*
Kauf auf Vorkasse	Vor der Lieferung der Ware muss der gesamte Kaufpreis oder ein Teil des Verkaufspreises bezahlt werden.	**Beispiel:** *Das hochpreisige Fitnessgerät wird erst nach Erhalt von 60 % des Kaufpreises geliefert.*
Teilzahlungskauf/ Ratenkauf/Abzahlungskauf	Im Kaufvertrag wurde vereinbart, dass der Käufer bei der Übergabe der Ware eine Teilzahlung leistet und den Rest der Zahlung in vereinbarten Teilbeträgen zahlt.	**Beispiel:** *Das hochpreisige E-Bike kosten 2.600 EUR. Ein Kunde zahlt 500 EUR sofort an. Die Restsumme begleicht er in 12 Monatsraten zu 175 EUR.*
Kommissionskauf	Vom Kommissionskauf wird gesprochen, wenn ein Einzelhändler von einem Lieferer Kommissionsware erhält, um diese verkaufen zu können. Nach einem vorher festgelegten Termin kann die überschüssige Ware zurückgegeben werden, der Lieferer erhält den vereinbarten Preis für die verkaufte Ware.	**Beispiel:** *Der Kauf eines Koffersortiments an die BAGs and more GmbH wird auf Kommission durchgeführt. Es wird vereinbart, dass nach drei Monaten nicht verkaufte Koffer zurückgegeben werden können. Die Preise der Koffer wurden vor der Lieferung festgelegt.*

Aufgaben

1. Nach der Rechtsstellung wird unterschieden zwischen den Kaufvertragsarten „bürgerlicher Kauf", „einseitiger und zweiseitiger Handelskauf".
   a) Nennen Sie die jeweiligen Vertragspartner für alle drei Kaufvertragsarten.
   b) Bewerten Sie die Behauptung: „Für den Verbraucher sind die gesetzlichen Regelungen nach BGB und HGB nicht so streng gefasst, wie für Kaufleute".
2. Ein Käufer, der von privat vor 13 Monaten eine Waschmaschine gekauft hat, verlangt nach einem Defekt, dass der Verkäufer für die Reparatur aufkommt. Erläutern Sie, ob diese geforderte Gewährleistung gesetzlich geregelt ist.
3. Eine andere Kundin, der im Einzelhandel vor 13 Monaten eine Waschmaschine gekauft hat, verlangt nach einem Defekt, dass der Händler für die Reparatur aufkommt. Erläutern Sie, ob diese geforderte Gewährleistung gesetzlich geregelt ist.
4. Erläutern Sie den Begriff „Streckengeschäft".
5. In welcher Situation sollte ein Einzelhändler mit dem Lieferer vertraglich „Kauf auf Abruf" vereinbaren?
6. Erläutern Sie, wie sich die Lieferbedingungen „Fixkauf" und „Terminkauf" unterscheiden.
7. Zwischen Lieferer und Einzelhändler wird ein „Spezifikationskauf" für eine Sommerhemden-Kollektion vereinbart. Dabei sollen die Stoffmotive und Farben bis zum Januar beim Lieferer vorliegen. Da der Einzelhändler es versäumt, die Details der Hemden-Kollektion zu bestimmen, nimmt der Lieferer eine eigene Auswahl vor. Kann der Einzelhändler rechtlich gegen diese Entscheidung vorgehen (siehe auch HGB § 375)?
8. Erläutern Sie je zwei Vor- und Nachteile, die sich bei einem Ramschkauf für den Einzelhändler ergeben.
9. Vergleichen Sie die rechtlichen Besonderheiten, die sich bei einem Kauf auf Probe bzw. Kauf zur Probe bzw. Kauf nach Probe ergeben. Unter welchen Bedingungen ist der Kunde bei diesen drei Kaufarten an den Kauf gebunden, wenn er eigentlich vom Kauf Abstand nehmen will?
10. Nach einem abgeschlossenen Gattungskauf teilt der Lieferer dem Käufer mit, dass aufgrund eines Brandschadens in seinem Unternehmen nicht geliefert werden kann. Erläutern Sie, inwieweit der Lieferer an die Lieferung gebunden ist.
11. Manche Händler vereinbaren mit ihren Kunden „Kauf auf Vorkasse".
    a) Erläutern Sie, welche Absicht der Handel damit verfolgt.
    b) Welche Nachteile ergeben sich daraus für den Kunden?
12. In Kaufverträgen und in den AGB liest man häufig bei den Zahlungsbedingungen „30 Tage netto". Erläutern Sie, was damit gemeint ist.
13. Während der Corona-Krise hat ein Einzelhändler die Wahl, ein Sortiment von neuen Reisekoffern (ca. 100 Stück) als „Barkauf" mit 25 % Rabatt zu erwerben oder ohne Rabatt als Kommissionsware. Beurteilen Sie die Entscheidung des Einzelhändlers.

Aufgaben

14. Für einen Posten Ledertaschen liegen der BAGs and more GmbH drei Angebote verschiedener Lieferanten vor. Alle drei haben den gleichen Listeneinkaufspreis (49,00 EUR netto/Stück), aber unterschiedliche Preisnachlässe und Liefer- und Zahlungsbedingungen.
Lieferant A gewährt 10 % Rabatt und 2 % Skonto, Lieferkosten 50,00 EUR pauschal,
Lieferant B gewährt 15 % Rabatt und liefert frei Haus ohne Lieferkosten,
Lieferant C gewährt 20 % Rabatt und 3 % Skonto, Liefer- und Verpackungskosten 2,00 EUR pro Tasche.

a) Wie viel Euro betragen die Gesamtkosten einschließlich der gesetzlichen Mehrwertsteuer, wenn kein Rabatt, kein Skonto und keine Lieferkosten zu zahlen wären und insgesamt 150 Taschen gekauft werden würden?
b) Wie hoch sind die Bezugspreise bei allen drei Anbietern laut Angebot?
c) Wie viel Prozent kann die BAGs and more GmbH maximal einsparen, wenn sie das günstigste Angebot (gegenüber dem teuersten) wählt?

15. Drei Einzelhändler teilen sich eine Container-Lieferung eines größeren Postens Outdoor-Teppiche. Das Bruttogewicht der Waren beträgt 1200 kg. Die Tara beträgt 2,5 %. Der Listeneinkaufspreis beträgt 15,00 EUR/kg. Der Lieferant gewährt für die Gesamtlieferung 5 % Rabatt und 2 % Skonto. Die Fracht beträgt 120,00 EUR und das Rollgeld 23,00 EUR.
Händler A hat von der Gesamtmenge 45 % geordert, Händler B bekommt ein Fünftel der Ware und Händler C erhält den Rest.

a) Berechnen Sie den Gesamt-Bezugspreis, der durch diese Warenlieferung für alle drei Einzelhändler entsteht.
b) Berechnen Sie den Bezugspreis pro kg.
c) Berechnen Sie die Kostenanteile der drei Händler, wenn der Gesamtbezugspreis anteilig (der Gesamtmengen entsprechend) aufgeteilt wird.

16. Ein Kunde kauft bei der BAGs and more GmbH für eine größere Reise ein Set verschiedener Koffer und Reisetaschen. Der Listenpreis der Waren beträgt insgesamt 1250,00 EUR (netto); als Stammkunde erhält einen Treuerabatt von 5 % und 15 % Sonderrabatt, weil es sich um eine Auslaufkollektion handelt. Es wird ein Ratenkauf vereinbart. Der Kunde muss 20 % des Bezugspreises anzahlen und den Rest für zwölf Monate finanzieren. Für den finanzierten Teilzahlungsbetrag muss er 5 % Zinsen zahlen und eine pauschale Bearbeitungsgebühr von 20,00 EUR leisten.

a) Wie hoch ist der Anzahlungsbetrag (einschließlich der gesetzlichen Mehrwertsteuer)?
b) Wie hoch sind die gleichmäßigen Raten des Restbetrages (einschließlich der anteiligen Zinskosten und Bearbeitungsgebühr)?

17. Ein Flohmarkt-Händler kauft bei der BAGs and more GmbH einen Posten Lederwaren. Die Bezugspreis (brutto) beträgt insgesamt 1889,24 EUR (einschließlich 19 % Mehrwertsteuer). Da der Händler bar bezahlt, wurde ihm ein Skonto von 2 % und ein Rabatt von 10 % eingeräumt. Wie hoch war der ursprüngliche Listeneinkaufspreis (netto)?

Waren annehmen, lagern und pflegen

1. Wareneingang prüfen
2. Mangelhafte/Nicht-Rechtzeitig-Lieferung erkennen und Maßnahmen einleiten
3. Ware lagern und pflegen
4. Warenbestände kontrollieren

© Marco2811 – stock.adobe.com

© WavebreakMediaMicro – stock.adobe.com

LF 7

1 Wareneingang prüfen

Die Mitarbeiterinnen und Mitarbeiter des Wareneingangs haben den ersten Kontakt mit der Ware. Als Schnittstelle zwischen Einzelhändler und seinen Lieferanten sind sie für die Annahme, Kontrolle, Erfassung und die innerbetriebliche Weiterleitung der eingehenden Waren zuständig. Die ordnungsgemäße Erfüllung dieser Aufgaben hat einen hohen Einfluss auf die nachfolgenden Prozesse im Unternehmen, sodass sie äußerst verantwortungsvoll erledigt werden müssen. So führt z. B. eine fehlerhafte Erfassung der Waren im Wareneingang zu falschen Lagerbeständen, die wiederum zu Fehlverkäufen führen können.

> Der Wareneingang ist eine wichtige Schnittstelle zwischen dem Einzelhändler und seinen Lieferanten. Der Wareneingang umfasst die Warenannahme, die Warenkontrolle sowie die Erfassung und Bearbeitung der Ware.
>
> **Merke**

1.1 Warenannahme und Wareneingangskontrolle

Aufgrund der unterschiedlichen Warenarten und Anlieferungsformen gibt es keine einheitliche Vorgehensweise bei der Warenannahme. Um sicherzustellen, dass sie vollständig und rechtzeitig erfolgt, gibt es in den meisten Betrieben Arbeitsanweisungen oder Checklisten für diese Tätigkeit. Es lassen sich folgende grundlegende Schritte unterscheiden, die entweder in Anwesenheit des Überbringers (Warenannahme) oder nach Ablieferung der Ware und Abfahrt des Überbringers (Wareneingangskontrolle) erfolgen.

In Anwesenheit des Überbringers (Warenannahme)		Nach Abfahrt des Überbringers (Wareneingangskontrolle)
vor dem Entladen der Ware	**während** des Entladevorgangs bzw. unmittelbar **danach**	
1 Prüfung der Warenbegleitpapiere	2 Sichtkontrolle und Entladung der Waren	3 Feinkontrolle der Waren

Warenannahme (äußere Prüfung)

1 Püfung der Warenbegleitpapiere

Die Warenannahme beginnt mit der Prüfung der Warenbegleitpapiere in Anwesenheit des Fahrers (Überbringer). Als Warenbegleitpapiere bezeichnet man alle Dokumente, die beim Transport der Ware mitgeführt werden. Sie regeln die rechtliche

Beziehung zwischen den am Transport beteiligten Personen und stellen daher eine wichtige Grundlage für die Annahme und Kontrolle der Waren im Wareneingang dar.

Wird die Ware auf der Straße transportiert, sind üblicherweise folgende Akteure tätig:

Als Warenbegleitpapiere bezeichnet man alle Dokumente, die eine Ware auf ihrem Weg vom Verkäufer zum Käufer begleiten.

Merke

Übernimmt der Verkäufer den Transport seiner Waren mit eigenen Fahrzeugen und eigenem Personal, spricht man von Werkverkehr.

Merke

Akteure beim Transport auf der Straße

Akteur	Erläuterung
Spediteur	Der Spediteur organisiert und verantwortet den Gütertransport. Übernimmt ein Spediteur auch den Transport der Güter, so spricht man von Selbsteintritt.
Frachtführer	Der Frachtführer führt den Gütertransport tatsächlich durch (Transportunternehmen). Häufig ist der Frachtführer Unterauftragnehmer eines Spediteurs.
Kurier-, Express- und Paketdienstleister (KEP-Dienste)	KEP-Dienste werden für den Transport von Sendungen mit geringem Volumen und Gewicht (z. B. Pakete und Päckchen) und von eiligen Beförderungen sowie von Sendungen mit persönlicher Begleitung eingesetzt.

Je nachdem, wer mit der Organisation bzw. Durchführung des Transports der Waren vom Verkäufer (Versender) zum Käufer (Empfänger) beauftragt ist, werden unterschiedliche Warenbegleitpapiere während des Transports mitgeführt. Zu den wichtigsten Dokumenten gehören der Lieferschein, der Frachtbrief und der Paketschein.

© Birgit Reitz-Hofmann – stock.adobe.com

Überbringer	Begleitpapier(e)
Lkw des Verkäufers	Lieferschein
Lkw einer Spedition	Lieferschein/Frachtbrief[1]
KEP-Dienste und Post	Paketschein oder Paketlabel mit Barcode

Der Lieferschein wird vom Verkäufer formfrei erstellt und begleitet die Ware bis zum Kunden. Er sollte mindestens die Adressen der Beteiligten sowie Angaben über die Art und Menge der gelieferten Waren enthalten. Im Wareneingang dient das Dokument als Kontrollgrundlage.

Handelsgesetzbuch (HGB) (www.gesetze-im-internet.de/hgb)
§ 408 HGB

1 Ein Frachtbrief ist im *nationalen* Güterkraftverkehr nicht vorgeschrieben. Der Frachtführer kann aber die Ausstellung eines Frachtbriefes vom Spediteur verlangen.

Weitere Begleitdokumente im nationalen Güterverkehr sind z. B. Rechnung, Leergutschein.

Noch bevor die gelieferten Waren beim Empfänger abgeladen werden, muss der Käufer überprüfen,

- ob die Sendung für ihn bestimmt ist,
- ob eine Bestellung für die eingetroffene Sendung vorliegt und
- ob der Liefertermin eingehalten wurde.

Üblicherweise werden Mehrweg-Ladehilfsmittel, wie z. B. Europaletten oder Gitterboxen, bei der Anlieferung getauscht, d. h. der Warenüberbringer nimmt die entsprechende Anzahl von Leerpaletten beim Empfänger wieder mit. Falls diese nicht in ausreichender Anzahl zum Tausch vorhanden sind, bekommt der jeweilige Warenüberbringer einen unterschriebenen Leergut-/Palettenschein ausgehändigt, der ihn zu einer späteren Abholung der fehlenden Ladungsträger berechtigt.

Merke

Ein Blick auf die Empfängeradresse verrät schnell, ob die Ware für den Käufer bestimmt ist. Verfügt das Einzelhandelsunternehmen über ein EDV-gestütztes Warenwirtschaftssystem, kann der Mitarbeiter im Wareneingang anhand der dort hinterlegten Bestelldaten schnell und einfach nachvollziehen, ob eine offene Bestellung vorliegt und wann diese eingehen sollte. Die Annahme von Falschlieferungen sowie unbestellten Warensendungen sollte unbedingt vermieden werden, da unnötiges Entladen und Einlagern der Ware zusätzliche Kosten verursachen. Bei Nichteinhaltung des Liefertermins sollte Rücksprache mit der Einkaufsabteilung gehalten werden, um das weitere Vorgehen abzustimmen.

2 Sichtkontrolle und Entladung der Ware

Erst nachdem bei den Warenbegleitpapieren die korrekte Lieferanschrift überprüft wurde, kann die Ware entladen werden. Die dann folgende optische Überprüfung soll die korrekte Ausführung der Warenlieferung durch den Zusteller sicherstellen. Dabei wird in seinem Beisein geprüft,

- ob die tatsächlich gelieferte Anzahl der Versandstücke mit den Soll-Angaben in den Begleitpapieren übereinstimmt,
- ob tatsächlich die bestellte Ware geliefert wurde,
- ob die äußere Verpackung bzw. die Ware (sofern sie unverpackt ist) keine Beschädigungen aufweist,
- ob bei Kühl- und Tiefkühlware die vorgeschriebene Temperatur eingehalten wird und
- ob ggf. die tauschfähigen Ladehilfsmittel (z. B. Europaletten, Euro-Gitterboxpaletten) beschädigt sind.

In der Praxis wird häufig die gesetzliche Entladepflicht des Absenders (§ 412 HGB) vertraglich auf den Frachtführer oder den Käufer der Waren übertragen. Schäden, die bei der Entladung passieren, gehen dann zu Lasten des Entladers. Der Fahrer hat keine Entladepflicht.

Merke

Äußerlich erkennbare Transportschäden und Fehlmengen müssen durch den Käufer noch bei der Ablieferung festgestellt, auf den Begleitpapieren und/oder auf einem dafür vorgesehenen speziellen Schadensprotokoll möglichst genau dokumentiert (idealerweise ergänzt z. B. durch Fotos und Skizzen) sowie vom Zusteller gegengezeichnet werden. Nicht sofort erkennbare Transportschäden und Fehlmengen sind dem Zusteller (nicht dem Verkäufer!) innerhalb von sieben Tagen zu melden. Unterbleibt eine solche unverzügliche Prüfung bzw. Schadensanzeige gegenüber dem Zusteller, gilt die Ware als genehmigt. Eine spätere Reklamation ist dann nicht mehr möglich.

© Big Pants Production – shutterstock.com

§ 438 HGB

Abschließend wird der Empfang der Sendung auf den Warenbegleitpapieren vom Käufer quittiert. Mit der Unterschrift bestätigt er, dass die Ware ordnungsgemäß (bzw. nur mit den dokumentierten Mängeln) überbracht worden ist. Die Übergabe der Sendung ist damit abgeschlossen.

Sind bei der Sichtkontrolle Fehler oder Transportschäden aufgefallen, sollten folgende Maßnahmen eingeleitet werden:
- Die Annahme kann bei erheblichen äußeren Schäden – nach vorheriger Absprache mit der Einkaufsabteilung – auch verweigert werden.
- Die Einkaufsabteilung ist über jegliche Transportmängel und Fehlmengen zu informieren, damit ggf. auch später weitere rechtliche Ansprüche gegen den Zusteller geltend gemacht werden können.
- Angenommene Waren mit Transportschäden sollten von unbeschädigten Waren getrennt gelagert werden, damit diese nicht in den Verkauf gelangen.
- Unversehrte Mehrwegverpackungen können getauscht werden und der Tausch sollte dokumentiert werden (i. d. Regel mit einem Paletten- oder Leergutschein).

Wareneingangskontrolle (innere Prüfung)

3 Feinkontrolle der Ware

Nach der Sichtprüfung erfolgt – in Abwesenheit des Überbringers – eine umfassendere inhaltliche Prüfung der Artikel durch den Käufer.

Bei der Feinkontrolle ist zu überprüfen,
- ob die richtige Ware (Identität) in der richtigen Menge (Quantität) geliefert wurde,
- ob die Ware in der richtigen Qualität bzw. Güte geliefert wurde und
- ob die Ware funktionsfähig ist.

Dem Einzelhändler stehen grundsätzlich zwei Methoden für die Feinkontrolle der Ware zur Verfügung:

Methoden der Feinkontrolle einer Warenlieferung
- Vollständige Prüfung
- Teilprüfung (Stichprobenprüfung)

Methode	Erläuterung	Beispiele
Vollständige Prüfung	Alle Produkte aus einer Lieferung werden einer umfassenden Kontrolle unterzogen. Diese Prüfkosten sind geringer als mögliche Fehlerfolgekosten.	• sehr teure oder sicherheitsrelevante Waren • Einzelstücke oder Sonderanfertigungen mit geringen Stückzahlen
Teilprüfung (Stichprobenprüfung)	Nur ein Teil der Waren aus einer Lieferung wird einer umfassenden Kontotrolle unterzogen. Faustregel: 5 % der gelieferten Waren müssen geprüft werden.	• umfangreiche Lieferungen, bei denen eine vollständige Prüfung nicht möglich bzw. nicht wirtschaftlich ist • Ware könnte durch die Prüfung zerstört bzw. unverkäuflich werden.

Zeitpunkt der Überprüfung und der Mängelanzeige

Der Einzelhändler ist verpflichtet, die Ware unverzüglich nach ihrer Lieferung zu prüfen und offene, d. h. sofort erkennbare Mängel, beim Verkäufer zu rügen. Versteckte Mängel sind dem Verkäufer nach ihrer Entdeckung anzuzeigen. Unterlässt er diese Mitteilung, gilt die Ware als angenommen und damit als vertragsgemäß. Eine spätere Reklamation ist damit ausgeschlossen und die Sendung muss vollständig bezahlt werden.

Unverzüglich bedeutet in der Rechtsprechung, dass ohne „schuldhaftes zögern" geprüft werden muss. D. h. der Einzelhändler muss nicht „sofort alles stehen und liegen lassen", sondern es muss eine subjektive Zumutbarkeit für ein zeitnahes Handeln vorliegen. So ist es z. B. durchaus möglich, dass er noch ein wichtiges Telefonat führen oder ein Verkaufsgespräch beenden kann.

Merke

Beispiel: *Die Rechtsprechung ist hier sehr streng. So ist z. B. eine Rüge zwei Tage nach Ablieferung einer verderblichen Ware bereits zu spät. Gründe wie Personalmangel, Ruhetage oder Betriebsferien sind grundsätzlich keine Rechtfertigung für eine verschobene Prüfung durch den Einzelhändler.*

Bei der Mängelrüge ist weiterhin zu beachten,

- dass sie an keine bestimmte Form gebunden ist (formfrei), aber aus Gründen der Beweissicherung immer schriftlich erfolgen sollte.
- dass sie eine möglichst genaue Beschreibung des Schadens enthalten sollte. Eine Mängelrüge ohne Angabe des konkreten Schadens ist unzulässig.
- dass die unverzügliche Prüf- und Rügepflicht nur unter Kaufleuten (zweiseitiger Handelskauf) gilt. Privatkunden sind von dieser strengen Regelung nicht betroffen.

LF 6, Kap. 3.1

1.2 Erfassung und Bearbeitung der Ware

Nach der Warenannahme erfolgt die Buchung der Ware. Erst dann kann sie eingelagert bzw. in den Verkaufsraum gebracht werden. Die artikelgenaue und zeitnahe Erfassung der Warenbestellungen ist Voraussetzung für eine korrekte Bestandsführung und Lagerhaltung. Sie bewirkt eine Bestandsveränderung, die sich in einer mengen- und wertmäßigen Erhöhung der Bestände zeigt. Diese löst wiederum Zahlungsströme an die Lieferanten durch die Finanzbuchhaltung aus.

Erfolgte diese Tätigkeit früher noch manuell mithilfe von Lagerfachkarten und einem Wareneingangsbuch, werden die Warenzugänge heutzutage meist direkt im Rahmen der Warenannahme über eine Lagerverwaltungssoftware erfasst, die in einem Warenwirtschaftssystem eingebunden ist. Jeder Artikel muss dadurch nur einmal elektronisch erfasst werden und alle Abteilungen arbeiten mit einer gemeinsamen Datenbasis, die ständig aktualisiert wird. Eine nahezu zeitgleiche Übermittlung der Daten an andere Abteilungen, wie z. B. dem Einkauf und der Buchhaltung, ist damit sofort möglich. Mithilfe von mobilen Datenerfassungsgeräten (MDE) werden die Daten in das WWS eingespeist.

Ein Warenwirtschaftssystem (WWS) ist eine Software, die den Einzelhändler bei der Planung, Steuerung und Kontrolle des gesamten Waren-, Informations- und Werteflusses in seinem Unternehmen unterstützt. Zentrale Bestandteile eines WWS sind neben dem Einkauf und dem Wareneingang der Warenausgang sowie die Lagerhaltung. Alle Warenbewegungen in diesen Bereichen werden elektronisch erfasst, ausgewertet und aufbereitet, sodass dort optimale Entscheidungen getroffen werden können.

Merke

1.2.1 Techniken der Warenerfassung

Die heute übliche Technik zur elektronischen Warenerfassung stellen die an den Waren bzw. an den Versandeinheiten (z. B. Paletten, Kisten) angebrachten Barcodes dar. Eine aktuelle Weiterentwicklung der Barcode-Technik ist der RFID-Chip, der jedoch noch nicht flächendeckend eingesetzt wird. Beide Techniken bieten Vor- und Nachteile.

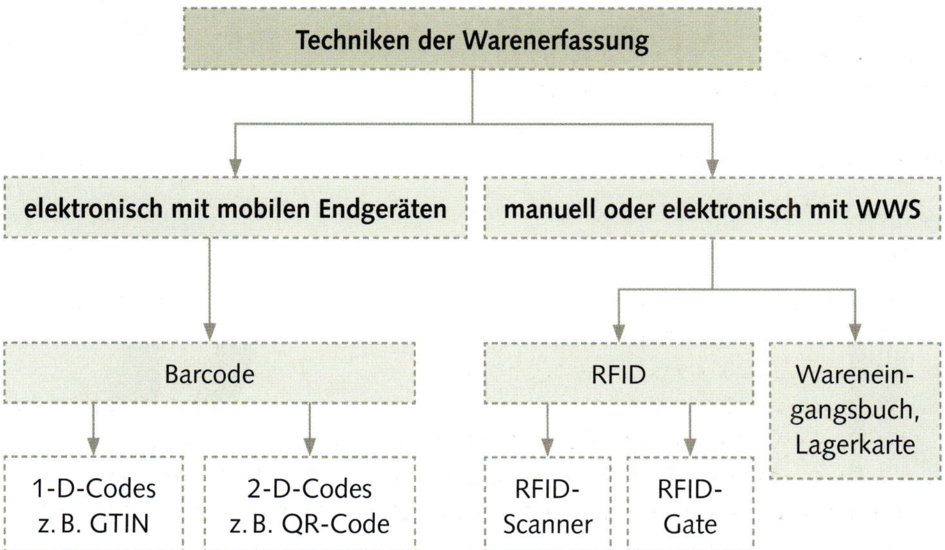

Barcodes

Die Barcode-Technik existiert bereits seit den 1950er Jahren, sodass viele Arten (auch nebeneinander) existieren. Grundsätzlich unterscheidet man zwei Hauptarten von Codes: Den eindimensionalen und den zweidimensionalen Barcode: 1D-Code und 2D-Code.

© picsfive – stock.adobe.com

Ein Barcode (auch Strichcode) ist eine maschinenlesbare Schrift, die aus unterschiedlich breiten, parallel verlaufenden Strichen und Lücken besteht. Die im Strichcode verschlüsselten Daten werden mit optischen Lesegeräten, wie z. B. Barcodelesegeräten (Scanner) oder Kameras, maschinell eingelesen und elektronisch weiterverarbeitet.

Merke

1-D-Codes

Diese Codes enthalten lediglich Informationen auf der X-Achse, d. h. auf der horizontalen Ebene.

Zu den bekanntesten 1-D-Codes im Handel gehört die 13-stellige GTIN (Global Trade Item Number):

9 | 3 9 | 4 0 2 6 | 2 1 4 9 3 | 8

Länderkennung – Betriebsnummer – Artikelnummer – Prüfziffer

2-D-Codes

Diese Codes enthalten sowohl Informationen auf der X-Achse als auch auf der Y-Achse, d. h. sowohl auf der horizontalen als auch der vertikalen Ebene.

Da er auch mit modernen Smartphones gelesen werden kann, gehört der QR-Code (englisch für Quick Response, d. h. schnelle Antwort) zu den bekanntesten 2-D-Codes.

© M. Gotsiridze, Yurik_1000 – stock.adobe.com

RFID

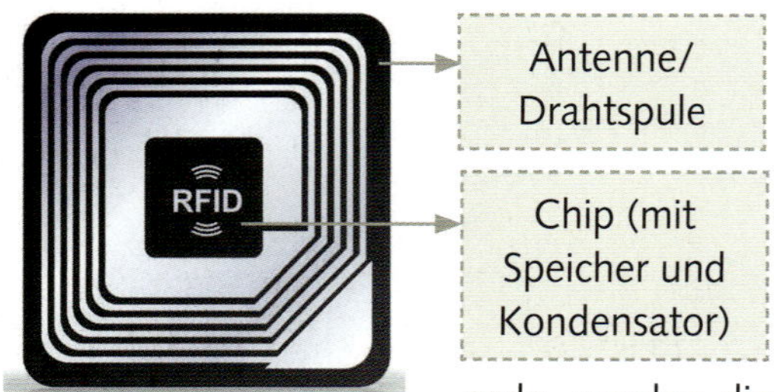

© Ideeah Studio – stock.adobe.com

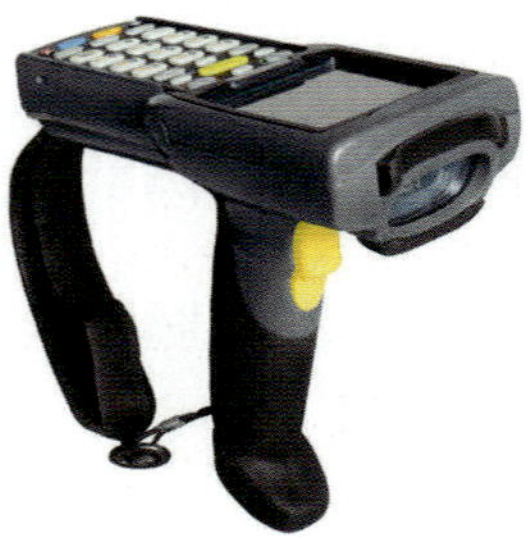

© Sergey Ogaryov – stock.adobe.com

Die Abkürzung „RFID" steht für (Radio-Frequency-Identification), was mit „Identifikation durch Radiowellen" übersetzt werden kann. Anders als beim Barcode, werden die Daten nicht optisch eingelesen, sondern per Funk kontaktlos übertragen. Notwendig hierfür sind ein elektronischer Datenspeicher, ein sogenannter Transponder, und ein Lesegerät. Sobald sich der Transponder im Empfangsbereich des Lesegerätes befindet, wird eine wechselseitige Kommunikation ausgelöst. Dazu verfügen beide Geräte über Kopplungselemente in Form von Antennen. Je nach Einsatzgebiet kann der Transponder direkt an der Ware oder auch an der Verkaufsverpackung bzw. an den Transportbehältern angebracht werden.

Die Datenerfassung kann sowohl über einen mobilen RFID-Scanner als auch durch ein stationäres RFID-Gate erfolgen. Durch diese Technik können Warensendungen – mitunter artikelgenau – in wenigen Sekunden erfasst werden.

Das Wort „Transponder" ist ein Kunstwort. Es setzt sich aus den Bestandteilen „transmit" (Sender) und „response" (Antwortgeber) zusammen.

Merke

Vor- und Nachteile der Barcodetechnik gegenüber der RFID-Technik

Vorteile	Nachteile
• kontaktlose Identifikation (auch durch Holz oder Karton) • gleichzeitige und schnellere Erfassung vieler Transponder („Pulkerfassung") • RFID-Tag kann auch bei Verschmutzung ausgelesen werden • Lokalisierung und Erfassung der Ware jederzeit möglich • hohes, veränderbares Datenspeichervolumen auf Transponderlabel möglich • Nutzung auch als Diebstahlschutz • Sendungen mit einem Transponder können innerhalb der gesamten Transportkette identifiziert werden (Tracking and Tracing)	• hohe Kosten • (noch) geringer Verbreitungsgrad im Handel und bei Herstellern • Funkstörungen bei Produkten, die einen hohen Anteil an Metall oder Wasser haben 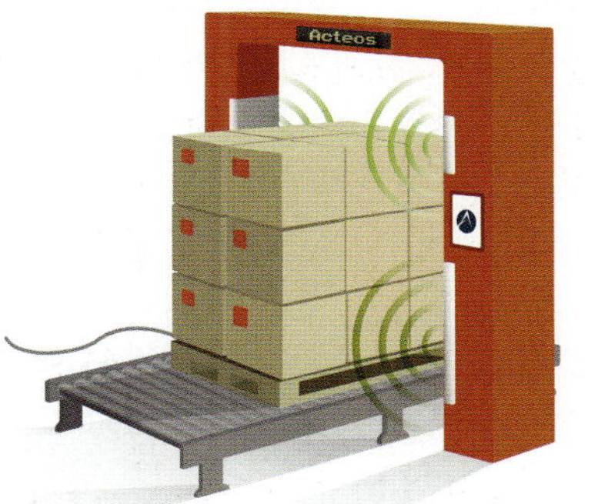

© trongnguyen – stock.adobe.com

1.2.2 Weiterleitung und Bearbeitung der Ware

Nach der Warenerfassung gehen die Waren entweder direkt in den Verkaufsraum oder sie werden eingelagert. Da der überwiegende Teil der Artikel im Einzelhandel bereits verkaufs- oder lagerfähig angeliefert wird, ist dieses schnell und unmittelbar möglich. Werden die Güter z. B. auf Mischpaletten, lose oder in Großpackungen angeliefert, müssen sie ggf. voneinander getrennt, portioniert, komplettiert[2], etikettiert oder auch mit Preisen ausgezeichnet werden.

© Bjoern Wylezich – shutterstock.com

LF 4, Kap. 2.4

2 Komplettieren bezeichnet das Abfüllen, Zusammenführen oder Zusammenstellen verschiedener Einzelteile zu einem verkaufsfähigen Artikel (Set).

Preisangabenverordnung (PAngV) (www.gesetze-im-internet.de/pangv)

Sind die kontrollierten und gebuchten Güter an Ihrem vorgesehenen Platz angekommen, ist der Prozess des Wareneingangs abgeschlossen.

Alle Waren, die in den Verkauf gelangen und dem Endverbraucher angeboten werden, müssen ausgezeichnet werden. Grundlage hierfür ist die Preisangabenverordnung (PAngV), die eine unverwechselbare Preisauszeichnung für jeden Artikel vorschreibt.

Merke

Aufgaben

1. Wann spricht man betriebswirtschaftlich von einer Schnittstelle und warum ist ihre Betrachtung wichtig?
2. Begründen Sie, warum Checklisten ein wesentliches Hilfsmittel im Wareneingang sein können.
3. Erläutern Sie die Rollen „Frachtführer" und „Spediteur" und grenzen Sie sie voneinander ab.
4. Nennen Sie drei mögliche Dokumente, anhand derer eine Wareneingangsprüfung durchgeführt werden kann.
5. Erläutern Sie die wesentlichen Unterschiede zwischen einer Sicht- und einer Feinkontrolle.
6. Nach der Warenannahme erfolgt eine umfangreiche Kontrolle und Prüfung der Ware. Was wird in diesem Zusammenhang geprüft und welche Reklamationsgründe können bei der Prüfung auftreten?
7. Eine Warensendung trifft in Ihrem Unternehmen ein. Der Fahrer möchte Ihnen die Sendungen übergeben. Erläutern Sie bei jedem der nachfolgenden Fälle, bei welchem Schritt der Warenannahme Sie den beschriebenen Mangel feststellen und welche Maßnahmen Sie jeweils ergreifen sollten.
   a) Ein beschädigtes Paket, das an ein Unternehmen in der Nachbarschaft adressiert ist.
   b) Eine Europalette, bei der die Folienumhüllung eingerissen ist und die obenliegenden Kartons nass geworden sind.
   c) Ein Paket, bei dem während der späteren Warenkontrolle festgestellt wird, dass 10 % der gelieferten Waren nicht funktionsfähig sind.
   d) Zwei Europaletten mit Ware, die äußerlich in Ordnung sind. Bei einer der Paletten sind jedoch zwei Bretter gebrochen.
8. Nennen Sie drei Gründe, warum der Überbringer während der Wareneingangskontrolle anwesend sein muss.
9. Erläutern Sie, warum die Prüf- und Rügepflichten bei einem Handelskauf anders geregelt sind als bei einem Verbrauchsgüterkauf.
10. Was versteht man unter der RFID-Technologie und wie unterscheidet sie sich von einem Barcode?
11. Erläutern Sie den Unterschied zwischen 1-D-Codes und 2-D-Codes und nennen Sie je ein Beispiel.
12. Warum ist es wichtig, dass Waren artikelgenau und zeitnah im Wareneingang eines Einzelhandelsunternehmens erfasst werden?

2 Leistungsstörungen bei der Warenannahme erkennen und Maßnahmen einleiten

Mit dem Abschluss eines Kaufvertrages übernehmen Käufer und Verkäufer Rechte und Pflichten. So verpflichtet sich der Verkäufer, dem Käufer die Kaufsache vertragsgemäß zu übergeben und das Eigentum daran zu übertragen. Im Gegenzug verpflichtet sich der Käufer zur Zahlung des Kaufpreises und zur Abnahme der Kaufsache. Werden diese Rechte bzw. Pflichten von den Vertragsparteien ordnungsgemäß geleistet, ist der Kaufvertrag erfüllt.

Pflichten der Vertragspartner aus einem Kaufvertrag

- Verkäufer
  - Eigentumsübertragung
  - termingerechte Übergabe einer mangelfreien Sache
- Käufer
  - Abnahme der Kaufsache
  - Zahlung des Kaufpreises

In einigen Fällen kommt es vor, dass der Vertragspartner seinen Pflichten nicht bzw. nicht vertragsgemäß nachkommt. In diesen Fällen spricht man von Leistungsstörungen. Im Prozess der Warenannahme spielen die vom Verkäufer verursachten Leistungsstörungen eine wichtige Rolle.

Pflichtverletzung durch den Verkäufer

- Verkäufer leistet schlecht → Schlechtleistung (Mangelhafte Lieferung)
- Verkäufer leistet verspätet → Lieferverzug (Nicht-Rechtzeitig-Lieferung)

Pflichtverletzung durch den Käufer

- Käufer zahlt nicht → Zahlungsverzug (Nicht-Rechtzeitig-Zahlung)
- Der Käufer nimmt die Ware nicht an → Annahmeverzug

Im Prozess der Warenannahme spielen die mangelhafte Lieferung (Schlechtleistung) sowie die Nicht-Rechtzeitig-Lieferung (Lieferungsverzug) eine zentrale Rolle.

2.1 Mangelhafte Lieferung (Schlechtleistung)

Zur Erfüllung des Kaufvertrages muss der Verkäufer die Ware in einem mangelfreien Zustand übergeben. Um die Rechte aus der Schlechtleistung in Anspruch nehmen zu können, muss daher zunächst festgestellt werden, ob überhaupt ein Mangel im Sinne des Gesetzes vorliegt (siehe hierzu §§ 434 und 435 BGB).

Bürgerliches Gesetzbuch (www.gesetze-im-internet.de/bgb/)

2.1.1 Mängelarten und Erkennbarkeit von Mängeln

Eine Kaufsache muss nicht unbedingt defekt sein, um als mangelhaft zu gelten. Es können neben solchen Sachmängeln auch Rechtsmängel vorliegen.

Mängelarten
- Sachmangel
- Rechtsmangel

§ 435 BGB

Rechtsmangel

Ein Rechtsmangeln liegt vor, wenn die verkaufte Sache nicht frei von Rechten Dritter ist und der Käufer dadurch z. B. in seiner Nutzung eingeschränkt wird.

Beispiel: *Großhändler Müller verkauft Markenware, ohne die dafür notwendigen Lizenzen vom Markeninhaber zu besitzen.*

§ 434 BGB

Sachmangel

Bei dem in der Beschaffungspraxis viel häufiger vorkommenden Sachmangel unterscheidet man drei Mängelgruppen:
- Beschaffenheitsmängel (Qualitätsmängel)
- Montage- bzw. Montageanleitungsmängel und
- Mängel durch Falsch- bzw. Minderlieferung

Ein **Beschaffenheitsmangel** liegt vor, wenn (sich) die Kaufsache ...			
nicht die im Vertrag vereinbarte Beschaffenheit aufweist.	nicht für die im Vertrag vorausgesetzte Verwendung eignet.	von der Normalbeschaffenheit abweicht.	Eigenschaften vermissten lässt, die ihr im Rahmen einer Werbung durch den Verkäufer oder durch eine Warenkennzeichnung zugesichert wurden.
Beispiel: *Schuhe werden nicht wie vereinbart mit einer Ledersohle, sondern mit einer Gummisohle geliefert.*	**Beispiel:** *Die für den Außenanstrich eines Wohnhauses benötigte Farbe ist nicht witterungsbeständig.*	**Beispiel:** *Die gekauften Lebensmittel sind verdorben.*	**Beispiel:** *Die im Verkaufsgespräch vom Verkäufer als absolut wettertauglich angepriesene Jacke ist nicht wasserdicht.*
Subjektiver Fehlerbegriff		**Objektiver Fehlerbegriff**	

Was also konkret unter einem Beschaffenheitsmangel zu verstehen ist, legen in erster Linie die Vertragspartner fest (subjektiver Mangelbegriff). Erst wenn die Vertragspartner keine Vereinbarung über die Beschaffenheit einer Kaufsache getroffen haben, kommt es darauf an, ob sich die Kaufsache für die gewöhnliche Verwendung eignet bzw. ob die zugesicherten Eigenschaften vorhanden sind (objektiver Mangelbegriff).

Ein Sachmangel liegt auch in folgenden Fällen vor:

Montagemangel	fehlerhafte Montageanleitung	Falschlieferung	Minderlieferung
Die vereinbarte Montage wird durch den Verkäufer unsachgemäß ausgeführt.	Die Montageanleitung ist mangelhaft (sog. Ikea-Klausel) 	Der Verkäufer liefert statt der eigentlich geschuldeten Sache eine andere.	Der Käufer erhält weniger Ware als bestellt wurde.
Beispiel: *Nach Installation einer neuen Spülmaschine verliert diese aufgrund der fehlerhaften Montage Wasser.*	**Beispiel:** *Der Käufer baut das Regal strikt nach den Vorgaben in der Bedienungsanleitung auf. Es bricht kurze Zeit später zusammen.*	**Beispiel:** *Der Einzelhändler bestellt Dosentomaten, erhält jedoch stattdessen Dosenaprikosen.*	**Beispiel:** *Der Käufer bestellt 200 T-Shirts, er erhält jedoch nur 199 Stück.*
Erweiterter Fehlerbegriff			

Erkennbarkeit von Sachmängeln

Ob ein Mangel vorliegt, lässt sich jedoch nicht immer sofort feststellen. Für die Beschaffungspraxis ist es daher wichtig, Sachmängel auch hinsichtlich ihrer Erkennbarkeit zu unterscheiden:

Mangelart	Erklärung	Beispiel
offene Mängel	Mängel, die sofort erkennbar sind bzw. bei sorgfältiger Prüfung der Ware entdeckt werden müssen.	Der neue Spiegel hat einen Sprung.
versteckte Mängel	Mängel, die selbst bei sorgfältiger Prüfung der Kaufsache zunächst nicht erkennbar sind bzw. sich erst bei Nutzung zeigen.	Regenjacke ist nicht wasserdicht.
arglistig verschwiegene Mängel	Mängel, die dem Verkäufer bekannt sind und die er dem Käufer absichtlich verschweigt, um daraus einen Nutzen zu ziehen.	Beim Verkauf eines Autos wird ein Unfall verschwiegen.

Umfang der Sachmängel

Je nachdem, wie schwerwiegend ein Mangel ist, unterscheidet der Gesetzgeber erhebliche und geringfügige bzw. unerhebliche Mängel.

Mangelart	Erklärung	Beispiel
erhebliche Mängel	Der Käufer wird durch den Mangel in der Nutzung der Kaufsache deutlich eingeschränkt bzw. er kann sie nicht wie vorgesehen gebrauchen.	Die Kamerafunktion des Smartphones ist defekt.
geringfügige/ unerhebliche Mängel	Liegt vor, wenn das Ausmaß der Funktionsbeeinträchtigung gering ist, dennoch aber eine Abweichung von der Soll-Beschaffenheit vorliegt.	Kauf eines großformatigen Fernsehers, auf dessen Rückseite ein kleiner Kratzer ist.

Zur Info: Wann ist ein Sachmangel erheblich? Das BGH zieht die Grenze eines erheblichen Mangels bei 5 % der Mängelbeseitigungskosten. Das bedeutet, dass ein beanstandeter Mangel unterhalb dieser Grenze beseitigt werden und der Käufer nicht vom Vertrag zurücktreten darf.

2.1.2 Pflichten des Käufers

Damit der Käufer seine Rechte aus der Schlechtleistung gegenüber dem Verkäufer wahrnehmen kann, muss er die Ware prüfen und Mängel rechtzeitig rügen sowie die defekte Ware aufbewahren.

Pflichten des Käufers

- Prüfpflicht
- Rügepflicht
- Aufbewahrungspflicht

Je nachdem, ob die Vertragspartner Unternehmer oder Verbraucher sind, gelten hierfür unterschiedliche gesetzliche Regelungen. Rechtsgrundlage für Verträge mit einem Verbraucher ist das Bürgerliche Gesetzbuch (BGB). Für Unternehmer hingegen gelten zusätzlich die Vorschriften des Handelsgesetzbuchs (HGB).

Merke

Verbraucher ist jede natürliche Person, die den Vertrag weder zu gewerblichen Zwecken noch für ihre selbständige berufliche Tätigkeit abschließt (vgl. § 13 BGB).

Merke

Unternehmer ist eine Einzelperson oder Organisation, die einen Vertrag in Ausübung ihrer gewerblichen oder selbstständigen beruflichen Tätigkeit abschließt (vgl. § 14 BGB). Ein Unternehmer, der ein Gut zur privaten Nutzung kauft, ist als Verbraucher einzuordnen. Kauft er das Gut hingegen für sein Unternehmen, so handelt er als Unternehmer.

Aus der Rechtsstellung der Vertragspartner ergeben sich folgende Prüf-, Rüge- und Aufbewahrungspflichten.

Käufer ist / Verkäufer ist	Unternehmer	Verbraucher
Unternehmer	zweiseitiger Handelskauf Beispiel: *Ein Elektrofachmarkt kauft Waschmaschinen von einem Großhändler.*	Verbrauchsgüterkauf Beispiel: *Ein Bürger kauft eine Waschmaschine bei einem Elektrofachmarkt.*
Verbraucher	einseitiger Handelskauf Beispiel: *Ein Gebrauchtwarenhändler kauft einen gebrauchten Pkw von einer Privatperson.*	bürgerlicher Kauf Beispiel: *Sebastian kauft auf dem Flohmarkt ein gebrauchtes Buch von Karim.*

	Pflichten des Käufers bei Mängeln			
	Prüf- und Rügepflicht			
	offene Mängel	versteckte Mängel	arglistig verschwiegene Mängel	Aufbewahrungspflicht
zweiseitiger Handelskauf	• unverzügliche Überprüfung der Ware • unverzügliche Mängelanzeige	• Mängelanzeige unverzüglich nach Entdecken innerhalb der Frist für Sachmängelhaftung (2 Jahre)	• Mängelanzeige unverzüglich nach Entdecken innerhalb der Verjährungsfrist (bis Ende des 3. Jahres).	• Käufer muss Ware zunächst aufbewahren • Notverkaufsrecht bei verderblicher Ware
einseitiger Handelskauf bzw. Verbrauchsgüterkauf	• sowohl für offene als auch für versteckte Mängel gibt es keine Pflicht einer unverzüglichen Mängelrüge, es besteht eine Sachmängelhaftungsfrist von 2 Jahren		• Mängelanzeige unverzüglich nach Entdecken innerhalb der Verjährungsfrist (bis Ende des 3. Jahres)	• Käufer entscheidet, ob er die mangelhafte Ware aufbewahrt oder zu Lasten des Verkäufers zurücksendet.
rechtliche Besonderheiten	• Kommt der Einzelhändler seiner Rügepflicht nicht zeitgerecht nach, verliert er alle Rechte aus einer mangelhaften Warenlieferung. • Erfolgt bei Verbrauchern die Mängelrüge erst nach 6 Monaten, muss der Käufer belegen, dass der Mangel schon beim Warenkauf bestand (Beweislastumkehr, Kap. 2). • Bei gebrauchten Waren beträgt die Sachmängelhaftung nur 1 Jahr.			

§§ 121, 195, 438 BGB; §§ 373, 379 HGB

2.1.3 Gewährleistungsfrist, Gefahrenübergang und Beweislastumkehr

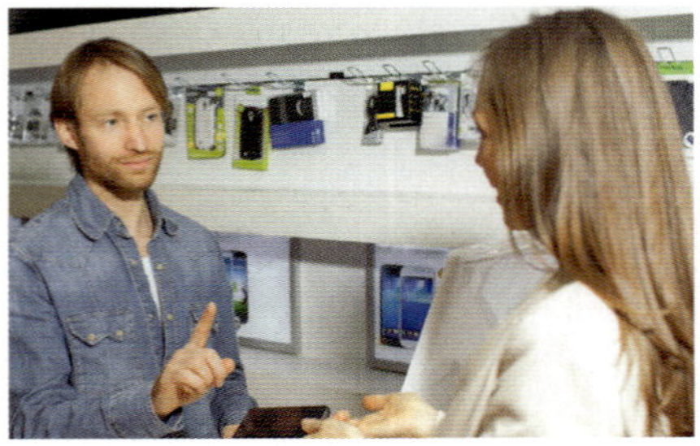
© Adam Gregor – stock.adobe.com

Unter Gewährleistung versteht man den gesetzlich geregelten Anspruch auf eine mangelfreie Ware. Diese beträgt bei neuen Waren grundsätzlich zwei Jahre, bei gebrauchten Sachen ein Jahr. Ein Ausschluss bzw. eine Verkürzung gegenüber einem Verbraucher (Verbrauchsgüterkauf) ist unzulässig.

§ 446 BGB

Der entscheidende Zeitpunkt für die Beurteilung der Mangelfreiheit eines Artikels ist der Zeitpunkt des Gefahrenübergangs, d. h. der Zeitpunkt der körperlichen Übergabe der Ware. Mit der Warenübergabe geht das Risiko der Verschlechterung bzw. Zerstörung der Ware auf den Käufer über. Dieser muss dann beweisen, dass die Sache bereits vor der Annahme mangelhaft war. In der Sprache der Juristen trägt der Käufer die Beweislast.

Bei einem Verbrauchsgüterkauf, bei dem ein Endverbraucher eine bewegliche Sache von einem Unternehmer kauft, wird diese Beweislast zu Gunsten des Verbrauchers in den ersten sechs Monaten nach Übergabe umgekehrt. Rechtlich spricht man daher von einer Beweislastumkehr. Zeigt sich in den ersten sechs Monaten ein Mangel an der Ware, geht man davon aus, dass der Mangel bereits zum Zeitpunkt des Gefahrenübergangs mangelhaft war. Einen anderen Tatbestand müsste der Verkäufer beweisen.

die ersten 6 Monate	ab dem 7. Monat:	2 Jahre
Übergabe der Kaufsache	Beweislastumkehr	Ende der zweijährigen Gewährleistungsfrist

Verkäufer trägt die Beweislast für Mängel

Käufer trägt Beweislast für Mängel

Tipp

Der Verbraucher kann sich mit seinen Ansprüchen aus einer mangelhaften Lieferung immer direkt an den Einzelhändler wenden, bei dem er die Kaufsache erworben hat. Er muss sich nicht an den Hersteller wenden, um seine Rechte geltend zu machen.

2.2 Rechte des Käufers bei mangelhafter Lieferung

Wurde der Mangel fristgerecht gerügt, stehen dem Käufer nach § 437 BGB grundsätzlich folgende Rechte zu:

- Nachbesserung } vorrangige Rechte
- Neulieferung
- Schadensersatz oder } nachrangige Rechte
- Aufwendungsersatz
- Minderung
- Rücktritt vom Kaufvertrag oder Minderung

Der Käufer soll aber nicht bei jedem Mangel und sofort vom Vertrag zurücktreten können. Der Gesetzgeber sieht daher eine gestufte Inanspruchnahme dieser Rechte vor, d. h. der Käufer kann zunächst nur die vorrangingen Rechte geltend machen und erhält somit noch eine „zweite Chance", seine Leistung doch noch mangelfrei zu erbringen. Erst wenn eine Nachbesserung oder die Neulieferung der Ware nicht zum Erfolg führt, kann der Käufer die nachrangigen Rechte geltend machen.

§ **Bürgerliches Gesetzbuch (BGB)**

§ 439 BGB, Nacherfüllung

(1) Der Käufer kann als Nacherfüllung nach seiner Wahl die Beseitigung des Mangels oder die Lieferung einer mangelfreien Sache verlangen.
(2) Der Verkäufer hat die zum Zwecke der Nacherfüllung erforderlichen Aufwendungen, insbesondere Transport-, Wege-, Arbeits- und Materialkosten zu tragen.
...
(4) Der Verkäufer kann die vom Käufer gewählte Art der Nacherfüllung unbeschadet des § 275 Abs. 2 und 3 verweigern, wenn sie nur mit unverhältnismäßigen Kosten möglich ist.

Quelle: https://www.gesetze-im-internet.de/bgb/__439.html

Vorrangige Rechte

Im Rahmen der vorrangigen Rechte kann der Käufer nach seiner Wahl

- die Beseitigung des Mangels (Nachbesserung) oder
- die Lieferung einer (anderen) mangelfreien Sache (Neulieferung) und
- gegebenenfalls Schadensersatz neben der Leistung verlangen, sofern durch den Mangel ein Schaden entstanden ist.

Zu beachten ist jedoch,

- dass der Käufer dem Verkäufer für Mangelbeseitigung eine angemessene Zeit einräumen muss (Nachfrist).
- dass kein Anspruch auf Nacherfüllung besteht, wenn diese für den Verkäufer mit unverhältnismäßigen Kosten verbunden, nicht möglich bzw. unzumutbar ist (§ 439 IV BGB). Der Anspruch des Käufers beschränkt sich dann auf die jeweils andere Art der Nacherfüllung. § 439 IV BGB
- dass der Verkäufer alle anfallenden Kosten der Nacherfüllung (z. B. Portokosten, Reparaturkosten etc.) trägt.

§ 439 V BGB

- dass der Käufer bei einer Neulieferung die mangelhafte Sache auf Verlangen des Verkäufers zurückgeben muss (§ 439 V BGB).
- dass nach zwei erfolglosen Nachbesserungsversuchen die Nacherfüllung als fehlgeschlagen gilt, sodass dann nachrangige Rechte geltend gemacht werden können.

Beispiel: *Ein Verbraucher kauft bei einem Elektrofachmarkt einen elektrischen Wasserkocher. Es stellt sich heraus, dass das Gerät zum Zeitpunkt des Gefahrübergangs einen technischen Defekt hatte. Der Käufer kann nun wählen, ob er vom Händler die Nachbesserung des Defekts an dem erworbenen Wasserkocher oder einen neuen verlangt. Entscheidet sich der Käufer für die Reparatur des Gerätes, kann der Händler dieses ablehnen, wenn die Reparaturkosten den Wert des Wasserkochers übersteigen bzw. dieses technisch nicht möglich ist. Umgekehrt kann der Verkäufer z. B. einer Waschmaschine die vom Kunden verlangte Ersatzlieferung dann verweigern, wenn der Mangel an dem Gerät durch eine einfache Reparatur behoben werden kann.*

Neben dem Recht auf Nacherfüllung steht dem Käufer zusätzlich noch ein Recht auf Schadensersatz neben der Leistung zu, allerdings setzt die Schadensersatzforderung stets ein Verschulden des Verkäufers und einen nachweisbareren Schaden des Käufers voraus, der auf den Mangel der Kaufsache zurückführen ist. Die Beweislast hierfür liegt beim Verkäufer.

© Yvonne Weis – stock.adobe.com

§ 276 BGB

Ein Verschulden bedeutet, dass der Schuldner für die Pflichtverletzung (hier: Mangelhaftigkeit der Leistung) verantwortlich sein muss. Es liegt immer dann vor, wenn vorsätzlich oder fahrlässig gehandelt wird.

Tipp

Kein Verschulden liegt z. B. bei einer Verzögerung aufgrund höherer Gewalt (Unwetter, Hochwasser) vor.

Merke

Für den Einzelhändler besteht die Gefahr, dass er als Letztverkäufer für Mängel haften muss, die z. B. bereits bei der Herstellung entstanden sind. Der „Unternehmerrückgriff" (§ 445 a BGB) sieht daher vor, dass der Einzelhändler die Mängelhaftung entlang der Lieferkette bis zu der Stelle weiterreichen kann, die für den Mangel verantwortlich ist. Ein Direktanspruch des Einzelhändlers gegenüber dem Hersteller besteht somit nicht. Vielmehr kann jeder Lieferant seinen Lieferanten in Regress nehmen, bis der Hersteller erreicht ist. Die Mangelanzeige muss unverzüglich erfolgen, sonst verliert der Unternehmer seinen Anspruch.

Nachrangige Rechte

Hat der Käufer dem Verkäufer eine angemessene Frist zur Nacherfüllung gesetzt und wurde der Mangel nicht behoben, stehen dem Käufer die nachrangigen Rechte zu:

§ 281 BGB

Rücktritt vom Kaufvertrag

Durch den Rücktritt vom Kaufvertrag wird der Kaufvertrag rückgängig gemacht, sodass der Käufer den bereits bezahlten Kaufpreis zurückverlangen kann und der Käufer die bereits gelieferte mangelhafte Ware erhält.

§ 346 I BGB

Im Zusammenhang mit dem Rücktritt sind folgende Bedingungen zu beachten:
- Das Rücktrittrecht des Käufers ist verschuldensunabhängig.
- Für die Rücktrittserklärung ist keine Form vorgeschrieben, sie sollte aus Gründen der Beweissicherung jedoch schriftlich erfolgen.
- Eine fehlgeschlagene Nachbesserung rechtfertigt den Rücktritt vom Vertrag.

Beispiel: *Frau Müller musste ihre defekte Schlagbohrmaschine bereits zum zweiten Mal reparieren lassen. Auch nach der zweiten Reparatur lässt sich das Schlagwerk nicht einschalten, sodass sie nun vom Vertrag zurücktreten kann.*

Minderung des Kaufpreises

Statt des Rücktritts kann auch die Minderung gegenüber dem Verkäufer erklärt werden. Die Höhe der Minderung ist im Einzelfall festzulegen. Sie richtet sich nach dem Wert, den die Sache bei Vertragsschluss in mangelfreien Zustand gehabt hätte.

© koblizeek – stock.adobe.com

Beispiel: *Herr Baumann interessiert sich für ein neues E-Bike in der Ausstellung eines Fachhändlers. Da das Fahrrad einen kleinen Lackschaden am Unterrohr hat, erklärt sich der Händler bereit, ihm einen Nachlass von 50,00 EUR zu gewähren, womit Herr Baumann einverstanden ist.*

Dabei gilt es zu beachten, dass
- eine Minderung auch bei unerheblichen Mängeln möglich ist und
- der Kaufvertrag bei einer Minderung bestehen bleibt.

Schadensersatz

Tritt der Käufer vom Kaufvertrag zurück, kann er Schadensersatz statt der Leistung vom Lieferer verlangen. Auch in diesem Fall wird der Schadensersatzanspruch nur gewährt, wenn der Verkäufer den Mangel zu vertreten hat und ein nachweisbarer Schaden entstanden ist, der auf den Mangel der Kaufsache zurückzuführen ist. § 437 III BGB

Beispiel: *Bei der Montage einer Waschmaschine kommt es zu einem Wasseraustritt, da der Monteur die Wasserleitung nicht abgestellt hat. Dadurch entsteht ein erheblicher Schaden am Parkett des Käufers. Da den Monteur ein Verschulden trifft, hat der Käufer ein Recht auf Schadensersatz.*

Ein Schaden bezeichnet einen in Geld ausdrückbaren Nachteil.

Merke

Ersatz vergeblicher Aufwendungen

Anstelle des Schadensersatzes statt der Leistung, kann der Käufer Ersatz für die vergeblichen Aufwendungen verlangen, die er im Vertrauen auf den Erhalt der Leistung gemacht hat und machen durfte. Folglich unterliegt er den gleichen Bedingungen wie beim Schadensersatz.

Beispiel: *Einzelhändler Müller engagiert anlässlich seiner Wiedereröffnung nach einer umfassenden Renovierung seiner Verkaufsräume einen Discjockey für 400,00 EUR. Für den Auftritt mietet er eine Musikanlage für 600,00 EUR, die jedoch defekt ist, sodass der Discjockey nicht auftreten kann.*

Mangelart / Verschulden	unerheblicher Mangel	erheblicher Mangel
Verkäufer trifft kein Verschulden	• Minderung des Kaufpreises	• Rücktritt vom Kaufvertrag *oder* • Minderung des Kaufpreises
Verkäufer trifft ein Verschulden	• Minderung *und* • ggf. Schadensersatz neben der Leistung	• Rücktritt vom Kaufvertrag *und* • ggfs. Schadensersatz neben der Leistung **oder** • Ersatz vergeblicher Aufwendungen

Zur Wiederholung

Voraussetzungen der Schlechtleistung

Sachmangel ← **Mangel an der Kaufsache** → Rechtsmangel

Rechte des Käufers bei mangelhafter Lieferung

1. Vorrangige Rechte (ohne Fristsetzung)

Nachbesserung ← oder / Wahlrecht des Käufers → **Neulieferung**

und

möglicherweise Schadenersatz neben der Leistung

... wenn Nacherfüllung fehlgeschlagen ist oder die Nacherfüllungsfrist abgelaufen ist

2. Nachrangige Rechte

Minderung des Kaufpreises – oder – Rücktritt vom Kaufvertrag – und – Schadensersatz statt der Leistung – oder – Ersatz vergeblicher Aufwendungen

Minderung des Kaufpreises – und – Schadensersatz neben der Leistung – oder – Ersatz vergeblicher Aufwendungen

- Minderung des Kaufpreises: auch bei unerheblichen Mängeln
- Rücktritt vom Kaufvertrag: nur bei erheblichen Mängeln
- Schadensersatz statt der Leistung / Ersatz vergeblicher Aufwendungen / Schadensersatz neben der Leistung: nur bei Verschulden des Verkäufers

2.3 Gewährleistung und Garantie

Obwohl die Begriffe „Gewährleistung" und „Garantie" in der Alltagspraxis eine wichtige Rolle spielen, werden sie oft verwechselt bzw. gleichbedeutend verwendet. Garantie und Gewährleistung sind jedoch nicht dasselbe.

Merke: Garantie ≠ Gewährleistung

Gewährleistung

- gesetzlich geregelte Haftung des Verkäufers bei Mängeln an einer Kaufsache
- ergibt sich automatisch aus dem Kaufvertrag, d.h. eine gesonderte Vereinbarung ist nicht erforderlich
- kann gegenüber einem Verbraucher nicht beschränkt werden
- besteht auch bei Sonderangeboten (Ausnahme: Ware ist ausdrücklich wegen dieses Fehlers reduziert, B-Ware)
- bezieht sich auf die Mangelfreiheit des Kaufgegenstandes zum Zeitpunkt der Übergabe an den Käufer

Garantie

- vertraglich eingeräumte freiwillige und frei gestaltbare Leistung eines Händlers oder Herstellers gegenüber dem Kunden, die neben der gesetzlichen Gewährleistung besteht.
- Der Eintritt eines Garantiefalls sowie die daraus resultierenden Leistungen können daher an bestimmte Bedingungen geknüpft werden (z. B. Ausschluss der Rückgabe reduzierter Ware)
- Garantieansprüche ergeben sich aus der Garantievereinbarung des Garantiegebers in Bezug auf bestimmte Eigenschaften (z. B. Rückgabegarantien, Haltbarkeitsgarantien, Geld-zurück-Garantie).
- Der Zustand der Ware zum Zeitpunkt der Übergabe an den Kunden ist unerheblich, da die Funktionsfähigkeit für den Zeitraum garantiert wird.

Reklamation

- Wahrnehmung der Rechte aus der gesetzlichen Gewährleistung

Umtausch

- Wahrnehmung der Rechte aus einer Garantieerklärung des Verkäufers oder des Herstellers

2.4 Nicht-Rechtzeitig-Lieferung (Lieferungsverzug)

Ein Kaufvertrag verpflichtet die Vertragsparteien zur rechtzeitigen Übergabe der vereinbarten Leistung. Erfolgt diese nicht bzw. nicht fristgerecht, gerät der Lieferer unter bestimmten Voraussetzungen unter Lieferungsverzug.

Ein Lieferungsverzug liegt vor, wenn der Verkäufer schuldhaft nicht bzw. nicht rechtzeitig leistet, obwohl die geschuldete Lieferung (Leistung) möglich ist.

Merke

2.4.1 Voraussetzungen des Lieferungsverzugs

Um festzustellen, ob ein Verkäufer in Verzug gerät, müssen zunächst die Voraussetzungen für einen Lieferungsverzug geprüft werden:

§ 286 BGB

§ **Bürgerliches Gesetzbuch (BGB)**

§ 286 BGB, Verzug des Schuldners
(1) Leistet der Schuldner auf eine Mahnung des Gläubigers nicht, die nach dem Eintritt der Fälligkeit erfolgt, so kommt er durch die Mahnung in Verzug. Der Mahnung stehen die Erhebung der Klage auf die Leistung sowie die Zustellung eines Mahnbescheids im Mahnverfahren gleich.
(2) Der Mahnung bedarf es nicht, wenn
1. für die Leistung eine Zeit nach dem Kalender bestimmt ist,
2. der Leistung ein Ereignis vorauszugehen hat und eine angemessene Zeit für die Leistung in der Weise bestimmt ist, dass sie sich von dem Ereignis an nach dem Kalender berechnen lässt,
3. der Schuldner die Leistung ernsthaft und endgültig verweigert …

Voraussetzungen	Erläuterungen
Nichtleistung des Einzelhändlers trotz Möglichkeit zur Leistung	Die Erfüllung der geschuldeten Leistung muss grundsätzlich noch möglich sein, die Kaufsache darf z. B. zwischenzeitlich nicht zerstört worden sein.
Fälligkeit der Lieferung	Fällig wird eine Leistung zu dem Zeitpunkt, zu dem der Käufer berechtigt ist, sie zu fordern. Eine Warenlieferung ist mit dem Erreichen des vereinbarten Liefertermins fällig. Fehlt die Vereinbarung einer Lieferzeit, kann der Käufer die sofortige Lieferung der Ware verlangen.

§ 271 BGB

Voraussetzungen	Erläuterungen
Mahnung durch den Käufer	Mit der Fälligkeit kommt der Verkäufer nicht in Verzug, wenn der Liefertermin nicht genau bestimmt wurde. Der Verzug beginnt dann erst mit dem Erhalt der Mahnung. Nur in Ausnahmefällen kann auf eine Mahnung verzichtet werden, sodass der Verkäufer mit der Fälligkeit der Lieferung in Verzug gerät. Dieses ist der Fall, wenn  • für die Lieferung eine (angemessene) Zeit nach dem Kalender bestimmt ist, z. B. „Lieferung am 18.01.2017“, „Lieferung im Mai 2018“, • der Lieferung ein Ereignis vorausgehen soll (z. B. Anzahlung, Rechnung) und die Leistungszeit so bestimmt ist, dass sich von dem Ereignis an nach dem Kalender berechnen lässt, z. B. „Lieferung innerhalb von 8 Tagen nach Abruf der Ware“, • wenn der Verkäufer die Lieferung ernsthaft und endgültig verweigert oder sich selbst in Verzug setzt, oder • wenn ein sofortiger Verzugseintritt aus besonderen Gründen gerechtfertigt ist, z. B. „Lieferung der Hochzeitstorte nach der Hochzeitsfeier“.
Verschulden	Der Lieferungsverzug setzt ein Verschulden des Verkäufers voraus, d. h. er muss vorsätzlich oder fahrlässig gehandelt haben und dadurch die Verzögerung der Leistung verursacht haben. Die Beweislast für fehlendes Verschulden liegt beim Verkäufer.

§ 287 BGB

Merke

Eine Mahnung ist eine deutliche Aufforderung an den Schuldner, die Leistung zu erbringen. Sie ist formfrei, empfangsbedürftig und muss keine Frist zur Leistung enthalten.

Merke

Tritt während des Lieferungsverzugs eine Beschädigung der Ware ein oder wird diese sogar zerstört, hat der Käufer dieses zu vertreten, auch wenn ihn kein Verschulden trifft. Es sei denn, dass der Schaden auch bei rechtzeitiger Leistung eingetreten wäre.

2.4.2 Rechte des Käufers bei Lieferungsverzug

Befindet sich der Verkäufer im Lieferungsverzug, stehen dem Käufer unterschiedliche Rechte zu.

Rechte des Käufers bei Lieferungsverzug

ohne Nachfristsetzung	mit Nachfristsetzung
• auf Vertragserfüllung bestehen und/oder • Schadensersatz aufgrund der verspäteten Lieferung verlangen (Verzögerungsschaden)	• Rücktritt vom Kaufvertrag und/oder • Schadensersatz statt der Lieferung oder • Ersatz vergeblicher Aufwendungen

Rechte des Käufers ohne Nachfristsetzung

Der Käufer wird immer dann auf die verspätete Lieferung bestehen, wenn diese für ihn noch von Bedeutung ist. Das ist zum Beispiel der Fall, wenn

- er die Ware dringend benötigt und ein neuer Lieferant nicht so schnell gefunden werden kann,
- die Nachfrage nach den Produkten dieses Herstellers besonders hoch ist oder
- bei anderen Verkäufern schlechtere Konditionen (längere Lieferzeiten, höhere Preise und/oder ungünstigere Zahlungs- und Lieferbedingungen) zu erwarten sind.

Besteht der Schuldner weiterhin auf die Warenlieferung, kann er zusätzlich Schadensersatz neben der Leistung verlangen, wenn ihm durch die Verzögerung der Leistung ein Schaden entstanden ist und der Schuldner sich nicht entlasten kann.

Gefordert werden kann in diesem Fall:

- die Mahnkosten ab der zweiten Mahnung, Miete für einen Ersatzgegenstand
- entgangener Gewinn

Rechte des Käufers mit Nachfristsetzung

Eine wesentliche Voraussetzung für die nachfolgenden Rechte ist der erfolglose Ablauf einer vom Käufer im Vorfeld gesetzten angemessenen Nachfrist, um dem Schuldner die Möglichkeit zu gegeben, seinen vertraglichen Verpflichtungen nachzukommen.

Die Angemessenheit der Nachfrist richtet sich dabei nach den Umständen des konkreten Vertrags. Sie soll den Verkäufer lediglich in die Lage versetzen, die Leistung in dieser Zeit tatsächlich auch zu erbringen bzw. zu vollenden. Sie muss jedoch nicht so lang sein, dass sie dem Schuldner den Beginn der Leistungserstellung erst ermöglicht.

Merke

Entbehrlichkeit der Nachfrist

In den Fällen, in denen der Lieferzeitpunkt einen besonderen Stellenwert für den Käufer besaß bzw. eine Nachfristsetzung nicht mehr notwendig und sinnvoll ist, ist auch die Fristsetzung – wie auch bei der Mahnung – entbehrlich. Das ist regelmäßig bei einem Fixkauf, bei einer endgültigen Leistungsverweigerung durch den Schuldner und bei besonderen Umständen (z. B. Zweckkauf) gegeben.

Rücktritt vom Vertrag

Nach Ablauf der Nachfrist kann der Käufer vom Vertrag zurücktreten. Von diesem Recht wird er Gebrauch machen, wenn z. B.

- die Ware mittlerweile bei einem anderen Händler zu besseren Konditionen erhältlich ist oder er
- inzwischen keine Verwendung mehr für die Waren hat.

Schadens- oder Aufwendungsersatz

Tritt der Käufer vom Kaufvertrag zurück, kann er nach seiner Wahl entweder Schadensersatz statt der Leistung oder Ersatz vergeblicher Aufwendungen vom Lieferer verlangen. Beide Rechte können jedoch nur gewährt werden, wenn der Verkäufer den Verzug zu vertreten hat und ein nachweisbarer Schaden bzw. Aufwand entstanden ist, der auf den Verzug der Lieferung zurückführen ist.

Beispiel: *Muss der Einzelhändler die dringend benötigte Ware aufgrund des Lieferverzugs seines Verkäufers von einem anderen Lieferanten beschaffen, spricht man von einem Deckungskauf. Ist die Ware bei dem neuen Lieferanten teurer, dann ist der Differenzschaden ebenfalls ein Teil des Schadensersatzanspruchs und muss von dem in den Lieferverzug geratenen Verkäufer beglichen werden.*

Schadensberechnung

Der durch den Lieferungsverzug geschädigte Käufer muss so gestellt werden, als wäre der Kaufvertrag ordnungsgemäß erfüllt worden. Gegebenenfalls muss der entstandene Schaden durch Geldleistungen ausgeglichen werden. Wie in den vorherigen Beispielen gezeigt, kann der Käufer nach dem Schadenseintritt zwischen mehreren Möglichkeiten des Schadensausgleiches wählen. Die Konventionalstrafe ergänzt und komplettiert die Möglichkeiten der Schadensersatzberechnung für die Vertragsparteien.

§ 249 BGB
§ 251 BGB

Arten der Schadensberechnung

❶ **konkret**	❷ **abstrakt**
Die konkrete Schadensberechnung ist dann möglich, wenn ein konkret bezifferbarer Schaden eingetreten ist. Dieses ist z. B. bei einem Deckungskauf der Fall, bei dem der Mehrpreis geltend gemacht werden kann.	Kann ein Einzelhändler z. B. aufgrund einer verspäteten Lieferung seine Waren nicht anbieten, umfasst der abstrakte Schaden auch den dadurch entgangenen Gewinn und evtl. einen Imageschaden des Käufers. Im Streitfall muss der Schaden durch ein Gericht geschätzt werden.

❸ Konventionalstrafe

Um den meist komplizierten und langwierigen Schadensersatzforderungen entgegenzuwirken, einigen sich die Vertragspartner *bei* Vertragsschluss auf eine festgelegte Summe, die z. B. bei einem Lieferungsverzug fällig wird. Sie bietet für den Käufer den Vorteil der Befreiung von der Schadensnachweispflicht sowie einer schnelleren Durchsetzung seines Schadenersatzanspruches.

Zur Wiederholung

Voraussetzungen des Lieferverzugs

- Nichtleistung trotz Leistungsmöglichkeit
- Fälligkeit der Leistung
- Mahnung, wenn kein Liefertermin bestimmt ist
- Verschulden des Verkäufers

Rechte des Käufers bei Lieferungsverzug

ohne Nachfristsetzung → Lieferung verlangen und → Schadensersatz (Verzögerungsschaden)

oder

mit Nachfristsetzung → Rücktritt vom Kaufvertrag → Ersatz vergeblicher Aufwendungen oder Schadensersatz statt der Leistung und Lieferung ablehnen

1. Welche Kaufvertragsstörungen gibt es und welche dieser Störungen spielen eine wichtige Rolle bei der Warenbeschaffung? Begründen Sie Ihre Entscheidung kurz.
2. Welche drei grundlegenden Pflichten des Käufers werden bei dem Vorliegen einer mangelhaft gelieferten Ware unterschieden?
3. Erläutern Sie, warum die Pflichten des Käufers bei einer mangelhaften Lieferung für einen zweiseitigen Handelskauf und einen Verbrauchsgüterkauf unterschiedlich geregelt sind.
4. Wie nennt man die Mitteilung des Käufers an den Verkäufer über eine mangelhafte Ware und worauf ist bei ihrer Erstellung zu achten?
5. Welche gesetzlichen Rügefristen werden bei dem Vorliegen einer mangelhaften Lieferung unterschieden?
6. Prüfen Sie, ob. bzw. welcher Mangel gemäß BGB in den nachfolgenden Fällen vorliegt. Begründen Sie Ihre Entscheidung kurz.
   a) Der Lieferant liefert statt der bestellten 100 Einheiten einer Ware 105 Einheiten.
   b) Die Verkaufsverpackungen der von einem Lieferanten gelieferten Monitore sind beschädigt, die Geräte sind technisch einwandfrei.
   c) Im Kaufvertrag wurde eine Lieferzeit bis Mitte August vereinbart; der Lieferant liefert jedoch bereits Anfang Juli.
   d) Anstelle der bestellten Monitore VL-300 liefert der Lieferant Monitore des Modells VL-300_X.
   e) Aufgrund einer fehlerhaften Bedienungsanleitung verwendet ein Kunde eine Ware falsch, wodurch diese stark beschädigt wird.
   f) Ein Online-Händler verkauft „echte" Markenkleidung, obwohl er genau weiß, dass es sich um Fälschungen handelt.
7. Was versteht man unter der Beweislastumkehr im Rahmen der Mängelhaftung?
8. Begründen Sie, warum der Käufer bei einer mangelhaften Lieferung zunächst nur die vorrangingen Rechte geltend machen kann.
9. Warum ist es notwendig, im Rahmen der Schlechtleistung zwischen erheblichen und unerheblichen Mängeln zu unterscheiden?
10. Worin besteht der Unterschied zwischen Gewährleistung und Garantie?
11. Welche Regelungen für den Umtausch gibt es in Ihrem Ausbildungsunternehmen und welche Vorteile und Nachteile haben diese für das Unternehmen?
12. Welche Voraussetzungen müssen erfüllt sein, damit sich ein Verkäufer im Lieferungsverzug befindet?
13. Welche grundsätzlichen Rechte hat der Käufer bei einem Lieferungsverzug des Verkäufers?
14. Was bedeutet: Für die Leistung ist „eine Zeit nach dem Kalender bestimmt" und welche Rechte ergeben sich daraus für den Käufer bei einem Lieferungsverzug?
15. Bewerten Sie die Begriffe „Höhere Gewalt", „Vorsatz" und „Fahrlässigkeit"im Hinblick auf einen Lieferungsverzug anhand von Beispielen.
16. Erläutern Sie den Begriff „Deckungskauf" anhand eines konkreten Beispiels.
17. Handelt es sich bei einem Deckungskauf um einen konkreten oder abstrakten Schadensersatz?
18. Aus welchem Grund werden zwischen dem Einzelhandelsunternehmen und dem Lieferer vertraglich Konventionalstrafen vereinbart?

3 Ware lagern und pflegen

Die Warenlagerung ist für den Einzelhändler stets mit Kosten verbunden. Sie ist jedoch für einen reibungslosen Ablauf seiner Geschäfte notwendig, weil Kunden die Waren im Regelfall sofort mitnehmen möchten und sich der Wareneinkauf und Warenverkauf nicht immer zeitlich und mengenmäßig perfekt aufeinander abstimmen lassen.

Lagern bezeichnet jede **geplante** und **vorübergehende** Unterbrechung im Warenfluss eines Unternehmens. Der Ort (Räume, Gebäude oder Areale), an dem die Bevorratung der Waren stattfindet, sowie die gelagerten Güter selbst bezeichnet man als Lager.

Merke

3.1 Lagerfunktionen

Die Notwendigkeit der Warenbevorratung kann sich aus unterschiedlichen Gründen ergeben, wie die nachfolgende Übersicht zeigt.

Lagerfunktionen

Sicherungsfunktion	Güter werden gelagert, um den Verkaufsprozess gegen unvorhergesehene Lieferstörungen oder Bedarfsschwankungen zu sichern und eine stetige Verkaufsbereitschaft zu gewährleisten.
Ausgleichsfunktion	Güter werden gelagert, um einen zeitlichen Ausgleich zwischen dem Herstellungs- bzw. Lieferungszeitpunkt und dem Warenverkauf sicherzustellen.
Spekulationsfunktion	Güter werden gelagert, um mit Kosten- und Preisvorteile zu spekulieren. Wenn etwa bei einem Gut langfristig mit steigenden Kosten zu rechnen ist, kann eine vorzeitige Beschaffung Preisvorteile bringen, die die Kosten der Lagerung überwiegen (z. B. bei einem Heizölkauf im Sommer).
Veredlungsfunktion	Güter werden gelagert, weil sich die Qualität der Produkte durch die ordnungsgemäße Lagerung erhöht. Dies ist z. B. bei der Käse- oder Weinherstellung der Fall.
Umformungsfunktion	Der Einzelhändler stellt den Kunden bedarfsgerechte Portionen zum Kauf bereit, indem er große Warenlieferungen umfüllt, mischt, sortiert und abpackt.
Darbietungsfunktion	Diese Funktion wird insbesondere im stationären Einzelhandel genutzt. Hierbei werden dem Kunden die sofort verfügbaren Waren direkt im Verkaufsraum (Verkaufslager) präsentiert.

Die Lagerhaltung von Waren stellt für Handelsunternehmen keinen Selbstzweck dar, sondern dient der Erreichung der unternehmerischen Ziele.

Merke

3.2 Lagerarten

Einzelhandelsunternehmen benötigen für die Erfüllung ihrer Aufgaben unterschiedliche Lagerarten.

Verkaufslager

© Marco2811 – stock.adobe.com

Der Verkaufsraum, in denen der Einzelhändler die Waren für die Kunden zum Kauf bereitstellt, wird als Verkaufslager bezeichnet. Hier muss die Ware so präsentiert werden, dass sie zum Kauf anregt. Der Zugang zur Ware für den Kunden richtet sich nach der Verkaufsform. Im Gegensatz zur Vollbedienung hat der Konsument z. B. bei der Selbstbedienung einen uneingeschränkten Zugang zur Ware.

Reservelager

© juergenphilipps – stock.adobe.com

Neben dem Verkaufslager verfügen stationäre Einzelhändler oftmals noch über ein Reservelager. Es beinhaltet die Warenvorräte, mit denen die Bestände im Verkaufsraum aufgefüllt werden. Weiterhin dient es dem Einzelhändler zur Verkaufsvorbereitung der Ware (Auspacken, Umpacken, Auszeichnen etc.), sodass es sich möglichst in der Nähe des Verkaufsraums befinden sollte. Da Kunden zu dieser Art von Lager keinen Zutritt haben, muss es nicht kundengerecht gestaltet werden. Die Größe dieses Lagers ist sehr unterschiedlich und richtet sich u. a. nach der Branche, der Betriebsform und dem Standort des Geschäfts.

Verkaufs- und Reservelager sind *handelsspezifische* Formen der Warenlagerung, die in jedem (stationären) Einzelhandelsunternehmen zu finden sind. Weiterhin lassen sich Lager z. B. hinsichtlich ihres Eigentümers sowie ihres Standortes unterscheiden. Auch diese Lagerarten finden sich in Einzelhandelsunternehmen.

Lagerarten nach ihrem Eigentümer

Eigenlager werden vom Unternehmer selbst geführt, d. h., alle Lagertätigkeiten werden von den Angestellten des Unternehmers vorgenommen.

Fremdlager werden von einem externen Lagerhalter verwaltet und betrieben. Sämtliche Lagertätigkeiten werden durch das Personal des Lagerhalters vorgenommen.

Für die Entscheidung, ob ein Lager als Eigen- oder Fremdlager geführt werden soll, werden in erster Linie die Kosten der beiden Lagermöglichkeiten miteinander verglichen.

Lagerarten nach ihrem Standort

Werden alle Waren an einem Standort bevorratet, spricht man von einem Zentrallager.

Erfolgt die Lagerung an mehreren Orten, liegt eine dezentrale Lagerhaltung vor. Diese Lager befinden sich oft in unmittelbarer Nähe zu den Verkaufsstätten, um die Transportwege zu verkürzen.

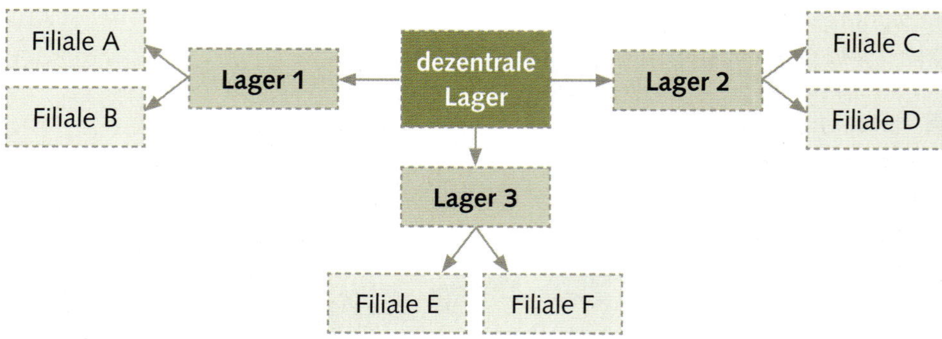

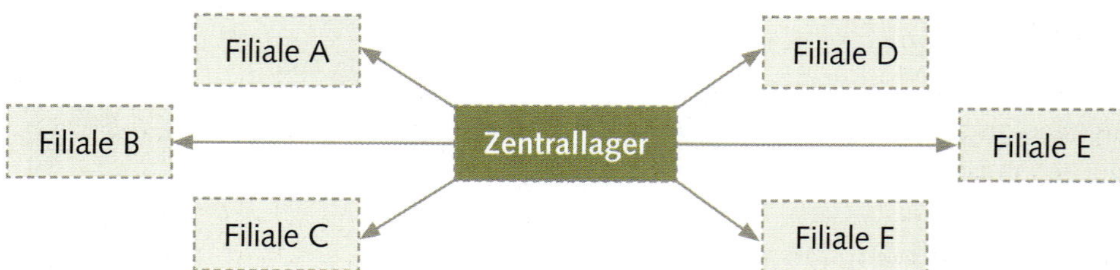

Entscheidet sich ein Unternehmen für ein Zentrallager, stehen den hohen Transportkosten sowie der mangelnden Kundenähe relativ geringe Lagerkosten gegenüber, da Fixkosten für Lagerpersonal, Lagergebäude und Lagereinrichtungen nur einmal anfallen. Durch den konzentrierten Einsatz von Personal und Technik ergibt sich zudem ein größeres Rationalisierungs- und Automatisierungspotenzial.

Eine große Kundenanzahl mit eher kleinen Bestellmengen, ein schmales Sortiment, starke Bedarfsschwankungen sowie eine hohe Umschlagshäufigkeit sprechen eher für eine dezentrale Lagerung. In einigen Fällen machen auch eine notwendige warenspezifische Lagerung (z. B. Kühlung bzw. Beheizung) und/oder Sicherheitsvorschriften (Gefahrstoffe müssen beispielsweise separat von anderen Gütern gelagert werden) eine dezentrale Bevorratung notwendig.

3.3 Lagereinrichtungstechniken und Regalarten

Innerhalb der zuvor beschriebenen Lagerarten gibt es verschiedene Möglichkeiten der Warenlagerung und der Organisation der Ein- und Auslagerung der Waren. Welche Möglichkeit gewählt wird, hängt von verschiedenen Gesichtspunkten ab, wie z. B. von

- den zu lagernden Gütern bzw. ihren Eigenschaften (Größe, Gewicht, verderblich, entzündbar etc.),
- der Gütermenge,
- der Entnahmehäufigkeit bzw. der Umschlagshäufigkeit der Waren,
- der Haltbarkeit der Waren sowie dem
- gewünschten Mechanisierungs- bzw. Automatisierungsgrad.

Bodenlagerung

Die einfachste Form der Lagerung ist die Bodenlagerung, bei der die Waren unmittelbar auf dem Lagerboden gelagert werden. Dabei kann die Lagerung der Waren

- ohne Lagergerät (z. B. bei Schüttgütern wie Kies und Sand) oder mit Lagergeräten erfolgen (z. B. in Gitterboxen oder Paletten),
- gestapelt oder ungestapelt und/oder
- als Block- oder Zeilenlagerung

erfolgen.

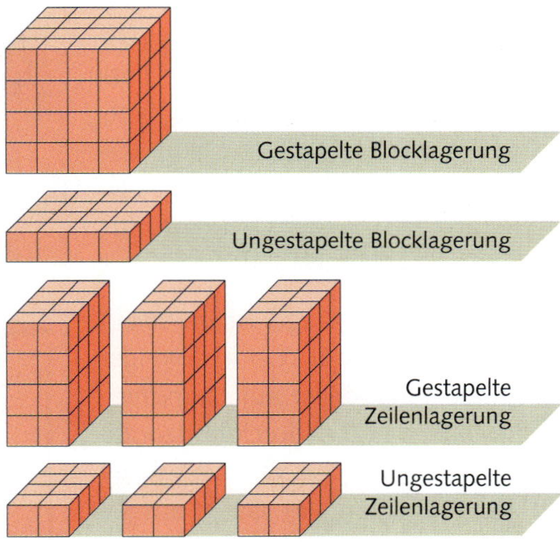

Fachbodenregallagerung

Im Einzelhandel werden die Waren im Verkaufs- und im Reservelager in der Regel in Fachbodenregalen gelagert. Bei einem Fachbodenregal werden die Waren entweder direkt auf den Fachböden oder in Behältern nebeneinander angeordnet. Auf alle Lagerartikel kann ein Direktzugriff erfolgen. Fachbodenregale ermöglichen neben einer guten Raumausnutzung auch eine übersichtliche Organisation der Ware. Die Bedienung der Regale erfolgt überwiegend manuell.

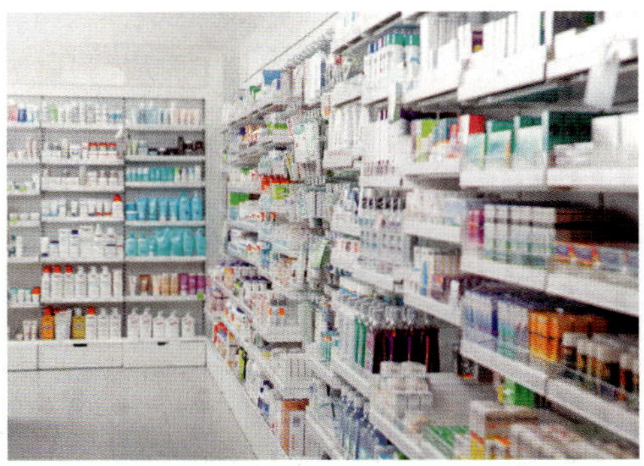

Palettenregallagerung

Erfolgt die Lagerung ganzer Paletten in einem Regal, spricht man von einem Palettenregal. Diese besitzen im Gegensatz zu einem Fachbodenregal meist keine Regalböden, sondern Auflageträger, auf die die Paletten abgesetzt werden. Die Bedienung erfolgt üblicherweise durch Gabelstapler.

© Eisenhans – stock.adobe.com

Das Umlaufregal (auch Paternosterregal genannt) verfügt über Regalböden, die an zwei vertikal umlaufenden Ketten angebracht sind. Über den Antrieb und die Steuerung wird die gewünschte Fachebene zur Entnahmeöffnung gefahren. Ein typisches Anwendungsgebiet ist die Lagerung bzw. Präsentation von Bodenbelägen in den Verkaufsräumen von Baumärkten.

© Victoria Shapiro – shutterstock.com

Ein Verschieberegallager ist im Prinzip ein Fachbodenregal, beim dem die einzelnen Regalzeilen auf Laufschienen montiert und dadurch horizontal oder vertikal verschiebbar sind. Weil an jeder Position ein Gang aufgeschoben werden kann, ist für jeden Regalblock nur ein Bediengang erforderlich. Das Verschieben der Regalzeilen erfolgt manuell per Handrad, Elektroantrieb oder Stapler. Dieses Lagersystem findet sich häufig bei der Aktenlagerung, aber auch in Apotheken bzw. in Reservelagern.

© meailleluc.com – stock.adobe.com

3.4 Lagerorganisation und -verwaltung

Die Lagerorganisation trägt in einem erheblichen Maße dazu bei, ein Lager wirtschaftlich zu betreiben und die Lagerfunktionen zu erfüllen. Sie umfasst alle Tätigkeiten, Regelungen und Einrichtungen, die die Abläufe in einem Lager geordnet, schnell und effizient für das Unternehmen gestalten. Dazu gehört auch die Organisation der Informationsprozesse.

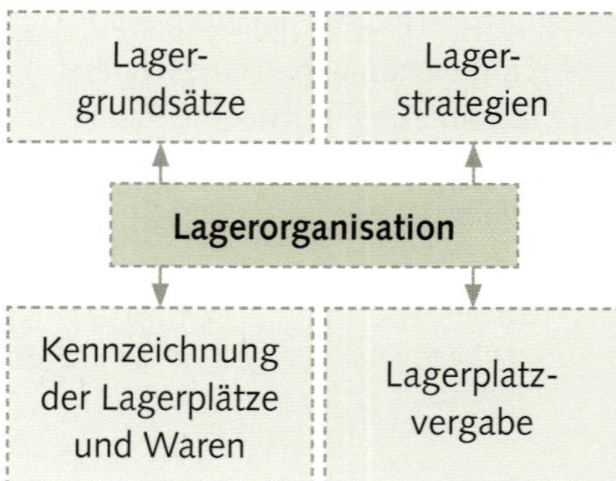

Zu den wichtigsten Aufgaben der Lagerorganisation gehört es sicherzustellen, dass

- alle Artikel jederzeit schnell und sicher aufgefunden werden können,
- die Transportwege im Lager möglichst kurz sind und
- die Lagerfläche optimal ausgenutzt wird.

In diesem Zusammenhang müssen vier organisatorische Fragestellungen geklärt werden.

3.4.1 Lagergrundsätze

Jedes Lager – unabhängig von der Lagerart, der Lagergröße und der dort gelagerten Ware – sollte sich an folgenden Grundsätzen orientieren, damit eine ordnungsgemäße und wirtschaftliche Lagerung gewährleistet werden kann.

1 Sauberkeit
Bei jeder Lagerhaltung sollte sowohl bei den Waren als auch bei den Lagerflächen, den Arbeitsräumen, den Transportwegen als auch bei den Lagereinrichtungen und Transportmitteln auf ein Höchstmaß an Sauberkeit geachtet werden.

2 Geräumigkeit
Ein ausreichendes Platzangebot im Lager erleichtert die anfallenden Lagertätigkeiten. Breite Fahr- und Gehwege ermöglichen zudem den Einsatz von Flurförderfahrzeugen und verringern die Unfallgefahr.

3 Übersichtlichkeit
Mitarbeiter/innen müssen die Waren im Lager schnell auffinden und flexibel ein- und auslagern können. Voraussetzung hierfür ist eine Lagerorganisation, bei der alle Güter und Lagerplätze nach einem nachvollziehbaren System geordnet und gekennzeichnet werden.

4 Wertbeständigkeit
Jede Lagerhaltung muss die Eigenschaften der zu lagernden Güter berücksichtigen, um eine Beschädigung oder eine qualitative Verschlechterung zu verhindern. Dabei gilt es auch, passende Lagereinrichtungen und -hilfsmittel zu verwenden.

5 Sicherheit
Die Waren müssen so gelagert werden, dass von ihnen keine Gefährdung für das Lagerpersonal ausgeht. Der Einzelhändler muss zudem Vorsorge treffen, dass sein Lager nicht durch Feuer, Wasser bzw. Diebstahl Schaden nimmt.

3.4.2 Lagerstrategien

Eine weitere, grundlegende Frage im Rahmen der Lagerorganisation ist, wie bzw. nach welchen Gesichtspunkten die Ein- bzw. Auslagerung der Ware (Lagerstrategie) erfolgt. Hier lassen sich zunächst allgemeine Merkmale unterscheiden.

Merkmal	Beschreibung/Grundsatz
Art des Lagergutes	Gleiche bzw. ähnliche Waren werden zusammen gelagert.
Zugriffshäufigkeit	Um Wegezeiten zu reduzieren, werden Waren mit hohen Verkaufszahlen („Renner") in gut erreichbaren Lagerzonen, Waren mit geringen Verkaufszahlen („Penner") hingegen in entfernteren Zonen aufbewahrt.
Wert des Lagergutes	Hochpreisige Waren werden an übersichtlichen und leicht einsehbaren Stellen gelagert, preiswertere Waren dagegen an allen anderen Bereichen des Lagers.
Transporteigenschaften der Ware	Schwere Waren werden eher in Bodennähe gelagert, leichte Waren können dagegen höher gelagert werden.

Die Ein- bzw. Auslagerung verläuft nach folgenden Grundsätzen (Strategien):

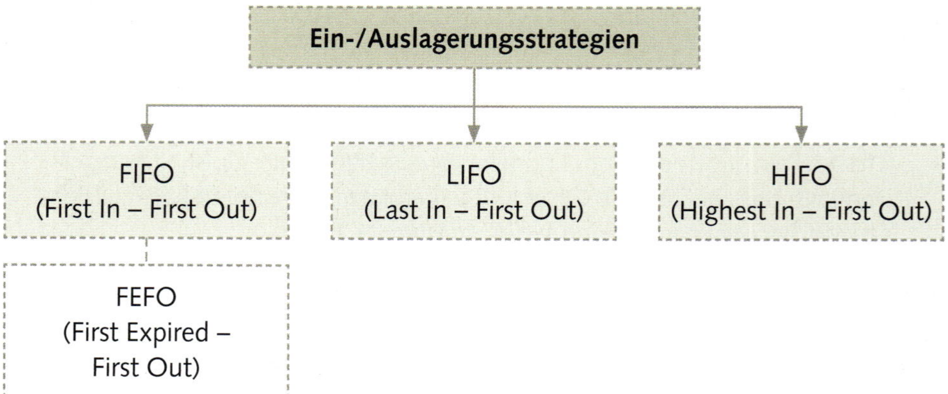

Verfahren	Beschreibung/Anwendung
FIFO-Prinzip (First In – First Out)	Beim FIFO-Prinzip werden die zuerst eingelagerten Güter auch zuerst wieder ausgelagert bzw. verkauft. Eine solche Lagerung gleicht einer Warteschlange, die nach und nach abgearbeitet wird. Diese Strategie wird verwendet, um ein Veralten oder den Verderb der Waren zu verhindern.

Verfahren	Beschreibung/Anwendung
FEFO-Prinzip (First Expired – First Out)	Das FEFO-Prinzip stellt eine Sonderform des FIFO-Prinzips dar, bei dem nicht die zuerst eingelagerte Ware zuerst ausgelagert wird, sondern die Ware mit dem geringsten Mindesthaltbarkeitsdatum. Demnach ist nicht der Zeitpunkt der Einlagerung, sondern das Mindesthaltbarkeitsdatum für die Reihenfolge der Entnahme entscheidend. In Supermärkten erfolgt häufig eine „Umstapelung" der Güter im Verkaufsraum durch das Personal.
LIFO-Prinzip (Last In – First Out)	Beim LIFO-Prinzip werden Waren, die zuletzt gekauft wurden, als erste wieder ausgelagert bzw. verkauft. Eine solche Lagerung gleicht einem Stapel, bei dem das zuletzt aufgelegte Element zuerst wieder entnommen wird. Diese Lagerart ist bei losen Schüttgütern unabdingbar, da die zuerst eingelagerte Ware nicht im Zugriff ist, sondern die zuletzt aufgeschüttete Ware (Sand, Kies).
HIFO-Prinzip (Highest In – First Out) 	Bei dieser Lagerstrategie erfolgt die Ein- bzw. Auslagerung der Waren auf der Grundlage ihres Einstandspreises, d. h., die Waren, die den höchsten Wert haben, werden zuerst ausgelagert bzw. verkauft (→ Verbrauchsfolgefiktion). Diese Strategie ist lediglich für die Buchhaltung bedeutend. Bezieht ein Unternehmen das gleiche Gut zu unterschiedlichen Preisen, werden die Güter mit dem höchsten Einkaufspreis buchhalterisch zuerst verkauft, um das im Lager gebundene Kapital so gering wie möglich zu halten.

Jede Lagerstrategie verfolgt unterschiedliche Ziele. Ein Einzelhandelsunternehmen muss daher für jeden Artikel entscheiden, welche Lagerstrategie sich für ihn eignet. Aufgrund der Vielzahl der Artikel im Einzelhandel wird man in der Praxis häufig Mischformen der Ein- und Auslagerungsgrundsätze vorfinden.

3.4.3 Verfahren der Lagerplatzvergabe

Die Lagerorganisation beinhaltet auch die Lagerplatzvergabe. Hierbei wird jedem Lagergut ein geeigneter Lagerplatz zugewiesen. Grundsätzlich stehen zwei unterschiedliche Ansätze zur Verfügung:

- die feste Lagerplatzzuordnung
- die freie Lagerplatzzuordnung

> Unter Lagerplatzvergabe versteht man die Zuordnung von Lagergut zu einem Lagerplatz.
>
> Merke

Feste Lagerplatzzuordnung

Bei der festen Lagerplatzzuordnung, auch systematische Lagerplatzzuordnung oder Festplatzsystem genannt, wird jedem Artikel ein fester, d. h. nur für ihn reservierter, Lagerplatz zugeordnet (Stammplatz). Befindet sich der Artikel vorrübergehend nicht im Lager, bleibt der entsprechende Lagerplatz leer. Für jeden Artikel muss der Platz für den zu erwartenden maximalen Bestand vorgehalten werden. Die festen Lagerorte aller Artikel werden in einem (digitalen) Lagerplan verwaltet und lassen sich dadurch problemlos finden.

Daraus ergeben sich folgende Vor- und Nachteile:

Vor- und Nachteile der festen Lagerplatzzuordnung

Vorteile	Nachteile
• einfache und übersichtliche Lagerorganisation • Lagerplätze lassen sich gezielt vergeben (z. B. hinsichtlich der Warenart und -eigenschaft sowie der Zugriffshäufigkeit) • Überbestände und Fehlmengen können vom Personal leicht erkannt werden	• geringe Ausnutzung der Lagerkapazität und damit höherer Lagerbedarf bzw. höhere Lagerkosten • hoher Aufwand bei Änderungen des Lagerplatzes bzw. bei Neubelegungen • höhere Verwechselungsgefahr bei der Warenentnahme

Freie Lagerplatzzuordnung

Bei der freien oder chaotischen Lagerplatzzuordnung werden die Waren dort eingelagert, wo gerade ein Lagerplatz frei ist. Feste Lagerplätze für Artikel gibt es bei dieser Lagerordnung nicht. Somit kann sich ein Artikel an mehreren bzw. wechselnden Lagerplätzen innerhalb eines Lagers befinden. Insbesondere bei einer großen Anzahl von Artikeln ist eine EDV-Unterstützung (Lagerplatzverwaltung) notwendig, die eine lückenlose Dokumentation der Ein- und Auslagerung sicherstellt.

Daraus ergeben sich folgende Vor- und Nachteile:

Vor- und Nachteile der freien Lagerplatzzuordnung

Vorteile	Nachteile
• optimale Ausnutzung des vorhandenen Lagerraums, da Lagerplätze nicht frei bleiben • geringere(r) Lagerbedarf und Lagerkosten • große Flexibilität bei Mengenänderungen und der Aufnahme neuer Artikel	• aufwendigere Lagerorganisation • softwarebasierte Lagerplatzverwaltung notwendig

Merke: Sowohl das Festplatzsystem als auch das Freiplatzsystem benötigen eine eindeutige und systematische Kennzeichnung aller Lagerplätze.

Beispiel:

Platzbedarf bei Festplatzsystem:

A	B	C	D
A			
A			

Platzbedarf bei chaotischer Lagerhaltung:

Lagergut A	
Lagergut B	
Lagergut C	
Lagergut D	
Lagergut E	

Erfolgt die Lagerung der Güter A, B, C und D nach dem Festplatzsystem, bleiben vier Lagerplätze unbelegt, die bei der Lagerung nach dem Freiplatzsystem mit Gut E belegt werden könnten. Der Belegungsgrad verbessert sich dann um 33,33 %.

3.4.4 Kennzeichnung der Lagerplätze

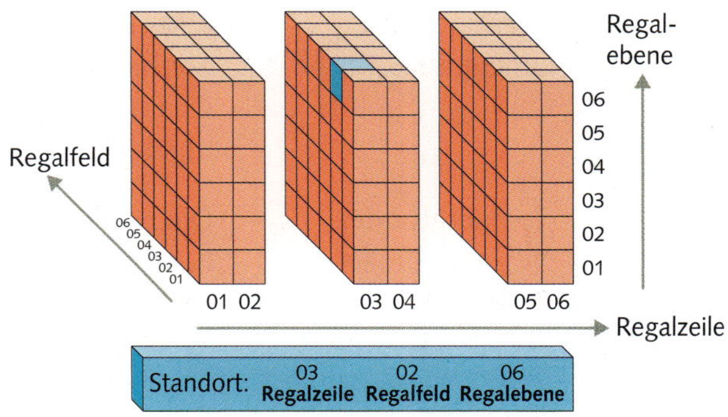

Notwendig für die Anwendung beider Verfahren der Lagerplatzvergabe ist eine eindeutige Kennzeichnung jedes einzelnen Lagerplatzes im Lager. Ein Lagerplatznummernsystem bildet das zentrale Orientierungssystem für alle Aktivitäten im Lager und sorgt dafür, dass z. B. Staplerfahrer und Kommissionierer schnell und sicher an den richtigen Stellplatz im Regal gelangen.

Oftmals werden die Lagerorte durch eine Kombination von Zahlen und Buchstaben gebildet, aus der man die Regalzeile, das Regalfeld und die Regalebene, in der die Ware gelagert wird, eindeutig ablesen kann. Jeder Lagerplatz ist somit durch drei Koordinaten eindeutig markiert. Allerdings ist die Lagerplatznummerierung nicht standardisiert. Daher sind Lagerplatznummernsysteme in der Regel betriebsspezifische Lösungen und nicht auf andere Betriebe übertragbar.

In modernen Lagern werden alle Lagerplätze mit einem Barcode versehen und in einer Lagerplatzdatei (Datenbank) verwaltet. Die im Barcode verschlüsselten Informationen können mit einem Lesegerät ausgelesen werden. Dadurch ist eine Verwechslung der Waren ausgeschlossen.

Merke: Die Lagerplatznummer ist nicht zu verwechseln mit der Artikelnummer.

Kap. 1.2.1

3.5 Warenpflege und -manipulation

Zu den Aufgaben der Lagerhaltung gehört auch die Pflege der Güter während der Lagerung. Ihr Umfang richtet sich nach den jeweiligen Wareneigenschaften. So sind einige Güter sehr pflegeintensiv (z. B. Pflanzen und frische Lebensmittel), andere hingegen bedürfen so gut wie keiner Pflege und können z. B. draußen gelagert werden (Schüttguter wie Sand, Kies, Steine).

Zur Warenpflege gehören alle Maßnahmen, die die Qualität der eingelagerten Ware erhalten und die stetige Verkaufsfähigkeit gewährleisten.

Merke

Tätigkeiten für die Warenpflege	Beispiel
Ware reinigen und säubern	Waren sollten regelmäßig entstaubt und gesäubert werden, damit sie funktions- und verkaufsfähig bleiben.
Ware vor Licht schützen	Einige Produkte müssen vor (direktem) Lichteinfall geschützt werden, damit ihre spezifischen Eigenschaften erhalten bleiben (wie z. B. Öle), andere Güter benötigen hingegen Licht (z. B. Pflanzen).
Ware drehen/ umlagern	Eine regelmäßige Drehung der Käselaibe ist z. B. bei der handwerklichen Käseproduktion notwendig. Auch Champagnerflaschen müssen während der Reifung regelmäßig „gerüttelt" werden.
Temperatur der Ware kontrollieren	Die Einhaltung einer bestimmten Temperatur ist insbesondere bei Lebensmitteln und Medikamenten sehr wichtig.
Ware vor Schädlingsbefall schützen	Schädlinge können in einem Lager erhebliche Schäden anrichten. Ihre gezielte Vermeidung durch organisatorische, bauliche und hygienische Maßnahmen ist daher oberstes Gebot. Sauberkeit in allen Bereichen ist der erste Schritt, um einen ungünstigen Lebensraum für Schädlinge zu schaffen.
Lager durchlüften	Um chemische Stoffe (z. B. Ausdünstung von Produkten) und Feuchtigkeit, die zu Schimmel führen können, aus dem Lager zu entfernen, sollte es regelmäßig durchgelüftet werden.
Überwachung des Mindesthaltbarkeitsdatums und des Verbrauchsdatums[3]	Bei Lebensmitteln müssen regelmäßige Kontrollen zur Überwachung des Mindesthaltbarkeits- und des Verbrauchsdatums durchgeführt werden.

Lebensmittel-Informationsverordnung (LMIV) (www.bmel.de/DE/Ernaehrung/Kennzeichnung/Verpflichtende Kennzeichnung/Allgemeine_Kennzeichnungs vorschriften/_Texte/DossierKenn zeichnung)

3 Die europäische Lebensmittel-Informationsverordnung (LMIV) (EU) Nr. 1169/2011 regelt, wie Lebensmittel allgemein zu kennzeichnen sind und welche Mindestinformationen auf der Verpackung stehen müssen.

Abgrenzung von Mindesthaltbarkeitsdatum und Verbrauchsdatum

	Mindesthaltbarkeitsdatum (MHD)	Verbrauchsdatum (VD)
Begriff	Das MHD gibt an, bis zu welchem Datum der Hersteller garantiert, dass das ungeöffnete Lebensmittel bei richtiger Lagerung seine spezifischen Eigenschaften behält. 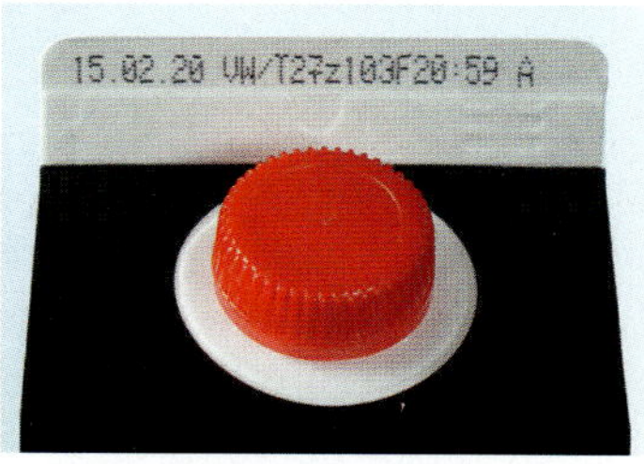 © Milton Oswald – stock.adobe.com Lebensmittel mit überschrittenem MHD sind daher nicht automatisch verdorben.	Das Verbrauchsdatum gibt an, bis zu welchem Datum das Produkt zu verbrauchen ist. Es ist anzugeben bei sehr leicht verderblichen Lebensmitteln, wie z. B. Hackfleisch, frischem Fisch oder auch abgepackten Salaten. Ist das Verbrauchsdatum überschritten, kann der Verzehr gesundheitsschädlich sein.
Verkaufsfähigkeit der Ware	Ware mit überschrittenen MHD dürfen weiterhin verkauft werden. Allerdings muss der Händler sicherstellen, dass • die Ware einwandfrei ist und • deutlich als solche gekennzeichnet ist. In diesem Fall haftet nicht mehr der Hersteller, sondern der Händler, der die Ware in den Verkehr bringt.	Waren mit überschrittenem Verbrauchsdatum dürfen nicht mehr verkauft werden und müssen sofort entsorgt werden. 

Erfolgt die Lagerung der Waren mit dem Ziel, die Qualität der Ware zu verbessern, spricht man von Warenmanipulation (oder Veredelung). Diese Lagerung spielt im Einzelhandel eine eher untergeordnete Rolle. Lagerung beschränkt sich hier im Wesentlichen auf das Sortieren, Trennen, Zusammenstellen und Verpacken der gehandelten Waren.

© auremar – stock.adobe.com

Kap. 3.1

3.6 Sicherheit und Umweltschutz im Lager

Rund 30 Prozent aller Arbeitsunfälle ereignen sich im Lager und den angegliederten Be- und Entladezonen. Um die Sicherheit am Arbeitsplatz bzw. im Lager zu gewährleisten, ist der Arbeitsschutz in Deutschland gesetzlich geregelt. Ziel des Arbeitsschutzes ist es, Gefährdungen für die Sicherheit der Mitarbeiter/-innen zu vermeiden bzw. zu verringern. Dabei stehen Prävention und Aufklärung stets im Vordergrund der Bemühungen.

Der Arbeitsschutz regelt den Schutz der Beschäftigten vor den mit der Arbeit verbundenen Gefahren für Gesundheit und Leben.

Merke

3.6.1 Arbeitsschutz und Unfallverhütung

In Deutschland nehmen Arbeitsschutz, Unfallverhütung und Arbeitssicherheit eine besondere Bedeutung ein, dabei ist die Thematik in drei organisatorischen Schwerpunktbereichen verankert. Zum einen auf der staatlichen Ebene (durch Gesetze und Verordnungen), zum anderen auf der behördlichen Ebene (Gewerbeaufsicht und Berufsgenossenschaften) sowie auf der betrieblichen Ebene. Das Arbeitsschutzgesetz (ArbSchG) regelt dabei für alle Tätigkeitsbereiche die grundlegenden Arbeitsschutzpflichten des Arbeitgebers, aber auch die Pflichten und Rechte der Beschäftigten sowie die Überwachung des Arbeitsschutzes.

Während es beim sozialen Arbeitsschutz insbesondere um Bestimmungen geht, die für Arbeitgeber und Beschäftigte den gesetzlichen Rahmen aufzeigen, z. B. bezüglich der Arbeitszeit- und der Pausenregelung, des Mutterschutzes, des Jugendarbeitsschutzes, der Urlaubsregelung und vieles mehr, umfasst der technische Arbeitsschutz Bestimmungen, die das Ziel verfolgen, Arbeitsunfällen und Berufskrankheiten vorzubeugen und die Beschäftigten ausführlich über Gefahren z. B. im Umgang mit Gefahrstoffen, mit Maschinen und Geräten sowie allgemein im Berufsalltag zu unterweisen.

Das duale Arbeitsschutzsystem in der Bundesrepublik Deutschland

Staat (Bund und Länder)
= staatliches Arbeitsschutzrecht

↓ erlässt

Gesetze und Verordnungen
- Arbeitsschutzgesetz (ArbSchG)
- Arbeitsstättenverordnung …

↓

Einhaltung der Gesetze und Vorschriften wird überwacht durch staatl. Gewerbeaufsicht bzw. staatl. Ämter für Arbeitsschutz, außerdem Besichtigung, Prüfung und Stilllegung von Anlagen

Träger der gesetzlichen Unfallversicherung
= autonomes Arbeitsschutzrecht

↓ erlassen

- Unfallverhütungsvorschriften
- Regeln für Sicherheit und Gesundheitsschutz

↓

Überwachung der UVV, Verhütung von Arbeitsunfällen und Berufskrankheiten, Aus- und Weiterbildung, Rehabilitationsmaßnahmen, Heilbehandlung, Rentenzahlungen

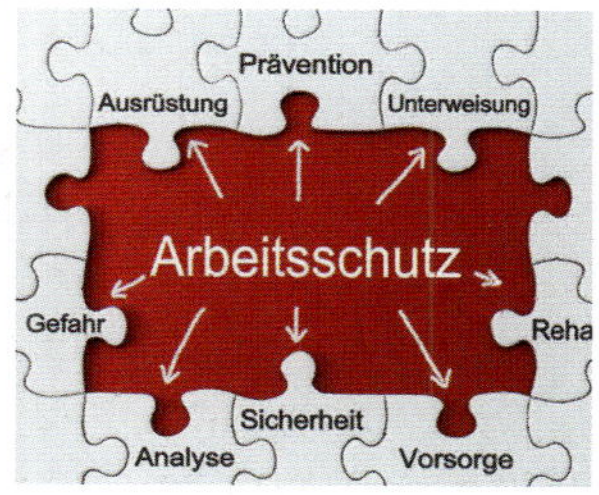

© stockpics – stock.adobe.com

Das wichtigste Grundlagengesetz für den betrieblichen Arbeitsschutz ist das Arbeitsschutzgesetz (ArbSchG). Ziel des Gesetzes ist es, die Gesundheit aller Beschäftigten durch Maßnahmen des Arbeitsschutzes zu sichern und zu verbessern. Dazu verpflichtet es den Arbeitgeber, Gesundheitsgefährdungen am Arbeitsplatz zu beurteilen und über notwendige Schutzmaßnahmen zu entscheiden. Diese Maßnahmen reichen z. B. über die Bereitstellung von persönlicher Schutzausrüstung für Mitarbeiter/innen bis hin zu regelmäßigen Unterweisungen. Der Arbeitgeber ist weiterhin verpflichtet, für eine geeignete Organisation zur Planung und Durchführung aller erforderlichen Maßnahmen des Arbeitsschutzes zu sorgen, diese Aktivitäten in die Führungsstrukturen einzubinden und dafür Sorge zu tragen, dass die Maßnahmen bei allen Tätigkeiten beachtet werden.

Ein weiteres grundlegendes Gesetz im Arbeitsschutz ist die Arbeitsstättenverordnung (ArbStättV). Diese Verordnung ist für die Sicherheit und den Gesundheitsschutz der Beschäftigten beim Einrichten und Betreiben von Arbeitsstätten maßgebend. Geregelt werden z. B.:

- Vorgaben für Raumabmessungen, Türen, Verkehrs-, Flucht- und Rettungswege
- Anforderungen zur Beleuchtung, Lüftung und Raumtemperatur
- Vorgaben zum Lärm in Arbeitsräumen, Pausen-, Bereitschafts- und Sanitärräumen

Die Überwachung der Arbeitsstättenverordnung liegt – je nach Bundesland – bei den Gewerbeaufsichtsämtern bei den Bezirksregierungen, bei der Landesunfallkasse bzw. den Ämtern für Arbeitsschutz. In Nordrhein-Westfalen sind hierfür beispielsweise die Bezirksregierungen zuständig.

© nmann77 – stock.adobe.com

Daneben werden *branchenbezogene* Unfallverhütungsvorschriften von den Berufsgenossenschaften und den Unfallkassen erlassen, die durch Sicherheitsregeln, Richtlinien und Merkblätter ergänzt werden. Als Träger der gesetzlichen Unfallversicherung besteht ihre Aufgabe in der Prävention von Arbeits- und Wegeunfällen sowie von Berufskrankheiten. Außerdem beraten sie Unternehmen und kontrollieren die ordnungsgemäße Umsetzung der Vorschriften. Sie werden vollständig von den Arbeitgebern finanziert.

Beschäftigte müssen in Betrieben sicher und gesund arbeiten können. Es ist daher aus sozialen, aber auch aus wirtschaftlichen Gründen sinnvoll, durch geeigneten Arbeitsschutz optimale Arbeitsbedingungen zu schaffen, die die Betriebsabläufe verbessern, die Ausfallzeiten senken und die Mitarbeiterinnen und Mitarbeiter schützen. Vorrangige Aufgabe ist dabei, durch geeignete Prävention, also vorbeugende Maßnahmen, Arbeitsunfälle und arbeitsbedingte Krankheiten zu verringern. Die Deutsche Gesetzliche Unfallversicherung (DGUV) als Spitzenverband der neun gewerblichen Berufsgenossenschaften hat eine Reihe von Dokumentationen veröffentlicht, die geeignete Präventionsmaßnahmen anbieten.

Sicherheitskennzeichen geben im Ernstfall eine Orientierungshilfe. Ihre genaue Kenntnis ist für den Arbeitsschutz unverzichtbar. Mitarbeiterinnen und Mitarbeiter sollten deshalb den Aufbau und die Systematik der Kennzeichnung kennen und verstehen.

Sicherheitszeichen lassen sich zunächst nach ihrer geometrischen Form und ihrer Sicherheitsfarbe einteilen. Ihre Kombination ergibt eine bestimmte Zeichenart:

Geometrische Form	Sicherheitsfarbe	Kontrastfarbe	Zeichenart
dreieckig	gelb	schwarz	Warnzeichen
rund	blau	weiß	Gebotszeichen
rund	rot	weiß	Verbotszeichen
quadratisch	rot	weiß	Brandschutzeichen
quadratisch	grün	weiß	Rettungszeichen

Die Zeichenart formuliert zunächst eine allgemeine Grundaussage. Um aber auf die spezifische Gefahr oder das erwünschte Verhalten in der konkreten Situation unmissverständlich hinzuweisen, wird auf dem Sicherheitszeichen noch ein möglichst eingängiges Symbol verwendet. Erst aus diesem Element lässt sich eine bestimmte und für jedes Sicherheitszeichen eindeutig festgelegte Sicherheitsaussage ableiten.

Tipp

Die Kennzeichen sind in den europaweit vereinheitlichten Technischen Regeln für Arbeitsstätten (ASR) A1.3 festgelegt.

Warnzeichen werden verwendet, um vor einem Risiko oder einer Gefahr zu warnen.

Warnung vor radioaktiven Stoffen oder ionisierender Strahlung	Warnung vor Laserstrahl	Warnung vor explosionsgefährlichen Stoffen	Warnung vor Hindernissen am Boden	Warnung vor Flurförderfahrzeugen

Gebotszeichen werden verwendet, um bestimmte Verhaltensweisen vorzuschreiben.

Gehörschutz benutzen	Hände waschen	Handlauf benutzen	Augenschutz benutzen	Kopfschutz benutzen

Verbotszeichen werden verwendet, um gefährliche Verhaltensweisen zu untersagen.

allgemeines Verbotszeichen[4]	Rauchen verboten	für Fußgänger verboten	mit Wasser löschen verboten	keine offene Flamme; Feuer, offene Zündquelle und Rauchen verboten

Brandschutzzeichen werden verwendet, um auf die Standorte von Feuermelde- und Feuerlöscheinrichtungen hinzuweisen.

Feuerlöscher	Löschschlauch	Feuerleiter	Brandmelder	Mittel und Geräte zur Brandbekämpfung

Rettungszeichen werden verwendet, um auf den Flucht- und Rettungsweg oder den Notausgang bzw. den Weg zu einer Erste-Hilfe-Einrichtung hinzuweisen.

Sammelstelle	Notausstieg mit Fluchtleiter	Arzt	automatisierter externer Defibrillator	Erste Hilfe

Gefahrenpiktogramme

Das global harmonisierte System (GHS) zur Einstufung und Kennzeichnung von Chemikalien ist ein weltweit einheitliches System, das Informationen über Gefahren von gefährlichen Stoffen, Gemischen und Erzeugnissen mit Explosivstoffen vermittelt. Es hat die bisherige Gefahrsstoffkennzeichnung mit den (alten) Gefahrensym-

4 Dieses Zeichen darf nur in Verbindung mit einem Zusatzzeichen angewendet werden, das das Verbot konkretisiert.

bolen abgelöst. Die Piktogramme heben sich durch die rot umrandete Raute mit weißem Hintergrund von den bisherigen quadratischen Symbolen mit orangem Hintergrund ab und charakterisieren jeweils ein typisches grafisches Symbol.

3.6.2 Diebstahlschutz

Beim Transport bzw. bei der Lagerung der Ware kommt es immer wieder vor, dass Güter gestohlen werden. Aber vor allem durch Ladendiebstahl entstehen den Händlern jährlich Schäden in Höhe von mehreren Milliarden Euro. In Verkaufs- und Lagerräumen spielt deshalb der Diebstahlschutz eine wichtige Rolle.

LF 10, Kap. 6

Nach einer Studie des EHI Retail Institute, eines wissenschaftlichen Instituts des Handels, summierten sich die Inventurdifferenzen, die insbesondere durch Diebstahl seitens der Kunden, Beschäftigten, Lieferanten und Servicekräfte sowie durch organisatorische Fehler verursacht wurden, im Jahr 2018 auf insgesamt über 4,3 Milliarden Euro.

www

Die polizeilich erfassten Ladendiebstähle sind in den letzten Jahren zurückgegangen, aber der Handel rechnet allgemein mit einer zunehmenden Kriminalität. (vgl. www.ehi.org/de/themen/inventurdifferenzen-sicherheit/)

Zu den besonders diebstahlgefährdeten Artikeln im Einzelhandel zählen Rasierklingen, Kaffee, Kosmetika, Düfte, Speicherkarten, Spirituosen, Verhütungsmittel und Schwangerschaftstests.

Zwar lässt sich das Diebstahlrisiko nicht ganz ausräumen, es kann aber durch geeignete Vorsichts- und Sicherheitsmaßnahmen deutlich reduziert werden.

Mechanische Maßnahmen

- Warensicherung durch Ketten, Schlösser, Drähte etc.
- abschließbare Warenträger, wie z. B. Vitrinen
- Sicherheitshüllen, z. B. bei DVDs und CDs

Elektrische und elektronische Maßnahmen

- elektronische Sicherungsetiketten und
- Kontrolleinrichtungen an den Ausgängen

- elektronische Leinensicherung
- offene und verdeckte Videoüberwachung
- Alarmanlagen

Personelle Maßnahmen

- Einsatz von (uniformiertem) Sicherheitspersonal
- Einsatz von Ladendetektiven
- Schulung und Motivation der Mitarbeiter
- Nutzung von Beratungsangeboten (Sicherheitsfachleute, z. B. in kriminalpolizeilichen Beratungsstellen, beim Handelsverband oder in Sicherheitsfirmen)

Maßnahmen der Ladengestaltung und der Warenpräsentation

- helle, übersichtliche und gut ausgeleuchtete Verkaufsräume
- entsprechende Regalhöhe mit freiem Ein- und Überblick
- erhöhtes Büro oder verdeckte Beobachtungsmöglichkeiten in größeren Verkaufsräumen
- Spiegel in schwer einsehbaren Bereichen
- hochwertige Waren möglichst nur im Sichtbereich der Angestellten
- Warnschilder (z. B. „Jeder Diebstahl wird zur Anzeige gebracht.")

3.6.3 Umweltschutz

Betriebliche Maßnahmen zum Umweltschutz lassen sich in zwei Kategorien unterteilen, die unterschiedliche Ansatzpunkte für umweltfreundlichere Prozesse und für Verbesserungen haben:

- Nachsorgende Umweltschutzmaßnahmen versuchen, die Umweltauswirkungen im Nachhinein, d. h. nach ihrer Entstehung zu verringern. Hierunter sind z. B. Maßnahmen zusammengefasst, die dazu führen, Abfälle umweltverträglicher zu entsorgen oder auch schädliche Emissionen durch Filter zu reduzieren.
- Vorsorgende Umweltschutzmaßnahmen hingegen sollen schädigende Auswirkungen auf die Umwelt durch eine weitgehende Vermeidung von Emissionen aller Art bereits im Vorfeld verhindern, d. h. Prozesse werden so organisiert, dass Abfälle und/oder gefährliche Stoffe gar nicht bzw. in einem geringeren Umfang entstehen.

Kreislaufwirtschaftsgesetz (KrWG) (www.gesetze-im-internet.de/krwg/) § 6 KrWG

Ein wichtiges Gesetz in diesem Zusammenhang ist das Kreislaufwirtschaftsgesetz (KrWG), das den umwelt- und ressourcenschonenden Umgang mit Abfällen im Unternehmen regelt. Darin ist die Reihenfolge der Priorisierung von Maßnahmen im Umgang mit Abfällen festgelegt:

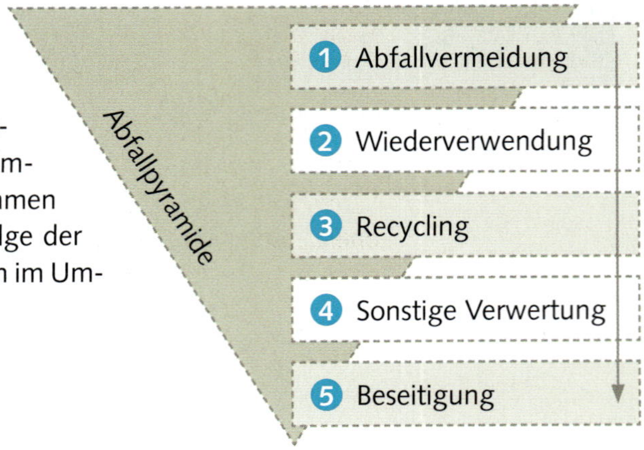

Auch das Lager kann und muss hierzu seinen Teil beitragen. Nachfolgend einige Beispiele:

Hierarchiestufe	Erläuterung	Beispiele
1 Abfallvermeidung	An erster Stelle im Umgang mit Abfall steht die Abfallvermeidung. Der beste Abfall ist schließlich derjenige, der erst gar nicht entsteht.	• Güter möglichst materialsparend verpacken • abfallarme Produktgestaltung, Umverpackungen vermeiden • Verlängerung der Lebensdauer von Produkten
2 Wiederverwendung	Hierzu zählt die Nutzung von Mehrwegsystemen, zum Beispiel bei Packmitteln.	• Verzicht auf Einmaltransport-Verpackungen zugunsten von Mehrweg-Transportverpackungen, wie z. B. Europaletten, Gitterboxen
3 Recycling	Wiederverwertung von Rohstoffen, d. h. ein Rohstoff wird so aufbereitet, dass er entweder wieder für den ursprünglichen oder für andere Zwecke nutzbar ist.	• konsequente Sortierung der Wertstoffe und Zuführung in den Recyclingprozess (Packpapier, Pappe, Folien etc.)

Hierarchiestufe	Erläuterung	Beispiele
4 Sonstige Verwertung	Lassen sich Abfälle nicht vermeiden, wiederverwenden oder recyceln, kann die stoffliche oder energetische Verwertung eine sinnvolle Option sein.	• Eine stoffliche Verwertung liegt vor, wenn eine neue Nutzung der stofflichen Eigenschaften der Abfälle angestrebt wird, wie z. B. der Kompostierung. • energetische Verwertung: Verbrennung von Müll zur Wärme- oder Stromerzeugung
5 Beseitigung	Erst wenn keine der vier anderen Strategien angewendet werden kann, darf Abfall beseitigt werden.	• sorgfältige Trennung der Deponieabfälle • Behältergröße und Abholrhythmus optimal auf Abfallmenge anpassen, hoher Füllungsgrad

3.6.4 Brandschutz

Brandgefahren können vor allem im Lager- und Logistikbereich an vielen Stellen lauern.

Brand im Betrieb ist oftmals mit einem großen wirtschaftlichen Verlust verbunden.

In den meisten Fällen sind elektrische Betriebsmittel, Unachtsamkeit oder Bauarbeiten die Ursache für Brände in Unternehmen.

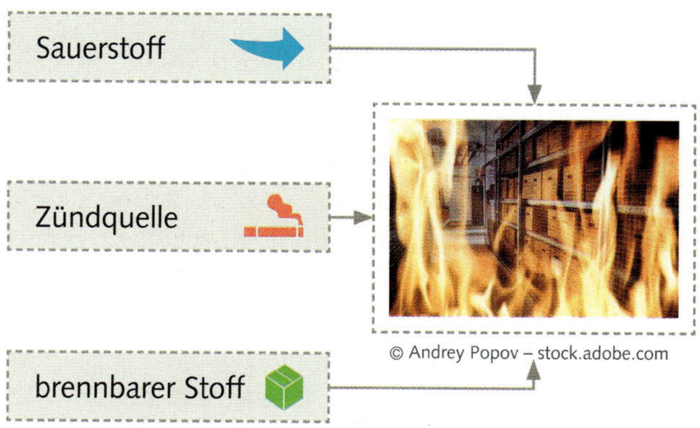

© Andrey Popov – stock.adobe.com

Brandschutz

- vorbeugender Brandschutz
  - baulicher Brandschutz
  - technischer Brandschutz
  - organisatorischer Brandschutz
- abwehrender Brandschutz
  - Brandbekämpfung

Vorbeugender Brandschutz

umfasst alle Maßnahmen, die im Vorfeld getroffen werden, um der Entstehung und Ausbreitung von Bränden entgegenzuwirken und deren Auswirkungen möglichst einzuschränken.

Baulicher Brandschutz

- Bildung von Brandabschnitten, z. B. durch Brandwände
- Rangier- und Bewegungsflächen für die Feuerwehr

(Anlagen)technischer Brandschutz

- Brandmeldeanlagen
- selbsttätige Feuerlöschanlagen, z. B. Sprinkleranlagen

Organisatorischer Brandschutz

- Kennzeichnung und Freihaltung von Flucht- und Rettungswegen
- Schulung/Unterweisung der Belegschaft für den Brandfall

Abwehrender Brandschutz

umfasst alle Maßnahmen, die im Brandfall unternommen werden, um das Feuer zu bekämpfen und die Brandschäden zu minimieren. Er ist Aufgabe der Feuerwehr.

3.7 Wirtschaftlichkeit der Lagerhaltung (Lagercontrolling)

Die Lagerhaltung ist ein wichtiger Bereich für ein Einzelhandelsunternehmen. Sie sichert die Verkaufsbereitschaft und ist damit ein entscheidender Faktor für einen reibungslosen Ablauf und eine hohe Kundenzufriedenheit. Lagerbestände sind jedoch teuer. Im Handel machen sie – je nach Branche – zwischen 6,5 % und 11 % der Gesamtkosten aus. Eine effiziente und wirtschaftliche Lagerhaltung ist daher unerlässlich und kann einen entscheidenden Erfolgsfaktor für ein Handelsunternehmen darstellen. Die zunehmende Bedeutung der Lagerhaltung bzw. der gesamten Logistik als Wettbewerbsfaktor machen eine gezielte Planung, Steuerung und Kontrolle dieses Bereiches notwendig.

Aufgabe des Lagercontrollings ist es, Informationen zur Verfügung zu stellen, um die Abläufe und Prozesse in diesem Bereich zu verbessern und möglichst „optimale Lagerbestände" zu gewährleisten. In diesem Zusammenhang sind Lagerkennziffern ein wichtiges Instrument.

3.7.1 Ziele und Zielkonflikte der Lagerhaltung

Optimaler Lagerbestand

Ein einseitiger Abbau der Lagerbestände führt oftmals zu einer Verringerung der Verkaufsbereitschaft, die wiederum zu Umsatz- und Gewinneinbußen, Kundenverlusten und Imageverlust etc. führen kann. Auf der anderen Seite sichern zu hohe Lagerbestände zwar die Verkaufsbereitschaft, führen jedoch zu unnötig hohen Lagerkosten, da Lagerbestände immer Liquidität binden und mit Risiken verbunden sind.

LF 6, Kap. 1.3.3

Auflösen lässt sich dieser Zielkonflikt nicht. Jedes Unternehmen sollte daher zwischen den gegenläufigen Auswirkungen eines zu hohen bzw. eines zu geringen Lagerbestands abwägen und entscheiden, bei welcher Warengruppe oder bei welchem Artikel es welchem Ziel mehr Gewicht beimessen möchte. In der Praxis gilt es daher, den optimalen Lagerbestand zu finden, bei dem die Kosten minimal sind und der gewünschte Grad der Verkaufsbereitschaft sichergestellt ist.

LF 6, Kap. 1.2

Merke: Es sollten so viele Waren, wie benötigt, aber so wenig, wie möglich gelagert werden.

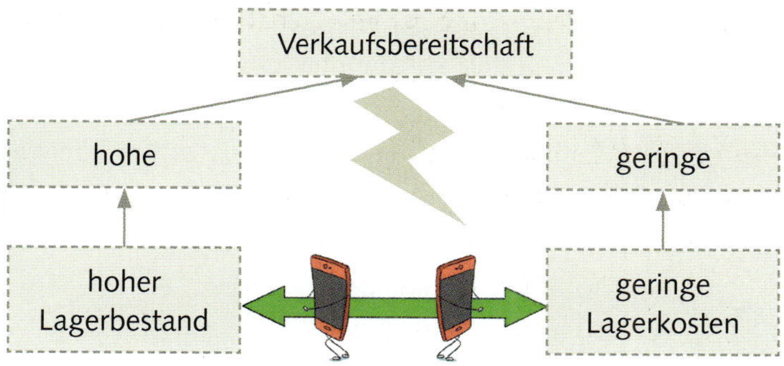

3.7.2 Lagerrisiken und -kosten

Lagerrisiken

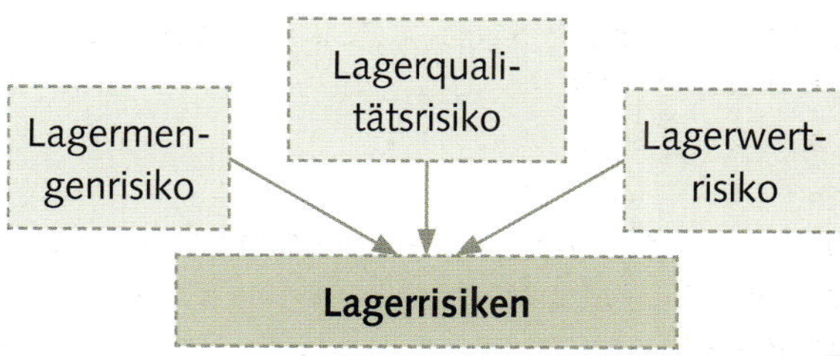

Die Aufbewahrung von Gütern ist stets mit Risiken für den Händler verbunden. Neben dem Lagermengenrisiko werden das Lagerqualitätsrisiko sowie das Lagerwertrisiko unterschieden. Das Lagermengenrisiko beschreibt den Verlust der eingelagerten Ware durch Diebstahl, Schwund oder die Vernichtung durch Feuer sowie Vandalismus. Das Lagerqualitätsrisiko ergibt sich aus der Qualitätsminderung der Ware etwa durch Verderblichkeit und Beschädigung. Das Lagerwertrisiko umfasst die Wertminderung der Ware z. B. durch Mode- und Geschmackswechsel, technische Alterung, Preisverfall etc. und ist dabei unabhängig von dem physischen Zustand der Ware. Grundsätzlich steigt das Risiko mit zunehmender Lagerdauer. Eine Versicherung des Unternehmens gegen Lagermengen- und Lagerqualitätsrisiko ist möglich, aber stets mit Kosten verbunden.

Merke: Als Lagerrisiko bezeichnet man den Mengenverlust, den Qualitätsverlust sowie den Wertverlust, der sich durch die Warenlagerung ergeben kann.

Lagerkosten

Die Risikokosten sind nur ein Teil der im Lager anfallenden Kosten. Eine Übersicht über alle Lagerkosten gibt die nachfolgende Grafik.

Lagerkosten

- **Personalkosten**
  - Gehälter
  - Sonderleistungen und Prämien
  - Sozialleistungen
- **Sachkosten**
  - Kosten der Lagerräume und -einrichtung
    - **Raumkosten**
      - Energiekosten
      - Instandhaltungskosten
      - Gebäudeversicherung
      - Abschreibungen
      - Grundsteuern
    - **Lagereinrichtungskosten**
      - Kosten für Regalsysteme und Lagertransportmittel
  - Kosten des Lagergutes
    - Lagerrisiko
    - Verzinsung des in Waren gebundenen Kapitals
    - Versicherungsprämien

Die Kosten der Lagerhaltung lassen sich grob in Personal- und Sachkosten einteilen. Personalkosten entstehen durch die im Lager tätigen Personen in Form von Gehältern, Sonderleistungen (Prämien, Weihnachtsgeld etc.) und die gesetzlichen sowie freiwilligen Sozialleistungen. Die Sachkosten unterteilen sich in Kosten, die durch das Lager selbst entstehen, und Kosten, die mit dem Lagergut in Zusammenhang stehen.

Während für die Nutzung fremder Lagerräume Miete gezahlt werden muss, entstehen für eigene Lagerräume Abschreibungskosten für das Gebäude, für die Lagereinrichtung (Regale, Stapler, Hubwagen etc.) sowie für Energie-, Zins und Reparaturkosten.

Die Lagerbestandskosten stellen die kritische Größe der Lagerhaltungskosten dar. Sie setzen sich zum einen aus den o. g. Risikokosten (Schwund, Verderb, Diebstahl etc.) und aus den daraus resultierenden Versicherungsprämien sowie aus der Verzinsung des in Waren gebundenen Kapitals zusammen.

Die oben aufgezeigten Lagerkosten lassen sich weiterhin in fixe und variable Kosten einteilen.

- Fixe Lagerkosten fallen auch dann an, wenn sich keine Ware oder nur geringe Warenmengen auf Lager befinden und daher durchgängig anfallen (z. B. Kosten für die Lagermiete, Abschreibungen für Lagergebäude, Gehälter für das Lagerverwaltungspersonal).

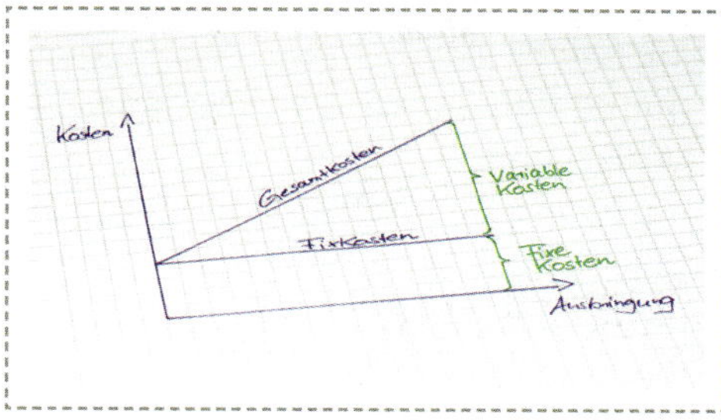

- Variable Lagerkosten sind dagegen jene Kosten, die insbesondere von der Lagermenge abhängig sind (z. B. Zinsen für das im Lager gebundenen Kapital).

3.7.3 Lagerkontrolle mithilfe von Lagerkennzahlen

Kennzahlen bilden betriebliche Sachverhalte in verdichteter Form ab und schaffen eine wichtige Basis zur Überprüfung der Wirtschaftlichkeit und der Leistungsfähigkeit einer Lagerhaltung. Sie helfen weiterhin, Schwächen zu erkennen und liefern Ansatzpunkte zur Einleitung von Optimierungsmaßnahmen.

Besonders aussagekräftig sind Lagerkennzahlen, wenn man sie
- den eigenen Vorjahresergebnissen (Zeitvergleich),
- den Ergebnissen anderer Unternehmen (Betriebsvergleich) oder
- der gesamten Branche (Branchenvergleich)

gegenüberstellt.

Neben den Ergebnissen aus der Inventur liefert das Warenwirtschaftssystem die notwendigen Informationen zur Berechnung der nachfolgenden Kennzahlen:

Kap. 4.2

Lagerkennzahlen

Bestandskennzahlen
- durchschnittlicher Lagerbestand
- durchschnittliche Lagerreichweite
- Melde-, Höchst- und Mindestbestand

Bewegungskennzahlen
- Umschlagshäufigkeit
- durchschnittliche Lagerdauer

Kapitalbindungskennzahlen
- Lagerzinssatz
- Lagerzinsen

Lagernutzungskennzahlen
- Lagernutzungsgrad
- Belegungsgrad

Bestandskennzahlen

Bestandskennzahlen geben Auskunft über die (durchschnittliche) Höhe der Lagerbestände, die sich zu einem bestimmten Zeitpunkt im Lager befinden. Ihre Berechnung kann

- für den gesamten Warenbestand, für einzelne Warengruppen oder für einzelne Artikel und
- mengenmäßig (in Stück) als auch wertmäßig (in EUR)

erfolgen.

Sicherheitsbestand (SB)

Der Sicherheitsbestand (auch Mindest-, Reserve- oder eiserner Bestand genannt) sollte nur im Notfall (z. B. bei Lieferungsverzögerungen) unterschritten werden, um Engpässe aufzufangen. Da diese Bestände dauerhaft auf Lager sind, verursachen sie hohe Lagerkosten und sollten daher so gering wie möglich sein. Er wird artikelindividuell aufgrund von Durchschnitts- und Erfahrungswerten festgelegt, so dass es keine allgemeingültige Formel gibt.

Höchstbestand (HB)

Der Höchstbestand gibt an, welcher Warenbestand maximal vorrätig sein soll. Diese Begrenzung ergibt sich dadurch, dass nur ein bestimmter Lagerplatz zur Verfügung steht (technischer Höchstbestand), oder die Lagerung größerer Mengen unwirtschaftlich ist (wirtschaftlicher Höchstbestand).

Kennziffer	Formel
Höchstbestand	HB = Bestellmenge + Mindestbestand

Meldebestand (MB)

Ist der Bestand, dessen Erreichen im Rahmen des Bestellpunktverfahrens eine Bestellung auslöst. Er sollte so hoch sein, dass das Auffüllen des Lagers vor Erreichung des Sicherheitsbestandes möglich ist. Seine Höhe hängt folglich von der Lieferzeit, der Höhe des Sicherheitsbestandes sowie der täglichen Absatzmenge ab.

Kennziffer	Formel
Meldebestand	MB = (Lieferzeit in Tagen × Ø Tagesverbrauch) + SB

Beispiel: *Die Lieferzeit für einen Fahrradhelm 1144/6 beträgt 5 Werktage, der Sicherheitsbestand 15 Stück. In der Bike & More GmbH werden von diesem Typ durchschnittlich 4 Stück pro Tag verkauft:*

Wie hoch ist der Meldebestand für diesen Artikel?
MB = (5 × 4) + 15 = 35

Sobald ein Bestand von 25 Stück erreicht ist, sollte der Helm 1144/6 bestellt werden.

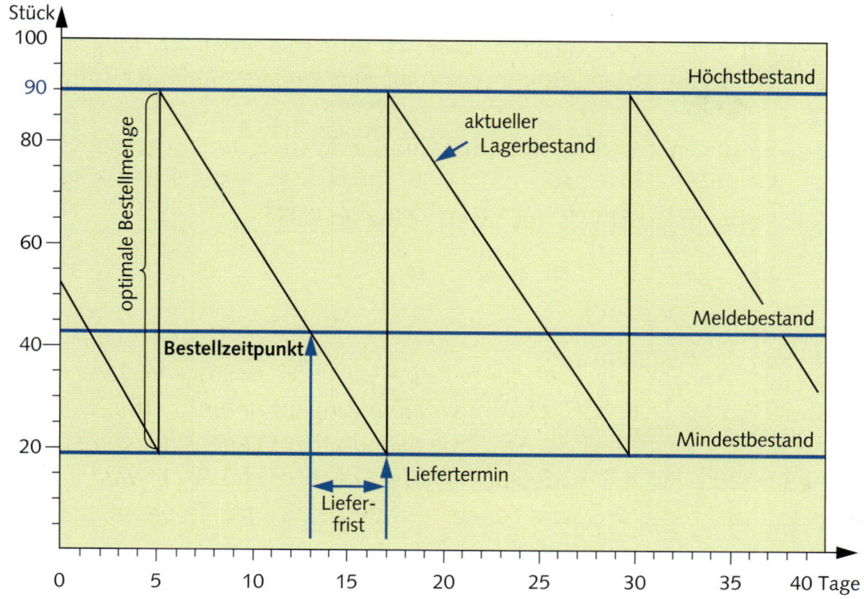

An dem Tag, an dem der Meldebestand erreicht wird, liegt der Bestellzeitpunkt. Die Zusammenhänge zwischen dem Höchst-, Sicherheits- und Meldebestand lassen sich anhand des Sägezahnmodells veranschaulichen.

Durchschnittlicher Lagerbestand (Ø LB)

Der durchschnittliche Lagerbestand gibt an, wie hoch der Warenbestand während eines Betrachtungszeitraums durchschnittlich war.

Variante	Formel	Kommentar
Berechnung auf Jahresbasis	$\varnothing \text{ LB} = \frac{\text{Anfangsbestand} + \text{Endbestand}}{2}$	sehr ungenau, Inventurdaten
Berechnung auf Quartalsbasis	$\varnothing \text{ LB} = \frac{\text{Anfangsbestand} + 4 \text{ Quartalsbestände}}{5}$	genauer als die erste Variante
Berechnung auf Monatsbasis	$\varnothing \text{ LB} = \frac{\text{Anfangsbestand} + 12 \text{ Monatsbestände}}{13}$	relativ genau
Berechnung auf Tagesbasis	$\varnothing \text{ LB} = \frac{\text{Anfangsbestand} + 360 \text{ Tagesbestände}}{361}$	am genauesten, jedoch viele Daten notwendig

Zu den Bestandskennzahlen gehören auch der im Rahmen der Bestellverfahren behandelte Mindestbestand, der Höchstbestand sowie der Meldebestand.

LF 6 Kap. 1.3

Beispiel: *In der Bike & More GmbH sind für einen Artikel mit der Artikelnummer 1233/4 folgende Bestandsdaten für das vergangene Jahr im Warenwirtschaftssystem hinterlegt:*

Artikel: 1233/4							Einstandspreis: 2,45 €						
Datum	Anfangsbestand	31.01.	28.02.	31.03.	30.04.	31.05.	30.06.	31.07.	31.08.	30.09.	31.10.	30.11.	31.12.
Bestand [in Stück]	28	25	29	37	35	32	34	34	36	33	32	31	30

Ermittelt man die Bestände auf
a) Jahresbasis, b) Quartalsbasis und c) Monatsbasis,
ergeben sich die nachfolgenden Werte:

zu a) Ø LB = (28 + 30) ÷ 2 = 29 Stück

zu b) Ø LB = (28 + 37 + 34 + 33 + 30) ÷ 5 = 32,4 → 33 Stück

zu c) Ø LB = (28 + 25 + 29 + 37 + 35 + 32 + 34 + 34 + 36 + 33 + 32 + 31 +30) ÷ 13 = 416 ÷ 13 = 32 Stück

© LIGHTFIELD STUDIOS – stock.adobe.com

Multipliziert man den durchschnittlichen Lagerbestand (in Stück) mit dem Einstands- bzw. Bezugspreis (in EUR) des Artikels, erhält man den durchschnittlichen Bestandswert des Lagers. Bei einem Einstandspreis von 2,45 EUR pro Stück ergibt sich für den Artikel 1233/4 ein Wareneinsatz von:

a) auf Jahresbasis: 29 Stück × 2,45 = 71,05 EUR

b) auf Quartalsbasis 33 Stück × 2,45 = 80,85 EUR

c) auf Monatsbasis: 32 Stück × 2,45 = 78,40 EUR

Bei der Beurteilung des durchschnittlichen Lagerbestands sind folgende Sachverhalte zu berücksichtigen:

- Der durchschnittliche Lagerbestand ist die zentrale Größe zur Beurteilung der Wirtschaftlichkeit eines Lagers. Seine Veränderung hat große Auswirkung auf die Höhe der Lagerkosten.
- Grundsätzlich gilt: Je höher der durchschnittliche Lagerbestand, umso höher ist die Kapitalbindung, während bei schrumpfendem Lagerbestand die Lieferfähigkeit sinkt.
- Je mehr Werte zur Berechnung des durchschnittlichen Lagerbestands herangezogen werden, desto genauer ist diese Kennzahl.

Lagerreichweite (LRW)

Diese Kennziffer gibt den Zeitraum (Tage, Wochen, Monate etc.) an, wie lange der vorhandene Lagerbestand bei einem durchschnittlichen Verbrauch ausreicht, um den Verkauf aufrechtzuerhalten.

Kennziffer	Formel
Lagerreichweite	$LRW = \frac{\varnothing \text{ Lagerbestand}}{\varnothing \text{ Verbrauch pro Zeiteinheit}}$

Beispiel: *Die Bike & More GmbH hat zum Betrachtungszeitpunkt von einem Artikel noch 240 Stück auf Lager. Täglich werden durchschnittlich 60 Stück verkauft.*

240 ÷ 60 = 5 Tage

Ergebnis: Die Reichweite dieses Artikels beträgt 5 Tage. Erfolgt kein Nachschub, ist das Unternehmen nach Ablauf von 5 Tagen nicht mehr verkaufsfähig.

Interpretation der Lagerreichweite:
- Eine zu geringe Lagerreichweite kann zu Fehlverkäufen und damit zu Umsatzverlusten führen.
- Eine zu hohe Lagerreichweite dagegen führt zu höheren Lager- und Kapitalbindungskosten.

Bewegungskennzahlen

Neben den Lagerbeständen ist auch die Veränderung der Waren durch Einkäufe und Verkäufe in einem bestimmten Zeitraum für die Beurteilung der Wirtschaftlichkeit eines Lagers von Interesse. Nachfolgende Kennziffern geben hierüber Auskunft.

Umschlagshäufigkeit (UH)

Diese Kennziffer gibt an, wie oft der (durchschnittliche) Lagerbestand in einer Periode (i. d. R. ein Jahr) komplett verkauft und wieder neu eingelagert wurde. Auch diese Kennziffer kann sowohl auf Wert- (in EUR) als auch auf Mengenbasis (in Stück) berechnet werden. Sie eignet sich besonders für Vergleiche mit anderen Artikeln und Unternehmen der gleichen Branche.

Variante	Formel
Umschlagshäufigkeit	$UH = \frac{\text{Wareneinsatz}}{\varnothing \text{ Lagerbestand}}$
Umschlagshäufigkeit	$UH = \frac{360 \text{ Tage}}{\varnothing \text{ Lagerdauer}}$

Tipp

Ein Kalenderjahr wird in der Handelspraxis zur Vereinfachung meist mit 360 Tagen berechnet.

Merke

Der Wareneinsatz gibt an, welche Warenmenge im Laufe einer Periode verkauft wurde. Bewertet wird der Wareneinsatz zu Einstandspreisen.

Beispiel: *In der Bike & More GmbH betrug der durchschnittliche Lagerbestand im abgelaufenen Jahr für den Artikel B 45 Stück. Am Ende des aktuellen Jahres wurden 268 Artikel zu einem durchschnittlichen Stückpreis von 8,20 EUR bezogen. Der Anfangsbestand dieses Artikels betrug 40 Stück, der Endbestand 48 Stück.*

Wareneinsatz = Anfangsbestand + Warenzugänge – Endbestand

Merke

Wareneinsatz in Stück = 40 + 268 – 38 = 270

Wareneinsatz in Euro = 265 × 8,20 = 2.214,00 EUR

Auf dieser Grundlage lässt sich die Umschlagshäufigkeit für den Artikel XC berechnen:

Durchschnittliche Umschlagshäufigkeit (auf Stückbasis) = 270 ÷ 45 = 6

Durchschnittliche Umschlagshäufigkeit (auf Wertbasis) = 2.214,00 ÷ 369 = 6

Interpretation der Umschlagshäufigkeit:

- Die Umschlagshäufigkeit ist eine Kennziffer ohne Maßeinheit. Eine Umschlagshäufigkeit von z. B. 6 bedeutet, dass die Lagermenge im Betrachtungszeitraum 6-mal verbraucht und wieder aufgefüllt wurde.
- Eine hohe Umschlagshäufigkeit bedeutet, dass sich z. B. der betrachtete Artikel nur kurz im Lager befindet, da er schnell abverkauft wird. Das ist grundsätzlich positiv und lässt auf einen „Renner“ (oder „Schnelldreher“) schließen.
- Es gilt: Je höher die Lagerumschlagshäufigkeit, desto geringer sind die Lagerbestände sowie die Kapitalbindung und desto wirtschaftlicher ist das Sortiment.
- Eine „zu hohe“ Umschlagshäufigkeit kann jedoch auch auf zu geringe Lagerbestände hinweisen, die mitunter zu hohen Beschaffungskosten und zu Fehlverkäufen führen können.

Durchschnittliche Lagerdauer (LD)

Diese Kennziffer gibt an, wie lange Warenvorräte durchschnittlich im Lager liegen, bevor sie verkauft werden. Sie kann für den gesamten Warenbestand, für einzelne Warengruppen oder für einzelne Artikel erfolgen.

Kennziffer	Formel
Durchschnittliche Lagerdauer	$LD = \frac{360 \text{ Tage}}{\text{Umschlagshäufigkeit}}$
Durchschnittliche Lagerdauer	$LD = \frac{360 \text{ Tage} \times \varnothing \text{ Lagerbestand}}{\text{Jahresverbrauch}}$

Beispiel: *Für Artikel B beträgt die durchschnittliche Lagerdauer folglich:*

Durchschnittliche Lagerdauer = 360 Tage ÷ 6 = 60 Tage

Interpretation der durchschnittlichen Lagerdauer:

- „Renner" (oder „Schnelldreher") haben eine geringe Lagerdauer, „Penner" (oder „Langsamdreher") eine hohe durchschnittliche Lagerdauer.
- Die durchschnittliche Lagerdauer ist umso geringer, je höher die Umschlagshäufigkeit ist. Umgekehrt gilt: Je höher die Umschlagshäufigkeit, umso geringer die Lagerdauer.
- Eine Reduzierung der durchschnittlichen Lagerdauer führt folglich zu einer Verringerung der Kapitalbindung und damit zu einer Steigerung der Wirtschaftlichkeit.

Kapitalbindungskennzahlen

Kapitalbindungskennzahlen geben dem Händler Aufschluss darüber, wie viel Geld er in Waren gebunden hat und welche Kosten ihm dadurch entstehen. Diese Kosten müssen in der Kalkulation des Verkaufspreises berücksichtigt werden.

Lagerzinssatz (LZS)

Waren im Lager binden Kapital, da das hierfür eingesetzte Geld z. B. nicht gewinnbringend bei einer Bank angelegt werden kann. Der Lagerzinssatz gibt an, wie viel Prozent Zinsen das im durchschnittlichen Lagerbestand gebundene Kapital während der Lagerdauer kostet. Er richtet sich nach dem Marktzins und wird üblicherweise für ein Jahr angeben (per anno oder abgekürzt: p. a.).

Kennziffer	Formel
Lagerzinssatz	$\text{LZS} = \dfrac{\text{Marktzinssatz in \%} \times \varnothing \text{ Lagerdauer}}{360}$
Lagerzinssatz	$\text{LZS} = \dfrac{\text{Marktzinssatz}}{\text{Umschlagshäufigkeit}}$

Beispiel: *Für den Artikel C ermittelt die Bike & More GmbH eine durchschnittliche Lagerdauer von 60 Tagen. Bei einem Marktzinssatz von 6,5 % und einer Umschlagshäufigkeit von 6 beträgt der Lagerzinssatz:*

a) Lagerzinssatz (Variante 1): 6,5 × 60 ÷ 360 = 1,083333333 = 1,083 %

b) Lagerzinssatz (Variante 2): 6,5 ÷ 6 = 1,083333333 %

Interpretation des Lagerzinssatzes:

- Je höher der Zinssatz ist, desto größer ist der Zinsverlust durch die eingelagerten Waren.
- Eine steigende Umschlagshäufigkeit verringert den Lagerzinssatz.

Lagerzinsen (LZ)

Multipliziert man den Lagerzinssatz mit dem Wert des durchschnittlichen Lagerbestandes, erhält man die Lagerzinsen. Sie geben an, wie viel das im durchschnittlichen Lagerbestand gebundene Kapital während der durchschnittlichen Lagerdauer kostet.

Kennziffer	Formel
Lagerzinsen	$LZ = \frac{\varnothing \text{ Lagerbestand in EUR} \times \varnothing \text{ Lagerzinssatz}}{100}$
Lagerzinsen	$LZ = \frac{\varnothing \text{ Lagerbestand in EUR} \times \varnothing \text{ Lagerdauer} \times \text{Marktzinssatz}}{100 \times 360}$

Beispiel: *Der durchschnittliche Lagerbestand für den Artikel C beträgt 14.500,00 EUR. Mit diesem Wert lassen sich die die Lagerzinsen berechnen:*

Lagerzinsen (Variante 1): 14.500,00 × 1,083 ÷ 100 = 157,035 EUR

Lagerzinsen (Variante 2): 14.500,00 × 60 × 6,5 ÷ 100 × 360 = 157,083 EUR

Die Lagerung des Artikels C kostet pro Jahr 157,035 EUR. Das entspricht einem Zinssatz von 1,083 % (p. a).

Interpretation der Lagerzinsen:

- Je niedriger der durchschnittliche Lagerbestand, desto niedriger die Lagerzinsen.
- Steigt der durchschnittliche Lagerbestand an, so steigen bei gleichbleibendem Lagerzinssatz auch die Zinskosten bzw. entgangene Zinseinnahmen für die Kapitalbindung.

Lagernutzungskennzahlen

Die Lagernutzungskennzahlen bringen zum Ausdruck, wie effizient die zur Verfügung stehende Fläche bzw. die zur Verfügung stehenden Lagereinrichtungen in Anspruch genommen werden können.

Lagernutzungsgrad

Der Lagernutzungsgrad gibt an, wie viel Prozent der zur Verfügung stehenden Lagerfläche (Brutto-Lagerfläche) tatsächlich für die Warenlagerung genutzt werden kann (Netto-Lagerfläche).

Merke
Brutto-Lagerfläche
- Sozialflächen
- Verkehrswege
= Netto-Lagerfläche (die mit Regalen belegte Fläche)

Merke
Die Brutto-Lagerfläche bezeichnet die Lagerfläche inklusive Verkehrswege und Sozialflächen. Die Netto-Lagerfläche ist die tatsächlich mit Regalen und sonstigen Lagereinrichtungen belegte Fläche.

Beispiel: *Das Außenlager der Bike & More GmbH ist 24 Meter lang und 18 Meter breit. Für Verkehrswege und Sozialflächen (z. B. Aufenthaltsraum, WC; grau hinterlegte Flächen) werden 72 m² benötigt.*

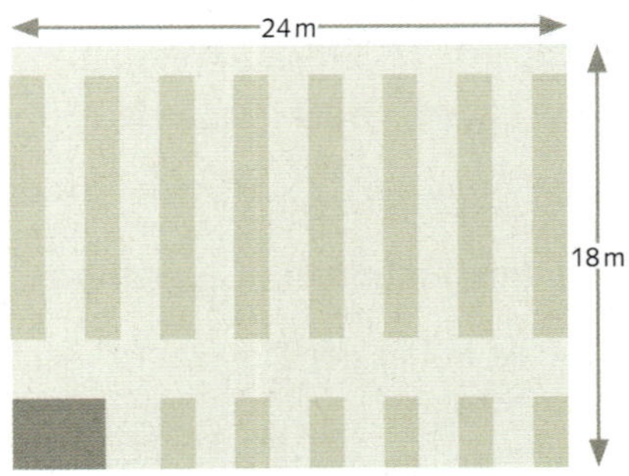

Bezogen auf das Beispiel ergibt sich:

Brutto-Lagerfläche von:
24 × 18 = 432 m²

Brutto-Lagerfläche	*432 m²*
– Verkehrswege und Sozialfläche	*72 m²*
= Netto-Lagerfläche	*360 m²*

Der Lagernutzungsgrad beträgt dann: 360 × 100 ÷ 432 = 83,34 %

Belegungsgrad (BLG)

Der Belegungsgrad gibt an, wie viel Prozent der insgesamt zur Verfügung stehenden Lagerplätze tatsächlich mit Waren belegt sind. Dadurch lässt sich feststellen, wie intensiv die Lagereinrichtungen zu einem bestimmten Zeitpunkt genutzt werden.

Kennziffer	Formel
Belegungsgrad	$BLG = \frac{\text{belegte Lagerplätze} \times 100}{\text{verfügbare Lagerplätze}}$

Beispiel: *Das Außenlager der Bike & More GmbH verfügt über 1.750 Lagerplätze, von denen aktuell 1.240 belegt sind.*
Der Belegungsgrad der Waren beträgt:
4240 × 100 / 4750 = 70,86 %

© Zixp@ck – stock.adobe.com

Interpretation der Lagernutzungskennzahlen:

- Je höher der Flächenanteil, der für die Warenlagerung genutzt werden kann, desto höher ist der Lagernutzungsgrad.
- Je höher der Belegungsgrad, desto höher ist die Lagerauslastung.
- Ein Belegungsgrad von ca. 80 bis 90 % gilt in der Praxis als optimal. Ein geringerer Füllgrad führt zu unnötigen Lagerkosten. Bei einem durchgängig höheren Füllgrad kann es, z. B. bei größeren Lieferungen, zu Lagerengpässen und Problemen mit dem Warenhandling kommen.

Aufgaben

1. Was versteht man unter einem Lager?
2. Welche Lagerfunktionen erfüllt das Zentrallager der Bike & More GmbH in den nachfolgenden Fällen?
   a) Da viele Ersatzteile aus China kommen, wird bei einigen Modellen darauf geachtet, dass immer ausreichen große Mengen verfügbar sind, damit die Verkaufsbereitschaft stets gegeben ist.
   b) Da schon wieder ein Anstieg der Aluminiumpreise zu erwarten ist, wird die Einkaufsmenge von Aluminiumrahmen verdoppelt.
   c) Der Lagerbestand an Rennrädern wird erhöht, um die Lieferbereitschaft für die bevorstehende Saison zu verbessern.
   d) Auf Kundenwunsch werden hochwertige Fahrrad-Werkzeugkoffer zusammengestellt.
3. Welche (besonderen) Lager gibt es in Einzelhandelsbetrieben?
4. Unterscheiden Sie Bodenlagerung mit und ohne Lagergeräten.

Aufgaben

5. In der Vergangenheit ist die Anzahl der gelagerten Artikel bei der Bike & More GmbH zu Lasten der Übersichtlichkeit im Reservelager stark angestiegen. Erläutern Sie zwei Maßnahmen, die zu einer besseren Übersicht in Ihrem Lager beitragen.
6. Grenzen Sie die FIFO- und die FEFO-Strategie voneinander ab und nennen Sie jeweils ein typisches Warenbeispiel hierfür.
7. Nehmen Sie zu der folgenden Aussage eines Mitarbeiters Stellung: „Die feste Lagerplatzzuordnung ist der freien Lagerplatzzuordnung stets überlegen, da sie systematischer ist und die gelagerten Waren nicht verlorengehen können."
8. Ermitteln Sie anhand der Lagerabbildung in Kapitel 3.4.4 auf Seite 111 die Stellplätze mit den nachfolgenden Koordinaten:

Regalzeile: 01	Regalfeld: 02	Regalebene: 03
Regalzeile: 03	Regalfeld: 04	Regalebene: 04

9. Die Bike & More GmbH verkauft auch Sportlernahrung (Riegel, Gels, Pulver etc.) an. Diese Waren werden in Fachbodenregalen gelagert.
   a) Nennen Sie drei Maßnahmen der Warenpflege, die für diese Produkte durchgeführt werden sollten.
   b) Welches Datum muss z. B. auf einem Energie-Riegel angegeben werden? Ein Mindesthaltbarkeits- oder ein Verfalldatum? Begründen Sie Ihre Entscheidung.
10. Welche Ziele verfolgt der Arbeitsschutz?
11. Welche Verantwortung haben Sie als Arbeitnehmer im Rahmen des Arbeitsschutzes?
12. Damit Feuer entstehen kann, müssen drei Bedingungen zusammenkommen. Erläutern Sie diese und beschreiben Sie, wie es in einem Lager zu einem Brand kommen kann.
13. Durch Ladendiebstahl entsteht dem Einzelhandel jährlich Schäden in Höhe von mehreren Milliarden Euro. Daher gibt es eine Vielzahl an Vorsorge- und Sicherungsmaßnahmen. Zahlen Sie jeweils zwei Maßnahmen auf und beurteilen Sie deren Eignung für Ihren Ausbildungsbetrieb.
14. Erläutern Sie, welche Bedeutung die nachfolgenden Zeichen haben. Gehen Sie in diesem Zusammenhang auch auf Art des Zeichens ein.

15. Erläutern Sie den Begriff „Lagerrisiko" anhand eines konkreten Beispiels.

16. Ergänzen Sie die Pfeile in der nachfolgenden Abbildung sinnvoll.
(Dabei gilt: ↑ = steigend ↓ = sinkend → = konstant.

Lagerbestand	?	↑	→	→	↑*
Wareneinsatz	→	→	?	↓	↑*
Umschlagshäufigkeit	↑	?	↑	?	?

* beide Größen steigen im gleichen Verhältnis

17. Bei einer Analyse der Lagerkennziffern stellt die Bike & More GmbH eine Lagerumschlagshäufigkeit von 16 fest.

a) Wie hoch ist die durchschnittliche Lagerdauer?

b) Die Lagerumschlagshäufigkeit des Branchendurchschnitts liegt bei 18. Was bedeutet dieses Ergebnis für das Unternehmen?

18. Für welche Bestandsart treffen die folgenden Aussagen zu?

a) Dieser Bestand wird z. B. bei einem unerwarteten Mehrverbrauch angegriffen.

b) Bei Erreichen dieses Bestandes wird eine Bestellung ausgelöst. Dies schützt den Einzelhändler z. B. vor Lieferengpässen.

c) Dieser Bestand ergibt sich aus der maximal möglichen Bestellmenge sowie dem Mindestbestand.

d) Dieser Bestand schützt den Einzelhändler z. B. vor Lieferungsverzögerungen.

19. Bei einem Mindestbestand von 20 Stück und einer Beschaffungszeit von 5 Tagen ergibt sich ein Meldebestand von 60 Stück. Wie hoch ist der tägliche Absatz?

20. Bei der Bike & More GmbH wurde für ein Mountainbike ein durchschnittliche Lagerbestand in Höhe von 14.000,00 € und die durchschnittliche Lagerdauer von 21 Tagen für das vergangene Geschäftsjahr ermittelt. Berechnen Sie den Lagerzinssatz und die Lagerzinsen für einen angenommenen marktüblichen Jahreszinssatz in Höhe von 2,8 %.

21. Die eingelagerte Ware nennt man auch „gebundenes Kapital". Erläutern Sie, warum dieses gebundene Kapital Kosten verursacht.

22. Im Zusammenhang mit der Inventur werden häufig die Begriffe Soll- und Ist-Bestand erwähnt. Erläutern Sie diese beiden Bestandsarten.

23. Sie haben vergessen, den Warenausgang von zwei Fahrrädern in der EDV zu erfassen. Welche Auswirkungen hat dieser Fehler?

a) Der Ist-Bestand ist zu hoch.

b) Der Soll-Bestand ist zu niedrig.

c) Der Soll-Bestand ist zu hoch.

d) Ist- und Soll-Bestand stimmen überein.

e) Der Meldebestand wir dadurch schneller erreicht.

4 Warenbestände kontrollieren

Zu den Aufgaben der Lagerorganisation und -verwaltung gehört auch die Überwachung der Warenbestände. Damit können Unternehmen zu jedem Zeitpunkt zuverlässig einschätzen, welche Artikel sich in welcher Menge im Lager befinden. Ein wichtiges Instrument zur Erfassung und Kontrolle der Lagerbestände ist die Inventur.

4.1 Notwendigkeit einer Inventur

Jeder buchführungspflichtige Kaufmann[5] (im Sinne des HGB) ist gesetzlich verpflichtet,

- bei Gründung oder Übernahme eines Unternehmens,
- am Ende eines jeden Geschäftsjahres und
- bei Auflösung oder Veräußerung des Unternehmens

Gründe für eine Inventur
- gesetzliche Vorschriften
- wirtschaftliche Gründe

sein Vermögen sowie seine Schulden zu ermitteln. Dazu führt er eine Bestandsaufnahme aller Vermögensteile und der Schulden seines Unternehmens durch. Diese Tätigkeit bezeichnet man als Inventur. Anschließend muss der Wert der gezählten Vermögensteile in Euro bestimmt werden.

Tipp
§ 240 HGB[6]
Abgabenordnung (www.gesetze-im-internet.de/ao_1977/)
§§ 140, 141 AO

> Die rechtlichen Voraussetzungen für die Inventur finden sich im Handelsrecht und im Steuerrecht.

Neben der Erfüllung der gesetzlichen Pflichten, gibt es auch wirtschaftliche Gründe für die Durchführung einer Inventur. Nur durch eine tatsächliche Warenprüfung erhält der Einzelhändler wichtige Informationen darüber, inwieweit die im Warenwirtschaftssystem ausgewiesenen Bestände (Sollbestände) mit den Beständen der Inventur übereinstimmen (Istbestände). Treten Inventurdifferenzen, d. h. Abweichungen zwischen Soll- und Ist-beständen auf, müssen Maßnahmen getroffen werden, um diese zu korrigieren und in Zukunft zu vermeiden.

Merke
Unter Inventur versteht man die mengen- und wertmäßige Bestandsaufnahme aller Vermögensgegenstände und Schulden eines Unternehmens zu einem bestimmten Zeitpunkt (Stichtag).

Merke
Der tatsächlich im Lager vorhandene Warenbestand wird „Istbestand", der im Rahmen der Lagerbuchführung ermittelte Bestand wird „Sollbestand" genannt. Als Inventurdifferenz bezeichnet man die Abweichung zwischen dem Soll- und dem Istbestand.

5 Kaufmann ist, wer ein Handelsgewerbe betreibt (§ 1 HGB).
6 Der Gesetzgeber sieht in § 240 HGB lediglich die Aufstellung eines Inventars vor. Das Inventar ist jedoch das Ergebnis einer Inventur und daher lässt sich aus der Vorschrift der Zwang zur jährlichen Durchführung einer Inventur ableiten.

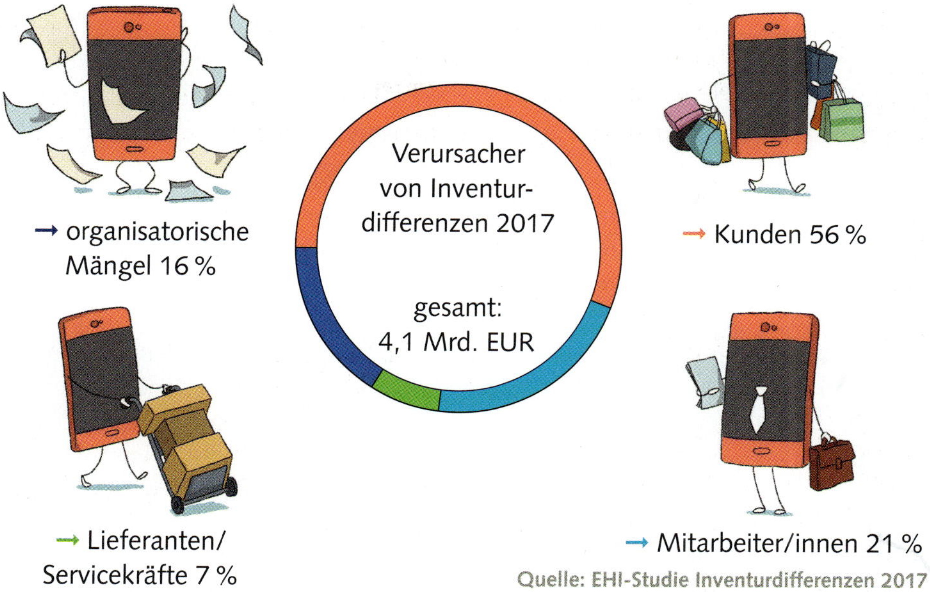

Quelle: EHI-Studie Inventurdifferenzen 2017

4.2 Notwendigkeit einer Inventur

Da Vermögens- und Schuldenbestände unterschiedliche Anforderungen an ihre Erfassung stellen, gibt es eigentlich auch nicht *die* Inventur. Daher unterscheidet man Inventuren hinsichtlich der Form, des Zeitpunkts und des Umfangs der Bestandsaufnahme:

Möglichkeiten der Durchführung einer Inventur

- Form der Bestandsaufnahme
  - körperliche Inventur
  - Buchinventur
- Zeitpunkt der Bestandsaufnahme
  - Stichtaginventur
  - verlegte Inventur
  - permanente Inventur
- Umfang der Bestandsaufnahme
  - Stichprobeninventur
  - Vollinventur

Formen der Bestandsaufnahme

Die Erfassung der Vermögensgegenstände und der Schulden kann körperlich oder buchmäßig erfolgen (Inventurart):

Körperliche Inventur

Unter einer körperlichen Inventur versteht man die mengenmäßige Aufnahme aller Waren bzw. Vermögensgegenstände („alles, was man anfassen kann") durch Zählen, Messen, Wiegen oder in Ausnahmefällen auch durch Schätzen. Die Bestände sind zu dokumentieren und anschließend in Euro zu bewerten. Eine körperliche Inventur erfordert einen hohen zeitlichen und personellen Aufwand, sie muss daher sorgfältig vorbereitet und durchgeführt werden.

Beispiele:
- *Warenvorräte*
- *Betriebs- und Geschäftsausstattung*

Buchinventur

Eine körperliche Bestandsaufnahme lässt sich nicht bei allen Vermögenswerten sinnvoll durchführen, da es sich hierbei um körperlich greifbare (also materielle) Güter handelt. So ist z. B. nicht die Anzahl der offenen Rechnungen relevant, sondern ihr jeweiliger Wert. Alle nicht-körperlichen Vermögensteile unterliegen daher einer buchmäßigen Bestandsaufnahme.

Beispiele:
- *Forderungen*
- *Bankguthaben*
- *Darlehen*

Zeitpunkt der Bedarfsermittlung

Die Erfassung der Vermögensgegenstände und der Schulden kann zu unterschiedlichen Zeitpunkten stattfinden (Inventursysteme). Nach dem Zeitpunkt der Durchführung ist die Stichtagsinventur, die verlegte Inventur und die permanente Inventur zu unterscheiden (Inventursysteme).

Stichtagsinventur

Bei einer Stichtagsinventur erfolgt die körperliche Bestandsaufnahme entweder am letzten Tag des Geschäftsjahres, dem Bilanzstichtag[7] oder innerhalb eines Zeitraums von 10 Tagen vor oder nach dem Stichtag (verlegte Inventur). Finden in der Zeit zwischen Bilanzstichtag und Aufnahmetag noch Warenzugänge bzw. Warenabgänge statt, müssen diese auf den Bilanzstichtag fortgeschrieben oder zurückgerechnet werden. Die ermittelten Bestände sind anschließend in Euro zu bewerten.

§§ 252–256a HGB

Verlegte Inventur

Bei einer verlegten Inventur kann die körperliche Bestandsaufnahme auch an einem beliebigen Stichtag innerhalb von drei Monaten vor und zwei Monaten nach dem Abschlussstichtag stattfinden. Der am Aufnahmetag ermittelte Bestand muss wertmäßig (nicht mengenmäßig) auf den Stichtag fortgeschrieben oder zurückgerechnet werden. Dadurch verringert sich der Arbeitsaufwand am Bilanzstichtag erheblich.

7 Der Bilanzstichtag ist in der Regel der 31.12., es kann jedoch auch ein anderer Termin sein, wenn das Geschäfts- vom Kalenderjahr abweicht. Allerdings muss ein Geschäftsjahr immer einen Zeitraum von zwölf Monaten umfassen. Der letzte Tag in einem Wirtschaftsjahr wird als Stichtag bezeichnet.

§ 240 Abs. 2 HGB

Permanente Inventur

Bei der permanenten Inventur wird der Bestand an Vermögensgegenständen und Schulden während des Geschäftsjahres „laufend" anhand von Aufzeichnungen wie etwa im Rahmen der Lagerbuchhaltung ermittelt, die alle Zu- und Abgänge nach Tag, Art und Menge erfasst. Eine körperliche Bestandsaufnahme am Stichtag kann somit unterbleiben, muss allerdings zu einem beliebigen Zeitpunkt im Laufe des Geschäftsjahres einmal erfolgen. Dabei wird dann geprüft, ob der buchmäßig ausgewiesene Bestand (Sollbestand) mit dem tatsächlich vorhandenen Bestand (Istbestand) übereinstimmt.

Beispiel:

Wertfortschreibung	**Wertrückrechnung**
Aufnahmetag: 23.12. Bilanzstichtag: 31.12.	Aufnahmetag: 09.01. Bilanzstichtag: 31.12.
Wert am Stichtag der Inventur: 70.500 EUR	Wert am Stichtag der Inventur: 85.500 EUR
– Abgänge vom 23.12. bis 31.12 12.500 EUR	+ Abgänge vom 23.12. bis 31.12 6.000 EUR
+ Zugänge vom 23.12 bis 31.12. 8.000 EUR	– Zugänge vom 23.12 bis 31.12. 3.000 EUR
= Wert am Bilanzstichtag 31.12. 66.000 EUR	= Wert am Bilanzstichtag 31.12. 88.500 EUR

Umfang der Bedarfsermittlung

Die Erfassung der Vermögensgegenstände und der Schulden kann über zwei Wege erfolgen:

Vollinventur

Bei einer Vollinventur werden alle Vermögensgegenstände und Schuldenteile aufgenommen. Diese Vorgehensweise macht im Einzelhandel viel Arbeit, da jeder Artikel einzeln gezählt, gemessen oder gewogen werden muss.

Stichprobeninventur

Eine Möglichkeit ist es, den Warenbestand mit anerkannten mathematisch-statistischen Methoden aufgrund von Stichproben zu ermitteln. Diese Inventurart ist vor allem bei umfangreichen Warenvorräten anwendbar, muss aber durch das Finanzamt genehmigt werden.

§ 241 I HGB

Die Grundform der Inventur ist die vollständige körperliche Bestandsaufnahme zum Ende des Geschäftsjahres (Stichtagsinventur), die allerdings sehr aufwendig ist. Beim Vorliegen bestimmter Kriterien sind sog. Inventurvereinfachungsverfahren, wie z. B. die permanente Inventur, die verlegte Inventur oder die Stichprobeninventur, zulässig.

Merke

4.3 Inventar

Die im Rahmen der Inventur ermittelten Vermögensgegenstände und Schulden werden in einer besonderen Liste, dem Inventar, erfasst.

Das Inventar ist in drei Abschnitte gegliedert. Im Inventar werden alle Vermögensgegenstände und Schulden des Unternehmens getrennt aufgelistet. Damit lassen sich einerseits die Vermögensgegenstände und andererseits die Schulden addieren. Die Differenz zwischen der Summe der Vermögensgegenstände und der Summe der Schulden ist das Eigenkapital (oder Reinvermögen).

Merke: Das Inventar dokumentiert alle Vermögensteile und Schulden eines Unternehmens zu einem bestimmten Zeitpunkt nach Art, Menge und Wert auf der Grundlage eines bei der Inventur erstellten Bestandsverzeichnisses. Das Inventar wiederum ist auch die Basis für die Erstellung der Bilanz.

A Vermögen	I. Anlagevermögen Vermögensteile, die dem Unternehmen langfristig dienen II. Umlaufvermögen Vermögensteile, die nur kurzfristig im Unternehmen verbleiben, da sie ständig umgesetzt werden
B Schulden	I. Langfristige Schulden z. B. Hypothekenschulden, Darlehensschulden II. Kurzfristige Schulden z. B. Verbindlichkeiten bei Lieferanten, Bankschulden
C Eigenkapital	Summe des Vermögens – Summe der Schulden = Eigenkapital

Merke: Das Vermögen gliedert sich nach Anlage- und Umlaufvermögen. Die Vermögenspositionen ordnen sich nach steigender Flüssigkeit (Liquidität).

Merke: Die Schulden gliedern sich nach ihrer Fälligkeit bzw. Dringlichkeit in langfristige und kurzfristige Schulden.

4.4 Planung, Vorbereitung, Durchführung und Auswertung einer Inventur

Die Erfassung der Warenvorräte im Einzelhandel ist aufgrund ihrer Vielfalt und Menge aufwendig und damit kostenintensiv. Insbesondere die Warenerfassung an einem Stichtag stellt hohe organisatorische und personelle Anforderungen an den Einzelhändler. Sie sollte daher sorgfältig vorbereitet werden, um einen reibungslosen Ablauf zu gewährleisten.

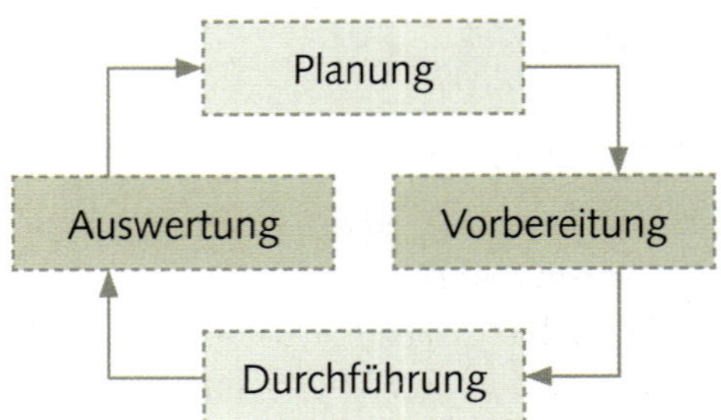

Planung einer Inventur

Ein Instrument zur Planung und Vorbereitung einer Inventur ist ein Inventurplan, in dem die sachlichen, personellen und zeitlichen Abläufe festgelegt werden.

Ein Inventurplan grenzt den Umfang der Inventur sachlich und zeitlich klar ab und legt die personellen Zuständigkeiten fest.

Merke

Inventurplan

Vorteile	Beschreibung
Sachplan 	Im Sachplan wird z. B. festgelegt, • welche Waren wie, d. h. in welcher Einheit (z. B. Stück, Liter, Kilogramm), erfasst werden müssen, • welche Form der Inventur bei welchen Vermögensteilen bzw. Schulden Anwendung findet und • welche Bereiche des Unternehmens bei der Inventur berücksichtig werden müssen (sog. Aufnahmebereiche/-felder) und welche nicht.
Personalplan	Der Personalplan benennt alle an der Inventur teilnehmenden Personen, ihre Aufgaben und ihren genauen Einsatzort zum Beispiel: • Inventurleiter • Aufnahmeleiter • Aufnahmeteams
Zeitplan	Der Zeitplan beinhaltet z. B.: • den Inventurzeitpunkt (Inventurstichtag) und die voraussichtlichen Inventurdauer • die zeitliche Abfolge der einzelnen Inventurarbeiten • alle weiteren vor- und nachbereitenden Arbeitsschritte

Vorbereitung der Inventur

Auf der Grundlage des Inventurplans lassen sich weitere Vorbereitungen treffen. Hierzu zählen insbesondere

- die Erstellung und der Ausdruck der notwendigen Formulare sowie
- die Bereitstellung der notwendigen Hilfsmittel, wie z. B. Taschenrechner, Notizblöcke, Stifte.

Durchführung und Auswertung der Inventur

Bei der Durchführung einer Inventur sollten folgende Punkte berücksichtigt werden:

- Der Zähler nennt Artikelbezeichnung, Artikelnummer, Alter, Menge und Preis. Der Schreiber übernimmt diese Angaben auf die Zählliste.
- Der Zähler kennzeichnet, welche Ware bereits aufgenommen wurde.

- Bereits aufgenommene Ware kann z. B. durch einen Aufkleber markiert werden.
- Ist ein kompletter Aufnahmebereich abgearbeitet, wird dessen Kennzeichnung in der Zählliste durch den Schreiber gestrichen.
- Erst nachdem ein Aufnahmefeld vollständig mit allen seinen Aufnahmestellen erfasst ist, werden die Erfassungsbögen und Inventarlisten lückenlos an den Aufnahmeleiter zurückgegeben.

Zur Auswertung gehören ein Soll-Ist-Vergleich sowie die Bewertung der Bestände. Ergeben sich Differenzen zwischen den Inventurbeständen und den Beständen der Buchführung (Kassenfehlbeträge, Fehlbestände/Schwund), so sind die Konten der Buchführung zu berichtigen.

Aufgaben

1. Erläutern Sie die Begriffe Inventur und Inventar. Erläutern Sie den Zusammenhang zwischen diesen Begriffen.
2. Erläutern Sie die Zielsetzung der Inventur aus Sicht des Kaufmanns.
3. Erläutern Sie die Begriffe Istbestand und Sollbestand im Rahmen der Inventur.
4. Welcher Bestand sollte mit dem Buchbestand übereinstimmen?
5. Was versteht man unter einer Stichtagsinventur? Nennen Sie Vor- und Nachteile dieser Inventurmethode.
6. Welche der folgenden Aussagen über die Inventur ist zutreffend?
   a) Bei der Aufnahme eines neuen Gesellschafters in ein Handelsunternehmen muss eine Inventur durchgeführt werden.
   b) Den Termin für die Durchführung einer Inventur erhalten die Unternehmen vom Finanzamt.
   c) Eine Inventur muss bei der Gründung eines Unternehmens durchgeführt werden.
   d) Eine Inventur findet immer zum Schluss des Geschäftsjahres statt.
   e) Eine zeitnahe Inventur ist innerhalb von 20 Tagen vor oder nach dem Bilanzstichtag durchzuführen.
   f) Eine Inventur muss außerhalb der Geschäftszeiten durchgeführt werden.
7. Welche Inventurerleichterungsverfahren kennen Sie?
8. Wann ist der Einsatz einer Stichprobeninventur empfehlenswert?
9. Wodurch erleichtert ein Warenwirtschaftssystem die Inventurdurchführung?
10. Was für Kosten fallen bei einer Inventur an? Geben Sie drei Beispiele.

Geschäftsprozesse erfassen und kontrollieren

1. Die Grundlagen des betrieblichen Rechnungswesens kennenlernen
2. Die Inventur durchführen und das Inventar aufstellen
3. Die Bilanz erstellen
4. Geschäftsfälle ordnungsgemäß erfassen
5. Die Gewinn- und Verlustrechnung durchführen
6. Den Unternehmenserfolg analysieren
7. Betriebliche Daten aufbereiten und grafisch darstellen

LF 8

1 Grundlagen des betrieblichen Rechnungswesens kennenlernen

© Kiryl Lis – stock.adobe.com

Jeder, der einmal auf einem Flohmarkt etwas verkauft hat, weiß, dass man am Ende des Tages seine Einnahmen zählt. Hat sich das Herumstehen in der Sonne gelohnt oder hätte man seine Zeit sinnvoller verbringen können? Am Ende des Tages zählt also der Erfolg. Auch die Unternehmen des Einzelhandels wollen und müssen auf dem Markt erfolgreich sein. Sie möchten besser als die Konkurrenz sein und damit ihren Gewinn maximieren. Vom Erfolg eines Unternehmens profitieren nicht nur die Eigentümer, sondern auch die Mitarbeiter und die Kunden. Die Mitarbeiter freuen sich, weil sie einen sichereren Arbeitsplatz haben. Die Kunden erfreuen sich an einem breiten Warenangebot mit vielen Serviceleistungen.

Beispiel: *Der Auszubildende Timo Stieler ist zufrieden mit seinem Arbeitgeber der Baumarkt KG und hofft nach der Ausbildung übernommen zu werden. Jedoch macht er sich Sorgen, ob sein Job in der Zukunft auch sicher ist. Sein Abteilungsleiter Herr Römer, beruhigt ihn: „Solange wir mehr einnehmen, als wir ausgeben, müssen Sie sich keine Sorgen machen."*

1.1 Geschäftsmodell des Einzelhandels

Das Geschäftsmodell des Einzelhandels beruht auf der einfachen Idee, Waren von Herstellern (günstig) einzukaufen und an den Kunden (teurer) zu verkaufen. Das Ziel eines Händlers ist dabei, einen Gewinn zu erwirtschaften. Um dies zu verwirklichen und verkaufsbereit zu sein, benötigt der Handel neben den Waren zusätzliche Inputfaktoren. So muss er meist einen Geschäftsraum mit Geschäftsausstattung haben und er benötigt i. d. R. Mitarbeiter sowie liquide Mittel von der Bank, damit er seine Rechnungen bezahlen kann. Ein Einzelhandelsunternehmen muss somit zunächst die nötigen Inputfaktoren beschaffen, diese zu einer Leistung kombinieren und schließlich an den Kunden verkaufen.

Inputfaktoren sind betriebswirtschaftliche Einsatzmittel wie z. B. Waren, Mitarbeiter, Kapital, Geschäftsräume usw.

Merke

LF 1

Beschaffung der Inputfaktoren → **Einzelhandel** → **Absatz der Ware an die Kunden**

Bei der Beschaffung der Inputfaktoren entstehen Aufwendungen und beim Verkauf der Waren entstehen Erträge. Der Gewinn ergibt sich aus der Differenz der Erträge und der Aufwendungen. Als Aufwendungen bezeichnet man alle geschäftlichen Vorgänge, die den Gewinn verringern. Als Ertrag bezeichnet man alle Vorgänge, die den Gewinn vergrößern. Es ergibt sich folglich die Gleichung:

Unter **Aufwendungen** sind alle geschäftlichen Vorgänge zu verstehen, die den **Gewinn verringern**, **Erträge** dagegen **vergrößern** den **Gewinn.**

Merke

Gewinn = Erträge – Aufwendungen

Formel

Im Bereich der Beschaffung hat der Händler u. a. folgende Aufwendungen:

Aufwendungen des Händlers im Beschaffungsbereich

Aufwendungen	Beschreibung
Warenaufwand	durch den Einkauf von Waren von Herstellern und Großhändlern
Lohnaufwand	durch die Bezahlung der Löhne und Gehälter an die Mitarbeiter sowie die jeweiligen Lohnnebenkosten
Abschreibungen	durch die Wertminderung (Werteverzehr) nach der Anschaffung von betrieblichen Vermögensgegenständen, wie z. B. Regale, Kassensysteme, Fahrzeuge etc.
Zinsaufwand	durch die Zinsen, die z. B. an eine Bank bezahlt werden müssen, wenn man von dieser einen Kredit aufgenommen hat
Werbeaufwand	durch die Aufwendungen für die Planung, den Einsatz und die Kontrolle von Werbemaßnahmen
Mietaufwand	durch die Zahlung der monatlichen Miete für die Geschäftsräume

Im Bereich des Absatzes erzielt der Händler u. a. folgende Erträge:

Erträge des Händlers im Absatzbereich

Erträge	Beschreibung
Umsatzertrag	durch den Verkauf von Waren
Sonstiger Ertrag	durch den Verkauf von Serviceleistungen, wie z. B. Liefer- und Reparaturservice
Zinsertrag	durch Zinsen, die man von der Bank erhält, wenn man bei dieser über ein Guthaben verfügt
Mietertrag	durch die Vermietung von Geschäftsräumen oder Teilen davon

Wenn am Ende des Jahres die Erträge aus dem Absatzbereich größer sind als die Aufwendungen aus dem Beschaffungsbereich, war der Händler in diesem Jahr erfolgreich und er hat Gewinn gemacht. Das kaufmännische Ziel eines Einzelhändlers ist zum einen, jedes Jahr erfolgreich zu sein, und zum anderen, jedes Jahr immer ein bisschen erfolgreicher zu sein als im Vorjahr. Ist dies der Fall, wächst das Unternehmen.

Unternehmen, die nicht erfolgreich sind, also bei denen die Aufwendungen höher sind als die Erträge, machen Verluste. Sie werden langfristig aus dem Markt ausscheiden müssen. Deshalb ist es für ein Unternehmen immer wichtig zu wissen, wie erfolgreich es gerade ist.

1.2 Geschäftsprozesse und Geschäftsfälle

Geschäftsprozesse

Ein Geschäftsprozess ist ein betrieblicher Handlungsvorgang, der durch ein bestimmtes Ereignis hervorgerufen wurde. Wenn der Kunde z. B. eine Ware kauft, hat dies beim Händler zur Folge, dass sich einerseits der Kassenstand erhöht und sich andererseits der Warenbestand verringert. Jedes betriebliche Ereignis führt immer zu mindestens zwei Veränderungen. In der Grafik auf der nächsten Seite wird das durch die gegenläufigen Pfeile dargestellt. Die blauen Pfeile entsprechen dabei der Veränderung der Gütermenge (Güterstrom) und die grauen Pfeile verändern den Wert der Geldmittel (Geldstrom). Diese Veränderungen bewirken wiederrum Veränderungen in anderen betrieblichen Bereichen. Durch den Verkauf der Ware wird z. B. auch der Warenbestand reduziert, dass dies zur Folge hat, dass zeitnah neue Ware beim Lieferanten bestellt werden muss.

Ein **Geschäftsprozess** ist eine logisch verknüpfte Reihe von Einzelaufgaben, um ein bestimmtes betriebliches Ziel zu erreichen.

Merke

Ein **Güterstrom** beschreibt die mengenmäßige Veränderung der Gütermenge, der dazugehörige **Geldstrom** bezeichnet die wertmäßige Veränderung.

Merke

Geschäftsfälle

Ein Geschäftsfall (oder auch Geschäftsvorfall) beschreibt in der Finanzbuchhaltung genau eine Transaktion eines Geschäftsprozesses. Dabei wird dem Geschäftsfall immer ein bestimmter Wert in Euro zugewiesen. Er beschreibt somit die wertmäßige Veränderung eines Geschäftsprozesses. Dabei wird versucht, sowohl den Güterstrom als auch den Geldstrom in einem Satz zu vereinen. Ein Geschäftsfall enthält dabei keine Informationen über Produkt- oder Kundendaten, sondern erfasst nur den Wert und die Mengenveränderung.

Ein **Geschäftsfall** ist ein mit einem Wert bemessener Vorgang, der den Jahresabschluss eines Unternehmens beeinflusst.

Merke

Beispiel: *Die Baumarkt KG hatte im vergangenen Monat folgende Geschäftsfälle im Absatz- und im Beschaffungsbereich.*

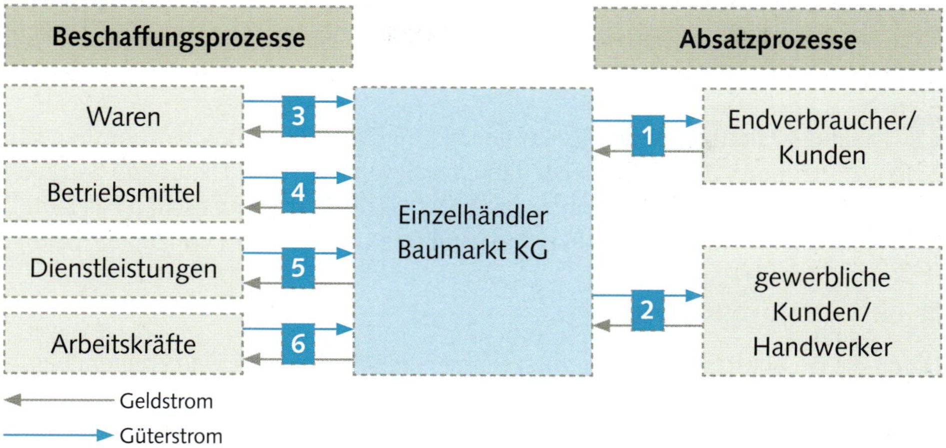

Geschäftsfälle im Absatzbereich

1 Die Baumarkt KG verkauft einem Privatkunden eine Bohrmaschine für 100,00 EUR. Die Grafik verdeutlicht, dass der Kunde die Ware erhält (blauer Pfeil) und dafür 100,00 EUR bar in die Kasse bezahlt (grauer Pfeil). Der Geschäftsfall dazu lautet: Die Baumarkt KG verkauft Ware im Wert von 100,00 EUR gegen Bargeld.

2 Ein gewerblicher Kunde, z. B. ein Handwerksbetrieb, kauft die gleiche Bohrmaschine. Handwerker bezahlen die Ware aber häufig nicht bar, sondern bekommen eine Rechnung, in der ein Zahlungsziel eingeräumt wird. Der Geschäftsfall zu Nummer 2 lautet dementsprechend: Die Baumarkt KG verkauft Ware im Wert von 100,00 EUR auf Rechnung.

Geschäftsfälle im Beschaffungsbereich

3 Die Bohrmaschinen wurden zuvor bei einem Lieferanten gekauft. Die Baumarkt KG hat aber nicht nur eine Bohrmaschine gekauft, sondern gleich 10 Stück zum Preis von 60,00 EUR das Stück. Nach dem Kauf hat sich der Lagerbestand erhöht und die Geldmenge verringert. Da die Baumarkt KG die Ware auf Rechnung gekauft hat, lautet der Geschäftsfall zu Nummer 3: Die Baumarkt KG kauft Ware im Wert von 600,00 EUR auf Rechnung.

4 Neben den Verkaufswaren muss die Baumarkt KG auch noch andere Produktionsfaktoren einkaufen, um den Kunden ihre Leistungen anbieten zu können. So benötigt die Baumarkt KG ein neues Verkaufsregal, das sie bei einem Hersteller für 10.000,00 EUR bestellt. Bezahlt wird das Regal mit einer Banküberweisung. Der Geschäftsfall lautet: Die Baumarkt KG kauft Geschäftsausstattung für 10.000,00 EUR per Banküberweisung.

5 Die Baumarkt KG beauftragt eine Werbeagentur, eine Werbekampagne für die kommende Gartensaison durchzuführen. Die Kosten der Aktion belaufen sich auf 3.000,00 EUR und werden per Banküberweisung bezahlt. Der Geschäftsfall lautet: Die Baumarkt KG bezahlt die Leistung einer Werbeagentur in Höhe von 3.000,00 EUR per Banküberweisung.

6 Auch die Mitarbeiter (der Personalbereich) gehören zum Beschaffungsbereich. Jeden Monat muss der Lohn aller Mitarbeiter bezahlt werden. Die Löhne betragen bei der Baumarkt KG im Monat insgesamt 50.000,00 EUR. Der Geschäftsfall lautet: Die Mitarbeiter erhalten Löhne in Höhe von 50.000,00 EUR per Banküberweisung.

Informationsfluss

Damit die Geschäftsprozesse im Unternehmen reibungslos verlaufen können, benötigt der Einzelhändler einen funktionierenden Informationsfluss. Dadurch gelangen die benötigten Informationen und Dokumente zum richtigen Zeitpunkt an die richtigen Stellen. Zum Informationsfluss gehören bestimmte Kommunikationsanweisungen sowie Dokumente und Daten, die an die betreffenden Stellen weitergereicht werden. Häufig hilft das elektronische Warenwirtschaftssystem (WWS), diese Informationsflüsse effizient zu organisieren.

Kap. 6.1

Beispiel: *Am Verkaufsregal bietet der Auszubildende Timo Stieler einem Kunden gerade eine der letzten Bohrmaschinen an. Timo muss nun rechtzeitig veranlassen, dass im Einkauf neue Ware nachbestellt wird. Dies erfolgt bei elektronischen Warenwirtschaftssystemen i. d. R. automatisch.*

1.3 Rechnungswesen

Der Erfolg eines Unternehmens wird von einer Vielzahl von Faktoren beeinflusst: z. B. die Lage des Geschäfts, die Wahl des Sortiments, die Kundenbindung, die Motivation der Mitarbeiter, die Warenpräsentation, die Ladengestaltung und natürlich die Preise der Waren. Um bei dieser Vielzahl von Bedingungen nicht den Überblick zu verlieren, benötigt ein Unternehmer ein Werkzeug, das ihm hilft, den Erfolg zu dokumentieren und seine geschäftlichen Aktivitäten auszuwerten. Dieses Werkzeug hilft dem Unternehmer aber auch, Schlüsse für seine zukünftige Planung zu ziehen, damit das Unternehmen auch weiterhin erfolgreich ist.

© Andrii Kozachenko – stock.adobe.com

Ein ordentlicher Kaufmann muss deshalb alle Geschäftsaktivitäten dokumentieren, damit nicht der Überblick verloren geht. Im Unternehmen wird dieser Vorgang als Rechnungswesen bezeichnet.

> Die Aufgaben des Rechnungswesens sind die Beschaffung, die Dokumentation und die Auswertung der für das Unternehmen relevanten Daten und Informationen.
>
> **Merke**

Das Rechnungswesen teilt sich in ein externes und ein internes Rechnungswesen auf.

Rechnungswesen	
externes Rechnungswesen	**internes Rechnungswesen**
Instrumente	
• Finanzbuchhaltung • Bilanzierung • Gewinn- und Verlustrechnung	• Kosten- und Leistungsrechnung • Statistik • Planungsrechnung
Adressaten	
• Geschäftsführung • Eigentümer • Gläubiger (Banken) • Staat (Finanzämter)	• Geschäftsführung • Abteilungsleiter

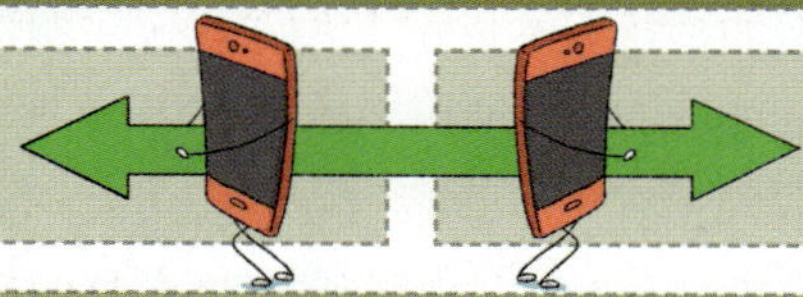

1.3.1 Externes Rechnungswesen

Das externe Rechnungswesen richtet sich vor allem an Personen außerhalb des Unternehmens. Dabei erfüllt es die gesetzlichen Anforderungen, wie z. B. die Publizitätspflicht, und legt Rechenschaft ab gegenüber bestimmten Adressaten. Dies können z. B. die Gläubiger (Banken), die Eigentümer, die Gesellschafter, die Öffentlichkeit und die Finanzämter sein. Aber auch für die Geschäftsführung bilden die Informationen des externen Rechnungswesens die Grundlage für Unternehmensentscheidungen.

Zu den Instrumenten des externen Rechnungswesens, die die wirtschaftliche Lage des Unternehmens (nach außen) abbilden, gehören:
- Finanzbuchhaltung
- Bilanzierung
- Gewinn- und Verlustrechnung

Finanzbuchhaltung

Bei der Finanzbuchhaltung handelt es sich um die lückenlose Aufzeichnung aller Geschäftsfälle eines Geschäftsjahres. Dazu werden für jeden Geschäftsfall Belege gesammelt und kontiert. Kontieren heißt, dass jeder Geschäftsfall auf einem Konto bzw. auf mehreren Konten gebucht werden muss.

Aus den Daten der Buchhaltung lässt sich am Ende des Jahres das Unternehmensergebnis ablesen. Dies ist nicht nur für die Geschäftsführung interessant, sondern vor allem auch für Außenstehende, wie z. B. die Gläubiger, die Eigentümer und die Finanzämter. Deshalb sind hier bestimmte gesetzliche Vorschriften einzuhalten, damit externe Personen nicht über die Daten des Unternehmens getäuscht werden können.

Bilanzierung

Kap. 3

Die Geschäftsfälle der Finanzbuchhaltung werden in einem doppelten Kontensystem niedergeschrieben. Der Begriff der Bilanzierung meint zum einen den Kontoausgleich der Soll- und der Haben-Seite. Ein Konto bilanziert, wenn es im Soll und Haben die gleiche Summe aufweist.

Zum anderen bedeutet Bilanzierung die Pflicht eines Kaufmannes (gemäß HGB), zum Jahresende eine Bilanz aufzustellen. Die Bilanzierung ist ein aufwändiges Verfahren, an dessen Ende die Bilanz steht. Diese gibt Aufschluss über alle Vermögensgegenstände und die Herkunft des Kapitals.

Die Bilanz ist eine Gegenüberstellung aller Vermögensbestandteile eines Unternehmens sowie der Herkunft des Kapitals.

Merke

In der Gewinn- und Verlust-Rechnung werden die Aufwendungen des Unternehmens den Erträgen gegenübergestellt, um so das Unternehmensergebnis zu ermitteln.

Merke

Gewinn- und Verlustrechnung

Kap. 5

Die Gewinn- und Verlustrechnung (GuV) ist neben der Bilanz ein wesentlicher Teil des Jahresabschlusses, der sich mit dem Erfolg des Unternehmens beschäftigt (Erfolgsrechnung). In der GuV werden alle Aufwendungen und alle Erträge einer Rechnungsperiode (meistens ein Jahr) gegenübergestellt. Überwiegen die Erträge, wird ein Gewinn ausgewiesen, andernfalls ein Verlust. Die Höhe des Gewinns ist die wichtigste Größe für den Unternehmenserfolg. Eigentümer des Unternehmens möchten z. B. eine möglichst hohe Gewinnausschüttung. Die Finanzämter ermitteln aufgrund der Gewinnhöhe die Steuer, die das Unternehmen abführen muss. Deshalb sind Kaufleute nicht nur zur Bilanzierung, sondern auch zur Erfolgsrechnung verpflichtet.

Der wichtigste Unterschied zwischen der Bilanz und der GuV-Rechnung ist, dass es sich bei der Bilanz um eine Betrachtung der Geschäftslage zu einem bestimmten Stichtag handelt. Das könnte man mit einem Foto vergleichen, dass nur den Moment festhält. Bei der GuV-Rechnung hingegen wird die laufende Geschäftstätigkeit dokumentiert. Das entspräche einer Filmaufnahme, bei der auch Bewegungen aufgenommen werden.

1.3.2 Internes Rechnungswesen

Das interne Rechnungswesen richtet sich vor allem an die Geschäftsführung und dient dieser dazu, das vergangene Geschäftsjahr zu beurteilen und das zukünftige zu planen. Im Gegensatz zum externen Rechnungswesen sind hier nicht so viele Vorschriften und Vorgaben einzuhalten, da es nur für den internen Gebrauch bestimmt ist.

Zu den Instrumenten des internen Rechnungswesens gehören:

- Kosten- und Leistungsrechnung
- Statistik
- Planungsrechnung

Kosten- und Leistungsrechnung (KLR)

Die Kosten- und Leistungsrechnung (KLR) ist weniger umfangreich als die Finanzbuchhaltung. Sie unterliegt nur wenigen gesetzlichen Regelungen und hat vor allem eine kurzfristige Informationsfunktion für die Geschäftsführung. Die KLR umfasst dabei nur die Aufwendungen und Erträge, die im direkten Zusammenhang mit dem betrieblichen Leistungsprozess stehen. Sie erfasst nicht betriebsfremde (z. B. Spenden), periodenfremde (z. B. Steuerrückzahlungen) und außerordentliche Werteströme (z. B. Hochwasserschäden) und ermittelt so das Betriebsergebnis. Die Kosten- und Leistungsrechnung bietet somit eine schnelle und grobe Übersicht über die finanzielle Situation des Unternehmens. Darüber hinaus dient sie als Planungsgrundlage für viele weitere Prozesse im Unternehmen, wie z. B. der Überprüfung der Wirtschaftlichkeit von Abteilungen.

Als **Betriebsergebnis** wird der Erfolg eines Unternehmens in dessen Kerngeschäft bezeichnet.

Merke

Statistik

Die betriebswirtschaftliche Statistik versucht, hilfreiche Kennzahlen zu ermitteln, die die Unternehmensführung bei ihren Entscheidungsprozessen unterstützen können. Dazu werden alle Daten, die aus der Finanzbuchhaltung, der Kostenrechnung und auch aus anderen relevanten Unternehmensbereichen kommen, ausgewertet und aufbereitet. Die Daten werden gegliedert, analysiert und in Form von Kennzahlen, Tabellen und Grafiken dargestellt. Die Statistik hilft der Unternehmensleitung, zusätzliche Erkenntnisse über das Unternehmen und die Vorgänge darin zu gewinnen. Wichtige statistische Kennzahlen zur besseren betrieblichen Kontrolle, Planung und Steuerung sind z. B. für die Unternehmensleitung:

- Rentabilitätskennziffern
- Liquiditätsgrade
- Lagerkennziffern

Planungsrechnung

Hauptaufgabe der Planungsrechnung ist die Unterstützung der Unternehmensleitung bei der Festlegung betrieblicher Ziele für zukünftige Perioden. Aus den Zahlen der Buchhaltung, der Kosten- und Leistungsrechnung und der Statistik wird eine mengen- und wertmäßige Schätzung betrieblicher Entwicklungen abgeleitet. Diese Eckdaten bilden die Sollwerte für die Zielplanung. Aus dem Vergleich der Sollzahlen mit den Istzahlen lassen sich Abweichungen und deren Ursachen erkennen (Soll-Ist-Vergleich und Abweichungsanalyse). Die Planungsrechnung ist daher ein effektives Steuerungs- und Kontrollinstrument.

Die Planungsrechnung orientiert sich dabei grob an folgenden Zeiträumen:

Die Zeiträume der Planungsrechnung

Operative Planung	Taktische Planung	Strategische Planung
kurzfristig (bis 1 Jahr):	mittelfristig (ca. 1–3 Jahre):	langfristig (ab ca. 3 Jahre):
Die Maßnahmen werden aufgrund der quantitativen (mengenmäßigen) Beurteilung der betrieblichen Prozesse festgelegt. Beispiel: *In einem Marketingplan wird festgelegt, welche Werbeausgaben im kommenden Jahr vorgenommen werden dürfen.*	Es werden konkrete Maßnahmen zum Erreichen der langfristigen Ziele festgelegt. Beispiel: *Im Umsatz- und Absatzplan wird festgelegt, wie viele Produkte in der Zukunft verkauft werden sollen.*	Dient dem langfristigen Überleben des Unternehmens und der Erlangung einer nachhaltigen Marktposition. Beispiel: *Mit einem Investitionsplan kann man feststellen, wann sich der Ladenausbau rentiert.*

1.3.3 Rechtliche Rahmenbedingungen des Rechnungswesens

Da die Öffentlichkeit ein großes Interesse an den Handlungen der Unternehmen hat, müssen sich die Unternehmen an die Gesetze des Handelsgesetzbuches (HGB) und der Abgabenordnung halten. Dazu gehört eine lückenlose Dokumentation der Geschäftsbücher.

§ **§238 HGB**

Jeder **Kaufmann** ist verpflichtet, Bücher zu führen und in diesen seine Handelsgeschäfte und die Lage seines Vermögens nach den **Grundsätzen ordnungsmäßiger Buchführung** ersichtlich zu machen. Die Buchführung muss so beschaffen sein, dass sie einem sachverständigen Dritten innerhalb angemessener Zeit einen Überblick über die Geschäftsvorfälle und über die Lage des Unternehmens vermitteln kann. Die Geschäftsvorfälle müssen sich in ihrer Entstehung und Abwicklung verfolgen lassen.

Buchführungspflicht

Laut § 238 HGB sind alle Kaufmänner (im juristischen Sinne) buchführungspflichtig. Das Gesetz lässt aber einige Ausnahmen zu. So ist im Sinne des HGB nur ein Gewerbetreibender mit kaufmännischer Organisation, der im Handelsregister eingetragen wurde, ein Kaufmann. Kleingewerbetreibende, die nicht im Handelsregister eingetragen sind, wie z. B. Kioskbetreiber, fallen nicht darunter. Darüber hinaus werden kleine kaufmännische Betriebe, von der Buchführungspflicht ausgenommen. Die Abgabenordnung § 141 sieht vor, dass nur gewerbliche Unternehmer ab 600.000,00 EUR Umsatz oder 60.000,00 EUR Jahresgewinn buchführungspflichtig sind. Kapitalgesellschaften, wie z. B. die GmbH oder die AG, sind immer buchführungspflichtig, egal wie hoch der Umsatz ist.

LF 14

Handelsgewerbe mit kaufmännischer Organisation? — ja → Kaufmann gem. HGB

Handelsgewerbe mit kaufmännischer Organisation? — nein → Kleingewerbe/ Nichtkaufmann gem. HGB → keine Buchführunspflicht

Kaufmann gem. HGB → Umsatz größer als 600.000,00 EUR? oder Gewinn größer als 60.000,00 EUR?

— ja → **gesetzliche Buchführunspflicht**

— nein → **keine Buchführunspflicht**

Grundsätze ordnungsmäßiger Buchführung

Laut § 238 HGB müssen sich Kaufleute an die Grundsätze ordnungsgemäßer Buchführung halten. Die Grundsätze ordnungsmäßiger Buchführung (GoB) sind teils geschriebene, teils ungeschriebene Regeln zur Buchführung und Bilanzierung. Seit einem Schreiben des Bundesministeriums für Finanzen vom November 2014 sind die Grundsätze auch um die Führung von elektronischen Büchern in der GoBD (Grundsätze zur ordnungsmäßigen Führung und Aufbewahrung von Büchern, Aufzeichnungen und Unterlagen in elektronischer Form sowie zum Datenzugriff) erweitert worden.

Ihre Aufgabe ist es, Gläubiger und Unternehmenseigner vor unkorrekten Daten, Informationen und möglichen Verlusten weitestgehend zu schützen. Gleichzeitig verlangen die Finanzämter die Befolgung der Grundsätze ordnungsgemäßer Buchführung und Bilanzierung, um die Unternehmenssteuern richtig zu erfassen und möglichen Steuerbetrug zu verhindern.

Eine nicht ordnungsmäßige Buchführung kann dazu führen, dass die Besteuerungsgrundlagen von den Finanzbehörden geschätzt werden. Unrichtige Wiedergabe oder Verschleierung von Vermögen in Jahresabschlüssen kann mit Freiheits- oder Geldstrafen geahndet werden.

Grundsätze ordnungsgemäßer Buchführung und Bilanzierung

Grundsatz der Übersichtlichkeit (Klarheit und Nachprüfbarkeit)

§238 HGB

Ein sachverständiger Dritter muss sich in der Buchführung in angemessener Zeit zurechtfinden und sich einen Überblick über die Geschäftsvorfälle und die Vermögenslage des Unternehmens verschaffen können. Die Bilanz muss übersichtlich gegliedert sein unter Nutzung eines allgemeingültigen Kontenrahmens. Der Jahresabschluss muss in deutscher Sprache und in Euro aufgestellt sein. Änderungen und Abkürzungen müssen gekennzeichnet werden. Buchungen müssen leserlich sein und es darf kein Bleistift verwendet werden.

Grundsatz der Vollständigkeit

§239 HGB, Abs. 2

Alle erforderlichen Aufzeichnungen sind vollständig, richtig, zeitgerecht und geordnet vorzunehmen. Vollständig bedeutet, alle Geschäftsfälle sind zu buchen und zu jeder Buchung muss ein Beleg vorhanden sein (**Keine Buchung ohne Beleg!**). Richtig bedeutet, Geschäftsfälle müssen den tatsächlichen Umständen entsprechen und den richtigen Konten zugeordnet werden. Zeitgerecht heißt, dass die Buchung zeitnah zu erfolgen hat und nicht erst ein Jahr später. Geordnet bedeutet, die Belege sind zu nummerieren und in der zeitlichen Reihenfolge abzulegen, damit diese bei Bedarf schnell gefunden werden und eine Rückverfolgung der Geschäftsfälle möglich ist.

Grundsatz der Sicherheit

§257 HGB

Es müssen organisatorische Maßnahmen zur Sicherung aller Aufzeichnungen und Unterlagen getroffen und die Sicherheit vor Verlust gewährleistet werden. Für Handelsbücher, Inventare, Jahresabschlüsse, Lageberichte sowie für die Buchungsbelege gilt eine gesetzliche Aufbewahrungspflicht von 10 Jahren.

Grundsatz ordnungsmäßiger Bilanzierung

§242 HGB

Jeder Kaufmann muss zu Beginn des Jahres eine Eröffnungsbilanz aufstellen und zum Ende eines Geschäftsjahres einen Jahresabschluss anfertigen. Der Jahresabschluss besteht aus der Bilanz und der Gewinn- und Verlustrechnung. Auch der Jahresabschluss muss vollständig, klar und übersichtlich sein.

1. Berechnen Sie den Gewinn der Baumarkt KG vom vergangenen Jahr: Warenaufwendungen: 1.200.000,00 EUR, Lohnaufwendungen: 500.000,00 EUR, Mietaufwendungen: 100.000,00 EUR, sonstige Aufwendungen: 200.000,00 EUR. Die Umsatzerträge betrugen 2.200.000,00 EUR und die sonstigen Erträge 100.000,00 EUR.

2. Ordnen Sie die folgenden Fälle dem Absatz- oder dem Beschaffungsbereich zu. Formulieren Sie zu der Situation den zugehörigen Geschäftsfall.
   a) Ein Kunde kauft mit Bargeld einen Hammer für 14,50 EUR.
   b) Der Mitarbeiter Meier bekommt den Monatslohn in Höhe von 2.500,00 EUR auf sein Konto überwiesen.
   c) Ein Kunde bezahlt für die Lieferung der Ware 50,00 EUR per Überweisung.
   d) Die Baumarkt KG kauft von einem Hersteller 100 Schleifmaschinen zum Gesamtpreis von 5.000,00 EUR. Der Betrag wird überwiesen.

3. Beschreiben Sie, warum das Rechnungswesen in einem Unternehmen eine wichtige Rolle spielt. Nennen Sie drei Instrumente des internen und des externen Rechnungswesens.

4. Beschreiben Sie, wer zur Buchführung verpflichtet ist.

5. Was bedeutet der Grundsatz: „Keine Buchung ohne Beleg!“ für Ihre tägliche Arbeit?

6. Welche Belege kennen Sie bereits? Nennen Sie mindestens fünf Beispiele.

7. Welche Folgen könnte eine nicht ordnungsgemäße Buchführung haben?

8. Um welchen Grundsatz der ordnungsgemäßen Buchführung handelt es sich in den folgenden Fällen? Wird dieser Grundsatz eingehalten?
   a) Die Buchführung muss so beschaffen sein, dass jeder zu jedem Zeitpunkt Einblick haben darf.
   b) Da der Auszubildende Olaf Kruse eine Einkaufsquittung verloren hat, wird eine Buchung ohne Beleg vorgenommen.
   c) Alle Belege und Jahresabschlüsse werden in einem feuerfesten Raum für die Dauer von 10 Jahren verwahrt.
   d) Der Kaufmann Peter Müller, mit einem Jahresumsatz von 200.000,00 EUR, will keinen Jahresabschluss machen, da ihm das zu viel Papierkram ist.
   e) Der Buchhalter Lars Klong erstellt den Kontenrahmen lieber mit einem Bleistift, damit er Fehler leichter korrigieren kann.
   f) Die Tageseinnahmen von heute steckt sich der Inhaber Ulf Mangold in die eigene Tasche ohne dies zu dokumentieren.

2 Das Inventar aufstellen

Zu den gesetzlichen Pflichten eines Kaufmannes gehört zum Ende des Geschäftsjahres die Aufstellung eines Inventars. Er ist ebenfalls gesetzlich verpflichtet, vorher eine Inventur durchzuführen.

2.1 Inventur

Mithilfe der **Inventur** wird eine Inventarliste erstellt.

Merke

Bei der Inventur werden alle Vermögensteile und Schulden mengen- und wertmäßig aufgenommen, d.h., alle körperlichen Vermögensgegenstände sowie nicht körperliches Vermögen (z.B. Forderungen) und alle Schulden sind zu erfassen und zu dokumentieren.

Inventurarbeiten sind grundsätzlich mit einem hohen personellen und zeitlichen Aufwand verbunden. Es bedarf deshalb einer guten Vorbereitung und Organisation der Inventur. Für die praktische Abwicklung ist es ratsam, einen Inventurleiter einzusetzen. Dieser erstellt spezielle Anweisungen und Ablaufpläne, aus denen ersichtlich ist, in welchen Zeiträumen welche Bestände und betrieblichen Gegenstände zu erfassen sind. Unter Umständen sind eine Teilschließung von Unternehmensbereichen und der Einsatz zusätzlicher Arbeitskräfte notwendig.

LF 7, Kap. 4.4

Alle Details zur Planung, Vorbereitung, Durchführung und Auswertung einer Inventur sowie zu den Inventurarten sind im Lernfeld 7, Kap. 4.4 zu finden.

2.2 Inventar

Das Inventar ist das Ergebnis der Inventur. Nachdem die körperliche Bestandsaufnahme und die Buchinventur durchgeführt wurden, werden alle Vermögensteile und Schulden in einem Bestandsverzeichnis, dem Inventar, systematisch geordnet.

Das Inventar ist die ausführliche mengen- und wertmäßige Darstellung des Vermögens und der Schulden eines Unternehmens zu einem bestimmten Zeitpunkt.

Merke

Inventar

- **A Vermögen**
- **B Schulden (Verbindlichkeiten)**
- **C Reinvermögen (Eigenkapital)**

Das Inventar muss zum Ende eines Geschäftsjahres (meist zum 31.12.) aufgestellt werden. Das Inventarverzeichnis zeigt dabei an, was sich zu diesem Zeitpunkt tatsächlich in dem Unternehmen befindet und nicht nur das, was sich darin befinden sollte. Die Aufstellung des Inventars erfolgt in Staffelform (d. h. in Listenform) und es erscheinen Mengenangaben sowie Einzel- und Gesamtwerte. Bei der Erstellung des Inventars gilt zudem der Grundsatz der Übersichtlichkeit: Die Auflistung muss ordentlich, eindeutig und vor allem nachprüfbar sein. Auch sachverständige Dritte müssen die Aufzeichnungen nachvollziehen können. Eine gut strukturierte Bestandsliste lohnt sich aber auch für das Unternehmen selbst, denn sie dient als Grundlage für die Aufstellung der Bilanz.

Inventarlisten müssen mindestens 10 Jahre aufbewahrt werden.

Merke

Kap. 3

A Vermögen

Das Vermögen ist der in Geld ausgedrückte Wert aller materiellen und immateriellen Güter, die sich im Eigentum des Unternehmens befinden. Es wird zwischen Anlage- und Umlaufvermögen unterschieden:

LF 7, Kap. 4.3

Anlagevermögen

Beim Anlagevermögen handelt es sich um die Teile des Unternehmens, die über einen längeren Zeitraum im Unternehmen verbleiben. Dazu gehören Grundstücke und Gebäude, Fahrzeuge, Kassensysteme, Regale und andere Verkaufsraumausstattungen, die in der Buchhaltung häufig als Betriebs- und Geschäftsausstattung (BGA) bezeichnet werden.

Beispiel: *Die Baumarkt KG hat für einen neuen Baumarkt ein Grundstück gekauft und auf diesem ein Gebäude errichtet. Grundstück und Gebäude haben einen Wert von 1.000.000,00 EUR. Die Baumarkt KG hat außerdem einen Lieferwagen für 50.000,00 EUR gekauft und für 30.000,00 EUR Verkaufsregale. Das Kassensystem inkl. Computerhardware kostete weitere 20.000,00 EUR. Somit beträgt das Anlagevermögen 1.100.000,00 EUR.*

Umlaufvermögen

Das Umlaufvermögen ist der Teil des Vermögens, der nur kurz im Unternehmen verbleibt. Zum Umlaufvermögen gehören vor allem die Warenvorräte, aber auch Bankguthaben, die Barkasse und Forderungen. Eine Forderung aus Lieferungen und Leistungen entsteht, wenn Ware an Kunden bereits geliefert, aber von diesen noch nicht bezahlt wurde.

Eine Forderung ist der vertragliche Anspruch eines Unternehmens, Zahlungsmittel in der Zukunft zu erhalten.

Merke

Die Ordnung des Vermögens im Inventar erfolgt immer nach steigender Liquidität. Liquidität bedeutet hier, wie schnell ein Vermögensgegenstand in Bargeld umgewandelt werden kann. Ganz oben im Inventar stehen somit die Vermögensteile, die sich nur sehr schwer in Bargeld verwandeln lassen. Dazu gehört das Anlagevermögen, wie z. B. Gebäude und Grundstücke. Darunter befinden sich die Vermögensteile, die sich leichter in Bargeld umwandeln lassen. Dazu gehört das Umlaufvermögen, wie z. B. die Warenvorräte. Ganz unten im Inventar steht natürlich der Bargeldbestand.

Beispiel: *Die Baumarkt KG hat Warenvorräte im Wert von 500.000,00 EUR eingekauft, es befinden sich 200.000,00 EUR auf dem Bankkonto und 10.000,00 EUR als Wechselgeld in den Kassen. Zusätzlich müssen noch einige gewerbliche Kunden der Baumarkt KG Rechnungen in Höhe von 90.000,00 EUR begleichen (Forderungen). Das Umlaufvermögen beträgt somit 800.000,00 EUR.*

A Vermögen der Baumarkt KG

Liquidität ↓

I. Anlagevermögen	EUR
Grundstücke u. Gebäude	1.000.000,00
Fuhrpark	50.000,00
Verkaufsregale	30.000,00
Kassensystem	20.000,00
Summe:	1.100.000,00

II. Umlaufvermögen	EUR
Warenvorräte	500.000,00
Forderungen aus L. L.	90.000,00
Bankguthaben	200.000,00
Bargeldkasse	10.000,00
Summe:	800.000,00

Summe des Vermögens	1.900.000,00

B Schulden

Schulden sind alle Zahlungsverpflichtungen, die das Unternehmen gegenüber Dritten zu leisten hat. Ein anderer Begriff für Schulden sind Verbindlichkeiten. Dazu gehören z. B. Verbindlichkeiten bei Banken, wie z. B. Kredite oder Darlehen. Schulden gegenüber Lieferanten sind Verbindlichkeiten aus Lieferungen und Leistungen. Hierbei handelt es sich um Zahlungsverpflichtungen, die das Unternehmen noch bezahlen muss, obwohl es die Ware bereits erhalten hat.

Verbindlichkeiten sind die vertraglichen Verpflichtungen eines Unternehmens, seine Schulden zu begleichen.

Merke

Die Schulden werden nach der Länge der Laufzeit, bzw. der Fälligkeit eines Kredites geordnet. Die Laufzeit beschreibt die Dauer, bis zu der der Kredit zurückgezahlt werden muss, bzw. wann dieser fällig geworden ist. Langfristige Schulden mit einer langen Fälligkeit, wie z. B. Darlehen, stehen im Inventar oben. Kurzfristige Schulden mit einer kurzen Fälligkeit wie Warenverbindlichkeiten oder kurzfristige Kredite stehen im Inventar weiter unten.

Beispiel: *Die Baumarkt KG hat für den Kauf des Grundstückes und des Gebäudes ein langfristiges Darlehen über 20 Jahre in Höhe von 500.000,00 EUR bei ihrer Bank aufgenommen (Hypothekendarlehen). Für den Kauf des PKWs wurde ein zusätzliches Darlehen mit einer Laufzeit von 5 Jahren in Höhe von 50.000,00 EUR aufgenommen. Außerdem wurde ein Überziehungskredit (Kontokorrentkredit) mit einer Laufzeit von 1 Jahr über 10.000,00 EUR aufgenommen. Zusätzlich hat die Baumarkt KG Verbindlichkeiten gegenüber ihren Warenlieferanten in Höhe von 140.000,00 EUR.*

B Schulden der Baumarkt KG

Laufzeit, Fälligkeit

I. Langfristige Schulden	**EUR**
Hypothekendarlehen	500.000,00
Bankdarlehen (PKW)	50.000,00
Summe:	550.000,00

II. Kurzfristige Schulden	**EUR**
Kontokorrentkredit	10.000,00
Verbindlichkeiten aus L. L.	140.000,00
Summe:	150.000,00

Summe der Schulden	700.000,00

C Reinvermögen (Eigenkapital)

Das Reinvermögen ist der Teil des Vermögens, der nach Abzug der Schulden übrig bleibt. Er entspricht dem Kapital, das die Gründer des Unternehmens aus ihren privaten bzw. eigenen Mitteln aufgebracht haben, und wird auch als Eigenkapital bezeichnet. Im Laufe der Zeit bewirkt der Unternehmenserfolg (oder -misserfolg) eine Veränderung des Eigenkapitals. Es verändert sich, wenn das Unternehmen Gewinn oder Verlust erzielt.

Beispiel: *Das Reinvermögen der Baumarkt KG beträgt 1.900.000,00 – 700.000,00 = 1.200.000,00 EUR.*

C Reinvermögen der Baumarkt KG

	EUR
Summe des Vermögens	1.900.000,00
– Summe der Schulden	700.000,00
= Eigenkapital	1.200.000,00

Die vollständige Inventarliste der Baumarkt KG, die zum Ende des Jahres aufgestellt wurde, lautet:

Inventar

der Baumarkt KG, Aachener Straße 15, 40233 Düsseldorf zum 31.12.XXXX

A Vermögen		
I. Anlagevermögen		
1. Immobilien		
– Grundstück	450.000,00 EUR	
– Gebäude	550.000,00 EUR	1.000.000,00 EUR
2. Fuhrpark		
– PKW D-SZ 8745	50.000,00 EUR	50.000,00 EUR
3. Geschäftsausstattung		
– 10 Regale niedrig	10.000,00 EUR	
– 10 Regale hoch	20.000,00 EUR	30.000,00 EUR
4. EDV Einrichtung		
– 3 Kassen	15.000,00 EUR	
– 1 Kassenserver	5.000,00 EUR	20.000,00 EUR
II. Umlaufvermögen		
1. Warenvorräte		
– Eisenwaren lt. Liste	70.000,00 EUR	
– Bauelemente lt. Liste	120.000,00 EUR	
– Elektrowaren lt. Liste	40.000,00 EUR	
– Holzwaren lt. Liste	80.000,00 EUR	
– Sanitärwaren lt. Liste	130.000,00 EUR	
– Farben und Lacke lt. Liste	60.000,00 EUR	500.000,00 EUR
2. Forderungen aus L. L.		
– Schäfer OHG	20.000,00 EUR	
– Müller GmbH	50.000,00 EUR	
– Peter Klein e. K.	20.000,00 EUR	90.000,00 EUR
3. Bankguthaben		200.000,00 EUR
4. Kassenbestand		10.000,00 EUR
Summe Vermögen		**1.900.000,00 EUR**

B Schulden		
I. Langfristige Schulden		
1. Hypothek 500.000,00 EUR		
2. Darlehen	50.000,00 EUR	550.000,00 EUR
II. Kurzfristige Schulden		
1. Überziehungskredit	10.000,00 EUR	
2. Verbindlichkeiten L. L.		
– Bosch AG	60.000,00 EUR	
– Großhandel Peters GmbH	80.000,00 EUR	150.000,00 EUR
Summe Schulden		**700.000,00 EUR**

C Reinvermögen (Eigenkapital)	
Summe Vermögen	1.900.000,00 EUR
– Summe Schulden	700.000,00 EUR
= Eigenkapital	**1.200.000,00 EUR**

Aufgaben

1. Worin besteht der Unterschied zwischen der körperlichen Inventur und der Buchinventur?
2. Was ist der Unterschied zwischen Anlage- und Umlaufvermögen?
3. Nach welchem Kriterium ist das Vermögen sortiert? Ordnen Sie die folgenden Posten dem Anlage- bzw. dem Umlaufvermögen zu und bringen Sie diese in die richtige Reihenfolge: Barkasse, LKW, Kassensystem, Waren, Grundstücke, Bankkonto, Forderungen aus L. L., Büro- und Geschäftsausstattung (BGA).
4. Was ist der Unterschied zwischen Forderungen und Verbindlichkeiten?
5. Welches Kriterium ist für die Sortierung der Schulden maßgeblich? Bringen Sie die folgenden Schulden in die richtige Reihenfolge: Hypothekendarlehen, Verbindlichkeiten aus L. L., Darlehen, Überziehungskredit.
6. Prüfen Sie, ob die folgenden Aussagen wahr sind. Korrigieren Sie falsche Aussagen:
   a) Der Vorteil einer Stichtagsinventur ist der geringe personelle und zeitliche Aufwand.
   b) Das Inventar ist ein Wertverzeichnis.
   c) Das Inventar eines Geschäftsjahres bildet die Grundlage für die Buchführung des folgenden Jahres.
   d) Kapital, welches einem Unternehmen für eine unbegrenzte Zeit überlassen wird, wird als Umlaufvermögen bezeichnet.
7. Stellen Sie das Inventar für das vergangene Geschäftsjahr auf. Ordnen Sie die Vermögensteile und die Schulden in der richtigen Reihenfolge. Ermitteln Sie das Reinvermögen.

Kasse	8.000,00 EUR
Hypothekendarlehen	550.000,00 EUR
Warenbestand	80.000,00 EUR
Bankguthaben	150.000,00 EUR
Verbindlichkeiten	267.000,00 EUR
Betriebs- und Geschäftsausstattung (BGA)	200.000,00 EUR
Forderungen	280.000,00 EUR
Darlehen	140.000,00 EUR
Grundstücke	550.000,00 EUR
Fuhrpark	250.000,00 EUR

3 Die Bilanz erstellen

Kap. 1.3.3

Jeder Kaufmann nach HGB, der eine gewisse Umsatz- oder Gewinngrenze überschreitet, ist gesetzlich dazu verpflichtet, Bücher zu führen und am Ende des Geschäftsjahres eine Bilanz zu erstellen.

§ **Handelsgesetzbuch (HGB)**

§ 242 HGB, Pflicht zur Aufstellung
(1) Der Kaufmann hat zu Beginn seines Handelsgewerbes und am Ende eines jeden Geschäftsjahres einen das Verhältnis seines Vermögens und seiner Schulden darstellenden Abschluss (Eröffnungsbilanz, Bilanz) aufzustellen […].

Nachdem am Ende eines Geschäftsjahres die Inventur durchgeführt worden ist, wird die Abschlussbilanz gemäß der Buch- und Inventurwerte erstellt.

Diese ist in folgenden Fällen mit Angabe des Ortes und mit Datum zu versehen und zu unterzeichnen:

- bei einem Einzelhandelsunternehmen durch den Inhaber
- bei der OHG durch alle Gesellschafter
- bei der KG durch alle persönlich haftenden Gesellschafter (Komplementäre)
- bei der GmbH durch alle Geschäftsführer
- bei der AG durch alle Mitglieder des Vorstandes.

Steuerberater, Prokuristen, Wirtschaftsprüfer oder Familienangehörige dürfen die Bilanz nicht unterschreiben.

Die **Bilanz** ist eine vereinfachte Darstellung des Inventars in Kontoform.

Merke

3.1 Aufbau und Struktur der Bilanz

Die Bilanz ist eine übersichtliche Gegenüberstellung von Vermögen und Schulden. Sie ist in Kontenform aufgebaut und weist im Gegensatz zum Inventar nur die Gesamtwerte einer Position (z. B. Forderungen aus Lieferungen und Leistungen) aus.

Kap. 2.2

Die linke Seite der Bilanz zeichnet dabei das Vermögen aus und gliedert sich in Anlage- und Umlaufvermögen. Diese Seite heißt Aktivseite oder Aktiva (A).

Die rechte Seite heißt Passivseite oder Passiva (P) und gliedert sich in Eigenkapital und Fremdkapital.

Forderungen aus Lieferungen und Leistungen (kurz: Forderungen a. L. u. L.) gehören zum Umlaufvermögen. Darunter versteht man Ausgangsrechnungen, die noch nicht bezahlt worden sind. Es wird also noch Geld eingefordert.

Merke

Aktiva — **Bilanz zum 31.12.XXXX** — **Passiva**

Aktiva	Passiva
Anlagevermögen	Eigenkapital
Umlaufvermögen	Fremdkapital
Bilanzsumme in EUR	Bilanzsumme in EUR
Mittelverwendung Für welche Vermögensgegenstände wurde das Kapital verwendet?	**Mittelherkunft** Mit welchem Kapital wurde das Vermögen finanziert (Kapitalquellen)?

3.1.1 Gliederung der Bilanz

Die beiden Seiten der Bilanz werden jeweils nach bestimmten Vorschriften gegliedert. Hierbei gelten die gleichen Regeln wie bei der Erstellung des Inventars. Das Vermögen (Aktiva) ist nach steigender Liquidität angeordnet. Vermögensgegenstände, die dem Unternehmen längerfristig dienen sollen, stehen weiter oben in der Bilanz. Aus diesem Grund beginnt die Aktivseite mit dem Anlagevermögen und schließt mit dem Umlaufvermögen ab.

Beispiel: *Die Lagerhalle der Baumarkt KG auf der Aachener Straße 15 in Düsseldorf dient der KG langfristig. Bei einem Verkauf müsste stets eine notarielle Beurkundung erfolgen. Der Verkauf des ausgedienten Gabelstablers erfolgt hingegen innerhalb weniger Tage durch ein Inserat auf einer Internetplattform.*

Im weiteren Verlauf folgen die Vermögensgegenstände, die schneller in Geld umgewandelt werden können. Die Bank und die Kasse bilden den Abschluss der Aktivseite. Diese beiden Bilanzpositionen sind am liquidesten.

Beispiel: *Im Rahmen des Warenverkaufs erzielt die Baumarkt KG Einnahmen, die einerseits in die Bargeldkasse einfließen, andererseits infolge der bargeldlosen Zahlung als Bankguthaben das Umlaufvermögen vergrößern. Sie werden in der Bilanz als letztes aufgeführt, weil es die liquidesten Mittel sind. Werden Waren auf Rechnung verkauft, so entstehen Forderungen aus Lieferungen und Leistungen. Waren, die (noch) nicht verkauft wurden, stellen zwar einen Vermögenswert dar, aber sie sind nicht liquide.*

Das Kapital (Passiva) wird hingegen nach steigender Fälligkeit gegliedert. Je dringlicher die Rückzahlung des Kapitals ist, desto weiter unten steht der Kapitalposten in der Bilanz.

> Das Eigenkapital steht dem Unternehmen dauerhaft und langfristig zur Verfügung. Es muss erst bei der Auflösung der Unternehmung zurückgezahlt werden.
>
> **Merke**

Das Eigenkapital steht an erster Stelle, gefolgt von den langfristigen Schulden und den kurzfristigen Schulden. Die Verbindlichkeiten aus Lieferungen und Leistungen zählen zu den kurzfristigen Schulden, da die Bezahlung einer Eingangsrechnung in der Regel innerhalb weniger Tage getätigt werden muss.

Kap. 2.2

Beispiel: *Aus dem Inventar aus Kapitel 2.2 der Baumarkt KG ergibt sich folgende Bilanz zum 31.12.*

Aktiv (A)	Bilanz Baumarkt KG zum 31.12.XXXX		Passiv (P)
I. Anlagevermögen		**I. Eigenkapital**	1.200.000,00
Grundstücke und Gebäude	1.000.000,00	**II. Verbindlichkeiten**	
Fuhrpark	50.000,00	**langfristige Schulden**	
Betriebs- und Geschäftsausstattung	50.000,00	Hypothek	500.000,00
II. Umlaufvermögen		Darlehen	50.000,00
Waren	500.000,00	**kurzfristige Schulden**	
Forderungen	90.000,00	Verbindlichkeiten	140.000,00
Bank	200.000,00	so. Verbindlichkeiten	10.000,00
Kasse	10.000,00		
	1.900.000,00		**1.900.000,00**

Steigende Liquidität ↓ (Aktivseite); Steigende Fälligkeit ↓ (Passivseite)

3.1.2 Die Bilanzpositionen

Die gängigsten Bilanzpositionen sind folgende:

Bilanzposition	Erläuterung
Anlagevermögen	
Grundstücke und Gebäude	unbebaute Grundstücke (z. B. Parkplätze) bebaute Grundstücke mit Gebäuden
Fuhrpark	Kraftfahrzeuge, Lieferwagen, Flurfahrzeuge, Radlader
Betriebs- und Geschäftsausstattung (BGA)	Regale, Ladeneinrichtung, Büroeinrichtung, Computer, Drucker, Registrierkasse
Umlaufvermögen	
Waren	Artikel, die zum Verkauf stehen
Forderungen a. L. u. L.	offene Ausgangsrechnungen, die zu einem späteren Zeitpunkt bezahlt werden
Bank	Guthaben bei der Bank
Kasse	Bargeldbestand in der Kasse
Fremdkapital	
Darlehen	meist längerfristige Darlehen mit festen Raten und vereinbarter Tilgung
Kredite	meist kurzfristig, ohne feste Raten und Laufzeit, z. B. Kontokorrentkredit
Verbindlichkeiten aus Lieferungen und Leistungen	offene Eingangsrechnungen, die zu einem späteren Zeitpunkt bezahlt werden (Schulden)

3.1.3 Vermögens- und Kapitalstruktur der Bilanz

Zwar sind die Bilanzsummen der Aktiv- und Passivseite immer gleich groß, aber die einzelnen Vermögens- und Kapitalposten unterscheiden sich wertmäßig. Die anteilige Betrachtung des Vermögens und des Kapitals ermöglichen es, die Vermögens- und Kapitalstruktur der Bilanz zu untersuchen. Ein hoher Anteil des Eigenkapitals am Gesamtkapital kann möglicherweise darauf schließen, dass das Vermögen zu einem großen Teil durch langfristiges Kapital finanziert wurde. Bei der Finanzierung des Vermögens sollte immer darauf geachtet werden, dass die Fristigkeit des Kapitals und die Verweildauer des Vermögens im Betrieb zusammenpassen.

Für die Berechnung der Vermögens- und Kapitalstruktur ergeben sich folgende Formeln:

$$\text{Quote des Anlagevermögens} = \frac{\text{Anlagevermögen} \times 100}{\text{Gesamtvermögen}}$$

Formel

Beispiel: *Die Baumarkt KG hat gemäß der Bilanz aus 3.1.1 eine Quote des Anlagevermögens von 57,89 %.*
Anhand der letzten Bilanz wurden 1.900.000,00 EUR als Gesamtsumme ermittelt.
Für das Grundstück wurden 1.000.000,00 EUR ausgewiesen, für den Fuhrpark und die Betriebs- und Geschäftsausstattung jeweils 50.000,00 EUR.
Das Anlagevermögen hat demnach einen Wert von 1.100.000,00 EUR.

Daraus ergibt sich die Berechnung:

$$\frac{1.100.000,00 \times 100}{1.900.000,00} = 57,89\ \%$$

$$\text{Quote des Umlaufvermögens} = \frac{\text{Umlaufvermögen} \times 100}{\text{Gesamtvermögen}}$$

Formel

Beispiel: *Die Baumarkt KG hat gemäß der Bilanz aus 3.1.1 eine Quote des Umlaufvermögens von 42,11 %.*
Anhand der letzten Bilanz wurden 1.900.000,00 EUR als Gesamtsumme ermittelt.
Für das Umlaufvermögen bleibt noch ein Wert von 800.000,00 EUR.

Daraus ergibt sich die Berechnung:

$$\frac{800.000,00 \times 100}{1.900.000,00} = 42,11\ \%$$

$$\text{Eigenkapitalquote} = \frac{\text{Eigenkapital} \times 100}{\text{Gesamtvermögen}}$$

Formel

Beispiel: *Für die Baumarkt KG ergibt sich eine Eigenkapitalquote von*

$$\frac{1.200.000,00 \times 100}{1.900.000,00} = 63,16\ \%$$

Formel

$$\text{Fremdkapitalquote} = \frac{\text{Fremdkapital} \times 100}{\text{Gesamtvermögen}}$$

Beispiel: *Für die Fremdkapitalquote wird der Wert des Fremdkapitals benötigt. Dies ergibt sich aus der Differenz des Gesamtkapitals und des Eigenkapitals. Das Fremdkapital der Baumarkt KG hat einen Wert von 700.000,00 EUR.*

Die Fremdkapitalquote beträgt

$$\frac{700.000,00 \times 100}{1.900.000,00} = 36,84\,\%$$

Die Quoten sind insbesondere für Banken und Investoren interessant. Körperschaften (GmbH, AG) haften grundsätzlich nur mit ihrem Eigenkapital. Ein geringer Eigenkapitalanteil im Vergleich zum Fremdkapital kann bedeuten, dass die Gläubiger (z. B. Kreditgeber) im Fall einer Insolvenz nicht vollständig ausbezahlt werden können.

3.2 Ermittlung des Eigenkapitals durch Saldierung von Aktiv und Passiv

Die Werte des Anlage- und Umlaufvermögens und des Fremdkapitals lassen sich durch eine Inventur und durch die laufende Buchführung feststellen. Da die Aktiv- und die Passivseite der Bilanz wertmäßig immer gleich sind, lässt sich das Eigenkapital durch Subtraktion der Passivseite von der Aktivseite ermitteln.

Merke: Saldierung ist die Subtraktion der wertmäßig kleineren Seite eines Kontos von der wertmäßig größeren Seite des Kontos.

Es gilt folgende Gleichung:

Formel

$$\text{Eigenkapital} = \text{Summe der Aktiva} - \text{Fremdkapital}$$

Beispiel: *Die Baumarkt KG beabsichtigt, einen kleineren Heimwerkermarkt in der Nachbargemeinde käuflich zu erwerben. Laut Inventar ist ein Anlagevermögen von 500.000,00 EUR und ein Umlaufvermögen von 275.000,00 EUR ausgewiesen. Langfristige Schulden in Form von Darlehen sind mit 350.000,00 EUR veranschlagt, die kurzfristigen Verbindlichkeiten betragen 200.000,00 EUR.*
Daraus ergibt sich ein Eigenkapital von
(500.000,00 EUR + 275.000,00 EUR)
– (350.000,00 EUR + 200.000,00 EUR)
= 225.000,00 EUR

Aufgrund der Gleichheit der Bilanzsummen auf der Aktiv- und Passivseite der Bilanz ergeben sich noch weitere Bilanzgleichungen:

Zur Wiederholung

Bilanzgleichungen	Bilanzkennzahlen: Vermögensstruktur	Bilanzkennzahlen: Kapitalstruktur
$\sum$ Aktiva = $\sum$ Passiva	Quote Av = $\frac{Av \times 100}{Gv}$	Quote Ek = $\frac{Ek \times 100}{Gk}$
Av = $\sum$ Passiva – Uv	Quote Uv = $\frac{Uv \times 100}{Gv}$	Quote Fk = $\frac{Fk \times 100}{Gk}$
Uv = $\sum$ Passiva – Av	Kennzahl der Vermögensstruktur = $\frac{Av}{Uv}$	Verschuldungsgrad = $\frac{Fk}{Ek}$
Fk = $\sum$ Aktiva – Ek		
$\sum$ = Summe Av = Anlagevermögen Uv = Umlaufvermögen Fk = Fremdkapital Ek = Eigenkapital Gv = Gesamtvermögen Gk = Gesamtkapital		

Aufgaben

1. Von einem Unternehmen sind die folgenden Daten gegeben:

Gesamtkapital:	2.500.000,00 EUR
Umlaufvermögen:	1.200.000,00 EUR
Fremdkapitalquote:	55 %

Berechnen Sie:
   a) die Quote des Anlagevermögens.
   b) die Quote des Umlaufvermögens.
   c) den Wert des Fremdkapitals in EUR.
   d) den Wert des Eigenkapitals in EUR.

2. Prüfen Sie die folgenden Aussagen auf ihre Richtigkeit. Begründen Sie jeweils Ihre Antwort.
   a) Grundstücke und Gebäude stehen ganz oben in der Bilanz.
   b) Die Passivseite der Bilanz gibt an, wofür das Kapital verwendet wurde.
   c) Die Bilanz ist eine übersichtliche Darstellung des Vermögens in Kontenform.
   d) Prokuristen dürfen die Bilanz unterschreiben.
   e) Forderungen aus Lieferungen und Leistungen weisen die Höhe der offenen Eingangsrechnungen aus.
   f) Das Eigenkapital ist der Saldo aus der Aktivseite und dem Fremdkapital.

Aufgaben

3. Ordnen Sie zu, auf welcher Seite der Bilanz die folgenden Bilanzpositionen stehen:

a) Forderungen
b) Verbindlichkeiten
c) Bank
d) Betriebs- und Geschäftsausstattung
e) Eigenkapital
f) Kasse
g) Waren
h) Darlehen
i) Fuhrpark

4. Begründen Sie, warum in der Bilanz die Waren vor den Forderungen a. L. u. L. aufgeführt werden.

5. Beschreiben Sie die Gliederung der Passivseite der Bilanz.

6. Ermitteln Sie jeweils die fehlende Größe.

a) Anlagevermögen: .... 80.000,00 EUR
Eigenkapital: .... 60.000,00 EUR
Fremdkapital: .... 70.000,00 EUR

b) Umlaufvermögen: .... 1.000.000,00 EUR
Eigenkapital: .... 800.000,00 EUR
Anlagevermögen: .... 400.000,00 EUR

c) Anlagevermögen: .... 55.000,00 EUR
Umlaufvermögen: .... 75.000,00 EUR
Fremdkapital: .... 30.000,00 EUR

d) Umlaufvermögen: .... 70.000,00 EUR
Bilanzsumme: .... 310.000,00 EUR
Fremdkapital: .... 60.000,00 EUR

7. Berechnen Sie die prozentualen Anteile (in Bezug auf das Gesamtvermögen oder Gesamtkapital) des

a) Anlagevermögens,
b) Umlaufvermögens,
c) Eigenkapitals und
d) Fremdkapitals

mittels der folgenden Daten.

- Anlagevermögen: .... 60.000,00 EUR
- Umlaufvermögen: .... 80.000,00 EUR
- Eigenkapital: .... 90.000,00 EUR
- Fremdkapital: .... 50.000,00 EUR

8. Begründen Sie, warum die Kreditwürdigkeit eines Unternehmens sinkt, wenn die Eigenkapitalquote in der Bilanz des Unternehmens nur 20 % oder weniger beträgt.

4 Geschäftsfälle ordnungsgemäß erfassen

Die Bilanz am Ende des Geschäftsjahres ist lediglich eine Zeitpunktbetrachtung und Momentaufnahme. In der Praxis wirkt täglich eine Vielzahl von Vorgängen (Geschäftsfällen) auf die einzelnen Bilanzpositionen ein. Diese Geschäftsfälle sind tagesgenau zu erfassen und in die Bilanz einzugliedern. Dadurch ist die Buchführung eines Unternehmens immer aktuell.

Merke

Keine Buchung ohne Beleg!

4.1 Belege im Einzelhandel

Die Grundlage der Buchführung bilden Belege. Ein Beleg dokumentiert, welche Güter und Dienstleistungen gekauft oder verkauft wurden und wie dieser Vorgang bezahlt wurde. Wichtige Belege sind:

- Quittungen
- Kassenbelege
- Eingangsrechnungen
- Ausgangsrechnungen
- Bankauszüge.

Gemäß dem Grundsatz der ordnungsgemäßen Buchführung müssen Buchungen wahr und vollständig sein. Alle Geschäftsfälle müssen erfasst werden und alle Buchungen müssen tatsächlichen Vorgängen entsprechen. Als Teil des externen Rechnungswesens muss die Buchführung zu jeder Zeit Auskunft über die finanzielle Situation des Unternehmens gegenüber Dritten geben können. Diese Legitimation der Buchführung kann nur durch Belege erfolgen.

Kap. 1.3.3

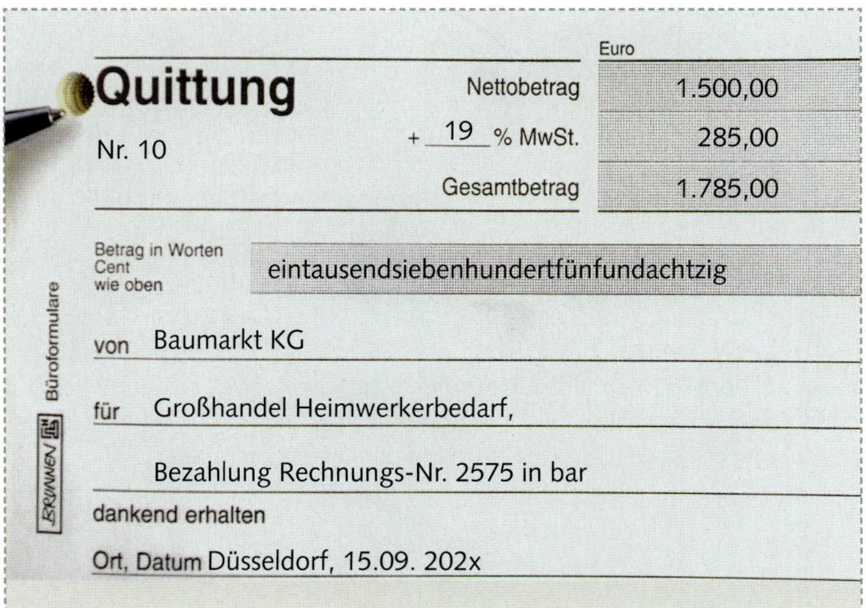

Quittung

Nr. 10

	Euro
Nettobetrag	1.500,00
+ 19 % MwSt.	285,00
Gesamtbetrag	1.785,00

Betrag in Worten Cent wie oben: eintausendsiebenhundertfünfundachtzig

von Baumarkt KG

für Großhandel Heimwerkerbedarf,

Bezahlung Rechnungs-Nr. 2575 in bar

dankend erhalten

Ort, Datum Düsseldorf, 15.09. 202x

BRUNNEN Büroformulare

Eingangsrechnung

Großhandel Heimwerkerbedarf

Großhandel Heimwerkerbedarf, Duisburger Str. 150, 46047 Oberhausen

Baumarkt KG
Aachener Str. 15
40223 Düsseldorf

Großhandel Heimwerkerbedarf
Tel.: 02 08 - 47 13 90
Fax: 02 08 - 47 13 00
Internet: www.heimwerken.de
E-Mail: info@heimwerken.de

Bankverbindung
Stadtsparkasse Oberhausen
IBAN: DE61 3655 0000 0000 1579 89
BIC: WELADED10BH
Steuernummer: 57 105 24918
USt-IdNr.: DE076235220

ER 401

RECHNUNG

Ihre Bestellung vom:
01.06.20..
Lieferdatum:
10.06.20..

Kunden-Nr.	Rechnungs-Nr.	Rechnungsdatum
1789	2170	10.06.20..
Bei Zahlung bitte angeben		

Pos.	Artikel-Nr.	Artikelbezeichnung	Menge in Stück	Einzelpreis in EUR	Gesamtpreis in EUR
1	20751	Regalbrett "Eiche"; Maße (LxBxH) 150 x 60 x 1,8 cm	300	4,20	1.260,00
				Nettogesamtpreis	1.058,82
				+ 19 % Umsatzsteuer	201,18
				Bruttogesamtbetrag	**1.260,00**

Zahlbar binnen zehn Tagen nach Rechnungsdatum
Vielen Dank für Ihre Bestellung!

Die Eingangsrechnung (ER) erhält ein Unternehmen, wenn etwas gekauft wird. Aus der Rechnung lässt sich der Wert der Lieferung oder Leistung entnehmen. Rechnungen weisen zudem meist die Umsatzsteuer und den Nettobetrag aus.

LF 11

Ausgangsrechnung

Baumarkt KG

Baumarkt KG, Aachener Str. 15, 40223 Düsseldorf

Stadtverwaltung Düsseldorf
Marktplatz 2
40213 Düsseldorf

Aachener Str. 15
40223 Düsseldorf
Telefon: 02 11 - 65 70 10
Telefax: 02 11 - 65 70 00
www.baumarkt-kg.de

Kopie

Ihre Bestellung
10.06.20..

RECHNUNG/AUFTRAGSBESTÄTIGUNG		
Bei Zahlung/Rücksendung/Gutschrift unbedingt angeben		
Kundennummer	Rechnungs-Nr.	Datum
1250	2750	15.06.20..

Artikel-Nr.	Artikelbezeichnung	Menge	Einzelpreis in EUR	Gesamtpreis in EUR
7294-5091	Energiespar-Leuchtmittel **Beispiel:** *LED-Leuchtmittel E27 Classic LED-Lampe E27, 11 W, 1055 lm, 2700 K*	200	2,50	500,00
In diesem Betrag sind 19 % Umsatzsteuer = 79,83 enthalten.				

Bankverbindung
Stadtsparkasse Düsseldorf
Steuernummer: 84 624 84227
BIC: DUSSDEDDXXX
IBAN: DE60 3005 0110 0000 1654 89
USt-IdNr.: DE090156171

Baumarkt KG
Aachener Straße 15
40223 Düsseldorf

		EUR
Dispersionsfarbe weiß		
10 Liter	1x	46,95
Nettosumme:		39,45
Umsatzsteuer 19 %		7,50
Summe		**46,95**
1 Artikel		
Bar	EUR	50,00
Zurück	EUR	3,05
*15.12.20xx	11:11	

Unsere Öffnungszeiten
Mo–Sa: 8:00–20:00 Uhr

VIELEN DANK
FÜR IHREN EINKAUF

Steuernummer: 84 624 84227
Umsatzsteuer-ID: DE090156171

Wenn Waren oder Vermögensgegenstände verkauft werden, wird eine Ausgangsrechnung (AR) geschrieben. Die Ausgangsrechnung ist nicht zu verwechseln mit dem Kassenbon. Eine Rechnung gibt meist eine Zahlungsfrist an. Ein Kassenbon wird dem Kunden unverzüglich nach Barbezahlung ausgehändigt.

Bankauszüge

SEPA-Girokonto	IBAN: DE60 3005 0110 0000 1654 89 BIC: DUSSDEDDXXX		**Kontoauszug 205** Blatt 1
Sparkasse Düsseldorf			
Datum	**Erläuterung**		**Betrag**
Kontostand in EUR am 18.06.20..	Auszug Nr. 250		200.000,00 +
18.06.20..	Zahlungseingang STADTVERWALTUNG DÜSSELDORF Rechnungsnr.: 2750 v. 15.06.20..	Wert: 18.06.20..	500,00 +
19.06.20..	Überweisung GROSSHANDEL HEIMWERKERBEDARF Rechnungsnr.: 2170 v. 10.06.20..	Wert: 19.06.20..	1.260,00 –
Kontostand in EUR am 20.09.20..	12:10 Uhr		199.240,00 +
Ihr Dispositionskredit 250.000,00 €			

Konto	Betrag	
	Soll	Haben
Bank	500,00	
Ford		500,00
Datum		Unterschrift

Bankauszüge (BA) oder Kontoauszüge weisen alle Kontobewegungen eines Zeitraums aus. Zudem wird immer der aktuelle Kontostand angegeben. Alle Belege werden täglich nach Belegarten vorsortiert, mit einer laufenden Nummer versehen und vorkontiert. Das bedeutet, dass auf dem Beleg vermerkt wird, welche Bilanzpositionen durch diesen Beleg in welcher Höhe verändert werden.
Die Vorkontierung des Zahlungseingangs der Stadtverwaltung am 18.06.20.. ist in dem Vorkontierungsstempel auf dem Beleg dargestellt.

4.2 Auswirkungen von Geschäftsfällen auf die Bilanz

Nachdem die Belege vorkontiert worden sind, müssen sie in der Bilanz erfasst werden. Die einzelnen Geschäftsfälle wirken sich unterschiedlich auf die Bilanz aus. Dabei sind nur vier verschiedene Bilanzveränderungen möglich:

- Aktivtausch
- Passivtausch
- Aktiv-Passiv-Mehrung
- Aktiv-Passiv-Minderung

Da die Bilanzsummen der Aktiv- und Passivseite immer gleich sind, müssen bei jedem Geschäftsfall stets zwei Bilanzpositionen angesprochen werden.

Wird z. B. nur der Bilanzposten Kasse angesprochen, verändert sich nur die Aktivseite der Bilanz und die Bilanzgleichung Summe Aktiv = Summe Passiv geht nicht mehr auf!

Die folgende Übersicht zeigt verschiedene Geschäftsfälle und die jeweils daraus resultierende Bilanzveränderung. Aus Vereinfachungsgründen werden zunächst ausschließlich erfolgsunwirksame Geschäftsfälle betrachtet.

Die 4 Möglichkeiten der Bilanzveränderung

Geschäftsfall	Welche Bilanzpositionen werden berührt?	Wie verändern sich die Bilanzpositionen?	Um welche Art der Bilanzveränderung handelt es sich?
Die Tageseinnahmen werden auf das Bankkonto eingezahlt.	Bank	Aktivposten +	Aktivtausch
	Kasse	Aktivposten –	
Hohe Verbindlichkeiten an einen Lieferanten werden in ein langfristiges Darlehen umgewandelt	Darlehen	Passivposten +	Passivtausch
	Verbindlichkeiten	Passivposten –	
Es wird ein neuer Kopierer auf Ziel gekauft.	Betriebs- und Geschäftsausstattung	Aktivposten +	Aktiv-Passiv-Mehrung
	Verbindlichkeiten	Passivposten +	
Die Verbindlichkeit an einen Lieferanten wird durch eine Banküberweisung bezahlt	Bank	Aktivposten –	Aktiv-Passiv-Minderung
	Verbindlichkeiten	Passivposten –	

„Auf Ziel" ist ein fester Begriff in der Buchführung. Das bedeutet, dass es ein Zahlungsziel gibt. Die Eingangs- oder Ausgangsrechnung wird also erst später bezahlt.

Merke

4.2.1 Aktivtausch

Beim Aktivtausch werden ausschließlich Aktivkonten berührt. Ein Aktivposten mehrt sich, wohingegen sich der andere Aktivposten wertmäßig in gleichem Maße mindert. Daraus resultiert, dass die Bilanzsumme bei so einem Vorgang gleich bleibt.

Beispiel: *Gegeben ist folgende Bilanz:*

Aktiv (A)	Bilanz Baumarkt KG zum 31.12.20.. in EUR		Passiv (P)
I. Anlagevermögen		**I. Eigenkapital**	1.200.000,00
Grundstücke und Gebäude	1.000.000,00	**II. Verbindlichkeiten**	
Fuhrpark	50.000,00	**langfristige Schulden**	
Betriebs- und Geschäftsausstattung	50.000,00	Hypothek	500.000,00
		Darlehen	50.000,00
II. Umlaufvermögen		**kurzfristige Schulden**	
Waren	500.000,00	Verbindlichkeiten	140.000,00
Forderungen	90.000,00	so. Verbindlichkeiten	10.000,00
Bank	200.000,00		
Kasse	10.000,00		
	1.900.000,00		**1.900.000,00**

Geschäftsfall: *Die Tageseinnahmen in Höhe von 500,00 EUR werden auf das Bankkonto eingezahlt.*

Wie oben dargestellt, muss sich die Bank um 500,00 EUR mehren und die Kasse um den gleichen Betrag mindern.

Daraus ergibt sich die folgende Bilanz:

Aktiv (A)	Bilanz Baumarkt KG zum 31.12.20.. in EUR		Passiv (P)
I. Anlagevermögen		**I. Eigenkapital**	1.200.000,00
Grundstücke		**II. Verbindlichkeiten**	
und Gebäude	1.000.000,00	**langfristige Schulden**	
Fuhrpark	50.000,00	Hypothek	500.000,00
Betriebs- und		Darlehen	50.000,00
Geschäftsausstattung	50.000,00	**kurzfristige Schulden**	
II. Umlaufvermögen		Verbindlichkeiten	140.000,00
Waren	500.000,00	so. Verbindlichkeiten	10.000,00
Forderungen	90.000,00		
Bank	200.500,00		
Kasse	9.500,00		
	1.900.000,00		**1.900.000,00**

4.2.2 Passivtausch

Beim Passivtausch werden lediglich Passivkonten angesprochen. Ein Passivposten mehrt sich und ein Passivposten mindert sich. Demnach verändert sich auch hier die Bilanzsumme nicht.

Beispiel: *Gegeben ist folgende Bilanz:*

Aktiv (A)	Bilanz Baumarkt KG zum 31.12.20.. in EUR		Passiv (P)
I. Anlagevermögen		**I. Eigenkapital**	1.200.000,00
Grundstücke		**II. Verbindlichkeiten**	
und Gebäude	1.000.000,00	**langfristige Schulden**	
Fuhrpark	50.000,00	Hypothek	500.000,00
Betriebs- und		Darlehen	50.000,00
Geschäftsausstattung	50.000,00	**kurzfristige Schulden**	
II. Umlaufvermögen		Verbindlichkeiten	140.000,00
Waren	500.000,00	so. Verbindlichkeiten	10.000,00
Forderungen	90.000,00		
Bank	200.500,00		
Kasse	9.500,00		
	1.900.000,00		**1.900.000,00**

Geschäftsfall: *Eine Lieferantenschuld in Höhe von 40.000,00 EUR wird in ein langfristiges Darlehen umgewandelt.*

Die Verbindlichkeiten mindern sich um 40.000,00 EUR, wohingegen sich die Darlehensschulden um 40.000,00 EUR mehren. Daraus ergibt sich die folgende Bilanz:

Aktiv (A)	Bilanz Baumarkt KG zum 31.12.20.. in EUR		Passiv (P)
I. Anlagevermögen		**I. Eigenkapital**	1.200.000,00
Grundstücke		**II. Verbindlichkeiten**	
und Gebäude	1.000.000,00	**langfristige Schulden**	
Fuhrpark	50.000,00	Hypothek	500.000,00
Betriebs- und		**Darlehen**	**90.000,00**
Geschäftsausstattung	50.000,00	**kurzfristige Schulden**	
II. Umlaufvermögen		**Verbindlichkeiten**	**100.000,00**
Waren	500.000,00	so. Verbindlichkeiten	10.000,00
Forderungen	90.000,00		
Bank	200.500,00		
Kasse	9.500,00		
	1.900.000,00		**1.900.000,00**

4.2.3 Aktiv-Passiv-Mehrung und Aktiv-Passiv-Minderung

Bei der Aktiv-Passiv-Mehrung und bei der Aktiv-Passiv-Minderung werden jeweils ein Aktiv- und ein Passivposten berührt. Beide Positionen mehren oder beide Positionen mindern sich. Die Konsequenz daraus ist, dass sich die Bilanzsumme um den gleichen Betrag erhöht oder aber vermindert.

Beispiel: *Gegeben ist die folgende Bilanz:*

Aktiv (A)	Bilanz Baumarkt KG zum 31.12.20.. in EUR		Passiv (P)
I. Anlagevermögen		**I. Eigenkapital**	1.200.000,00
Grundstücke		**II Verbindlichkeiten**	
und Gebäude	1.000.000,00	**langfristige Schulden**	
Fuhrpark	50.000,00	Hypothek	500.000,00
Betriebs- und		Darlehen	90.000,00
Geschäftsausstattung	50.000,00	**kurzfristige Schulden**	
II. Umlaufvermögen		Verbindlichkeiten	100.000,00
Waren	500.000,00	so. Verbindlichkeiten	10.000,00
Forderungen	90.000,00		
Bank	200.500,00		
Kasse	9.500,00		
	1.900.000,00		**1.900.000,00**

Geschäftsfall: *Ein neuer Kopierer im Wert von 2.500,00 EUR wird auf Ziel gekauft.*

Der Einkauf des Kopierers erhöht den Posten der Betriebs- und Geschäftsausstattung (BGA) um 2.500,00 EUR. Gleichzeitig steigen die Verbindlichkeiten um den gleichen Betrag, da der Kopierer erst zu einem späteren Zeitpunkt bezahlt wird. Hierbei ist zu beachten, dass sich die Bilanzsumme erhöht. ►

Aktiv (A)	Bilanz Baumarkt KG zum 31.12.20.. in EUR		Passiv (P)
I. Anlagevermögen		**I. Eigenkapital**	1.200.000,00
Grundstücke und Gebäude	1.000.000,00	**II. Verbindlichkeiten**	
		langfristige Schulden	
Fuhrpark	50.000,00	Hypothek	500.000,00
Betriebs- und Geschäftsausstattung	**52.500,00**	Darlehen	90.000,00
		kurzfristige Schulden	
II. Umlaufvermögen		**Verbindlichkeiten**	**102.500,00**
Waren	500.000,00	so. Verbindlichkeiten	10.000,00
Forderungen	90.000,00		
Bank	200.500,00		
Kasse	9.500,00		
	1.902.500,00		**1.902.500,00**

Die Aktiv-Passiv-Minderung funktioniert analog.

4.3 Buchung von Geschäftsfällen im Hauptbuch

Es wäre sehr umständlich, nach jedem Geschäftsfall eine neue Bilanz aufzustellen. Aus diesem Grund wird die Bilanz in einzelne Bestandskonten aufgelöst. Die einzelnen Geschäftsfälle werden dann im Hauptbuch, also auf den jeweiligen Konten, verbucht. Am Ende des Geschäftsjahres werden die Konten abgeschlossen und wieder zu einer Bilanz zusammengefügt.

4.3.1 Auflösung der Bilanz in Bestandskonten

Für jeden Bilanzposten wird ein eigenes Konto eingerichtet und geführt. Gemäß der Bilanzseiten gibt es

- Aktivkonten (aktive Bestandskonten) und
- Passivkonten (passive Bestandskosten).

Bestandskonten finden sich in der Bilanz wieder. Sie weisen zu Beginn eines Geschäftsjahres einen Anfangsbestand aus. Die Endbestände der Konten werden zum Ende des Geschäftsjahres in der Schlussbilanz vereinigt und in das neue Geschäftsjahr übertragen. Die Endbestände eines Geschäftsjahres sind die Anfangsbestände des nächsten Geschäftsjahres.

Die Seiten der Bestandskonten heißen Soll (S) und Haben (H).

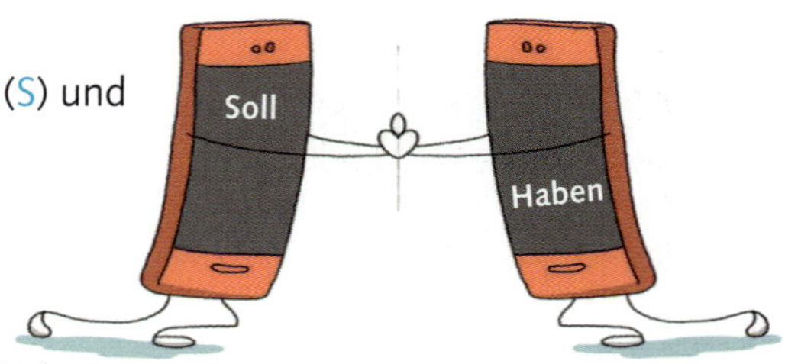

Beispiel: *Beispielhaft werden hier zwei Bestandskonten aus der Schlussbilanz der Baumarkt KG zum 31.12. dargestellt:*

S	Fuhrpark		H
AB	50.000,00		

S	Verbindlichkeiten		H
		AB	140.000,00

Der Anfangsbestand (AB) der jeweiligen Konten wird aus der Bilanz entnommen. Dieser Wert steht immer auf der Seite des Kontos, auf der das Konto auch in der Bilanz steht. Es gilt also:

- Aktivkonto: Anfangsbestand steht im Soll (linke Seite)
- Passivkonto: Anfangsbestand steht im Haben (rechte Seite)

4.3.2 Erfassung von Geschäftsfällen im Hauptbuch

Nachdem die Konten eröffnet worden sind, können die Geschäftsfälle verbucht werden. Dabei gilt:

- Mehrungen werden auf der Seite des Anfangsbestandes erfasst.
- Minderungen werden auf der gegenüberliegenden Seite des Anfangsbestandes erfasst.

Für die Bestandskonten ergibt sich daraus:

S	Aktivkonto	H
AB +		–

S	Passivkonto	H
–		AB +

Mehrungen liegen dabei immer vor, wenn der Bestand sich erhöht (z. B. bei Käufen). Minderungen liegen dann vor, wenn sich der Bestand verringert (z. B. bei Verkäufen).

> Bei der Buchung auf Bestandskonten müssen immer zwei Konten angesprochen werden. Dabei muss der Wert des Geschäftsfalles **immer** einmal im **Soll** auf dem einen Konto und einmal im **Haben** auf dem anderen Konto stehen.

Geschäftsfall 1: *Kauf eines LKW auf Ziel für 20.000,00 EUR.*

Hierbei werden die Konten „Fuhrpark" und „Verbindlichkeiten" angesprochen.
Fuhrpark (FP) mehrt sich um 20.000,00 EUR → Aktivkonto → Sollbuchung
Verbindlichkeiten mehren sich um 20.000,00 EUR → Passivkonto → Habenbuchung

S	Fuhrpark		H
AB	50.000,00		
Verb.	20.000,00		

S	Verbindlichkeiten		H
		AB	140.000,00
		FP	20.000,00

Tipp

Merke

Man schreibt immer das Gegenkonto vor den gebuchten Betrag. So lässt sich die Buchung nachvollziehen. Deshalb steht auf dem Konto Fuhrpark vor den 20.000,00 EUR „Verb." (= Verbindlichkeiten), da dies das zweite Konto ist, das durch den Geschäftsfall angesprochen wird.

Bei der Buchung auf Bestandskonten sind folgende Fragen zu beantworten:

1. Welche Konten werden durch den Geschäftsfall angesprochen?
2. Um welche Art der Bestandskonten handelt es sich (Aktivkonto/Passivkonto)?
3. Welche Veränderung liegt vor (Mehrung/Minderung)?
4. Auf welcher Kontenseite werden die Beträge verbucht (Soll/Haben)?

Geschäftsfall 2: *Verkauf eines PKW per Banküberweisung für 5.000,00 EUR.*

Hierbei werden die Konten „Fuhrpark" und „Bank" angesprochen.
Bank mehrt sich um 5.000,00 EUR → Aktivkonto → Sollbuchung
Fuhrpark mindert sich um 5.000,00 EUR → Aktivkonto → Habenbuchung

S	Fuhrpark		H
AB	50.000,00	Bank	5.000,00
Verb.	20.000,00		

S	Bank		H
AB	200.000,00		
FP	5.000,00		

4.3.3 Abschluss der Bestandskonten und Schlussbilanz

Am Ende eines Geschäftsjahres oder zur Bildung einer Zwischenbilanz müssen die Bestandskonten abgeschlossen und zu einer Bilanz zusammengefügt werden.

Dazu bildet man einen Saldo, also eine Differenz aus der größeren und der kleineren Kontoseite.

Dieser Saldo wird auf das Schlussbilanzkonto (SBK) verbucht. Aus diesem Konto wird dann die Bilanz erstellt. Somit entspricht das SBK wertmäßig der Schlussbilanz.

Beispiel: *Beispielhaft werden nun die Bestandskonten aus dem Geschäftsfall 1 und dem Geschäftsfall 2 abgeschlossen. Die größere Seite des Kontos bildet dabei die Kontensumme. Der Saldo des Kontos wird auf das SBK verbucht.*

S	Fuhrpark		H
AB	50.000,00	Bank	5.000,00
Verb.	20.000,00	SBK	65.000,00
	70.000,00		**70.000,00**

S	Bank		H
AB	200.000,00	SBK	205.000,00
FP	5.000,00		
	205.000,00		**205.000,00**

S	Verbindlichkeiten		H
SBK	160.000,00	AB	140.000,00
		FP	20.000,00
	160.000,00		**160.000,00**

S	SBK		H
FP	65.000,00		
Bank	205.000,00	Verb.	160.000,00

Tipp

Fahrplan für die Buchung der Geschäftsfälle im Hauptbuch:

1. Eröffnung der Bestandskonten aus der Bilanz
   Aktivkonten: Anfangsbestand im Soll
   Passivkonten: Anfangsbestand im Haben
2. Buchung der Geschäftsfälle
   Aktivkonten: Mehrungen im Soll
   Minderungen im Haben
   Passivkonten: Minderungen im Soll
   Mehrungen im Haben
3. Abschluss der Bestandskonten (Saldierung)
   Saldo auf Schlussbilanzkonto
   Saldo = größere Seite – kleinere Seite

4.4 Soll an Haben: Erfassung von Geschäftsfällen im Grundbuch

Wie bereits beschrieben werden Buchungen immer sowohl auf der Soll- als auch auf der Habenseite eines Kontos verbucht. Die Vorüberlegungen, welche Konten durch den Geschäftsfall angesprochen werden und auf welcher Seite der Konten gebucht wird, werden in einem Buchungssatz zusammengefasst. Die Buchungssätze werden im Grundbuch aufgelistet.

Das **Grundbuch** (auch Journal oder Tagebuch) ist die Aufzeichnung aller Geschäftsfälle in zeitlicher Reihenfolge. Das Grundbuch ist die **Grundlage der Buchführung.**

Merke

Ein Buchungssatz nennt die Konten, die durch den Geschäftsfall angesprochen werden, und die Beträge, die auf die jeweiligen Konten gebucht werden. Für die Bildung des Buchungssatzes gilt Folgendes:

- Das Konto, auf dem die Buchung im Soll erfolgt, wird zuerst genannt.
- Das Konto, auf dem die Buchung im Haben erfolgt, wird danach genannt.
- Die Sollbuchung und die Habenbuchung werden durch das Wort „**an**" getrennt.

Es gilt also die Regel: Soll an Haben!

Merke

Man unterscheidet zwischen einfachen Buchungssätzen und zusammengesetzten Buchungssätzen.

4.4.1 Der einfache Buchungssatz

Geschäftsfälle, bei denen nur zwei Konten angesprochen werden, bilden einen einfachen Buchungssatz.

Geschäftsfall 1: *Kauf eines LKW auf Ziel für 20.000,00 EUR.*

Vorüberlegungen vor der Buchung:

Konten	Kontenart	Veränderung	Kontenseite
Fuhrpark	Aktivkonto	Mehrung	Soll
Verbindlichkeiten	Passivkonto	Mehrung	Haben

Buchung:

Buchungssatz	Beträge in EUR	
	Soll	Haben
Fuhrpark an Verbindlichkeiten	20.000,00	20.000,00

Geschäftsfall 2: *Verkauf eines PKW, Käufer zahlt per Banküberweisung 5.000,00 EUR.*

Vorüberlegungen vor der Buchung:

Konten	Kontenart	Veränderung	Kontenseite
Bank	Aktivkonto	Mehrung	Soll
Fuhrpark	Aktivkonto	Minderung	Haben

Buchung:

Buchungssatz	Beträge in EUR	
	Soll	Haben
Bank an Fuhrpark	5.000,00	5.000,00

4.4.2 Der zusammengesetzte Buchungssatz

Geschäftsfälle, die mehr als zwei Konten ansprechen, werden durch den zusammengesetzten Buchungssatz im Grundbuch verbucht. Dieser folgt auch der Regel Soll an Haben. Hierbei ist es jedoch möglich, dass es mehrere Buchungen im Soll oder Haben gibt.

Geschäftsfall 1: *Ein Kunde bezahlt seine offene Rechnung über 1.500,00 EUR durch Banküberweisung in Höhe von 1.000,00 EUR und durch Barzahlung in Höhe von 500,00 EUR.*

Vorüberlegungen:

Konten	Kontenart	Veränderung	Kontenseite
Bank	Aktivkonto	Mehrung	Soll
Kasse	Aktivkonto	Mehrung	Soll
Forderungen	Aktivkonto	Minderung	Haben

Buchung:

Buchungssatz	Beträge in EUR Soll	Beträge in EUR Haben
Bank	1.000,00	
Kasse	500,00	
an Forderungen		1.500,00

Aufgaben

1. Entscheiden Sie, welche Bilanzveränderung die folgenden Geschäftsfälle jeweils hervorrufen. Beantworten Sie dazu folgende Fragen:
   - Welche Bilanzpositionen werden berührt?
   - Wie verändern sich die Bilanzpositionen?
   - Um welche Bilanzveränderung handelt es sich?

   a) Kunde bezahlt Rechnung bar. Ford. – / Kasse + (Aktivtausch)
   b) Ein Darlehen wird per Banküberweisung getilgt. Darlehen – / Bank – (A-P-Mind.)
   c) Barkauf eines Schreibtisches. Kasse – / BGA + (Aktivtausch)
   d) Aufnahme eines Darlehens zum Kauf eines Grundstückes. Grundst + / Darlehen + (A-P-+)
   e) Einzahlung der Tageseinnahmen auf dem Bankkonto. Kasse – / Bank + (Aktivtausch)
   f) Eine Lieferantenschuld wird in ein Darlehen umgewandelt. Verb – / Darlehen + (Passivt.)

Aufgaben

2. Prüfen Sie die folgenden Geschäftsfälle und entscheiden Sie, ob sich
- die Bilanzsumme vergrößert (1),
- die Bilanzsumme verkleinert (2),
- die Bilanzsumme gleich bleibt (3).

a) Lieferantenrechnung wird per Banküberweisung bezahlt. 2
b) LKW wird auf Ziel gekauft. 1
c) Kunde begleicht fällige Rechnung per Banküberweisung. 3
d) Einkauf eines Schreibtischstuhls und Bezahlung in bar. 3

3. Eröffnen Sie die Bestandskonten und buchen Sie die Geschäftsfälle. Schließen Sie anschließend die Konten über SBK ab. Gegeben sind folgende Bestände:

BGA	30.000,00 EUR
Eigenkapital	33.000,00 EUR
Forderungen	10.000,00 EUR
Darlehen	10.000,00 EUR
Bank	35.000,00 EUR
Verbindlichkeiten	40.000,00 EUR
Kasse	8.000,00 EUR

Geschäftsfälle:

1) Einkauf eines Büroschrankes auf Ziel .... 500,00 EUR
2) Bezahlung einer fälligen Lieferantenrechnung per Banküberweisung .... 2.000,00 EUR
3) Aufnahme eines Darlehens zur Bezahlung einer Lieferantenschuld .. 5.000,00 EUR
4) Kunde begleicht seine fällige Rechnung in bar .... 1.000,00 EUR
5) Kauf eines Schreibtisches per Banküberweisung .... 800,00 EUR

4. Prüfen Sie, ob die folgenden Aussagen wahr oder falsch sind, und stellen Sie die falschen Aussagen richtig.

a) Aktivkonten mehren sich im Haben.
b) Die Anfangsbestände der Bestandskonten stehen immer im Soll.
c) Der Schlussbestand ist die Differenz der größeren und der kleineren Kontenseite.
d) Passivkonten mindern sich im Soll.
e) Der Schlussbestand des alten Geschäftsjahres ist der Anfangsbestand des neuen Geschäftsjahres.

5. Bilden Sie zu den folgenden Geschäftsfällen die Buchungssätze.

a) Kauf eines LKW auf Ziel .... 150.000,00 EUR
b) Einzahlung der Tageseinnahmen auf das Bankkonto .... 2.500,00 EUR
c) Bezahlung einer Lieferantenschuld per Banküberweisung .... 6.000,00 EUR
d) Tilgung einer Darlehensschuld per Banküberweisung .... 100.000,00 EUR
e) Kauf neuer Büromöbel in bar .... 2.000,00 EUR
f) Kauf neuer Regale per EC-Karte .... 1.500,00 EUR
g) Verkauf eines gebrauchten PKW in bar .... 4.000,00 EUR
h) Kauf eines neuen PKW
   Baranzahlung .... 1.000,00 EUR
   auf Ziel .... 8.000,00 EUR

5 Die Gewinn- und Verlustrechnung durchführen

Bislang wurden nur erfolgsunwirksame Geschäftsfälle betrachtet. Ziel eines Handelsunternehmens ist es aber, seinen Gewinn zu maximieren. Der Einzelhändler generiert Gewinn durch den Einkauf und Verkauf von Waren. Diese Geschäftsfälle sind erfolgswirksame Vorgänge. Da Gewinne und Verluste das Eigenkapital berühren, werden sie demnach über das Eigenkapitalkonto verbucht.

5.1 Erfolgskonten als Unterkonten des Eigenkapitals

Das Eigenkapitalkonto weist das Kapital des Einzelhändlers aus, das er selbst in das Unternehmen eingebracht hat. Erfolgswirksame Geschäftsfälle verändern das Eigenkapital. Erträge (z. B. Umsatzerlöse) mehren das Eigenkapital, wohingegen Aufwendungen (z. B. Miete, Löhne und Gehälter) das Eigenkapital mindern.

Die erfolgswirksamen Vorgänge nehmen deshalb wie folgt Einfluss auf das Eigenkapitalkonto:

S Eigenkapital	H
Aufwendungen –	AB Erträge +

Da Aufwendungen das Eigenkapital mindern, werden sie im Soll gebucht. Erträge werden im Haben gebucht, da sie das Eigenkapital mehren.

Merke

Alle Aufwendungen und Erträge können über das Eigenkapitalkonto verbucht werden. Innerhalb eines Geschäftsjahres fällt allerdings eine Vielzahl von Vorgängen an, sodass diese Methode unübersichtlich ist. Ziel ist es, den Gewinn zu ermitteln und die Aufwendungen und Erträge übersichtlich darzustellen. Nur so hat der Einzelhändler einen Überblick über die Aufwands- und Ertragsarten.

Demnach werden erfolgswirksame Geschäftsfälle nicht direkt auf das Eigenkapitalkonto verbucht, sondern auf Unterkonten des Eigenkapitalkontos, den Erfolgskonten. Dabei wird zwischen den Aufwandskonten und den Ertragskonten unterschieden.

Erfolgswirksame Vorgänge werden auf Aufwands- und Ertragskonten gebucht.

Merke

Erfolgskonten

Aufwandskonten | Ertragskonten

Im Gegensatz zu den Bestandskonten haben Erfolgskonten keine Anfangsbestände. Sie werden mit jedem Geschäftsjahr neu eröffnet, da auch der Gewinn nach jedem Geschäftsjahr neu ermittelt wird.

5.2 Buchung erfolgswirksamer Geschäftsfälle inklusive Warenbuchung

Das folgende Schaubild zeigt die Zusammenhänge zwischen dem Eigenkapitalkonto und den Erfolgskonten.

S	Eigenkapital	H
Minderungen	AB Mehrungen	

Aufwandskonten

S	Aufwand	H
Aufwands- mehrung +	Aufwands- minderung –	

Ertragskonten

S	Ertrag	H
Ertrags- minderung –	Ertrags- mehrung +	

Merke
Aufwendungen werden im **Soll** gebucht, da sich das Eigenkapital im Soll mindert. **Erträge** werden im **Haben** gebucht, da sich das Eigenkapital im Haben mehrt.

Da die Erfolgskonten Unterkonten des Eigenkapitalkontos sind, gelten für die Aufwands- und Ertragskonten die gleichen Buchungsregeln wie für das Eigenkapital:

- Kapitalminderungen im Soll
- Kapitalmehrungen im Haben.

Geschäftsfall 1: *Die Baumarkt KG bezahlt die Miete in Höhe von 2.000,00 EUR per Dauerauftrag.*

Vorüberlegungen:

Konten	Kontenart	Veränderung	Kontenseite
Mietaufwand	Aufwandskonto	Minderung des Eigenkapitals	Soll
Bank	Aktivkonto	Minderung des Bankbestandes	Haben

Buchung im Grundbuch:

Buchungssatz	Beträge in EUR	
	Soll	Haben
Mietaufwand an Bank	2.000,00	2.000,00

Buchung im Hauptbuch:

S	Mietaufwand		H
Kasse	2.000,00		

S	Bank		H
AB	10.000,00	Miete	2.000,00

Geschäftsfall 2: *Die Baumarkt KG zahlt die Gehälter der Angestellten in der Buchhaltung in Höhe von 30.000,00 EUR per Banküberweisung.*

Vorüberlegungen:

Konten	Kontenart	Veränderung	Kontenseite
Gehälter	Aufwandskonto	Minderung des Eigenkapitals	Soll
Bank	Aktivkonto	Minderung des Bankbestandes	Haben

Buchung im Grundbuch:

Buchungssatz	Beträge in EUR	
	Soll	Haben
Gehälter an Bank	30.000,00	30.000,00

Buchung im Hauptbuch:

S	Gehälter		H
Bank	30.000,00		

S	Bank		H
AB	200.000,00	Gehälter	30.000,00

Wareneinkäufe und Warenverkäufe werden ebenfalls mittels erfolgswirksamer Buchung behandelt. Das Bestandskonto „Waren" gibt nur den aktuellen Warenbestand wieder. Dieser wird mittels Inventur stetig korrigiert. Da der Hauptzweck des Einzelhändlers das Ein- und Verkaufen von Waren ist und dies die Grundlage seiner Gewinnerzielung ist, werden Wareneinkäufe über das Erfolgskonto Aufwendungen für Waren (AfW) und Warenverkäufe über das Erfolgskonto Umsatzerlöse für Waren (UfW) verbucht. So ist sichergestellt, dass die getätigten warenbezogenen Umsätze die Gewinnermittlung beeinflussen.

Geschäftsfall 3: *Die Baumarkt KG kauft Holz im Wert von 150.000,00 EUR auf Ziel ein.*

Vorüberlegungen vor der Buchung:

Konten	Kontenart	Veränderung	Kontenseite
Aufwendungen für Waren (AfW)	Aufwandskonto	Minderung des Eigenkapitals	Soll
Verbindlichkeiten	Passivkonto	Mehrung des Fremdkapitals	Haben

Buchung im Grundbuch:

Buchungssatz	Beträge in EUR Soll	Haben
AfW an Verbindlichkeiten	150.000,00	150.000,00

Buchung im Hauptbuch:

S	Aufwendungen für Waren		H
Verb.	150.000,00		

S	Verbindlichkeiten		H
		AB	140.000,00
		AfW	150.000,00

Geschäftsfall 4: *Die Baumarkt KG verkauft ein Drittel der Holzlieferung für 80.000,00 EUR an einen Kunden auf Rechnung.*

Vorüberlegungen vor der Buchung:

Konten	Kontenart	Veränderung	Kontenseite
Forderungen	Aktivkonto	Mehrung	Soll
Umsatzerlöse für Waren (UfW)	Ertragskonto	Mehrung des Eigenkapitals	Haben

Buchung im Grundbuch:

Buchungssatz	Beträge in EUR Soll	Haben
Forderungen an UfW	80.000,00	80.000,00

Buchung im Hauptbuch:

S	Forderungen		H
AB	90.000,00		
UfW	80.000,00		

S	Umsatzerlöse für Waren		H
		Forderungen	80.000,00

Bei der Betrachtung des dritten und vierten Geschäftsfalls fällt auf, dass durch die reinen Wareneinkäufe und -verkäufe bereits ein Gewinn von 80.000,00 EUR – 50.000,00 EUR = 30.000,00 EUR erwirtschaftet worden ist.

Das Konto **AfW** weist den **Wareneinsatz** aus!

Tipp

5.3 Abschluss der Erfolgskonten und des Gewinn- und Verlustkontos

Zur Ermittlung des Gewinns müssen alle Erfolgskonten nach erfolgter Verbuchung der Geschäftsfälle abgeschlossen werden. Die Salden der Aufwands- und Ertragskonten werden übersichtlich im Gewinn- und Verlustkonto (GuV) erfasst.

Anschließend wird das GuV-Konto abgeschlossen. Der Saldo des GuV-Kontos resultiert aus der Verrechnung der Erlöse und den Aufwendungen. Demnach weist dieses Konto den Gewinn oder Verlust aus.

- Aufwandsseite (Soll) < Ertragsseite (Haben) → Gewinn → Saldo steht im Soll
- Aufwandsseite (Soll) > Ertragsseite (Haben) → Verlust → Saldo steht im Haben.

Da die Erfolgskonten Unterkonten des Eigenkapitals sind, wird der Saldo des GuV-Kontos auf das Eigenkapitalkonto übertragen.

Der Gewinn mehrt das Eigenkapital, deshalb wird der Saldo des GuV-Kontos auf die Habenseite des Eigenkapitalkontos gebucht.

Ein Verlust wird auf dem GuV-Konto auf der Habenseite verbucht. Dieser wird demnach auf der Sollseite des Eigenkapitalkontos übertragen, da Verluste das Eigenkapital mindern.

Abschluss der Erfolgskonten aus den Geschäftsfällen 1–4:

S	Aufwendungen für Waren		H
Verb.	150.000,00	GuV	150.000,00
	150.000,00		**150.000,00**

S	UfW		H
GuV	80.000,00	Ford.	80.000,00
	80.000,00		**80.000,00**

S	Gehälter		H
Bank	30.000,00	GuV	30.000,00
	30.000,00		**30.000,00**

S	Mietaufwand		H
Kasse	2.000,00	GuV	2.000,00
	2.000,00		**2.000,00**

S	Gewinn und Verlustkonto		H
AfW	150.000,00	UfW	80.000,00
Gehälter	30.000,00	Eigenkapital	102.000,00
Mietaufwand	2.000,00		
	182.000,00		**182.000,00**

S	Eigenkapital		H
GuV	102.000,00	AB	1.200.000,00
SBK	1.018.000,00		
	1.200.000,00		**1.200.000,00**

In dem Beispiel ist die Seite der Aufwendungen größer als die Seite der Erträge. Daraus folgt, dass ein Verlust erwirtschaftet worden ist. Dieser Saldo in Höhe von 102.000,00 EUR steht auf der Habenseite des GuV und wird auf das Eigenkapital im Soll umgebucht.

Der Buchungssatz zum Abschluss der Erfolgskonten lautet allgemein:

- GuV an Aufwandskonto
- Ertragskonto an GuV

Das GuV-Konto wird wie folgt abgeschlossen:

- GuV an EK = Gewinn
- EK an GuV = Verlust

Merke

Reihenfolge der Abschlussbuchungen:
1. Abschluss der Erfolgskonten über GuV
2. Abschluss des GuV-Kontos über Eigenkapital
3. Abschluss der Bestandskonten über SBK

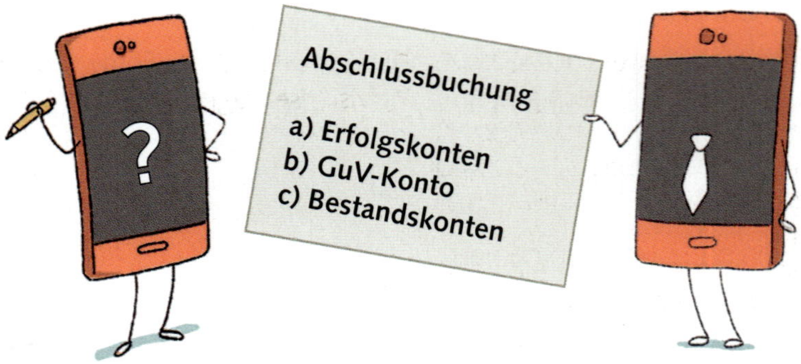

Die Buchungsregeln im Hauptbuch können wie folgt zusammengefasst werden:

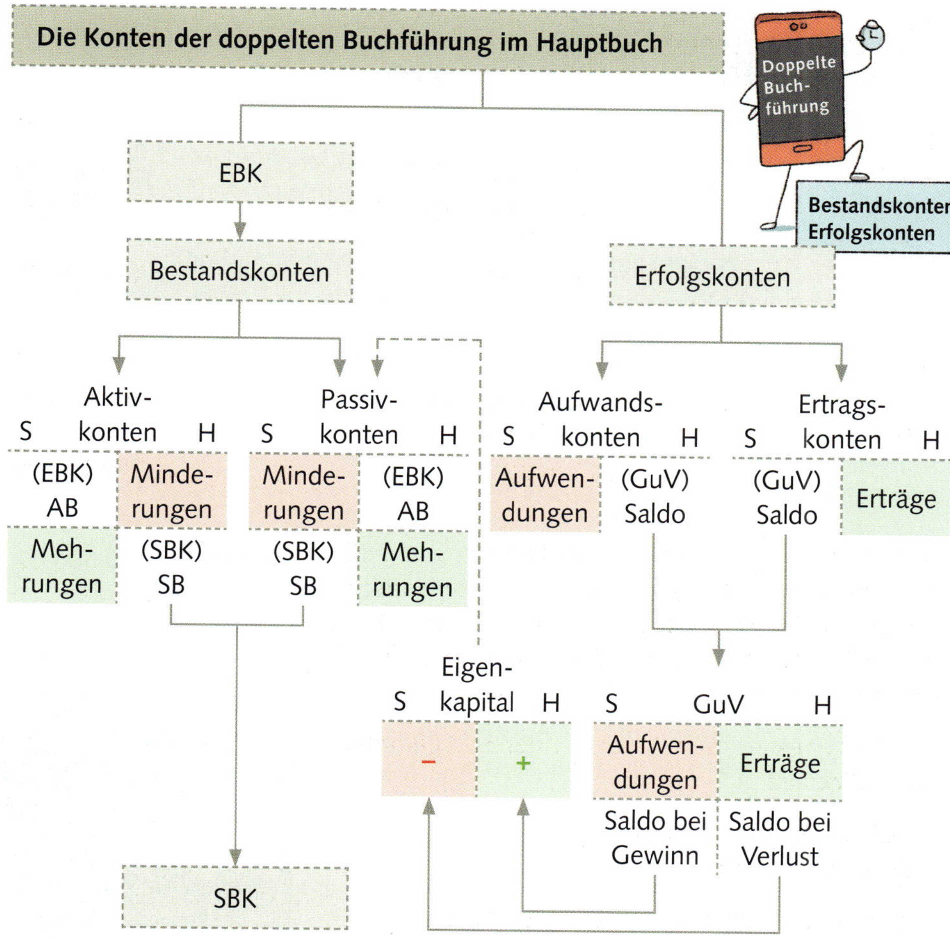

5.4 Analyse des Gewinn- und Verlustkontos

Aus dem Gewinn- und Verlustkonto kann der Einzelhändler zahlreiche Informationen ziehen. Zum einen lässt sich nach Abschluss des GuV-Kontos auf einem Blick erkennen, ob das Unternehmen einen Gewinn oder Verlust erzielt hat, zum anderen bildet die Sollseite des Kontos die Grundlage für die Kalkulation der Verkaufspreise.

LF 9

Beispiel *des GuV-Kontos der Baumarkt KG*

S	Gewinn und Verlustkonto der Baumarkt KG		H
Aufwendungen für Waren	150.000,00	Umsatzerlöse für Waren	500.000,00
Gehälter	30.000,00	Provisionserträge	80.000,00
Mietaufwand	2.000,00	Zinserträge	20.000,00
Aufwendungen für Energie	500,00		
Fremdinstandhaltung	35.000,00		
Aufwendungen für Büromaterial	6.000,00		
Eigenkapital (Gewinn)	376.500,00		
	600.000,00		**600.000,00**

Die Aufwendungen, die in einem Unternehmen anfallen, sollen durch den Verkaufspreis zumindest gedeckt sein. In dem Beispiel übersteigen die Erträge die Aufwendungen. Die Baumarkt KG hat also in dem Geschäftsjahr einen Gewinn erwirtschaftet.

Neben den Aufwendungen für Waren sollen ebenso alle anderen Aufwendungen, die im täglichen Geschäftsbetrieb anfallen, bei der Kalkulation berücksichtigt werden. Die Aufwendungen im GuV-Konto lassen sich demnach wie folgt trennen:

S — Gewinn und Verlustkonto der Baumarkt KG — H

Selbstkosten	Aufwendungen für Waren	150.000,00	Umsatzerlöse für Waren	500.000,00
Selbstkosten / Handlungskosten	Gehälter	30.000,00	Provisionserträge	80.000,00
Selbstkosten / Handlungskosten	Mietaufwand	2.000,00	Zinserträge	20.000,00
Selbstkosten / Handlungskosten	Aufwendungen für Energie	500,00		
Selbstkosten / Handlungskosten	Fremdinstandhaltung	35.000,00		
Selbstkosten / Handlungskosten	Aufwendungen für Büromaterial	6.000,00		
	Eigenkapital (Gewinn)	376.500,00		
		600.000,00		**600.000,00**

Die Sollseite des GuV-Kontos weist den Wareneinsatz, die Handlungskosten und die Selbstkosten aus, die insgesamt im Geschäftsjahr angefallen sind.

Der Wareneinsatz entspricht den Aufwendungen für Waren. Das sind die angeschafften Waren, die tatsächlich verkauft wurden. Lagerbestände werden durch die Inventur wieder herausgerechnet.

LF 11

Handlungskosten sind Aufwendungen, die durch die Handelstätigkeit anfallen. Dies sind alle Aufwendungen des GuV-Kontos ohne die Aufwendungen für Waren, also zum Beispiel Miete, Personalkosten und Strom.

Die Selbstkosten sind alle Aufwendungen des Unternehmens. Dies ist also die Summe der Sollseite des GuV-Kontos. Wird ein Produkt zu seinen Selbstkosten verkauft, sind zwar die Kosten der Ware gedeckt, das Unternehmen erwirtschaftet allerdings weder Gewinn noch Verlust.

Da das GuV-Konto die Aufwendungen für ein Geschäftsjahr ausweist, können die Aufwendungen nicht betragsmäßig in die Kalkulation einfließen.

Die angefallenen Aufwendungen entfallen immer nur zu einem Teil auf die einzelnen Waren. Zur Berücksichtigung der Aufwendungen werden Zuschlagssätze gebildet. Mit Hilfe dieser Prozentsätze werden die angefallenen Aufwendungen anteilig bei der Berechnung der Verkaufspreise berücksichtigt.

Formel

$$\text{Handlungskostenzuschlagssatz} = \frac{\text{Handlungskosten} \times 100}{\text{Wareneinsatz}}$$

Beispiel: *Für die Baumarkt KG ergibt sich der folgende Handlungskostenzuschlagssatz:*
Summe der Handlungskosten laut GuV: 73.500,00 EUR

Wareneinsatz laut GuV: 150.000,00 EUR

$$\text{Handlungskostenzuschlagssatz} = \frac{73.500{,}00 \times 100}{150.000{,}00} = 49\ \%$$

Auf 1,00 EUR Warenwert entfallen somit 0,49 EUR Handlungskosten.

Zur Erinnerung das Kalkulationsschema:

	Bezugs-/Einstandspreis in EUR
+	Handlungskosten in EUR
=	Selbstkosten in EUR
+	Gewinnzuschlag in EUR
=	Nettoverkaufspreis in EUR

Zur Kalkulation einer Ware auf Grundlage der Aufwendungen des vergangenen Geschäftsjahres fehlt noch der Gewinnzuschlag. Auch dieser wird mittels Zuschlagssatz berücksichtigt.

$$\text{Gewinnzuschlagssatz} = \frac{\text{Gewinn in EUR} \times 100}{\text{Selbstkosten}}$$

Formel

Beispiel: *Für die Baumarkt KG ergibt sich der folgende Gewinnzuschlagssatz:*
Gewinn in EUR: 376.500,00 EUR

Selbstkosten: 223.500,00 EUR

$$\text{Gewinnzuschlagssatz} = \frac{376.500{,}00 \times 100}{223.500{,}00} = 168{,}45\ \%$$

Mit einer Investition von 1,00 EUR (Selbstkosten) wird ein Gewinn von 1,68 EUR erwirtschaftet.

Mittels GuV-Kontos lassen sich auch der Rohgewinn und der Reingewinn ermitteln.

Der Rohgewinn ist der Gewinn, der ausschließlich durch den Einkauf und Verkauf der Waren erzielt wird. Hierbei sind die Handlungskosten noch nicht berücksichtigt.

Der Reingewinn ist der Gewinn, der im GuV-Konto ausgewiesen ist. Das sind alle Erträge abzüglich aller Aufwendungen in einer Periode.

Formeln und Berechnungshilfen

Strukturgröße	Herkunft/Formel
(Netto-)Umsatz	Umsatzerlöse für Waren (UfW)
Wareneinsatz	Aufwendungen für Waren (AfW)
Rohergebnis (Gewinn/Verlust)	UfW – AfW
Handlungskosten	Aufwendungen der Sollseite des GuV-Kontos **ohne** AfW

Formeln und Berechnungshilfen

Strukturgröße	Herkunft/Formel
Handlungskostenzuschlagssatz (HKZ)	$\frac{\text{Handlungskosten} \times 100}{\text{AfW}}$
Selbstkosten	Aufwendungen der Sollseite des GuV-Kontos (oder Handlungskosten + AfW)
Reinergebnis (Gewinn/Verlust)	Alle Erträge – alle Aufwendungen Gewinn im GuV-Konto Rohergebnis – Handlungskosten
Gewinnzuschlagssatz (GZS)	$\frac{\text{Gewinn} \times 100}{\text{Selbstkosten}}$

Zur Wiederholung

GuV – Gleichungen und Berechnungshilfen

Soll = enthält alle Aufwendungen, die das Eigenkapital mindern (Werteverzehr):
- Aufwendungen für Waren (AfW)
- Aufwendungen für die Handelstätigkeit (AHk) (= Handlungskosten)

Haben = enthält alle Erträge, die das Eigenkapital vermehren (Wertezuwachs)
- Umsatzerlöse für Waren (UfW)
- sonstige Erlöse z. B. durch Miete oder Geldanlagen

Um Ursachen der Eigenkapitalveränderungen zu erkennen, sind Aufwendungen und Erträge getrennt in Unterkonten (Erfolgskonten) zu buchen.

Rohgewinn = UfW – AfW; werden vom Rohgewinn die Handlungskosten abgezogen, ergibt sich der Gewinn oder Verlust. Steht der Saldo auf der Soll-Seite, handelt es sich um einen Gewinn, bei Verlust dementsprechend auf der Haben-Seite.

Selbstkosten = AfW + AHk = alle Aufwendungen

Reinergebnis = alle Erträge – alle Aufwendungen oder Rohergebnis – Handlungskosten

GuV – Kennzahlen

Handlungskostenzuschlagssatz (HKZ):

$$\text{HKZ} = \frac{\text{Handlungskosten} \times 100}{\text{AfW}}$$

Gewinnzuschlagssatz (GZS):

$$\text{GZS} = \frac{\text{Gewinn} \times 100}{\text{Selbstkosten}}$$

Umsatzrentabilität (UR)

$$\text{UR} = \frac{\text{Gewinn} \times 100}{\text{Umsatzerlöse}}$$

Eigenkapitalrentabilität (ER)

$$\text{ER} = \frac{\text{Gewinn} \times 100}{\text{durchschnittl. Eigenkapital}}$$

Umsatz je m² Verkaufsfläche (UV) Kap. 6.2.2

$$\text{UV} = \frac{\text{Umsatzerlöse}}{\text{Verkaufsfläche in m}^2}$$

Umsatz je Mitarbeiter (UM)

$$\text{UM} = \frac{\text{Umsatzerlöse}}{\text{Anzahl der Mitarbeiter}}$$

Umsatz je Kunde (UK)

$$\text{UK} = \frac{\text{Umsatzerlöse}}{\text{Anzahl der Kunden}}$$

Anmerkung: die Abkürzungen dienen nur der Vereinfachung

Aufgaben

1. Prüfen Sie, ob die folgenden Aussagen wahr oder falsch sind und stellen Sie die falschen Aussagen richtig.

a) Erfolgskonten unterteilen sich in Aufwandskonten und Kostenkonten.
b) Erfolgskonten sind Unterkonten des Eigenkapitals.
c) Erfolgskonten haben immer einen Anfangsbestand.
d) Aufwandskonten mehren sich im Soll.
e) Ertragskonten mindern sich im Haben.
f) Erfolgskonten werden über das Gewinn- und Verlustkonto abgeschlossen.
g) Der Gewinn auf dem Gewinn- und Verlustkonto steht im Soll.
h) Der Saldo des Gewinn- und Verlustkontos wird auf das SBK gebucht.

2. Buchen Sie die folgenden Geschäftsfälle im Grundbuch:

a) Zieleinkauf von Waren .... 70.000,00 EUR
b) Banküberweisung einer fälligen Kundenrechnung .... 1.000,00 EUR
c) Banküberweisung der Gewerbesteuer .... 3.800,00 EUR
d) Barverkäufe von Waren .... 10.000,00 EUR
e) Überweisung der Miete .... 1.500,00 EUR
f) Einkauf von Büromaterial auf Ziel .... 600,00 EUR
g) Bareinzahlung aufs Bankkonto .... 4.000,00 EUR

3. Schließen Sie das GuV-Konto ab und geben Sie an, ob es sich um einen Gewinn oder einen Verlust handelt.

S	GuV		H
Aufwand	70.000,00	Erträge	100.000,00

S	Eigenkapital	H
		AB 400.000,00

4. Ermitteln Sie aus den folgenden Angaben den Handlungskostenzuschlagssatz und den Gewinnzuschlagssatz.

Aufwendungen für Waren .... 100.000,00 EUR
Gehälter .... 20.000,00 EUR
Miete .... 800,00 EUR
Gewerbesteuer .... 200,00 EUR
Büromaterial .... 400,00 EUR
sonstige Aufwendungen .... 1.800,00 EUR
Umsatzerlöse für Waren .... 200.000,00 EUR

6 Den Unternehmenserfolg analysieren

Um den Erfolg eines Unternehmens zu analysieren, müssen aus allen Bereichen des Unternehmens relevante Daten beschafft werden. Diese müssen dann übersichtlich aufbereitet werden. Neben der Finanzbuchhaltung ist gerade in einem Einzelhandelsunternehmen das Warenwirtschaftssystem von besonderer Bedeutung. Denn aus den Daten des Warenwirtschaftssystems kann man entnehmen, welche Artikel wie viel zum Unternehmenserfolg beigetragen haben. Und genau das ist der Schlüssel für einen langfristigen Erfolg.

Beispiel: *Die Baumarkt KG fragt sich, ob in der kommenden Saison das Sortiment an Gartenpflanzen erweitert werden sollte. Dazu werden die Daten des Warenwirtschaftssystems ausgewertet.*

6.1 Warenwirtschaftssystem

Der Begriff der Warenwirtschaft vereint alle Tätigkeiten in einem Handelsbetrieb, die zur Steuerung des Warendurchflusses dienen. Die Warenwirtschaft begleitet alle Warenbewegungen nach Menge und Wert vom Einkauf bis zum Verkauf der Ware.

LF 6, Kap. 1.7 ff.

Unter einem Warenwirtschaftssystem (WWS) versteht man ein computergestütztes System zur Erfassung und Verarbeitung der Warenbewegungen.

Merke

Bestands- und Bewegungsdaten

Ein Warenwirtschaftssystem arbeitet mit Bestands- und Bewegungsdaten. Bei Bestandsdaten handelt es sich um statische Daten, die meist unveränderliche Grundinformationen enthalten. Bei Bewegungsdaten wird dagegen von dynamischen Daten gesprochen, die sich häufig verändern. Während ein Geburtsdatum statisch ist und sich niemals verändert, ist beispielsweise das letzte Kaufdatum eines Kunden dynamisch.

Durch ein Warenwirtschaftssystem sind alle Abteilungen (Verkauf, Einkauf, Wareneingang und Warenausgang, Lagerhaltung) des Unternehmens, die von den Warenbewegungen betroffen sind, durch eine zentrale Datenbank miteinander verbunden. Die Daten des WWS können dann von der Geschäftsführung und der Buchhaltung zur Kontrolle, zur Auswertung und zur Planung des Warenflusses genutzt werden. Die Buchhaltung kann damit auch den Jahresabschluss vorbereiten. Damit hat das Warenwirtschaftssystem eine zentrale Bedeutung für den Informationsfluss im Unternehmen.

Aufgaben und Ziele eines Warenwirtschaftssystems

Die grundlegenden Aufgaben und Ziele eines Warenwirtschaftssystems sind:

- Erfassung und Bereitstellung von waren- und kundenbezogenen Daten
- Hilfestellung bei der Rechnungslegung sowie beim Bestellvorgang
- Erleichterung der Inventur, da das WWS eine kontinuierlichere Erfassung aller Warenbewegungen gewährleistet
- Steuerung des Warenflusses, da man erkennt, wie viel zu welchem Zeitpunkt verkauft wurde, und man daraufhin zielgenaue Bestellungen tätigen kann
- Aufbereitung der Daten in Statistiken, die den Erfolg des Warenflusses deutlich machen
- Unterstützung der Unternehmensleitung bei der Umsetzung neuer Verkaufskonzepte.

LF 6, Kap. 1.7

Die folgende Übersicht verdeutlicht den Zusammenhang der verschiedenen Schnittstellen:

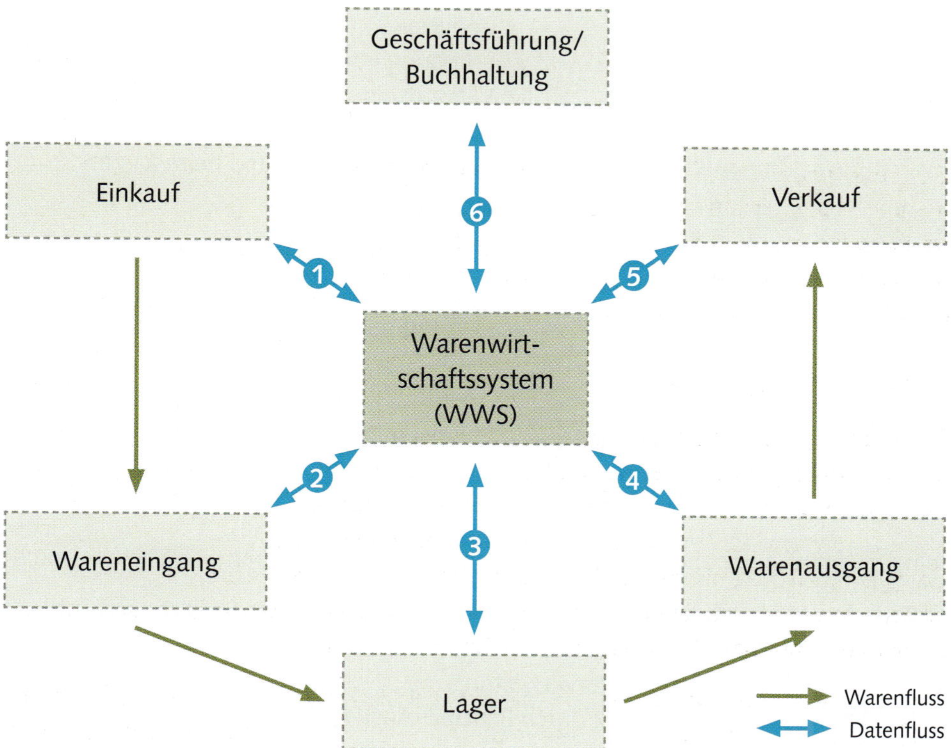

Daten-fluss	Abteilung/Ort	Unterstützung des WWS bei der ...
1	Einkauf	• Vorbereitung von Bestellungen • Pflege der Lieferantendatei • Einholung und Verwaltung von Angeboten
2	Wareneingang	• Überprüfung des Wareneingangs • Überprüfung der Eingangsrechnungen
3	Lager	• Zuweisung von Lagerplätzen • Messung und Kontrolle des Lagerbestands
4	Warenausgang	• Zusammenstellung des Sortiments • Kalkulation von Verkaufspreisen • Bereitstellung der Waren zum Verkauf
5	Verkauf	• Erfassung von warenbezogenen Verkaufsdaten, wie z. B. Datum, Menge und Preis • Erfassung von kundenbezogenen Verkaufsdaten, wie z. B. Name, Alter und Kundenrabatt • Rechnungsstellung und beim Mahnwesen
6	Geschäftsführung	• Information und Kontrolle der Warenbewegungen • Planung der zukünftigen Strategien

Vorteile eines Warenwirtschaftssystems

Ein computergestütztes Warenwirtschaftssystem unterstützt den Unternehmenserfolg maßgeblich.

Je nach Umfang der eingesetzten Software eines WWS ergeben sich Vorteile durch:

- Zeitersparnis bei Erstellung von Angeboten, Aufträgen und Rechnungen
- einfache, ordentliche Datenpflege in einem System
- umfassende, optimierte Lagerverwaltung
- höchstmögliche Transparenz durch Echtzeit-Auswertungen
- Sortimentsoptimierung aufgrund tagesaktueller Statistiken

Artikelnummern

Damit ein Artikel im Warenwirtschaftssystem jederzeit verfolgbar ist, benötigt er eine ihm zugehörige Artikelnummer. Im Zuge der Rationalisierung und Automatisierung der Warenbewegungen werden zunehmend technische Hilfsmittel zur Erfassung der Artikelnummern eingesetzt.

Weit verbreitet ist, dass entweder auf der Produktverpackung ein GTIN bzw. EAN-Barcode (engl. Global Trade Item Number, bzw. European Article Number) aufgedruckt ist oder der Artikel spätestens beim Wareneingang mit einem Klebeetikett versehen wird. Mit Hilfe eines Scanners lässt sich dann der Barcode bzw. das Etikett einlesen, um Zugriff auf die Daten des Warenwirtschaftssystems zu erhalten. Moderne Scanner-Kassen greifen in dem Moment des Scannens auf die Daten des Warenwirtschaftssystems zu und liefern der Kasse den Preis und andere Wareninformationen des Artikels. Gleichzeitig wird der Warenbestand automatisch um eine Einheit reduziert.

LF 7, Kap. 1.2

Bei hochpreisigen Artikeln lohnt sich auch die Anbringung eines RFID-Chips (engl. für radio-frequency identification). Der Chip ist ein sogenannter Transponder, der die Artikeldaten per Radiowellen sendet. Somit dient der Chip der berührungslosen Identifizierung und Lokalisierung der Artikel. Die Warenbewegung wird automatisch erfasst, wenn der Artikel ein Lesegerät passiert. Dazu reicht es, dass sich der Transponder und das Lesegerät in der Nähe befinden.

Arten von Warenwirtschaftssystemen

Bei einem Warenwirtschaftssystem handelt es sich um ein Softwareprodukt, das von unterschiedlichen Softwarefirmen angeboten wird. Je nachdem, welche Leistungen in diesem Softwarepaket angeboten werden, unterscheidet man zwischen geschlossenen, offenen und integrierten Warenwirtschaftssystemen.

Arten von Warenwirtschaftssystemen

geschlossen	offen	integriert
Alle betriebswirtschaftlichen Aufgaben (Einkauf, Vertrieb, Lager) werden von einem einzigen System abgedeckt.	Mindestens eine der betrieblichen Aufgaben wird durch ein anderes System abgedeckt. Das kann dann durch Schnittstellen angebunden werden.	Hier sind alle Module vorhanden und zusätzlich gibt es noch Verbindungen nach außen, also beispielsweise zu Banken, Lieferanten, Internet etc.

Darüber hinaus bieten umfangreichere Warenwirtschaftssysteme Werkzeuge an, die für das Kundenbeziehungsmanagement (integriertes Customer Relationship Management CRM-System) und somit für die Steuerung von Marketingaktionen oder zur Personalplanung und Bewertung genutzt werden.

6.2 Umsatzkennziffern

Neben dem Gewinn ist der Umsatz eine der wichtigsten Kennzahlen in einem Handelsunternehmen. Der Umsatz eines Artikels ist definiert als der Verkaufspreis multipliziert mit der abgesetzten Menge dieses Artikels. Der Umsatz sagt besonders viel über die Ertragskraft eines Unternehmens aus.

Der Tagesumsatz eines Händlers ergibt sich nach dieser vereinfachten Formel. Dabei werden nur Bargeldumsätze berücksichtigt und es gibt im Tagesverlauf keine Kassenabschöpfungen oder Wechselgeldeinzahlungen:

Formel

Tagesumsatz = Kassenendbestand – Kassenanfangsbestand

Merke: Umsatz = Preis × Menge

Um den Umsatz auszuwerten, kann ein Händler entweder Durchschnittswerte und/oder Verhältniszahlen verwenden.

6.2.1 Durchschnittswerte

Ein Durchschnitt ist das mathematische Mittel (bzw. der Mittelwert) von unterschiedlichen Ausprägungen. Wenn der Händler seinen durchschnittlichen Tagesumsatz kennt, weiß er, ob an diesem Tag viel oder wenig verkauft wurde. Man unterscheidet zwischen dem einfachen und dem gewogenen Durchschnitt.

Einfache Durchschnittsrechnung

Beim einfachen Durchschnitt werden die einzelnen Werte der Positionen addiert und dann durch die Anzahl der Positionen geteilt.

Formel

$$\text{einfacher Durchschnitt} = \frac{\text{Summe der Werte}}{\text{Anzahl der Werte}}$$

Beispiel: *Die Tagesumsätze der Baumarkt KG kann man aus der folgenden Tabelle entnehmen. Wie hoch war der durchschnittliche Tagesumsatz in dieser Woche?*

	Mo	Di	Mi	Do	Fr	Sa
Umsatz	10.000,00	15.000,00	12.000,00	14.000,00	16.000,00	20.000,00

In diesem Fall gibt es insgesamt 6 Positionen, somit beträgt der einfache Durchschnitt:

$$\frac{10.000,00 + 15.000,00 + 12.000,00 + 14.000,00 + 16.000,00 + 20.000,00}{6} = 14.500,00 \text{ EUR}$$

Das bedeutet, dass die Baumarkt KG am Dienstag, am Freitag und am Samstag überdurchschnittlich viel verkauft hat und am Montag, Mittwoch und Donnerstag eher unterdurchschnittliche Verkäufe zu verbuchen hatte.

Lösungsweg:
1. Der Gesamtwert wird durch die Addition der Einzelwerte errechnet.
2. Die Anzahl der Einzelwerte wird ermittelt.
3. Der Gesamtwert wird durch die Anzahl der Einzelwerte dividiert.

Gewogener Durchschnitt

Bei einem gewogenen Durchschnitt müssen die einzelnen Ausprägungen zunächst mit einem Gewichtungsfaktor multipliziert und anschließend durch die Summe der Einzelwerte geteilt werden. Es gilt:

$$\text{gewogener Durchschnitt} = \frac{\text{Summe der gewichteten Einzelwerte}}{\text{Anzahl der Einzelwerte}}$$

Formel

Beispiel: *Die Baummarkt KG bezog von verschiedenen Lieferanten Bandschleifer. Vom Lieferant A: 10 Stück zu 35,50 EUR, von Lieferant B: 12 Stück zu 45,50 EUR und von Lieferant C: 13 Stück zu 34,00 EUR. Mit welchem (gewogenen) Durchschnittspreis wurden die Bandschleifer bezogen?*

Lieferant	Stück	Preis in Euro	Gewichtung der Einzelwerte
A	10	35,50	10 × 35,50 = 355,00
B	12	45,50	12 × 45,50 = 546,00
C	13	34,00	13 × 34,00 = 442,00
Summe	35	–	1.343,00

Die Summe der Gewichtung der Einzelwerte ist durch die Anzahl der Einzelwerte zu teilen:

$$\frac{1.343,00}{10 + 12 + 13} = 38,37 \text{ EUR}$$

Ein Bandschleifer wurde im Durchschnitt für 38,37 Euro bezogen.

Lösungsweg:
1. Tabelle erstellen
2. Gesamtmenge berechnen (hier 35 Stück)
3. Gesamtwert berechnen (hier 1.343,00 EUR)
4. Gesamtwert durch die Gesamtmenge dividieren (hier 1.343,00 ÷ 35)

6.2.2 Verhältniszahlen

Bei den Daten aus der Finanzbuchhaltung und dem Warenwirtschaftssystem handelt es sich um absolute Zahlen, die ohne eine Bezugsgröße wenig Aussagekraft haben. So kann man z. B. nicht beurteilen, ob der Verkauf von 20 Stück eines bestimmten Artikels ein gutes oder ein schlechtes Ergebnis war.

Erst wenn man die Verkaufszahlen mit einem anderen Artikel oder mit einem anderen Zeitraum vergleicht, können aus den absoluten Zahlen Erkenntnisse gewonnen werden. Deshalb sind sie ins Verhältnis zu anderen Größen zu setzen, um aussagekräftige Kennziffern zu erhalten. Sie dienen der Unternehmensleitung häufig als Entscheidungsgrundlage, um eine Verbesserung der Geschäftsprozesse zu planen. Die folgenden Umsatzkennziffern sind im Handel sehr gebräuchlich:

Umsatz je Mitarbeiterstunde

Der Umsatz je Mitarbeiterstunde (Arbeitsproduktivität) stellt den Umsatz eines Unternehmens im Vergleich zu der Anzahl der Mitarbeiter bzw. der insgesamt geleisteten Arbeitsstunden dar. Sie gibt Auskunft darüber, wie produktiv die Mitarbeiter gearbeitet haben.

Formel

$$\text{Arbeitsproduktivität} = \frac{\text{Umsatz}}{\text{Anzahl der Arbeitsstunden}}$$

Umsatz pro Quadratmeter

Der Umsatz pro Quadratmeter (Flächenproduktivität) vergleicht den Umsatz mit der Größe der Verkaufsfläche in Quadratmetern. Diese ist im Handel stark abhängig von der Größe des Geschäfts, der Lage und der Branche. Laut einer Studie (Einzelhandel Europa 2017 der GFK GeoMarketing GmbH) beträgt die durchschnittliche Flächenproduktivität in Deutschland zwischen 3.000,00 und 3.500,00 Euro/m^2.

Formel

$$\text{Flächenproduktivität} = \frac{\text{Umsatz}}{\text{Verkäufsfläche in m}^2}$$

Umsatz pro Kunde

Der Umsatz pro Kunde (Kundenproduktivität) informiert den Händler darüber, wie viel Umsatz ein Kunde im Durchschnitt in einem bestimmten Zeitraum, z. B. pro Monat eingebracht hat. Durch Impulsangebote oder eine veränderte Warenpräsentation kann der Händler versuchen, den Umsatz pro Kunde zu erhöhen.

Formel

$$\text{Kundenproduktivität} = \frac{\text{Umsatz}}{\text{Anzahl der Kunden}}$$

Beispiel: *Die Gartenabteilung hat eine Fläche von 200 qm und wurde im Monat März von 5 Mitarbeitern an 25 Arbeitstagen (mit jeweils 8 Stunden) betreut. Sie wurde in diesem Monat von 680 Kunden besucht, es wurde ein Umsatz von 50.000,00 Euro erwirtschaftet. Somit beträgt die Arbeitsproduktivität 50.000 ÷ (5 × 25 × 8) = 50,00 Euro/h, die Flächenproduktivität beträgt 250,00 Euro/qm und die Kundenproduktivität beträgt 50.000,00 ÷ 680 = 73,53 Euro/Kunde. Um die Produktivität zu erhöhen, könnte man versuchen, den Umsatz im kommenden Monat zu steigern.*

Umsatzrentabilität

Die Umsatzrentabilität (Umsatzrendite) stellt den Umsatz ins Verhältnis zum Gewinn. Sie zeigt, wie viel Gewinn von 100 Euro Umsatz übrig bleibt. Die Umsatzrendite ist ein wichtiger Gradmesser für den Einzelhandel, da sie signalisiert, wie effizient ein Unternehmen gearbeitet hat.

$$\text{Umsatzrentabilität} = \frac{\text{Gewinn}}{\text{Umsatz}} \times 100$$

Formel

Die absolute Höhe der Umsatzrendite hängt stark von der Branche und der Unternehmensorganisation ab. Ein Vergleich der Umsatzrenditen unterschiedlicher Unternehmen der gleichen Branche hilft, die eigene Wettbewerbsposition besser einordnen zu können.

Die Umsatzrentabilität wird häufig als Kennzahl bei Betriebsvergleichen verwendet. Grundsätzlich gilt: Je höher die Umsatzrentabilität ist, desto rentabler ist ein Unternehmen. Sinkt dagegen die Umsatzrentabilität, sind Maßnahmen zu ergreifen, um dem Abwärtstrend entgegen zu wirken, wie zum Beispiel die Handlungskosten senken, das Sortiment zu bereinigen, die Lagerkosten zu senken oder die Verkaufspreise neu zu kalkulieren.

Als Richtwert gilt eine Umsatzrendite von mindestens 5 %, ab 10 % rentiert sich ein Unternehmen richtig gut.

Beispiel: *Für die vergangen zwei Jahre hat die Baumarkt KG die Umsatzrenditen errechnet. Es ergab sich folgendes Bild.*

	Jahr 1 (Euro)	Jahr 2 (Euro)
Umsatz	800.000,00	900.000,00
Wareneinsatz	400.000,00	450.000,00
Handlungskosten	300.000,00	300.000,00
Gewinn	100.000,00	150.000,00
Umsatzrendite	12,5 %	16,67 %

© fotomek – stock.adobe.com

Interpretation der Daten:
Die Umsatzrendite lag in beiden Jahren über 10 %, was im Branchenvergleich ein gutes Ergebnis ist. Zudem konnte die Umsatzrendite im zweiten Jahr gesteigert werden. Das liegt daran, dass bei gleichen Kosten mehr Produkte verkauft werden konnten. Das Unternehmen hat somit seine vorhandenen Ressourcen effizienter genutzt.

1. Nennen Sie vier Aufgaben eines Warenwirtschaftssystems. Welche Vorteile hat der Einsatz eines WWS für ein Unternehmen?
2. Beschreiben Sie den Waren- und den Datenfluss einer Ware von der Lieferung bis zum Verkauf. Welche Aufgaben hat das Warenwirtschaftssystem auf diesem Weg?
3. Aus dem Warenwirtschaftssystem der Baumarkt KG können die folgenden Umsatzzahlen entnommen werden: Montag = 1.000; Dienstag = 2.000; Mittwoch = 2.500; Donnerstag = 1.500; Freitag = 3.500; Samstag = 4.000
   Berechnen Sie den durchschnittlichen Tagesumsatz. Welche Tage hatten einen überdurchschnittlichen Umsatz? Welche Tage hatten einen unterdurchschnittlichen Umsatz?
4. Ein Lebensmittelmarkt bietet verschiedene Sorten Kartoffeln an:
   Sorte A: 10 kg zu 2,58 EUR pro kg
   Sorte B: 5 kg zu 2,98 EUR je kg
   Sorte C: 25 kg zu 3,15 EUR je kg
   Wie hoch ist der Durchschnittspreis für 1 kg Kartoffeln?
5. Die Umsatzstatistik der Baumarkt KG weist für das erste Halbjahr folgende Werte auf:

Monat	Abteilung Eisenwaren 200 qm		Abteilung Maschinen 300 qm		Abteilung Farben 500 qm	
	EUR	Kunden	EUR	Kunden	EUR	Kunden
Januar	32.000,00	250	201.000,00	320	144.000,00	380
Februar	41.000,00	350	76.000,00	210	97.500,00	220
März	28.000,00	230	64.500,00	240	115.000,00	320
April	48.000,00	470	91.000,00	190	102.000,00	270
Mai	40.500,00	420	87.500,00	300	92.500,00	210
Juni	28.000,00	280	117.000,00	380	87.500,00	190

   Berechnen Sie:
   a) den durchschnittlichen Monatsumsatz je Abteilung
   b) die durchschnittliche Kundenzahl pro Monat für jede Abteilung
   c) den durchschnittlichen Umsatz pro Kunde jeder Abteilung
   d) den durchschnittlichen Umsatz aller drei Abteilungen im 1. Halbjahr
   e) den durchschnittlichen Umsatz aller drei Abteilungen je Kunde im 1. Halbjahr
   f) den durchschnittlichen Umsatz je Quadratmeter jeder Abteilung im 1. Halbjahr
6. Die folgende Tabelle gibt Auskunft über den Umsatz und den Gewinn im ersten Halbjahr. Berechnen Sie die Umsatzrentabilität für jeden Monat und für das erste Halbjahr.

Monat	**Umsatz in EUR**	**Gewinn in EUR**
Januar	100.000,00	10.000,00
Februar	110.000,00	8.000,00
März	140.000,00	9.000,00
April	120.000,00	11.000,00
Mai	150.000,00	12.000,00
Juni	120.000,00	10.000,00

7 Betriebliche Daten aufbereiten und grafisch darstellen

Aufgrund der großen Menge an Zahlen und Daten, die innerhalb eines Jahres anfällt, ist eine Auswertung der Datenmenge häufig sehr schwierig. Deshalb ist es wichtig, die Daten auf das Wesentliche zu reduzieren und anschaulich darzustellen. Das hilft der Unternehmensleitung, sich einen schnellen Überblick über die Unternehmenssituation zu verschaffen und die richtigen Entscheidungen für die zukünftige Entwicklung des Unternehmens zu fällen.

Da Bilder und grafische Elemente meist anschaulicher und verständlicher sind als reine Zahlenketten, werden diese Daten nach Möglichkeit visualisiert. Eine Möglichkeit der Visualisierung ist die Erstellung von Diagrammen.

Bei einem Diagramm handelt es sich um eine grafische Darstellung von Daten und Zahlen. Dabei werden die Daten in ein Koordinatensystem mit zwei oder drei Achsen (zwei- oder dreidimensional) eingetragen. Je nach Zielsetzung werden dazu unterschiedliche Diagrammtypen eingesetzt. Damit ein Diagramm aussagekräftig ist, müssen bei der Erstellung mehrere Punkte beachtet werden:

Durch Visualisierungen, z. B. in Form von Diagrammen, werden abstrakte Daten und Zahlen in eine grafische Form gebracht.

Merke

Voraussetzungen für aussagekräftige Diagramme

Titel und Datum	Das Diagramm muss einen Titel haben, damit man weiß, worum es bei dem Diagramm geht. Außerdem sollte erkennbar sein, aus welchem Jahr die Daten sind, um zu überprüfen, wie aktuell die Daten sind.
Urheber	Es sollte ebenfalls erkennbar sein, wer der Urheber des Diagramms ist, damit man die Daten auf ihre Echtheit bzw. auf ihre Seriosität überprüfen kann.
Achsenbeschriftung	Das Diagramm benötigt eine aussagekräftige Achsenbeschriftung, damit man erkennt, um welche Art von Daten es sich handelt (Stückzahlen, Euro, Monate, Jahre etc.).
Legende	Sollten mehrere Sachverhalte dargestellt werden, benötigt das Diagramm eine Legende, damit man die verschiedenen Datenreihen unterscheiden kann.
Darstellungsform	Die Wahl der Diagrammart, der Farben und von Beschriftungen sollen die Zielsetzung des Diagramms unterstützen.

7.1 Diagrammarten

Die erfassten Daten können in unterschiedlichen Arten von Diagrammen dargestellt werden. Je nachdem, welche Daten vorhanden sind und welchen Zusammenhang man verdeutlichen möchte, können dazu unterschiedliche Diagrammarten verwendet werden.

7.1.1 Liniendiagramm

Das Liniendiagramm ist eine grafische Darstellung, bei der die Punkte zweier Merkmale in einem Koordinatensystem durch eine Linie verbunden werden. Es eignet sich besonders gut, um eine zeitliche Entwicklung zu verdeutlichen.

Beispiel: *Der Auszubildende Timo Stieler von der Baumarkt KG erhält von seinem Ausbilder die Aufgabe, die monatlichen Umsätze des letzten Jahres grafisch darzustellen und zu analysieren. Die Umsätze kann Timo aus der folgenden Tabelle entnehmen:*

JAN	**FEB**	**MRZ**	**APR**	**MAI**	**JUN**
80.000,00	*110.000,00*	*130.000,00*	*150.000,00*	*160.000,00*	*155.000,00*
JUL	**AUG**	**SEP**	**OKT**	**NOV**	**DEZ**
130.000,00	*120.000,00*	*115.000,00*	*120.000,00*	*130.000,00*	*150.000,00*

In einem Koordinatensystem überträgt Timo Stieler die Monate auf die X-Achse und den Umsatz auf die Y-Achse und trägt die Werte ein. Durch die Verbindung der einzelnen Punkte erhält er folgendes Liniendiagramm:

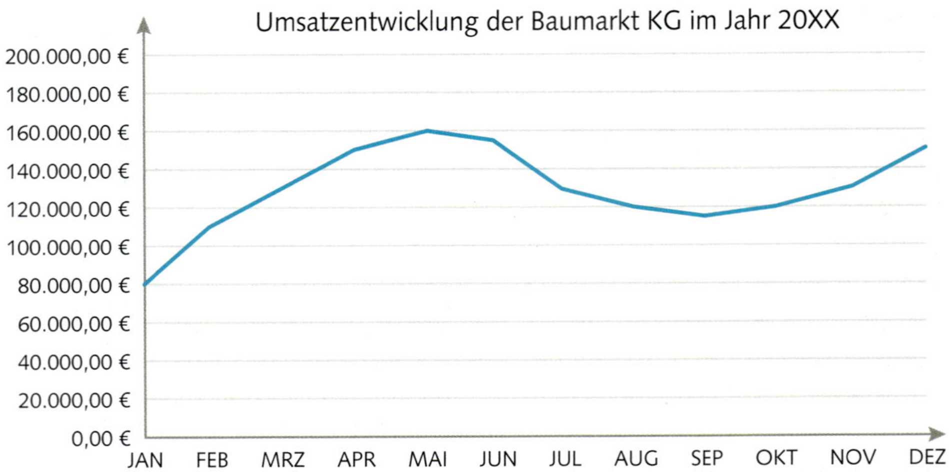

Mithilfe des Liniendiagramms ist eine Auswertung der Umsatzentwicklung nun viel einfacher als mit der Tabelle. In dem Liniendiagramm sieht Timo sofort, dass der Umsatz im Verlaufe des Jahres einen wellenförmigen Verlauf hatte.

Bei der Interpretation des Diagramms wird deutlich, dass es bei der Umsatzentwicklung der Baumarkt KG zwei verkaufsstarke und zwei verkaufsschwache Zeiträume gegeben hat. Die erste verkaufsstarke Phase im Frühjahr begründet Timo unter anderem mit der beginnenden Gartensaison, die in dieser Zeit der Hauptumsatzbringer gewesen sein könnte. Der Umsatzanstieg im Dezember lässt sich möglicherweise auf das Weihnachtsgeschäft zurückführen. In den Wintermonaten sind die Bauaktivitäten eher eingeschränkt, was die niedrigen Umsatzzahlen im Januar und Februar erklären würde. Im Sommer könnte der Umsatz aufgrund der Sommerferien zurückgegangen sein. Aus den Zahlenreihen lassen sich jedoch nur Vermutungen ableiten. Um die tatsächlichen Gründe zu ermitteln, müsste genauer in die Daten geschaut werden. So müsste man z. B. anhand der Umsatzzahlen der einzelnen Abteilungen überprüfen, ob der Hauptumsatzbringer im Frühjahr tatsächlich die Gartenabteilung ist.

7.1.2 Säulen- und Balkendiagramm

Bei einem Säulendiagramm wird der Abstand zwischen der X-Achse und dem Datenpunkt mit einer senkrecht auf der Achse stehenden Säule dargestellt. Säulendiagramme eignen sich besonders gut, um Datenreihen miteinander zu vergleichen.

Beispiel: *Timo Stieler erhält nun die Aufgabe, die Umsatzentwicklungen wichtiger Abteilungen aus den letzten beiden Jahren grafisch darzustellen und zu analysieren:*

in Euro	Garten	Elektronik	Bauelemente	Eisenwaren	Farben
Jahr 1	*30.000,00*	*15.000,00*	*25.000,00*	*25.000,00*	*35.000,00*
Jahr 2	*35.000,00*	*20.000,00*	*22.000,00*	*26.000,00*	*20.000,00*

Säulendiagramm

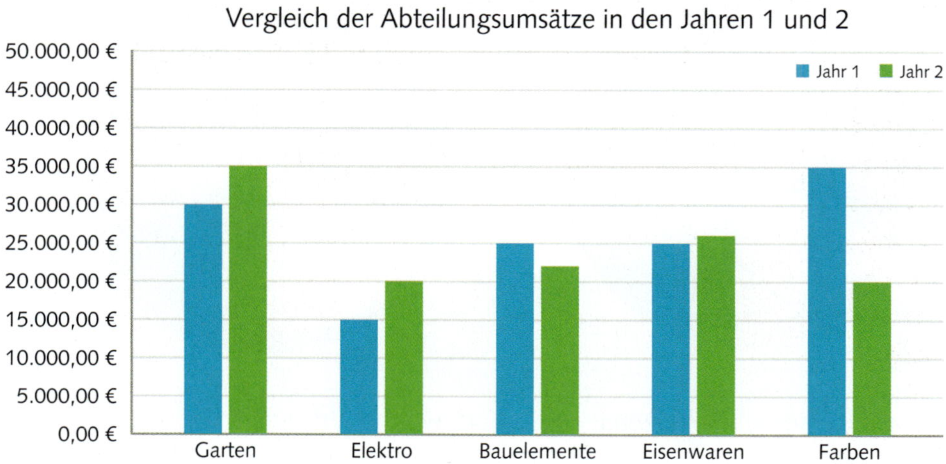

Durch die Säulendarstellung ist nur erkennbar, in welchem Maße die einzelnen Abteilungen zum Gesamtumsatz beigetragen haben und wie sich das im Folgejahr verändert hat. Eine zeitliche Entwicklung über das Jahr kann Timo durch das Säulendiagramm nicht ableiten.

Balkendiagramm

Das Balkendiagramm ist ein um 90° gedrehtes Säulendiagramm, d. h., dass anstatt der senkrechten Säulen waagerechte Balken zu sehen sind. Balkendiagramme sind besonders gut für die Darstellung von Rangfolgen geeignet.

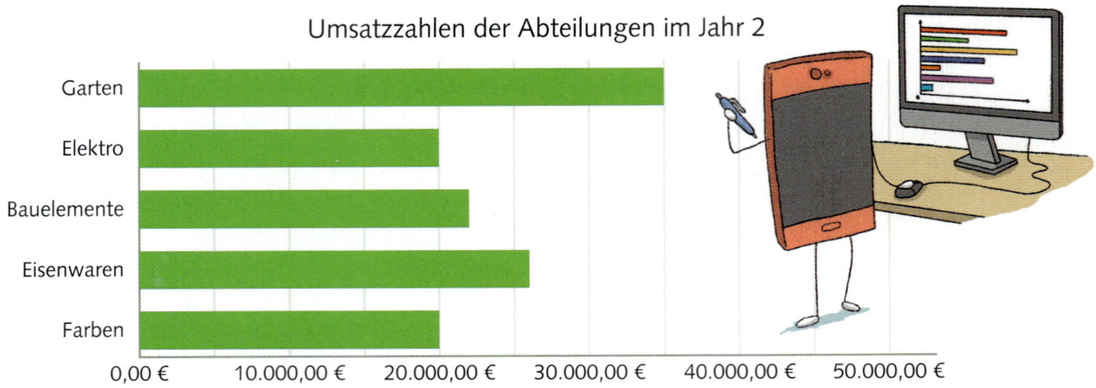

7.1.3 Kreis- und Tortendiagramm

Bei einem Kreisdiagramm wird ein Kreis in verschieden große Bereiche unterteilt. Je größer ein Bereich ist, desto größer ist der Anteil an der Gesamtheit. Kreisdiagramme eignen sich somit sehr gut, um prozentuale Anteile an einem Ganzen darzustellen. Bei einem Tortendiagramm werden die „Kuchenstücke" dreidimensional dargestellt.

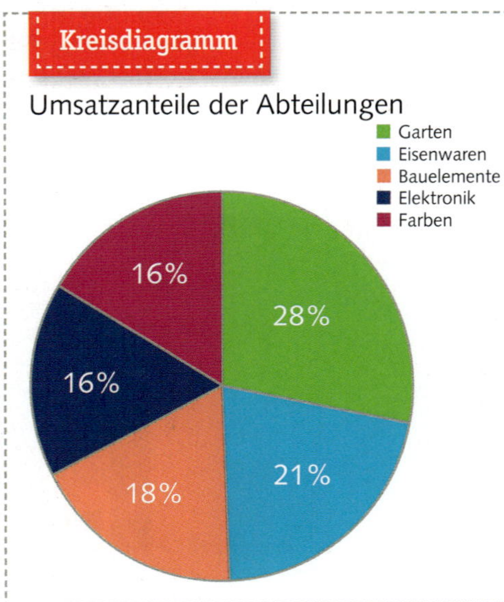

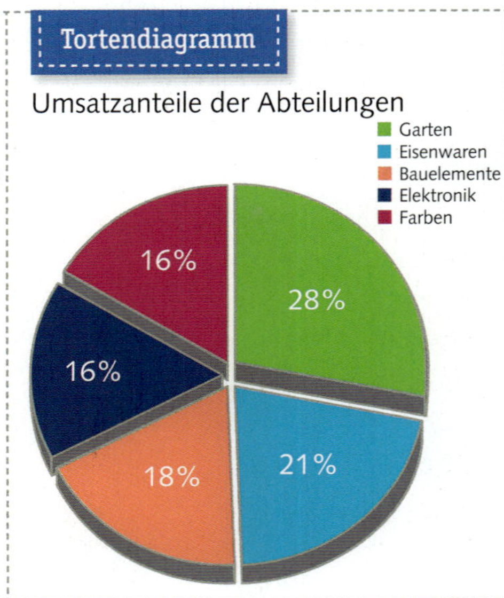

In dem Kreisdiagramm erkennt man sofort, welche Abteilungen die Hauptumsatzbringer sind und welche nicht. Wenn man die Anteile mit anderen Jahren vergleicht, kann man daraus Rückschlüsse auf Veränderungen ziehen.

7.2 Diagrammbeschreibung und -interpretation

Wenn man Diagramme beschreibt und interpretiert, sollte man nach den folgenden drei Schritten vorgehen:

1. Beobachtung: Benennung des Titels und der Achsen. Welche Aussage soll mit dem Diagramm vermittelt werden? Welche Daten werden hier gezeigt?
2. Beschreibung: Darstellung der wichtigen Inhalte des Diagramms. Was sieht man? Welche Werte sind besonders auffällig? Wo gibt es Abweichungen von den anderen Werten?
3. Interpretation: Erläuterung und Einschätzung der Daten. Warum haben sich die Daten so entwickelt? Welche Gründe könnten zu einer Veränderung der Daten geführt haben?

7.3 Erstellung von Diagrammen mithilfe einer Tabellenkalkulation

Diagramme erstellt man am einfachsten mithilfe eines Tabellenkalkulationsprogramms, wie z. B. Excel oder Numbers. Dazu geht man folgendermaßen vor, um z. B. ein Kreisdiagramm zu erstellen:

- Starten Sie das Programm Excel oder Numbers und öffnen eine neue Mappe/Tabelle.
- Geben Sie zunächst die Daten in das Tabellenkalkulationsprogramm ein. Dabei wird die Bezeichnung der Abteilungen in die erste Spalte eingetragen und die Umsatzzahlen in die zweite Spalte. Achten Sie bei den Umsatzzahlen darauf, dass Sie keine Tausenderpunkte, Eurozeichen oder Kommas eingeben.
- Markieren Sie nun mit gedrückter Linker Maustaste die gesamte Tabelle.

Excel

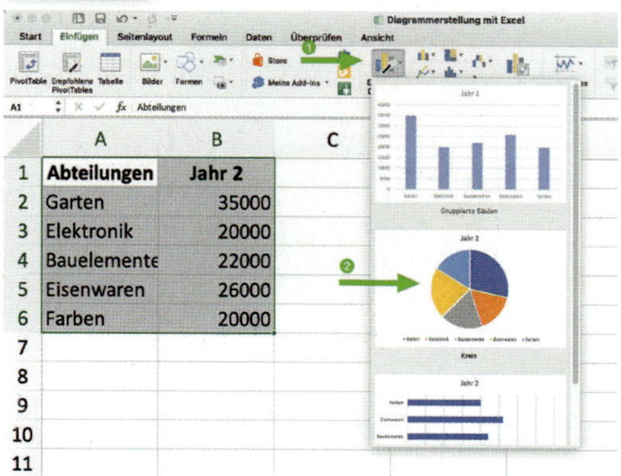

- Mit Excel wählen Sie im Register Einfügen in der Gruppe Diagramme „Empfohlene Diagramme“ aus (siehe 1).
- Wählen Sie dann das Kreisdiagramm aus (siehe 2).

Numbers

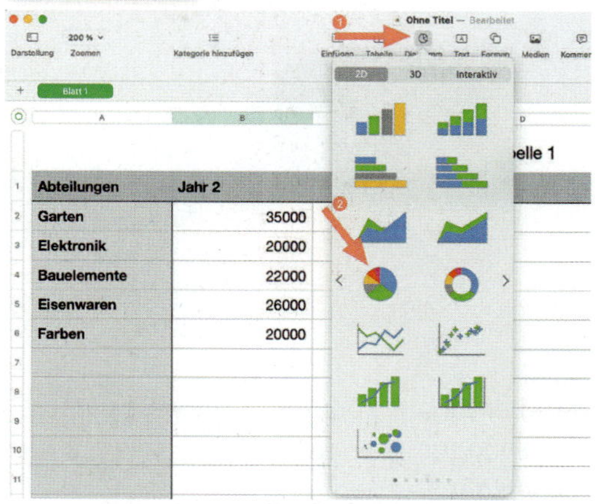

- Bei Numbers wählen Sie in der oberen Symbolleiste „Diagramm“ (siehe 1) aus und klicken dann auf das Symbol mit dem Kreisdiagramm (siehe 2).

Excel

In Ihrem Tabellenblatt erscheint nun das Kreisdiagramm, das Sie jetzt noch anpassen können:

- Machen Sie zunächst einen Doppelklick in den Titel und verändern diesen in: „Umsatzanteile der Abteilungen im Jahr 2" (siehe 1).

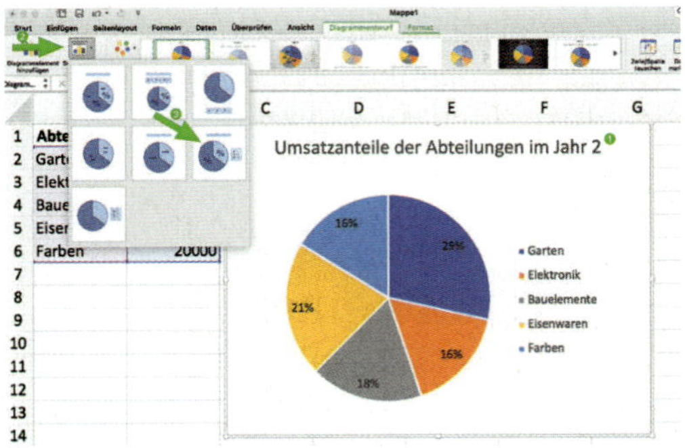

- In dem Register Diagrammentwurf können Sie unter der Schaltfläche „Schnelllayout" (siehe 2) auswählen, dass die Legende rechts neben dem Diagramm angezeigt wird und dass die Prozentsätze der Abteilungen in dem Diagramm erscheinen. Wählen Sie dazu Layout 6 aus (siehe 3).

Das fertige Diagramm sollte jetzt so aussehen:

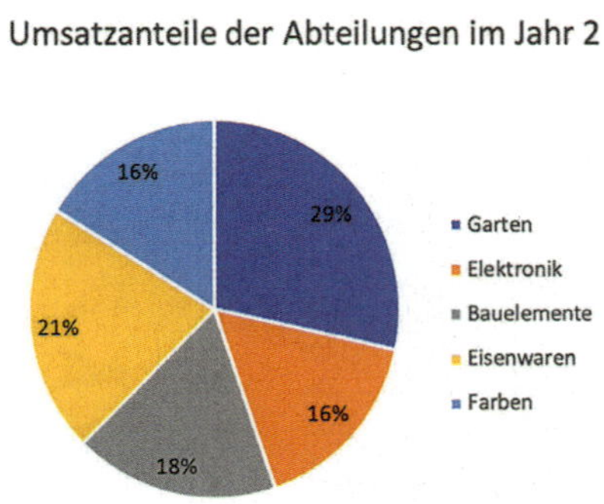

Darüber hinaus könnten noch viele weitere Einstellungen geändert werden, wie z. B. die Farben der Segmente etc.

Numbers

Machen Sie nun die folgenden Anpassungen:

- Klicken Sie in das Feld mit der Legende und verschieben Sie diese mit gedrückter Maustaste unter das Diagramm (siehe 1).

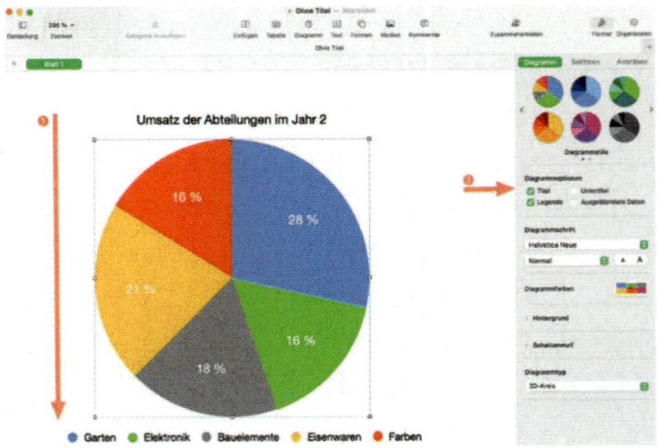

- Klicken Sie wieder in die Diagrammfläche und setzen Sie im rechten Menü unter Diagrammoptionen den Haken bei „Titel" (siehe 2). Verändern Sie den Titel, indem Sie in den Platzhalter klicken und „Umsatzanteile der Abteilungen der im Jahr 2" eingeben.

Das Diagramm sollte jetzt so aussehen:

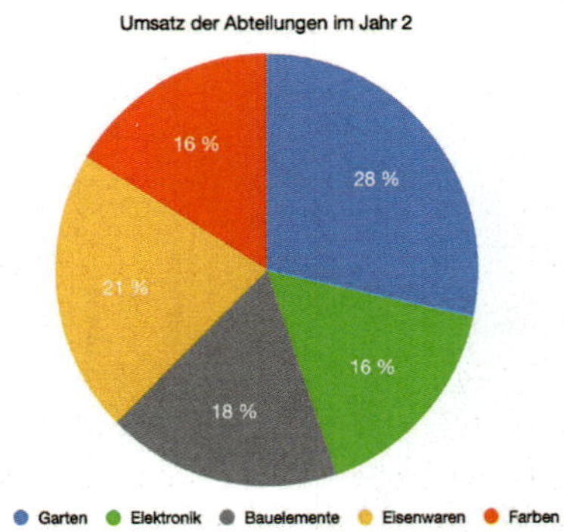

Auch in Numbers lassen sich weitere Einstellungen in dem rechten Seitenmenü verändern. Dazu muss aber immer das Diagramm angeklickt sein.

- Jetzt können Sie das Diagramm markieren, kopieren und in andere Dokumente, wie z. B. ein Textdokument oder eine Präsentation einfügen.

Exkurs: Zahlen lügen nicht?

Ein Zitat, das Winston Churchill zugesprochen wird, lautet: „Traue keiner Statistik, die Du nicht selbst gefälscht hast." Der Kerngedanke dahinter lautet, dass Statistiken und Diagramme oftmals verfälscht werden, um dem Leser eine bestimmte Meinung zu übermitteln. Deshalb gilt es, jede Statistik kritisch zu hinterfragen und auf ihren Wahrheitsgehalt hin zu überprüfen. Die folgende Vorgehensweise hilft dabei:

Tipp

Tipps für die Überprüfung von Statistiken

1. Überprüfen Sie die Quelle der Statistik. Manchmal werden Daten einfach erfunden, um ein bestimmtes Ziel zu erreichen. Deshalb ist es wichtig zu überprüfen, ob die Quelle tatsächlich existiert und ob diese vertrauenswürdig ist. Es sollte auch darauf geachtet werden, wie aktuell die Daten der Statistik sind. Sollten die Daten veraltet sein, ist der Nutzen der Statistik nur noch sehr begrenzt.
2. Überprüfen Sie die Wahl der Zeitachse. Ein beliebter Trick, um Zahlen besser aussehen zu lassen, ist es, einen Zeitraum auszuwählen, der nur positive Entwicklungen erkennen lässt. Das schlechte Jahr davor oder danach wird einfach ausgeblendet. Im linken Diagramm wurden z. B. die Jahre 2017 und 2010 weggelassen, so dass die Entwicklung der Umsatzzahlen positiver aussieht, als sie in Wirklichkeit war.

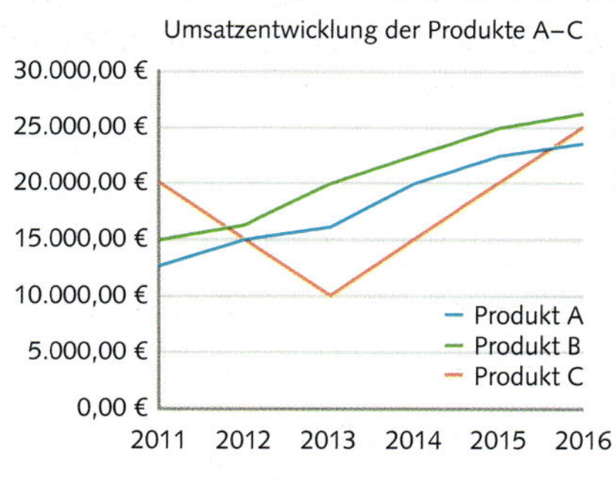

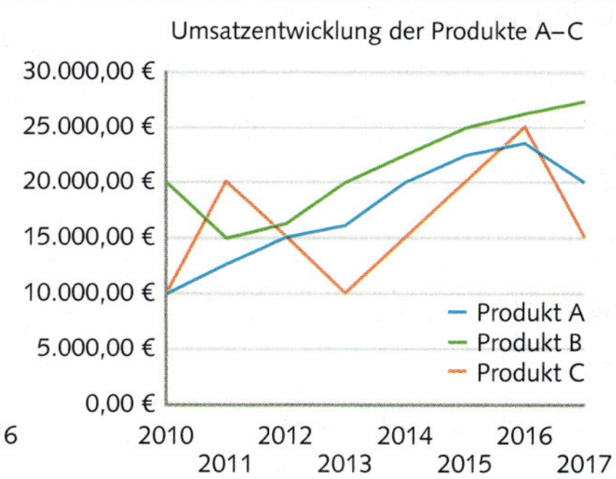

3. Überprüfen Sie die Darstellungsform des Diagramms. Im linken Beispiel sieht man auf den ersten Blick, dass es mit der Baumarkt KG nach oben geht. Auf den zweiten Blick erkennt man jedoch, dass die drei Säulen eigentlich nur sehr schlecht zu vergleichen sind. Denn es besteht kein direkter Zusammenhang zwischen der Höhe der Säule der Mitarbeiter und der Säule der Fläche oder des Umsatzes. Erst durch den Vergleich mit einem anderen Zeitraum wird das Diagramm aussagekräftig.

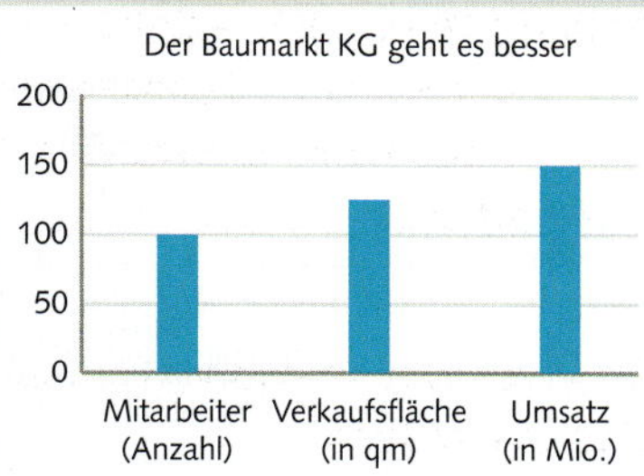

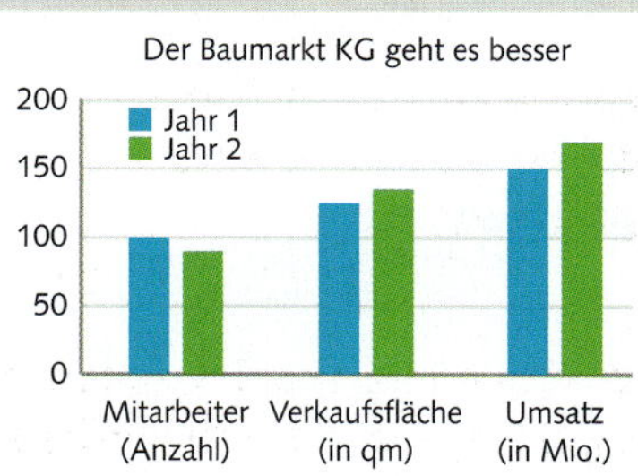

4. Überprüfen Sie den Maßstab des Diagramms. Durch die Wahl eines großen Maßstabs erscheinen kleine Veränderungen häufig dramatischer, als sie tatsächlich sind. Im linken Diagramm beginnen z. B. die Werte auf der Y-Achse nicht bei 0, sondern bei 9900. Tatsächlich betrug der Rückgang der Kundenfrequenz vom Jahr 2012 auf das Jahr 2013 nur 2 %. Durch die Vergrößerung des Maßstabs sieht die Veränderung aber erheblicher aus.

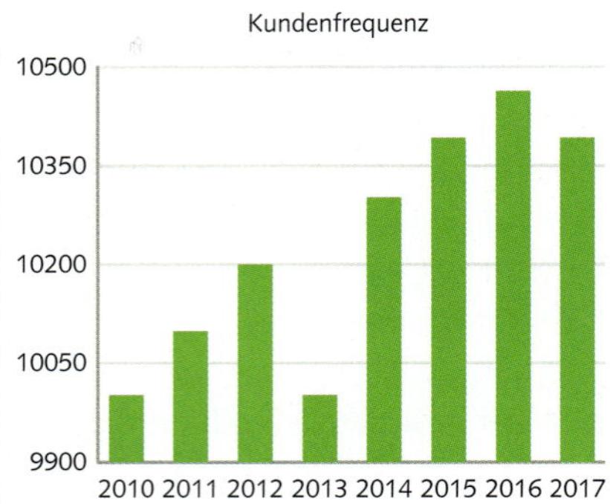

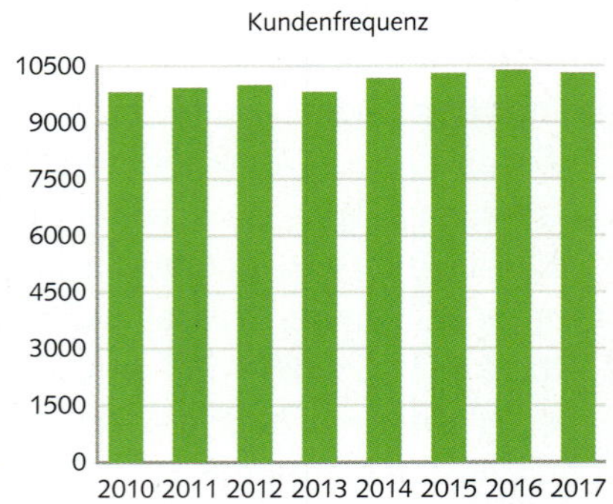

5. Überprüfen Sie Trends. Von einem Trend spricht man in der Statistik, wenn die Datenreihen über den Zeitverlauf kontinuierlich zu- oder abnehmen. Nicht immer lässt sich jedoch ein Trend in die Zukunft fortschreiben, auch wenn einem die Statistik dies verdeutlichen möchte. So ist die durchschnittliche Körpergröße der Westeuropäer in den vergangen hundert Jahren kontinuierlich gestiegen. Dennoch ist es höchst unwahrscheinlich, dass sie in den kommenden hundert Jahren eine Körpergröße von 2,50 m erreichen.

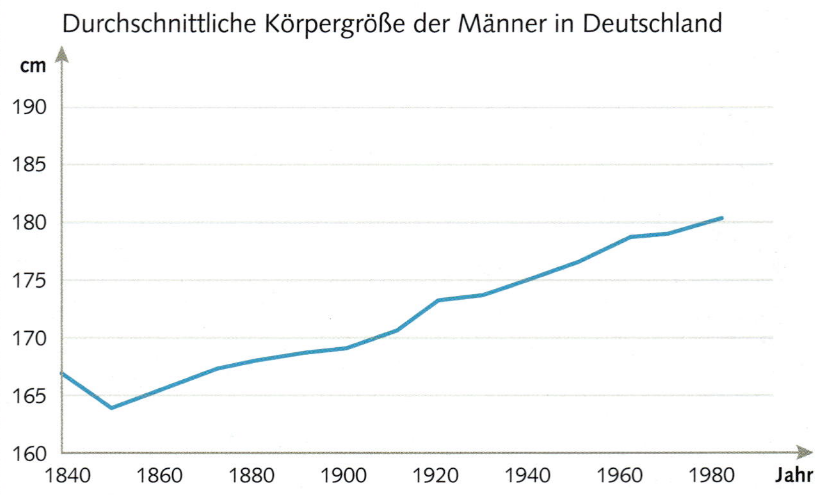

Quelle: Jörg Baten/Herman de Jong, Internationale Vergleiche in: Thomas Rahlf (Hrsg.): Deutschland in Daten, Zeitreihe zur historischen Statistik, Bonn, bis 1945: Deutsches Reich, bis 1980 Bundesrepublik Deutschland (alte Bundesländer)

Aufgaben

1. Warum sind Visualisierungen besser geeignet, um Zahlen- und Datenreihen zu veranschaulichen, als Text oder Tabellen?
2. Welche Diagrammart sollte in den folgenden Fällen verwendet werden, um die Daten gut zu visualisieren?
   a) Darstellung des Anteils der Warengruppen: Farben, Baustoffe, Metall und Elektronik am Gesamtumsatz des vorherigen Jahres
   b) Entwicklung des monatlichen Gesamtumsatzes von Januar bis Dezember des vergangenen Jahres
   c) Entwicklung der Monatsumsätze der Warengruppen: Farben, Baustoffe, Metall und Elektronik von Januar bis Dezember des vergangen Jahres
3. Beschreiben Sie das folgende Diagramm. Nutzen Sie dazu die drei Schritte der Diagrammbeschreibung und -interpretation!

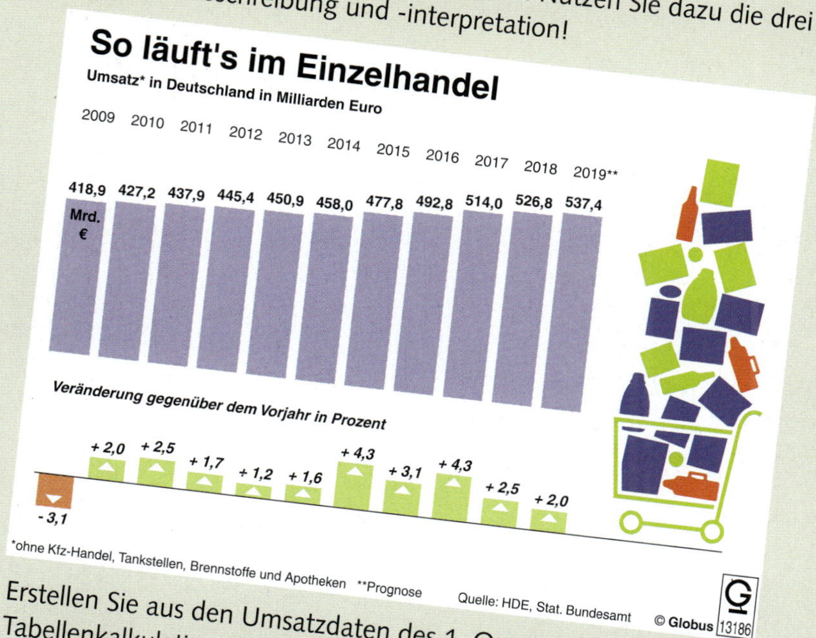

4. Erstellen Sie aus den Umsatzdaten des 1. Quartals der Baumarkt KG mithilfe einer Tabellenkalkulation folgende Diagrammarten:
   a) Ein Säulendiagramm, dass die Umsätze des ersten Quartals aller Abteilungen verdeutlicht.
   b) Ein Liniendiagramm, dass die Entwicklung der Umsätze des ersten Quartals nur in der Gartenabteilung verdeutlicht.
   c) Ein Kreisdiagramm, dass nur die Umsätze des Januars aller Abteilungen verdeutlicht.

Abteilung	Umsatz in EUR Baumarkt KG 1. Quartal			
	Januar	Februar	März	April
Garten	2.000,00	4.000,00	10.000,00	20.000,00
Elektronik	6.000,00	10.000,00	12.000,00	8.000,00
Bauelemente	5.000,00	5.000,00	5.000,00	5.000,00
Eisenwaren	10.000,00	8.000,00	6.000,00	4.000,00
Farben	5.000,00	6.000,00	4.000,00	7.000,00

Preispolitische Maßnahmen vorbereiten und durchführen

1. Die Bedeutung des Verkaufspreises kennenlernen
2. Den rechtlichen Rahmen der Preispolitik berücksichtigen
3. Die Handelskalkulation anwenden

LF 9

1 Die Bedeutung des Verkaufspreises kennenlernen

„Geiz ist geil" ist wohl einer der bekanntesten Werbeslogans der letzten Jahrzehnte. Dieser und der Erfolg der Discounter in Deutschland zeigen, wie wichtig die Preisgestaltung für den Erfolg eines Unternehmens ist. Auch die Wahrnehmung und die Erwartungen der Kunden hängen maßgeblich mit den aufgerufenen Preisen zusammen. Dieses Lernfeld stellt die verschiedenen Aspekte der Preisgestaltung und die Handlungsoptionen eines Einzelhändlers vor.

> Unter „Preispolitik" versteht man das „Bestimmen des Verkaufspreises".
>
> **Merke**

1.1 Einflussfaktoren der Preisgestaltung

Die Entscheidung, zu welchem Preis ein Produkt angeboten werden soll, ist eine der wichtigsten Entscheidungen, die ein Einzelhändler treffen muss. Ist der Artikel zu teuer, kaufen ihn zu wenige Personen. Ist der Artikel zu günstig, gelingt es nicht, mit den Umsätzen die Kosten zu decken, geschweige denn einen Gewinn zu erzielen.

Bei der Entscheidung für einen bestimmten Warenpreis spielen unterschiedliche Einflussfaktoren eine Rolle. Für einige Faktoren ist der Betrieb selbst verantwortlich (interne Einflussfaktoren), andere wiederum sind nicht vom Einzelhandelsunternehmen beeinflussbar (externe Einflussfaktoren). Jede preispolitische Maßnahme und jede Preisänderung, ob nun durch eine unternehmerische Entscheidung des Einzelhändlers selbst bewirkt oder durch externe Faktoren verursacht, wirkt sich also direkt oder indirekt auf den Umsatz und den Gewinn aus.

Die Preisbildung orientiert sich dabei an Modellen der Preistheorie. Diese Preistheorie ist ein Teilbereich der Volkswirtschaftslehre und beschreibt die Vorgänge der Preisbildung bei verschiedenen Marktformen bzw. Markttypen. Entscheidend ist dabei, wie die Konkurrenzsituation auf dem betrachteten Markt ausfällt und wie viel Marktmacht die einzelnen Anbieter besitzen.

1.1.1 Marktformen und Marktstruktur

Jeder kann mit dem Begriff „Markt" etwas anfangen. Verbinden wir den Begriff doch schon seit dem frühen Mittelalter grundsätzlich mit bestimmten Orten und kaufmännischen Ereignissen. Wir kennen alle den „Wochenmarkt", den „Flohmarkt", den „Fischmarkt" oder den „Großmarkt". Volkswirtschaftlich versteht man unter Markt allgemein jedes Zusammentreffen von Angebot und Nachfrage nach einem ökonomischen Gut, also einer Ware oder Dienstleistung. Aus diesem Aufeinandertreffen heraus entsteht grundsätzlich der Preis des Gutes.

Es gibt verschiedene Aspekte, um Märkte zu unterscheiden und um die Preisbildung wissenschaftlich zu erläutern. Wenn sich ein Markt beispielsweise in der Anzahl der Marktteilnehmer unterscheidet, erfolgt die Einteilung i. d. R. in die Klassifizierung: einer, wenige oder viele. Die Marktstruktur ist durch die Anzahl der sich auf einem Markt gegenüberstehenden Anbieter und Nachfrager charakterisiert. Kombiniert man dabei die Marktteilnehmer, ergeben sich folgende Marktformen:

Marktformen

Anbieter / Nachfrager	viele (griechisch: polys)	wenige (griechisch: oligos)	einer (griechisch: monos)
viele	Polypol (vollständige Konkurrenz)	Angebotsoligopol	Angebotsmonopol
wenige	Nachfrageoligopol	Oligopol	beschränktes Angebotsmonopol
einer	Nachfragemonopol	beschränktes Nachfragemonopol	Monopol

Beispiel: *Auf einem großen Stadtteil-Wochenmarkt haben mehr als zehn Obsthändler und Direktvermarkter ihre Stände aufgebaut, außerdem findet man dort drei Blumenhändler und einen Fischstand. Es herrscht reger Besucherandrang. Bezogen auf das Angebot an Äpfeln und Bananen stehen sich viele Nachfrager und viele Anbieter mit jeweils kleinen Marktanteilen gegenüber, hier kann man von einem Polypol sprechen.*

In einem Angebotsoligopol herrscht Wettbewerb zwischen wenigen Anbietern und vielen Nachfrager, das ist bei dem heutigen Blumenangebot auf dem Markt der Fall. Der Fischhändler ist dagegen als alleiniger Anbieter Monopolist.

Wie werden sich die Preise dieser unterschiedlichen Marktteilnehmer, insbesondere der Obsthändler, auswirken? Diskutieren Sie im Klassenverband, wie sich die Händler in Bezug auf die Preise verhalten werden.

Typische Marktform für den Einzelhandel ist – abgesehen von speziellen Märkten mit begrenzten Marktteilnehmern – die vollständige Konkurrenz (Polypol) oder das Angebotsoligopol. Bei vollständiger Konkurrenz ist der Einfluss des einzelnen Marktteilnehmers auf den Marktpreis gering. Nimmt er Preisänderungen vor, wirkt sich das auf die Mitbewerber nicht aus.

Beim Angebotsoligopol ist der Marktanteil eines Anbieters größer, seine Maßnahmen in Bezug auf den Preis beeinflussen auch die Mitanbieter, die vermutlich mit preispolitischen Gegenmaßnahmen reagieren, z. B. mit Preissenkungen oder Rabattaktionen.

1.1.2 Einflussfaktoren auf die Preispolitik des Einzelhandels

Die Preispolitik befasst sich mit Entscheidungen und Maßnahmen, die die Preisvorstellungen des Einzelhändlers am Markt durchsetzen sollen. Die Preisfestlegung ist von verschiedenen Einflussfaktoren abhängig. Einerseits muss das Einzelhandelsunternehmen die Zielsetzungen der Unternehmens- und der Marketingpolitik berücksichtigen und mögliche staatliche Rechtsvorschriften beachten, andererseits sind unternehmensinterne und -externe Faktoren von Bedeutung. Unternehmensinterne Faktoren orientieren sich vor allem an den Kosten (kostenorientierte Preispolitik), externe Faktoren hingegen betrachten vor allem den am Markt realisierbaren Preis. Es wird dabei vor allem die Nachfrage und die Wettbewerbssituation beeinflusst, die Preispolitik ist nachfrageorientiert oder konkurrenzorientiert.

Die nachfolgende Übersicht veranschaulicht, welche Aspekte sich im Zusammenhang mit den einzelnen Einflussfaktoren ableiten lassen:

Interne Einflussfaktoren auf den Preis
- Bezugskosten
- Handlungskosten des Einzelhändlers
- Gewinnerwartung
- Betriebsform des Einzelhändlers
- Unternehmensziele

Externe Einflussfaktoren auf den Preis
- Mitbewerberpreise
- konjunkturelle Entwicklung
- Preisempfehlungen der Hersteller, Preisbindung
- Kundennachfrage und Kaufkraft
- Rechtsvorschriften
- Marktstruktur und Marktgesetze
- Standort

Der Markt ist der Ort, an dem Angebot und Nachfrage aufeinandertreffen.

Angebot
Auf dem Markt werden Güter durch verschiedene Anbieter zu einem möglichst hohen Preis zum Kauf angeboten. Dabei streben sie nach einer Gewinnmaximierung.

Markt

Nachfrage
Auf dem Markt versuchen die Nachfrager, ihre Kaufwünsche möglichst preisgünstig zu verwirklichen. Dabei streben sie nach einer Nutzenmaximierung.

Interne Einflussfaktoren

Das Einzelhandelsunternehmen hat nur Einfluss auf die internen Einflussfaktoren, die im Wesentlichen die Kostenseite beleuchten. Vor der Preisgestaltung ist somit eine Vielzahl von Fragen zu beantworten, die folgende drei Faktoren betreffen:

Interne Einflussfaktoren der Preisgestaltung

Fragen, die sich der Einzelhändler stellen muss	beeinflusster Faktor
• Wie teuer sind die Produkte, die ich verkaufe, im Einkauf? • Sind alle Kosten zur Ermittlung des Bezugspreises berücksichtigt? • Gibt es Möglichkeiten, die Bezugskosten zu senken?	Bezugspreis
• Wie hoch sind die Personalkosten? • Wie viel Personal benötige ich überhaupt? • Wie hoch sind meine regelmäßigen Betriebskosten? • Wie ist meine Verkaufsfläche gestaltet? • Wie viel Geld gebe ich für Werbung aus?	Handlungskosten
• Wie hoch soll der Gewinn sein? • Ist die Gewinnerwartung realistisch? • Ist Gewinnmaximierung mein wichtigstes unternehmerisches Ziel?	Gewinn

Externe Einflussfaktoren

Die externen Einflussfaktoren müssen vom Einzelhandelsunternehmen im Wesentlichen als gegeben hingenommen werden. Um aber umgehend auf Veränderungen dieser äußeren Faktoren mit Preisanpassungen oder anderen Maßnahmen reagieren zu können, sind Antworten auf folgende Fragen besonders wichtig:

Externe Einflussfaktoren der Preisgestaltung

Fragen, die sich der Einzelhändler stellen muss	Faktoren
• Was wollen (oder können) Kunden für ein bestimmtes Produkt bezahlen? • Wie ändert sich das Nachfrageverhalten meiner Kunden, wenn der Preis für ein Produkt erhöht/gesenkt wird? • Welche Kaufkraft haben meine Kunden, welches verfügbare Einkommen haben meine Kunden im Durchschnitt?	Kundennachfrage und Kaufkraft

Externe Einflussfaktoren der Preisgestaltung

Fragen, die sich der Einzelhändler stellen muss	Faktoren
• Wie ist die Preisgestaltung vergleichbarer Produkte meiner Mitbewerber einzuschätzen? • Wie sind die Marktmacht und das Angebot der Mitbewerber einzuschätzen (Marktformen des Angebots)? • Wie richte ich meine Preispolitik an den Mitbewerbern aus, wähle ich eine defensive oder offensive Preispolitik? • Sind mir verschiedene Formen der Preisstrategien bekannt, kann ich sie bei meinem Sortiment anwenden?	Mitbewerberpreise, Marktstruktur und Marktgesetze
• Wie ist die gesamtwirtschaftliche bzw. konjunkturelle Lage in meiner Region bzw. an meinem Standort? • Befindet sich die Wirtschaft in einer Phase des wirtschaftlichen Aufschwungs (Expansion) oder des Abschwungs (Rezession)? • Ist der Standort meines Einzelhandelsbetriebes besonders betroffen vom Konsumverhalten der Kunden?	konjunkturekke Entwicklung, Standort
• Verkaufe ich Bücher, Zeitschriften oder aber andere Artikel, der der Preisbindung unterliegen? • Sind die Preisempfehlungen des Herstellers unverbindlich oder verbindlich, sodass ich mich an diese Empfehlungen halten muss (Gesetz gegen Wettbewerbsbeschränkungen)? • Sind bei der Preisgestaltung die gesetzlichen Bestimmungen bzw. Rechtsvorschriften der Preisangabenverordnung (PAngV) bzw. des Gesetzes gegen den unlauteren Wettbewerb (UWG) berücksichtigt?	Rechtsvorschriften; Preisbindung

1.1.3 Preispolitische Maßnahmen

Aus den verschiedenen Einflussfaktoren ergeben sich im Wesentlichen drei Ansatzpunkte für die Preisbildung: die kostenorientierte Preisbildung, die nachfrageorientierte Preisbildung und die konkurrenzorientierte Preisbildung.

Kostenorientierte Preisbildung

Vom Einzelhändler sind verschiedene Kosten zu tragen. Zum einen muss er die Ware zuerst selbst kaufen, dann erst kann er sie weiterverkaufen. Zum anderen existieren Handlungskosten. Beispiele für Handlungskosten sind Personalkosten, die Miete oder Pacht für das Ladenlokal, Energiekosten, Kosten für Werbung oder die Entsorgungskosten.

Bei der kostenorientierten Preisbildung wird der Preis so gesetzt, dass alle Kosten gedeckt werden und ein Gewinn erzielt wird. Das ist aber nicht immer so einfach. Schließlich weiß ein Einzelhändler nicht, wie viele Artikel er in einem Monat verkaufen wird. Die Absatzzahlen müssen hier also aufgrund von Erfahrungswerten geschätzt werden.

Die Selbstkosten, also die Kosten für den Einkauf des Artikels zuzüglich der Handlungskosten, stellen die Preisuntergrenze für den Einzelhändler dar. Ein noch niedrigerer Preis würde bedeuten, dass das Unternehmen Verluste erwirtschaftet. Rechnet man dann noch den kalkulierten Gewinn und die Umsatzsteuer hinzu, erhält man den Bruttoverkaufspreis. Zur Preisermittlung dient das Kalkulationsschema, bei dem alle Kosten berücksichtigt sind. Die genauere Untersuchung der Kosten eines Einzelhandelsunternehmens ist Aufgabe der Kostenrechnung.

Handlungskosten sind alle Kosten, die nicht direkt mit dem Einkauf der Ware zusammenhängen, sondern mit dem Unternehmen selbst.

Merke

LF 11

Wählt der Unternehmer diese Art der Preisbildung, kann er allerdings nicht sicher sein, ob sich seine Produkte am Markt zu den jeweils kalkulierten Bruttoverkaufspreisen verkaufen lassen, da seine kalkulierten Preise nicht nur vom eigenen Angebot abhängen, sondern auch von den Angeboten der Mitbewerber und natürlich von der Nachfrage.

Konkurrenzorientierte Preisbildung

Kunden vergleichen häufig Preise und bevor sie einen Artikel kaufen, stellen sie sich erst die Frage: „Wo ist dieser Artikel am günstigsten zu erwerben?"

Der Einzelhändler versucht in der Regel, der günstigste zu sein oder zumindest den gleichen Preis wie die Konkurrenz bzw. die Mitbewerber anzubieten. Einen höheren Preis als die Mitbewerber kann nur durchsetzen, wer einen Zusatznutzen oder Service anbieten und diesen auch kommunizieren kann.

Sind die Preise der Konkurrenz das wichtigste Entscheidungskriterium bei der Festlegung des Preises, spricht man von konkurrenzorientierter Preisbildung. Diese Art der Preisbildung ist insbesondere bei folgender Marktsituation gegeben:

- die angebotenen Waren sind bei allen Mitbewerbern gleich oder sehr homogen
- die Zahl der Anbieter, also der Mitbewerber ist groß, evtl. gibt es einen Marktführer.

„Mitbewerber" und „Konkurrenz" werden als Begriffe sehr ähnlich verwendet. „Mitbewerber" verfolgen den fairen Handel, bei „Konkurrenten" steht der Verdrängungswettbewerb im Fokus.

Merke

So bieten z. B. alle Discounter Grundnahrungsmittel wie Mehl, Milch, Butter oder Nudeln zum günstigsten Preis an. Einzelhändler werben auch gerne damit, der Günstigste zu sein. Aber auf Märkten mit sehr ähnlichen oder homogenen Gütern ist der Entscheidungsspielraum für die Preisfestlegung nur sehr gering. Meist sind sogenannte Branchenpreise vorherrschend, an denen man sich orientiert, sodass auf einen zu harten Preiskampf aufgrund eines ruinösen Wettbewerbs verzichtet wird.

Nachfrageorientierte Preisbildung

© Sauthoff-Böttcher

Kunden haben für Ihre Einkäufe häufig nur einen bestimmten Geldbetrag zur Verfügung. Zudem sind sie oft auch nur bereit, einen bestimmten Preis für ein bestimmtes Produkt zu bezahlen.

Bei der nachfrageorientierten Preisbildung versucht der Einzelhändler den Preis zu nehmen, den Kunden gerade noch bereit sind zu bezahlen. Dabei spielen die Kosten des Händlers eine untergeordnete Rolle.

So ist z. B. der Preis für ein exklusives Smartphone nur deshalb so hoch, weil es Konsumenten gibt, die bereit sind, dafür so viel Geld zu bezahlen. Hier spielt für den Kunden das Verhältnis von Kosten und Nutzen, die Qualität und das Image des jeweiligen Produktes, die damit verbundenen Serviceleistungen sowie Testbeurteilungen eine große Rolle bei der Kaufentscheidung. Die Kosten für die Produktion liegen bei manchen Produkten deutlich niedriger. Es gibt aber auf der anderen Seite auch Produkte, bei denen der Kunde nicht bereit ist, einen hohen Preis zu bezahlen. Dies ist in Deutschland sehr häufig bei Lebensmitteln, insbesondere den Grundnahrungsmitteln, der Fall. Welche Preisvorstellungen Kunden haben, sollte auf jeden Fall durch Marktforschungsuntersuchungen überprüft werden.

Die maximale Zahlungsbereitschaft der Kunden stellt für den Einzelhändler die Preisobergrenze dar. Ein noch höherer Preis würde dazu führen, dass das Unternehmen für den entsprechenden Artikel keine Käufer mehr findet.

1.2 Das Modell der Marktpreisbildung durch Angebot und Nachfrage

Auf einem Markt treffen das Angebot der Händler und die Nachfrage der Kunden zusammen.

Anbieter können und wollen ein Produkt nur zu einem bestimmten Preis anbieten. So kann z. B. ein Lebensmittelgeschäft einen Liter Milch nicht unter 0,70 EUR anbieten. Wäre der Preis noch günstiger, dann müsste der Händler unter dem Selbstkostenpreis verkaufen. Aber zum Preis von 0,70 EUR kann nur eine Sorte Milch angeboten werden. Zu einem Preis von 0,90 EUR wären dagegen schon drei verschiedene Anbieter bereit, Milch zu verkaufen. Bei einem Preis von 1,50 EUR pro Liter gäbe es eine sehr große Anzahl von Molkereien, die Milch zu diesem Preis verkaufen würden. Je höher also der Preis ist, umso besser ist es für die Unternehmen. Daher wird es bei einem hohen Preis mehr Molkereien geben, die ein Produkt anbieten und/oder herstellen. Dieser Sachverhalt lässt sich durch ein Koordinatensystem darstellen. Auf der X-Achse wird die Menge angegeben, auf der Y-Achse der Preis:

Angebotskurve

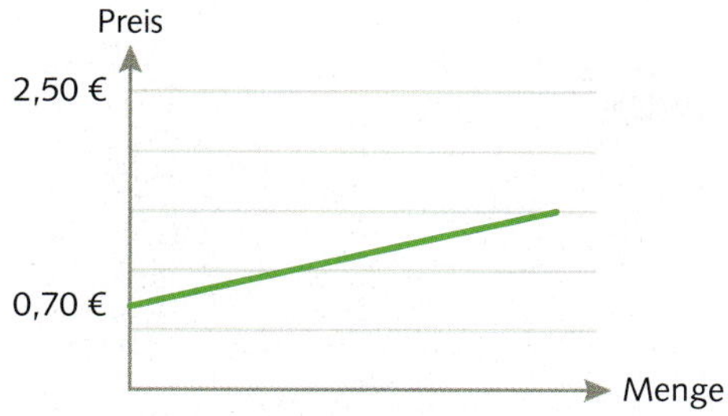

Für die Nachfrager ist es hingegen besser, wenn der Preis möglichst niedrig ist. Bei einem niedrigen Preis werden mehr Menschen ein Produkt kaufen als bei einem hohen Preis. Ist der Preis zu hoch, kaufen immer weniger Kunden ein Gut und weichen gegebenenfalls auf Alternativprodukte aus.

Bei einem Preis von 0,70 EUR pro Liter Milch würden also sehr viele Kunden Milch kaufen, bei einem Preis von 1,50 EUR schon weniger und bei 3,00 EUR pro Liter würden die Kunden vermutlich vollständig auf Milch verzichten. Bei einem Preis von 0,00 EUR, wenn ein Produkt also verschenkt werden würde, würden Kunden genau so viel abnehmen, wie sie lagern und verzehren können. Diese Menge wird als Sättigungsmenge bezeichnet.

Nachfragekurve

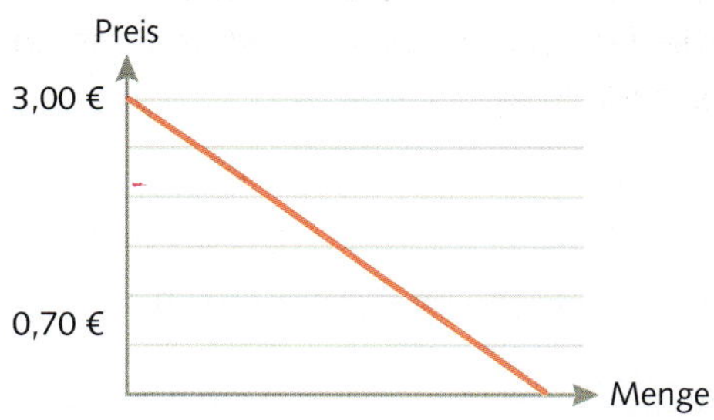

Die unterschiedlichen Interessen von Kunden, also den Nachfragen, und den Verkäufern, also den Anbietern, werden auf einem Markt ausgeglichen. Es entsteht im Idealfall ein Gleichgewicht.

Gleichgewichtspreis bedeutet in dem oben beschriebenen Fall, dass die Menge der zu diesem Preis angebotenen Milch genau der Menge Milch entspricht, die auch nachgefragt wird. Die Nachfrage wird befriedigt, das Angebot kann abgesetzt werden, das könnte z. B. bei einem Milchpreis von 1,25 EUR der Fall sein.

Liegt der Preis über 1,25 EUR, wird mehr Milch angeboten, als abgesetzt werden kann, die Anbieter werden den Preis senken. Liegt der Preis unter dem Gleichgewichtspreis von 1,25 EUR, übersteigt die Nachfrage das Angebot, die Käufer werden einen höheren Preis bezahlen müssen. Daraus lassen sich die Begriffe Konsumenten- und Produzentenrente ableiten.

Ist ein Konsument (Nachfrager) bereit, für einen Liter Milch auch 2,25 EUR zu zahlen, dann bezeichnet man die Differenz von 1,00 EUR als Konsumentenrente. Es ist der Geldbetrag, der sich für den Konsumenten als finanzieller Vorteil ergibt, weil er die Ware billiger als erwartet erhalten hat.

Die Produzentenrente ist demgegenüber die Differenz, die sich ergibt zwischen dem niedrigsten Preis, zu dem ein Anbieter eine Ware gerade noch anbieten würde, und dem tatsächlichen Marktpreis.

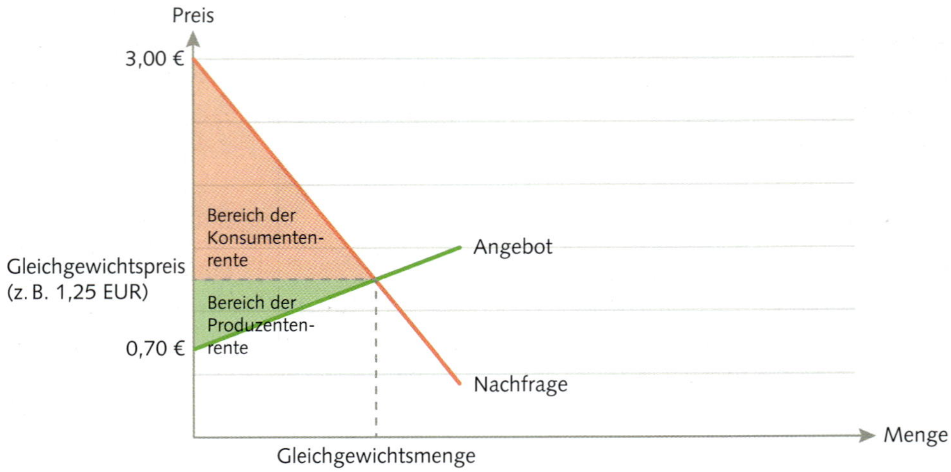

Beispiele: *Ein Küchenchef ist bereit, für seine Menüs 20 Stück „gute Butter" im Preis von 2,50 EUR zu erwerben. Im Großmarkt kosten sie aber nur 1,50 EUR. Die Preisdifferenz multipliziert mit der Menge ergibt die Konsumentenrente, in diesem Fall also 20,00 EUR. Eine Molkerei hat kalkuliert, aufgrund der Marktsituation 10.000 Stück Butter für 0,50 EUR/Stück anzubieten. Durch einen Streik der Milchbauern wird der Marktpreis kurzfristig auf 0,70 EUR angehoben. Die Produzentenrente beträgt für diese Butterlieferung 10.000 × 0,20 EUR = 2.000 EUR.*

Grundsätzlich stellt sich die Frage, warum es in der Realität verschiedene Preise für Milch, Butter oder andere Güter gibt. Das liegt daran, dass dem Modell einige Annahmen zugrunde gelegt werden, die in der Realität nicht immer zutreffen:

- Milch gibt es in unterschiedlichen Qualitäten, Herstellungs- und Produktarten. Es liegen also keine homogenen (gleichartigen) Güter vor.
- Der Verbraucher bevorzugt bestimmte Marken. Es liegen also persönliche Präferenzen (Vorlieben) vor, insbesondere wird häufig auf regionale Produkte geachtet.
- Der Verbraucher kennt nicht alle Preise. Es fehlt also an vollständiger Markttransparenz (Kenntnis aller Preise).

Nachfrageverhalten bei Veränderung der Preise anderer Güter

Der Preis eines Gutes verändert sich, wenn sich der Preis eines anderen Gutes verändert, sofern die beiden Güter in unmittelbarer Abhängigkeit zueinanderstehen. Dabei wird unterschieden zwischen Substitutions- und Komplementärgütern.

Substitutionsgüter können sich aufgrund des gleichen Nutzens gegenseitig ersetzen. Zur Befriedigung der Bedürfnisse können diese Güter alternativ nachgefragt werden. Beispiele hierzu sind Butter und Margarine,

Rindfleisch, Schweinefleisch und Geflügelfleisch, Reis und Nudeln, Zucker und Süßstoff. Preiserhöhungen bei der Butter führen zu einem erhöhten Absatz an Margarine, sofern diese nicht ebenfalls im Preis angehoben wird.

Komplementärgüter ergänzen sich und werden parallel nachgefragt bzw. nur gemeinsam mit anderen Gütern genutzt, z.B. Auto und Kraftstoff, Filterkaffee und Filterpapier, Schuhe und Schuhputzmittel, Füllfederhalter und Tinte. Eine langfristige Preisreduktion bei Filterkaffee erhöht die Nachfrage und das Angebot nach Kaffee; automatisch wird dann auch das Angebot an Filterpapier steigen.

Gründe für die Verhaltensänderungen bei Nachfragern und Anbietern

Sowohl die Nachfrage- als auch die Angebotssituation können sich ständig am Markt verändern. Dies führt zu Verschiebungen der Nachfrage- bzw. Angebotskurve und zur Veränderung des Gleichgewichtspreises. Wesentliche Einflussgrößen auf die Marktteilnehmer sind in der folgenden Tabelle zusammengefasst:

Einflussgrößen, die zur Verschiebung des Gleichgewichtspreises führen können

bei den Nachfragern	bei den Anbietern
• Preisveränderungen des angebotenen Gutes • verfügbares Einkommen (Kaufkraft) • Erwartung an die wirtschaftliche Entwicklung und Kaufkraft in der Zukunft • Anzahl der Nachfrager • Art der Bedürfnisbefriedigung (abhängig von Alter, Geschlecht, Beruf, Einkommen usw.)	• Preisveränderungen des angebotenen Gutes • Gewinnerwartung und Unternehmensziele • Produktionskosten • Preise Mitbewerber, Wettbewerbssituation • Stand der technischen Entwicklung • Prognose der wirtschaftlichen Entwicklung in der Zukunft

1.3 Preisstrategien

Kennt der Einzelhändler seine Einflussfaktoren, muss er sich für eine Strategie entscheiden und sich die Frage stellen: „In welchem Preissegment möchte ich verkaufen?"

Dies ist wichtig, weil die Kunden den Händler oft in ein bestimmtes Preissegment einordnen. Der Kunde weiß, dass Aldi in der Regel günstig ist und er im Apple Store hochpreisige Produkte erhält. Wichtigste Einflussgröße für die Wahl der Preisstrategie sind daher die Kunden. Sobald ein Einzelhändler weiß, wer voraussichtlich seine

Kunden sein werden, kann er eine Preisstrategie festlegen. Auch der Standort des Unternehmens, die damit verbundenen Kosten sowie die dort vorhandene Konkurrenzsituation sind bei der Wahl der Preisstrategie von Bedeutung.

Eine Entscheidung für eine preispolitische Strategie ist längerfristig angelegt, d. h. sie gilt nicht nur für ein Produkt zu einem Zeitpunkt sondern für alle Produkte und einen längeren Zeitraum.

Durchschnittspreisstrategie

Bei der Durchschnittspreisstrategie, auch als Mittelpreisstrategie bezeichnet, wählt der Einzelhändler eine mittlere Preislage oder orientiert sich am Marktführer. Der Händler will seine Produkte nicht zu teuer verkaufen. Er will aber auch nicht extrem günstig sein.

Beispiel: *Die Supermärkte, wie z. B. Edeka oder Rewe, verfolgen eine Durchschnittspreisstrategie.*

Vor allem nicht besonders exklusive Markenartikel, wie z. B. Rama oder Hohes C, werden oft zu durchschnittlichen Preisen angeboten.

Hochpreisstrategie

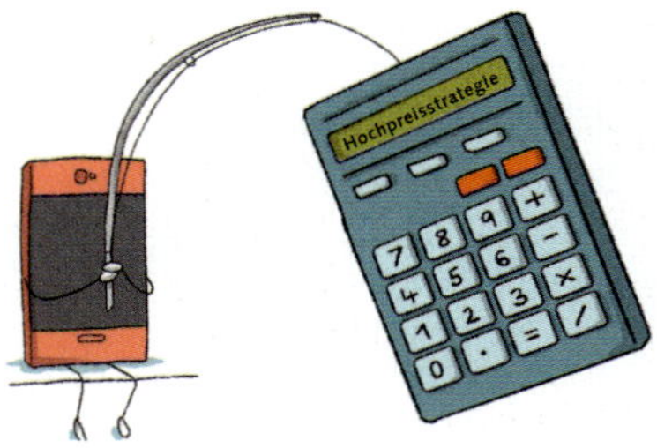

Bei der Hochpreisstrategie, auch als Premiumpreisstrategie bezeichnet, wählt ein Händler ein hohes Preisniveau. Dies kann er natürlich nur durchsetzen, wenn er besondere Produkte oder einen besonderen Service bietet. Die Ware muss eine sehr hohe Qualität oder Exklusivität aufweisen. Auch ein besonderes Image von Marken oder Geschäften führt zu einer hohen Zahlungsbereitschaft bei den Kunden.

Beispiel: *Gut sortierte Fachgeschäfte können in der Regel die Hochpreisstrategie nutzen. Zudem verfolgen bestimmte Marken wie Apple oder Dolce und Gabbana diese Strategie.*

Für den Händler hat diese Strategie den Vorteil, dass er eine hohe Marge erzielen kann und die Produkte exklusiv und edel wirken. Es besteht allerdings auch die Gefahr, dass Kunden durch einen zu hohen Preis abgeschreckt werden und ein qualitativ ähnlich gutes Produkt mit geringerem Preis bevorzugen.

Niedrigpreisstrategie

Bei der Niedrigpreisstrategie versuchen Händler, den Preis des Produktes so niedrig wie möglich anzusetzen. Dadurch soll eine möglichst große Kundenzahl angelockt werden. Die vielen Kunden sorgen für eine große Absatzmenge.

Beispiel: *Im Lebensmittelbereich nutzen Discounter wie Aldi, Netto, Penny oder Lidl diese Strategie.*

Unter die Niedrigpreisstrategie fällt auch die Strategie der Preisführerschaft. Dabei setzt ein Unternehmen mit einer gewissen Marktstellung einen Preis und andere Unternehmen folgen. So hat z.B. eine Milchpreissenkung von Aldi dazu geführt, dass andere Händler die Preise auch gesenkt haben.

Eine Gefahr dieser Strategie besteht darin, dass Kunden die Produkte aufgrund des niedrigen Preises als minderwertig einstufen oder die Erzeugung bzw. Herstellung des Produktes nicht mehr kostendeckend erfolgen kann, weil ein zu niedriger Preis diktiert wird.

Penetrationspreisstrategie

Bei der Penetrationspreisstrategie, auch als Marktdurchdringungsstrategie bezeichnet, wird ein Produkt mit einem niedrigen Preis auf den Markt gebracht. Ziel ist es dabei, nach der Einführung des neuen Produktes möglichst schnell einen hohen Marktanteil zu erlangen. Aus diesem Grund wird der Einführungspreis anfangs relativ niedrig angesetzt.

Durch einen niedrigen Einführungspreis kann ein Unternehmen schnell Marktanteile erlangen. Haben viele Kunden das Produkt ausprobiert und möchten es weiter nutzen, wird nun der Preis schrittweise angehoben.

Beispiel: *Ein Unternehmen aus der Backwarenbranche möchte einen neuen Schokokeks im Lebensmittel-Einzelhandel etablieren. In der Einführungsphase wird der Schokokeks zunächst sehr günstig für 0,99 EUR verkauft, damit möglichst viele Kunden ihn ausprobieren. Später wird der Preis in mehreren Schritten angehoben.*

Problematisch kann es für den Anbieter werden, wenn sich der Kunde an den niedrigen Preis gewöhnt hat und nicht bereit ist, mehr zu bezahlen. Gut funktioniert diese Marktdurchdringungsstrategie, wenn es bereits ähnliche oder qualitativ gleiche Produkte oder Waren zu höheren Preisen gibt.

Abschöpfungsstrategie

Bei der Abschöpfungspreisstrategie, auch als Skimmingstrategie bezeichnet, verhält es sich genau andersherum. Das Produkt wird mit einem hohen Preis auf den Markt gebracht. Kunden, die bereit sind, diesen Preis zu bezahlen, kaufen das Produkt. Nach einer Zeit wird der Preis gesenkt. Nun kaufen die Kunden das Produkt, die bereit sind den neuen Preis zu bezahlen, denen aber der erste Preis zu teuer war. Diese Preissenkung kann in mehreren Schritten erfolgen. Der Gewinn wird dabei von Preissenkung zu Preissenkung kleiner. Da aber so deutlich mehr Kunden angesprochen werden und in der Regel bereits ein großer Gewinn erzielt wurde, nimmt der Händler oder Hersteller dies in Kauf.

Beispiel: *So wird beispielsweise die Playstation zu einem Preis von ca. 600,00 EUR auf den Markt gebracht. Kunden, die bereit sind, 600,00 EUR zu bezahlen, kaufen sich die Playstation. Nach einigen Monaten wird der Preis auf z.B.*

499,00 EUR gesenkt. Nun kaufen die Kunden, die bereit sind diesen Preis zu bezahlen, denen aber 600,00 EUR noch zu teuer war. Nach weiteren Monaten wird der Preis nochmals gesenkt usw., bis die Playstation nach einigen Jahren für 249,99 EUR verkauft wird.

Diese Strategie funktioniert nur bei neuen, innovativen Produkten, die sonst kein anderer Händler oder Hersteller anbietet. Andernfalls würde ein Konkurrent versuchen, sich direkt über einen günstigeren Preis Marktanteile zu sichern. Meist ist die Lebensdauer der Produkte durch den technischen Wandel begrenzt, daher muss sich die Investition schnell amortisieren. Diese Form der Preisgestaltung findet man häufig in der Unterhaltungselektronik, in der Telekommunikation oder bei Autos.

Vorteilhaft ist, dass alle Kunden den Preis erzielen können, den sie maximal zu zahlen bereit sind, allerdings ist die technische Innovation des Produktes unter Umständen dann schon relativ veraltet.

Psychologische Preisfestlegung

© coonlight - stock.adobe.com

Preise sollen nicht immer günstig sein. Sie sollen aber in jedem Fall günstig wirken. Daher verwenden die meisten Einzelhandelsunternehmen gebrochene Preise. Diese Preise enden meist auf 99, 98 oder 95 und vermitteln den Eindruck, dass der Einzelhändler besonders knapp kalkuliert hat. Zudem verhindert der Einzelhändler damit, dass Preisschwellen überschritten werden. Eine Preisschwelle ist der Preis, bis zu dem ein Kunde das Produkt noch als günstig wahrnimmt.

Beispiel: *Im Lebensmitteleinzelhandel weisen die eingescannten Preise zu 70 % die Endziffer „9" auf, so z. B. Margarine zu 0,49 EUR, Orangensaft für 0,99 EUR oder Waschmittel für 4,99 EUR. Der Käufer gewinnt dadurch den Eindruck, dass der Anbieter wirklich alles bei seiner Kalkulation herausgeholt hat, um dem Kunden ein besonders günstiges Angebot zu unterbreiten. Im Einzelhandel für die Unterhaltungselektronik wird ein OLED-TV-Gerät für 999,00 EUR angeboten. Durch diesen gebrochenen Preis ordnet der Kunde den Fernseher eher dem 300,00 EUR-Bereich zu als dem 400,00 EUR-Bereich.*

Die Discounter-Kette „Euroshop" wirbt sogar mit ihrem Firmennamen, dass alle Artikel zu einem Euro zu erwerben sind. Das lockt Kunden erst einmal in den Laden, selbst wenn viele gar keine dringende Kaufabsicht haben.

Wenn Unternehmen fürchten, durch eine notwendige Preisanpassung die Preisschwelle zu überschreiten, die dann zu einem Umsatzrückgang führen könnte, wird nicht der Preis geändert, sondern es wird die Menge variiert. Dies wird gern auch als Mogelpackung bezeichnet. Beispiele sind Müsli- oder Spinat-Packungen, deren Inhalt – bei gleichem Preis – von 1000 g auf 750 g reduziert wird; Konfitüre,

© Verbraucherzentrale Hamburg

die bei gleichem Preis von 340 g auf 300 g verringert wird, Schokoriegel für Kinder (von 10 Riegel auf 8). Verbraucherzentralen informieren regelmäßig über die neusten Mogelpackungen.

Mischkalkulation

Hat ein Einzelhändler Artikel im Sortiment, bei denen die Kunden besonders empfindlich auf höhere Preise reagieren, kann er bei diesen Artikeln, auch als „Ausgleichsnehmer" bezeichnet, auf einen Teil oder sogar komplett auf den Gewinn verzichten. Dafür schlägt er bei anderen Artikeln („Ausgleichsgeber") etwas mehr auf, sodass er im Durchschnitt seinen gewünschten Gewinn erzielen kann. So wird häufig bei Zusatz- und Ergänzungsartikeln mit einer höheren Marge als beim Hauptartikel kalkuliert, da die Kunden in der Regel die Preise des Hauptartikels vergleichen.

1.4 Preisdifferenzierung

Unterschiedliche Preise für ein und dasselbe Produkt? In vielen Fällen kann das für einen Einzelhändler eine gute Strategie sein, um Kunden anzulocken und Gewinne zu maximieren. Der Fachmann spricht hier von Preisdifferenzierung. Dabei können verschiedene Unterscheidungsmerkmale als Grundlage für den unterschiedlichen Preis herangezogen – und auch kombiniert eingesetzt werden.

Regionale Preisdifferenzierung

Sind die Preise für ein Produkt an verschiedenen Orten unterschiedlich, wird dies als regionale Preisdifferenzierung bezeichnet. Dies kann daran liegen, dass die Kunden in bestimmten Regionen weniger Geld zur Verfügung haben (geringere Kaufkraft) und dementsprechend ein Produkt nur kaufen, wenn der Preis niedrig ist. Aber auch unterschiedlich hohe Kosten für Mieten in der City oder in Vororten sowie eine höhere Zahlungsbereitschaft z. B. an Flughäfen, an Veranstaltungs- oder Ausflugsorten können dazu führen, dass dort ein Produkt deutlich teurer ist.

Beispiel: *So kostet z. B. eine Hose in der gleichen Kette in Magdeburg weniger als in Düsseldorf oder die Cola im Flughafengebäude in einem Einzelhandelsgeschäft mehr als das Doppelte vom regulären Preis des gleichen Einzelhandelsbetriebes am Stadtrand.*

Personelle Preisdifferenzierung

Manche Personengruppen sind besonders preissensibel. Auszubildende, Studenten, Rentner, Schwerbehinderte und Schüler verfügen in der Regel über ein geringeres Einkommen. Um diese Gruppen trotzdem als Kunden gewinnen zu können, erhalten sie spezielle Rabatte. In der Regel ist ein Ausweis (z. B. Schülerausweis) als Nachweis für die Zugehörigkeit zu einer Gruppe vorzulegen.

Beispiel: *Auch für Handwerker oder Gewerbetreibende bietet der Fachhandel vergünstigt Waren an, ebenso erhalten Mitglieder von Vereinen oder Personen, die als Trainer oder Lehrer tätig sind, Rabatte. Inhaber von Kundenkarten erhalten auf bestimmte Warengruppen oder bei Aktionen Vergünstigungen bzw. einen Preisnachlass.*

Zeitliche Preisdifferenzierung

Zu manchen Zeiten sind bestimmte Waren nicht so sehr gefragt. Um trotzdem den Absatz dieser Waren zu fördern, wird der Preis in diesem Zeitraum gesenkt. So kann z. B. ein Rasenmäher im Winter oft günstiger eingekauft werden als im Sommer. Der Sommer- bzw. Winterschlussverkauf soll in der Textilbranche auch zum Absatz von Produkten führen, die in der kommenden Jahreszeit nicht mehr gebraucht werden oder die Lagerkapazitäten stark einschränken.

Beispiel: *Die „Happy Hour" soll Kunden früher in die Cocktailbar locken als dies ohne eine entsprechende Vergünstigung der Fall wäre.*

Mengenmäßige Preisdifferenzierung

Um den Kunden zum Kauf größerer Mengen zu verleiten, werden häufig bei der Abnahme von Großpackungen oder großen Mengen Staffelpreise angegeben. So versucht der Einzelhandel, den Absatz bestimmter Produkte zu fördern. Zudem werden damit auch Großabnehmer angelockt.

Eine Spezialform der mengenmäßigen Preisdifferenzierung sind Aktionen wie „Zwei zum Preis von Einem" oder „Drei zum Preis von Zwei".

Beispiel: *Baumärkte verkaufen zum Beispiel Brennholz bei Abnahme einer ganzen Palette günstiger. Der Stückpreis abgepackter Kleinteile wie z. B. Schrauben, Nägel oder Dübel sind in größeren Verpackungseinheiten wesentlich günstiger als kleine Einheiten. Bei Farben und Lacken ist das ähnlich.*

Sachliche Preisdifferenzierung

Oft reicht nur eine kleine Änderung am Produkt oder an der Verpackung, um einen anderen Preis rechtfertigen zu können. So zahlt man z. B. für Eintrittskarten zum selben Konzert oder zum selben Fußballspiel unterschiedliche Preise. Ein Sitzplatz mit bester Sicht ist teurer als ein Stehplatz unterm Tribünendach.

Auch im Einzelhandel ist eine Differenzierung üblich. Für ein fast gleiches Produkt, welches oft sogar vom gleichen Hersteller kommt, zahlt man deutlich mehr, wenn eine bekannte Marke auf der Verpackung steht, oder deutlich weniger, wenn es sich um eine Eigenmarke handelt. Qualitativ gibt es zwischen den Markenprodukten und den Eigenmarken von Aldi, Lidl, Penny usw. häufig nur geringe Qualitätsunterschiede, wie durch die Stiftung Warentest mehrfach bestätigt wurde.

Beispiel: *Schokoküsse der Eigenmarke kosten beispielsweise deutlich weniger als die Markenware, obwohl sie vom gleichen Hersteller stammen.*

1.5 Konditionen- und Rabattpolitik

Gerade bei größeren Artikeln fallen für den Kunden häufig weitere Kosten an. Hier setzt die Konditionenpolitik des Einzelhändlers an. Sie ergänzt die Preispolitik durch die Ausgestaltung kundenfreundlicher Vertragsbedingungen und beinhaltet Vereinbarungen zu den Lieferungsbedingungen, zu den, Zahlungsbedingungen, Garantie und Kulanz. Dabei stellen sich für die Händler in erster Linie folgende Fragen:

Unter „Konditionenpolitik“ werden alle Vereinbarungen zusammengefasst, die außer dem Preis Gegenstand von Verhandlungen sind.

Merke

- Ist die Lieferung im Preis enthalten?
- Biete ich dem Kunden eine 0 % – Finanzierung an?
- Gewähre ich dem Kunden Skonto bei Barzahlung?
- Biete ich zur gesetzlichen Gewährleistung eine zusätzliche Garantie an?

Die Gewährung von Rabatten ist für den Einzelhändler ein Instrument, um über den Preis seinen Absatz zu steuern. Dabei werden bereits bei der Kalkulation der Verkaufspreise Preisnachlässe eingeplant.

Eine oft angewandte Methode, den Kunden zum Kauf mehrerer zusammenhängender Produkte zu bewegen, ist die reine Preisbündelung. Dabei wird nur ein Gesamtpaket angeboten, der Erwerb eines Produktes ist nicht möglich, z. B. bei einem Hemd mit Krawatte. Bei der gemischten Preisbündelung können sowohl ein Gesamtpaket als auch die einzelnen Komponenten gekauft werden, z. B. bei einem Ski-Set, bestehend aus Skiern, Stöcken und Bindung. Die einzelnen Komponenten werden dabei bewusst teurer kalkuliert, während das Gesamtpaket vermeintlich günstiger mit einem Nachlass ausgepreist wird. Dadurch entsteht der Eindruck eines besonders günstigen Komplettangebotes, sodass fast ausschließlich das Set käuflich erworben wird.

Beim Couponing versuchen Unternehmen, Kunden durch Rabattgutscheine (Coupons), die in Zeitungen oder im Internet angeboten werden, als Kunden zu gewinnen.

Darüber hinaus bieten eine Vielzahl von Einzelhandelsunternehmen über sogenannte Cashback-Apps, über Punktesammelkarten oder Bonusprogramme, mit Stempelheften, Kundenclubkarten oder durch die klassischen Rabattmarken Vergünstigungen, Prämien oder sonstige materielle Belohnungen an. Diese Bonusprogramme sind ein wichtiges Instrument des Kundenbindungsmanagements und liefern wertvolle Kundendaten.

© kaufda.de

Das Prinzip der Bonusprogramme ist einfach, denn anhand von Werteinheiten (zum Beispiel Meilen, Geldprämien, Cash-Back) wird der Kunde für bestimmte Verhaltensweisen belohnt. Das funktioniert gut, denn Teilnehmer ändern ihr Kaufverhalten willentlich, um die damit verbundenen Vorteile nutzen zu können. So kaufen laut einer Untersuchung vom 2018 über 40 Prozent der Kunden häufiger in einem Geschäft ein, in dem sie auch am Bonusprogramm teilnehmen können, z. B. Payback, Deutschland Card, Ikea Family-Karte u. v. m.

Jeder Deutsche nimmt durchschnittlich an 4,6 Bonusprogrammen teil.

Bei den Rabatten werden folgende Rabattformen unterschieden:

© Jan Engel - stock.adobe.com

Rabattart	besondere Hinweise
Einführungsrabatt	Wird ein Produkt neu eingeführt, so wird es für einen Zeitraum zunächst mit einem Rabatt angeboten, um so schnell Neukunden zu gewinnen.
Auslaufrabatt	Läuft ein Produkt aus, fördert der Händler den Abverkauf durch Preisnachlässe, um so insbesondere die Lagerräumung zu erleichtern.
Mengenrabatt	Kauft ein Kunde eine gewisse Menge, erhält er einen Nachlass.

Rabattart	besondere Hinweise
Bonus	Der Kunde bekommt nachträglich (oft am Jahresende) eine Gutschrift oder eine Prämie bei einem bestimmten Umsatz (Naturalrabatt oder Sachprämie). Das Bonussystem ist meist gekoppelt mit einer Kundenkarte oder einem Bonusprogramm.
Personalrabatt	Mitarbeiter erhalten die Waren vom eigenen Arbeitgeber preisgünstiger.
Treuerabatt	Kunden, die bereits lange und/oder häufig bei einem Händler gekauft haben, erhalten Rabatt.
Couponing	Durch Rabattcoupons in Zeitschriften oder Postwurfsendungen sollen Kunden gewonnen oder zum Kauf bestimmter Artikel bewegt werden.

Die Rabattformen erinnern stark an die verschiedenen Möglichkeiten der Preisdifferenzierung. Der Vorteil hierbei ist aber, dass der ursprüngliche Preis für den Kunden sichtbar bleibt. So verhindert man z. B. bei Einführungsrabatten im Vergleich zur Penetrationspreisstrategie, dass der Kunde den günstigen Preis für den regulären Preis hält und sich im Nachhinein bei einer Preiserhöhung gegen den Kauf entscheidet.

Aufgaben

1. Erläutern Sie, welche Vor- und Nachteile sich durch die einzelnen Ansätze der Preisbildung (konkurrenz-, kosten- und nachfrageorientiert) ergeben.
2. Nehmen Sie zu folgendem Satz kritisch Stellung: „Langfristig müssen immer die Kosten bei der Preisbildung im Vordergrund stehen. Sonst macht das Unternehmen Verluste."
3. In Italien leben ca. 60 Millionen Einwohner. Diese könnten pro Tag 100 Millionen Kugeln Eis essen. Bei einem Preis von 3,00 EUR pro Kugel kauft kein Italiener mehr Eis. Eine Kugel Eis kann laut Auskunft der Eishersteller nicht unter 0,50 EUR verkauft werden. Bei einem Preis von 4,00 EUR würden die Eishersteller 150 Millionen Kugeln herstellen.
   a) Stellen Sie Angebot und Nachfrage in einem Koordinatensystem dar und bestimmen Sie so den Gleichgewichtspreis und die Gleichgewichtsmenge zeichnerisch.
   b) Begründen Sie, warum es in der Realität selten nur einen Preis für ein Gut gibt.
4. Finden Sie Beispiele aus der Realität für die oben im Kapitel erwähnten Preisstrategien.
5. Erstellen Sie eine Liste mit den verschiedenen Ausbildungsbetrieben in Ihrer Klasse!
   a) Beurteilen Sie, welche Preisstrategie die einzelnen Betriebe verfolgen.
   b) Überlegen Sie, was sich in Ihrem Betrieb durch eine andere Preisstrategie ändern würde.

Aufgaben

6. Nennen Sie Artikel, die typische Ausgleichsgeber und typische Ausgleichsnehmer im Rahmen der Mischkalkulation sind.
7. Begründen Sie, weshalb Einzelhändler die Mischkalkulation anwenden.
8. Begründen Sie, welche Preisstrategie Sie in folgenden Situationen empfehlen würden:
   a) Samsung bringt eine neue Smartwatch auf den Markt.
   b) Sie eröffnen einen Biomarkt, der auch eine Ernährungsberatung anbietet.
   c) Sie verkaufen in einem kleinen Ladenlokal im Eingangsbereich eines großen Verbrauchermarktes selbstgemachten Frischkäse und Antipasti.
   d) Sie eröffnen ein Modegeschäft, welches Restbestände und Überproduktionen verkauft.
   e) Ein großes Möbelgeschäft am Kamener Kreuz wird eröffnet.
   f) Sie eröffnen einen kleinen Supermarkt in einem größeren Dorf.
9. Begründen Sie, welche Art der Preisdifferenzierung hier sinnvoll ist:
   a) Ein Backshop am Bahnhof verkauft Kaffee meist zwischen 6:00 und 10:00 Uhr.
   b) Ein Backshop in Schulnähe stellt fest: es kaufen kaum Schüler bei uns ein.
   c) In einem Süßwarengeschäft in Unna kaufen hautsächlich wohlhabendere Kunden ein. Der Inhaber möchte aber auch Familien anlocken.
   d) In einem Gartenmarkt entsteht oft ein hoher Aufwand an der Kasse beim Kassieren vieler einzelner Blumen. 10er Träger wären schneller zu kassieren.
   e) Eine Boutique möchte eine weitere Filiale in Düsseldorf eröffnen. Dort sind sowohl die Mieten als auch die Zahlungsbereitschaft der Kunden hoch.
10. Erläutern Sie an folgenden Beispielen, welche Gefahren bei einer zu offensichtlichen Preisdifferenzierung existieren:
   a) Nutella und Nudossi haben laut Presse die gleichen Inhaltsstoffe.
   b) Um Schüler und Studenten anzulocken, senkt ein Geschäft die Preise. Diese Ermäßigungen gelten nicht für Stammkunden, diese kommen ohnehin wieder.
   c) Kurz vor Ladenschluss verkauft ein Einzelhandelsgeschäft jeden Tag Obst und Gemüse für den halben Preis.
11. Um welche Art der Preisdifferenzierung handelt es sich in folgenden Fällen:
   a) Ein Modegeschäft verkauft im September die Sommermode günstiger.
   b) Media-Markt verkauft Smartphones in Köln teurer als in Kiel.
   c) Ein Baumarkt verkauft Wandfarbe an Malerbetriebe günstiger.
   d) Ein Bäcker bietet das Brot vom Vortag für den halben Preis an.
12. Überlegen Sie, inwiefern Preisdifferenzierung für Ihren Ausbildungsbetrieb sinnvoll ist.
13. Finden Sie zu den jeweiligen Rabattarten jeweils ein Beispiel aus Ihrer Branche.
14. Beurteilen Sie, welche Rabattart vorliegt:
   a) Alle Angestellten eines Einzelhändlers erhalten 10 % Rabatt.
   b) Zum 20-jährigen Bestehen eines Einzelhändlers erhalten alle Kunden 25 % Rabatt, die bereits im ersten Jahr Kunde waren.
   c) Ein Modegeschäft bietet einen Einkaufsgutschein an, wenn ein Kunde mindestens 750,00 EUR Umsatz im Jahr gemacht hat.

2 Den rechtlichen Rahmen der Preispolitik berücksichtigen

Grundsätzlich können Geschäfte und Kunden in Deutschland die Inhalte ihrer Verträge frei bestimmen. In einigen Fällen wird diese Freiheit aber zum Schutz der Kunden eingeschränkt. LF 3

Die Preisgestaltung ist im Einzelhandel teilweise an komplizierte und detaillierte Rechtsnormen gebunden. Verstöße gegen diese Rechtsvorschriften sind unerlaubte Handlungen, die i. d. R. zu Schadenersatzansprüchen führen und in bestimmten Fällen auch strafrechtlich verfolgt werden.

2.1 Gesetzliche Regelungen bei der Preisgestaltung

Wichtige Rechtsbestimmungen zur Preisgestaltung finden sich unter anderem im Bürgerlichen Gesetzbuch (BGB), im Gesetz gegen den unlauteren Wettbewerb (UWG), im Gesetz gegen Wettbewerbsbeschränkungen (GWB) und in der Preisangabenverordnung (PAngV).

2.1.1 Wucherpreise

Den Begriff „Wucher" kennt sicher jeder. Klassische Beispiele dazu sind der überteuerte Zins, den ein Geldverleiher einem Kreditnehmer anbietet oder der Schlüsseldienst, der für die Leistung einer Türöffnung eine völlig überzogene Rechnung ausstellt. Die Sittenwidrigkeit von Rechtsgeschäften, die im § 138 BGB näher erläutert wird, bezieht sich bei der Preisgestaltung im Handel auf deutlich überhöhte Warenpreise, die unangemessen sind und eine Notlage ausnutzen.

So sind z. B. gemäß § 138 BGB Wucherpreise nicht erlaubt. Von einem Wucherpreis spricht man, wenn die Preise für ein Produkt deutlich überhöht sind.

§ **Bürgerliches Gesetzbuch (BGB)**

§ 138 Sittenwidriges Rechtsgeschäft; Wucher
(1) Ein Rechtsgeschäft, das gegen die guten Sitten verstößt, ist nichtig.
(2) Nichtig ist insbesondere ein Rechtsgeschäft, durch das jemand unter Ausbeutung der Zwangslage, der Unerfahrenheit, des Mangels an Urteilsvermögen oder der erheblichen Willensschwäche eines anderen sich oder einem Dritten für eine Leistung Vermögensvorteile versprechen oder gewähren lässt, die in einem auffälligen Missverhältnis zu der Leistung stehen.

Beispiel: *Verlangt z. B. ein Einzelhändler 5,00 EUR für eine Dose Cola, ist dies Wucher.*

2.1.2 Zu niedrige Preise oder falsche Preisnachlässe

Das Gesetz gegen den unlauteren Wettbewerb (UWG) dient dem Schutz von Mitbewerbern, Verbrauchern und sonstigen Marktteilnehmern vor unlauteren geschäftlichen Handlungen. Es schützt zugleich das Interesse der Allgemeinheit an einem unverfälschten Wettbewerb. Als unlauterer Wettbewerb wird ein regelwidriges und gegen die guten Sitten verstoßendes Verhalten von Unternehmen im Geschäftsverkehr verstanden; im Wettbewerbsrecht stellt es eine bestimmte Form des **Rechtsbruchs** dar.

Auch zu niedrige Preise sind nach dem Gesetz (§ 4 UWG) nicht gestattet, wenn sie dazu dienen, den Mitbewerber vom Markt zu verdrängen.

Weitere Inhalte des § 4 und § 4 a UWG sind unter anderem die gezielte Behinderung von Mitbewerbern, die Verunglimpfung und Herabsetzung von Mitbewerbern durch unwahre Behauptungen oder aggressive geschäftliche Handlungen.

Beispiel: *Der Getränkemarkt Gutdurst verkauft im Juli und August Erfrischungsgetränke unter dem Einkaufspreis, um so seinem Konkurrenten die letzten Kunden wegzunehmen. Er hofft auf höhere Gewinne, sobald der Konkurrent insolvent ist.*

2.1.3 Irreführende Angaben

Laut § 5 UWG sind zudem irreführende Angaben verboten.

§ **Gesetz gegen den unlauteren Wettbewerb (UWG)**

§ 5 Irreführende geschäftliche Handlungen
(1) Unlauter handelt, wer eine irreführende geschäftliche Handlung vornimmt, die geeignet ist, den Verbraucher oder sonstigen Marktteilnehmer zu einer geschäftlichen Entscheidung zu veranlassen, die er andernfalls nicht getroffen hätte. Eine geschäftliche Handlung ist irreführend, wenn sie unwahre Angaben enthält oder sonstige zur Täuschung geeignete Angaben über folgende Umstände enthält:

1. die wesentlichen Merkmale der Ware oder Dienstleistung wie Verfügbarkeit, Art, Ausführung, Vorteile, Risiken, Zusammensetzung, Zubehör, Verfahren oder Zeitpunkt der Herstellung, Lieferung oder Erbringung, Zwecktauglichkeit, Verwendungsmöglichkeit, Menge, Beschaffenheit, Kundendienst und Beschwerdeverfahren, geographische oder betriebliche Herkunft, von der Verwendung zu erwartende Ergebnisse oder die Ergebnisse oder wesentlichen Bestandteile von Tests der Waren oder Dienstleistungen;
2. den Anlass des Verkaufs wie das Vorhandensein eines besonderen Preisvorteils, den Preis oder die Art und Weise, in der er berechnet wird, oder die Bedingungen, unter denen die Ware geliefert oder die Dienstleistung erbracht wird;

...

4. Aussagen oder Symbole, die im Zusammenhang mit direktem oder indirektem Sponsoring stehen oder sich auf eine Zulassung des Unternehmers oder der Waren oder Dienstleistungen beziehen.

Beispiel: *Ein Supermarkt kennzeichnet seine Preise als Discountpreise, obwohl sie genauso hoch sind wie in einem Fachgeschäft.*

2.1.4 Preisabsprachen

Preisabsprachen sind wettbewerbswidrige und unzulässige Vereinbarungen zwischen Herstellern oder Händlern verschiedener Waren und Dienstleistungen, um für ihre Produkte Höchstpreise oder Mindestpreise zu erreichen und zu koordinieren. Unter Wettbewerbern getroffene Preisabsprachen sind grundsätzlich ebenso unzulässig wie Festlegungen hinsichtlich bloßer Preisbestandteile wie zum Beispiel von Rabatten. Ein derartiges Preiskartell stellt einen Verstoß gegen § 1 GWB (Gesetz gegen Wettbewerbsbeschränkungen) dar.

Beispiel: *Die zwei Lebensmittelhändler in einer Kleinstadt sprechen sich ab, dass sie Kaffee nicht unter 4,49 EUR pro Packung verkaufen und sich somit nicht gegenseitig angreifen.*

2.1.5 Preisauszeichnungsangaben

LF 5

Die Auszeichnung von Ware im Einzelhandel wird in Deutschland in erster Linie durch die Preisangabenverordnung (PAngV) geregelt.

© S. Simon

Die wichtigsten Grundsätze dieser Verordnung sind Preiswahrheit und Preisklarheit. Der angegebene Preis muss demnach stimmen und klar und verständlich sowie vergleichbar sein. Diese Auszeichnungspflicht soll es Verbrauchern ermöglichen, alle Preise einfach miteinander vergleichen zu können. Dabei kommen elektronische Preisetiketten im Lebensmittelhandel aufgrund der flexiblen Preisgestaltung immer mehr in Mode.

Daher sind die Einzelhändler grundsätzlich verpflichtet
- Endpreise inkl. Umsatzsteuer anzugeben und
- Grundpreise anzugeben (Preis für 1 kg oder 100 Gramm, 1 Liter oder 100 ml etc.)
- die handelsübliche Gütebezeichnung.

Zu den freiwilligen Angaben gehören
- Eingangsdatum
- Lieferanten- und Artikelnummer sowie
- Größe.

In wenigen Fällen sind Händler von dieser Pflicht befreit. Das ist zum Beispiel bei Waren, die im Rahmen von Werbevorführungen angeboten werden, der Fall. Auch Blumen, die unmittelbar vom Beet oder Gewächshaus verkauft werden, müssen nicht detailliert ausgezeichnet werden. Auch für Betriebe, deren Kunden ausschließlich Gewerbetreibende sind, gilt die Preisangabenverordnung nicht.

Die Einhaltung der Preisangabenverordnung wird vom staatlichen Amt für Gewerbeschutz überwacht.

2.2 Kennzeichnung von Lebensmitteln und Textilien

Seit 2014 gilt EU-weit die Lebensmittel-Informationsverordnung (LMIV). Sie liefert alle grundsätzlichen Kennzeichnungsvorschriften für fertig verpackte Lebensmittel (Fertigpackung). Wichtige Ziele der Lebensmittelkennzeichnung sind der Gesundheitsschutz der Verbraucher und der Schutz vor Irreführung.

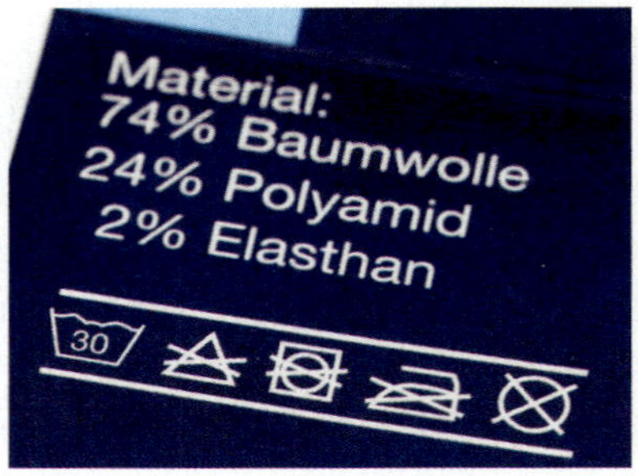

© blende11.photo – stock.adobe.com

Das Textilkennzeichnungsgesetz (TextilKennzG) schreibt vor, wie die Fasern, aus denen Textilien bestehen, gegenüber dem Verbraucher deklariert werden müssen. Die Textilkennzeichnung erfolgt meist in Form eines Etiketts am Produkt selbst und gibt Auskunft über die verarbeiteten Fasern. Diese eingenähten Etiketten kennt vermutlich jeder, denn darauf finden sich in der Regel auch die Wäschezeichen.

Kennzeichnung von Lebensmitteln und Textilien

Bei abgepackten Lebensmitteln muss u. a. angegeben werden	Bei Textilien muss angegeben werden
• Mindesthaltbarkeitsdatum oder Verbrauchsdatum • Zutatenverzeichnis • Allergenkennzeichnung • Hersteller/Verpackungsbetrieb • Verkehrsbezeichnung • Nährwertkennzeichnung	• Art und Gewichtsanteil der verwendeten Rohstoffe • Information über nichttextile Teile (z. B. tierische Bestandteile), sofern diese enthalten sind

Preisbindung und Preisempfehlung

Eine Preisbindung liegt vor, wenn der Verkäufer einer Ware oder Dienstleistung durch Rechtsvorschrift oder Vertrag mit einem Dritten gehalten ist, einen bestimmten Preis für seine Leistung zu vereinbaren. In Deutschland sind Preisbindungen mit der Änderung des Gesetzes gegen Wettbewerbsbeschränkungen (GWB) zum 1. Januar 1974 grundsätzlich für unzulässig erklärt worden. Einen Sonderfall stellen Produkte dar, die der Preisbindung unterliegen. Hier hat der Gesetzgeber festgelegt, dass bestimmte Erzeugnisse wie Bücher, Zeitschriften oder Tabakwaren nur zu einem bestimmten Preis verkauft werden dürfen. Dadurch soll ein Preiswettbewerb zwischen den Anbietern verhindert werden, unter welchem die Qualität der Produkte leiden könnte. Zudem können so auch Kaufanreize durch niedrige Preise vermieden werden.

Nicht zu verwechseln mit der gesetzlichen Preisbindung ist die unverbindliche Preisempfehlung. Sie wird bei vielen Artikeln angegeben, die online oder im Geschäft gekauft werden können, abgekürzt mit UVP/UPE. Eine UVP wird vom Hersteller eines Produkts festgelegt. Es handelt sich dabei um eine Empfehlung, zu welchem Preis ein Händler dieses Produkt an den Endverbraucher weiterverkaufen kann. Diese Empfehlung ist nicht verbindlich, das heißt, der Händler darf trotz der UVP frei entscheiden, zu welchem Preis er ein Produkt anbietet.

Die „Unverbindliche Preisempfehlung" wird von vielen Händlern als Werbemittel eingesetzt. Verkauft der Händler ein Produkt deutlich unter dem vom Hersteller angegebenen UVP, so wird diese Ersparnis für den Kunden gern betont. Daraus ergibt sich für die Kunden häufig ein stärkerer Kaufanreiz.

Aufgaben

1. Erläutern Sie folgende Begriffe:
   a) Grundpreis
   b) Endpreis
   c) Wucher
   d) Endverbraucher
   e) Preisklarheit
2. Gestalten Sie ein Preisschild für einen Artikel Ihrer Wahl. Achten Sie darauf, alle wesentlichen Angaben aufzuschreiben.
3. Oft werden in Großmärkten Nettopreise angegeben. Erklären Sie, weshalb dies kein Verstoß gegen die Preisangabenverordnung darstellt.
4. Geben Sie zwei Beispiele an, mit welchen Werbeaussagen oder geschäftlichen Handlungen ein Einzelhändler gegen das UWG verstößt.
5. Ein Florist hat in seinen Schaufenstern einige Beispiele für Dekorationen ausgestellt, zusätzlich eine Vielzahl von Accessoires. In allen Schaufenstern fehlen die Preise. Erläutern Sie, ob der Einzelhändler gegen die Preisangabenverordnung (PAngV) verstoßen hat.
6. Wer überwacht die Einhaltung der Preisangabenverordnung?
7. Ein Kunde möchte bei einem Hemd, das er in einer Boutique kaufen möchte, gern erfahren, ob es aus welchem Material gefertigt ist. Der Verkäufer behauptet, dass es aus reiner Baumwolle ist. Der Kunde bezweifelt das, aber er kann keine Informationen zu dem Hemd finden.
   a) Erklären Sie, gegen welches Gesetz wurde hier verstoßen wurde und was dieses Gesetz besagt?
   b) Auf dem Preisetikett am Hemd steht neben dem Preis das Kürzel UVP. Der Kunde möchte das Hemd gern kaufen, allerdings fragt er den Händler, ob es aufgrund des Sommerschlussverkaufs noch einen Rabatt gibt. Der Händler verneint diese Anfrage mit der Begründung, dass der Preis leider durch den Hersteller gebunden und dadurch kein Rabatt möglich sei. Was antworten Sie dem Händler (mit Kenntnis des GWB)?

3 Die Handelskalkulation anwenden

Ein guter Händler verkauft seine Waren teurer als er sie einkauft. Die Differenz zwischen Einkaufs- (bzw. Einstands- oder Bezugs-) und Verkaufspreis ist vereinfacht gerechnet sein Gewinn. Deshalb ist die Handelskalkulation das wichtigste Instrument-, mit dem ein Händler langfristig seine Existenz sichern kann. Verkauft er die Waren unter oder sogar genau zum Einkaufspreis, macht er Verlust und – würde langfristig aus dem Markt ausscheiden. Oberhalb seiner Kosten aber kann er im Prinzip jeden beliebigen Preis verlangen, den seine Kunden zu akzeptieren bereit sind. Der Händler muss sich also fragen, welche Preise er für seine Artikel verlangen möchte. Die Handelskalkulation hilft ihm dabei, den richtigen Preis zu ermitteln.

LF 8, Kap. 5.4

Es gibt drei Möglichkeiten, wie bei der Handelskalkulation vorgegangen werden kann:

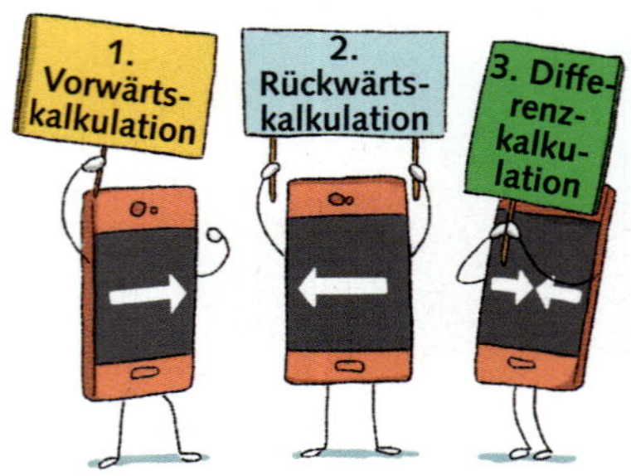

Vorwärtskalkulation

Im Rahmen der kostenorientierten Preisbildung orientiert sich der Händler an den Daten seiner letzten Handelskalkulation. Mithilfe der Vorwärtskalkulation kann, – ausgehend von einem gegebenen Bezugspreis, der Verkaufspreis berechnet werden, der den Gewinn maximiert. Das gelingt vor allem dann, wenn es nur wenige oder keine Konkurrenten auf dem Markt gibt.

gegeben: Bezugspreis → Vorwärtskalkulation → gesucht: Verkaufspreis

Rückwärtskalkulation

Die meisten Händler befinden sich - in aller Regel nicht alleine auf dem Markt. Deshalb würde ein Verkaufspreis, der über dem Preis der Mitbewerber liegt, dazu führen, dass die Kunden den Artikel bei der Konkurrenz kaufen. Der Händler orientiert sich bei der konkurrenzorientierten Preisbildung an den Preisen seiner Mitbewerber. Mithilfe der Rückwärtskalkulation kann er ausgehend von einem gewünschten (konkurrenzfähigen) Verkaufspreis errechnen, welchen Bezugspreis er von seinen Lieferanten benötigt, um den gewünschten Gewinn zu erzielen. Dies wird ihm immer dann gelingen, wenn er eine starke Einkaufsmacht hat.

gesucht: Bezugspreis ← Rückwärtskalkulation ← gegeben: Verkaufspreis

Differenzkalkulation

Bei der nachfrageorientierten Preisbildung geht man davon aus, dass die Kunden eine bestimmte Preisvorstellung von den verschiedenen Artikeln haben. Dabei werden einige Produkte entweder als „zu teuer" oder als „zu günstig" wahrgenommen. Ein Produkt ist in den Augen der Kunden „zu teuer", wenn das Preis-Leistungsverhältnis für ihn nicht stimmt. Andersherum ist ein Produkt „zu günstig", wenn die Qualität des Produktes in Frage gestellt wird. Die Folge ist, dass weder das „zu teure" noch das „zu günstige" Produkt gekauft werden. Somit wird der Preis auch von der Nachfrage bestimmt.

Da gerade kleinere Händler keinen Verhandlungsspielraum bei ihren Lieferanten haben, stehen diese vor der besonderen Herausforderung, dass sowohl der Verkaufspreis als auch der Bezugspreis für den Händler gegeben sind. Mithilfe der Differenzkalkulation kann er ermitteln, ob der Artikel noch genügend Gewinn abwirft. Das hilft ihm zu entscheiden, ob er einen Artikel im Sortiment belässt oder diesen lieber ausmustert, um einen anderen erfolgsversprechenderen Artikel aufzunehmen.

Differenzkalkulation

gegeben: Bezugspreis → gesucht: Gewinn ← gegeben: Verkaufspreis

3.1 Vorwärtskalkulation

Mit der Vorwärtskalkulation kann der Händler ausgehend von einem Bezugspreis einen möglichen Bruttoverkaufspreis kalkulieren. Dabei orientiert er sich vor allem an seinen Kosten und seiner Gewinnvorstellung. Zusätzlich muss er auch die Umsatzsteuer berücksichtigen.

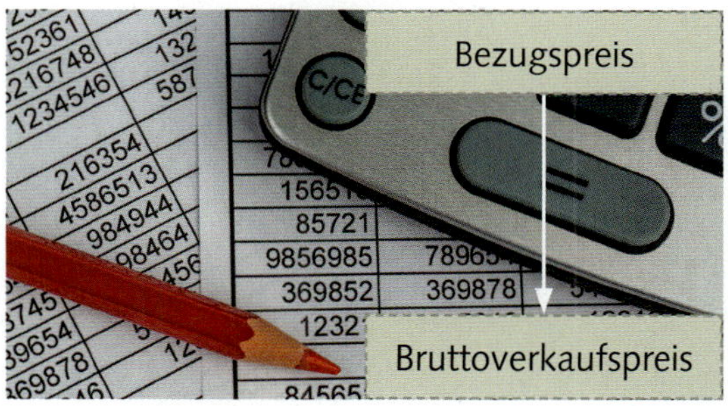

Beispiel: *Das Modehaus Bernert e. K. hat einen großen Posten Damenblusen zum Bezugspreis von 12,50 EUR pro Stück bei einem Lieferanten eingekauft. Die Chefin, Frau Bernert, beauftragt ihre Auszubildende Sibel Efe, die Blusen anhand der betriebsüblichen Vorwärtskalkulation zu kalkulieren und auszupreisen. Zu welchem Verkaufspreis sollen die Blusen im Geschäft angeboten werden? Dazu müssen der prozentuale Zuschlag für die Handlungskosten, der Gewinnzuschlag und der Umsatzsteuersatz bekannt sein.*

Um den Auszeichnungspreis einer Ware zu ermitteln, müssen drei Berechnungen durchgeführt werden: Zuerst muss der Selbstkostenpreis berechnet werden, anschließend der Nettoverkaufspreis und im letzten Schritt wird der Bruttoverkaufspreis berechnet.

Wurde die Vorwärtskalkulation durchgeführt, lässt sich der Erfolg des Warenverkaufs ermitteln, indem der Roh- und der Reingewinn berechnet wird.

3.1.1 Selbstkostenpreis

Um den Selbstkostenpreis zu berechnen, müssen zum Wareneinsatz die Handlungskosten addiert werden. Als Wareneinsatz werden im Handel alle Aufwendungen bezeichnet, die durch den Einkauf (zu Nettopreisen) der Ware entstehen. Das entspricht dem Bezugspreis inkl. der Bezugskosten, Lieferantenrabatten und Lieferantenskonti. Es handelt sich also um den Betrag, den der Händler seinem Lieferanten abzüglich der Umsatzsteuer überweisen muss.

LF 6, Kap. 2.2

Handlungskosten sind alle durch die handelsbetriebliche Tätigkeit anfallenden Kosten.

Merke

Würde der Händler die Waren nur zum Bezugspreis verkaufen, könnte er schon bald sein Geschäft schließen. Denn dann wäre er nicht mehr in der Lage, seine sonstigen Kosten, wie z. B. Personal, Ladenmiete, Strom und Werbung zu begleichen. Deshalb muss ein Händler diese sonstigen Kosten, die im Handel auch als Handlungskosten bezeichnet werden, mit einkalkulieren.

Der Selbstkostenpreis ist der Preis, bei dem der Händler sowohl den Bezugspreis (= Wareneinsatz) als auch die Handlungskosten deckt.

Merke

Zu den Handlungskosten gehören z. B. die folgenden Aufwendungen für:

- Miete
- Personal (Löhne/Gehälter, Ausbildungsvergütung sowie Lohnnebenkosten)
- Steuern, Abgaben und Versicherungsbeiträge
- Energie- und andere Sachkosten der Geschäftsräume
- Werbung und Telekommunikation
- den Fuhrpark (Abschreibungen)
- die Ladeneinrichtung und das Kassensystem (Abschreibungen)

Verkauft der Händler zum Selbstkostenpreis, macht er weder Gewinn noch Verlust. Für die Kalkulation verwendet man einen Handlungskostenzuschlagssatz in Prozent, der sich aus der Buchführung bzw. der Gewinn- und Verlustrechnung des vergangenen Jahres ergibt.

LF 8, Kap. 5.4

Beispiel: *Der Handlungskostenzuschlagssatz beträgt beim Modehaus Bernert e. K. für die Blusen 80 %. Das bedeutet, dass zum Bezugspreis noch zusätzlich 80 % Handlungskosten anfallen. Die Handlungskosten für eine Bluse mit einem Bezugspreis von 12,50 EUR betragen: 12,50 × 80 ÷ 100 = 10,00 EUR. Der Selbstkostenpreis für eine Bluse beträgt demnach: 12,50 EUR + 10,00 EUR = 22,50 EUR*

Bezugspreis	12,50 EUR
+	
Handlungskosten	12,50 EUR × 80 ÷ 100 = 10,00 EUR
=	
Selbstkostenpreis	12,50 EUR + 10,00 EUR = 22,50 EUR

3.1.2 Nettoverkaufspreis

Der Nettoverkaufspreis ist der Preis, der keine Umsatzsteuer enthält.

Merke

Ein Händler möchte nicht nur seine Kosten decken, sondern auch einen Gewinn erzielen, der über die Kosten hinausgeht. Deshalb wird zu dem Selbstkostenpreis ein Gewinnzuschlag addiert, der zu dem Nettoverkaufspreis führt.

Wenn man noch keine Vorstellung hat, wie hoch der Gewinn sein soll, kann man sich an den Vorjahreswerten orientieren, die man aus der Gewinn- und Verlustrechnung entnehmen kann. Dazu ermittelt man einen sogenannten Gewinnzuschlagssatz, der mit dem Selbstkostenpreis verrechnet wird.

LF 8, Kap. 5.4

Beispiel: *Der Gewinnzuschlagssatz des Modehauses Bernert e. K. ist bei den erworbenen Blusen mit 10 % festgelegt worden. Deshalb ergibt sich rechnerisch ein Gewinnzuschlag von 22,50 EUR × 10 ÷ 100 = 2,25 EUR. Dadurch beträgt der Nettoverkaufspreis 22,50 EUR + 2,25 EUR= 24,75 EUR*

Selbstkostenpreis	22,50 EUR
+	
Gewinnzuschlag	22,50 EUR × 10 ÷ 100 = 2,25 EUR
=	
Nettoverkaufspreis	22,50 EUR + 2,25 EUR = 24,75 EUR

Ein erwerbswirtschaftlich orientierter Unternehmer wird versuchen, seinen Gewinn zu maximieren, indem er einen möglichst hohen Gewinnzuschlag ansetzt. Allerdings werden die Preise der Konkurrenten sowie die Preisvorstellungen der Kunden dazu führen, dass er nicht immer den Gewinnzuschlag ansetzten kann, den er gerne möchte.

Beispiel: *Die Preise für einen Liter herkömmliches Mineralwasser schwanken je nach Händler und Marke zwischen 0,20 EUR (vom Discounter) und 1,50 EUR. Einem einzelnen Händler wird es schwerfallen, einen Preis, der höher als 2,00 EUR ist, am Markt zu erzielen. Denn dann würden die Kunden entweder bei einem Konkurrenten kaufen oder würden das Geld lieber für ein anderes, höherwertiges Produkt, wie z. B. Saft, ausgeben.*

© FIJI

© LIDL Dienstleistung GmbH & Co. KG

Die Marke FIJI Wasser hat es geschafft, ein stilles Mineralwasser zum Preis von ca. 2,70 EUR/Liter auf dem Markt zu platzieren. Dies konnte nur gelingen, weil das Marketing des Produktes die Kunden davon überzeugt hat, den höheren Preis für ein exklusives Produkt, das auch von Hollywoodstars konsumiert wird, zu bezahlen.

3.1.3 Bruttoverkaufspreis

In Deutschland muss auf alle an Endverbraucher verkauften Waren und Dienstleistungen eine Umsatzsteuer (umgangssprachlich: Mehrwertsteuer) erhoben werden. Diese wird auf den Nettoverkaufspreis aufgeschlagen. Deshalb müssen fast alle Waren laut Preisangabenverordnung mit dem Bruttoverkaufspreis ausgezeichnet werden.

Merke: Der Bruttoverkaufspreis ist der Preis, der die Umsatzsteuer enthält.

Für den Händler ist die Umsatzsteuer nur ein durchlaufender Posten, weil die von den Kunden eingenommene Umsatzsteuer später an das Finanzamt abgeführt werden muss.

Beispiel: *Der Umsatzsteuersatz für Textilien beträgt 19 %. Deshalb ergibt sich eine Umsatzsteuer in Höhe von 24,75 EUR × 19 ÷ 100 = 4,7025 EUR. (gerundet 4,70 EUR). Damit beträgt der Preis auf dem Preisetikett nun 24,75 EUR + 4,70 EUR = 29,45 EUR.*

Nettoverkaufspreis	24,75 EUR
+	
Umsatzsteuer	24,75 EUR × 19 ÷ 100 = 4,70 EUR
=	
Bruttoverkaufspreis	24,75 EUR + 4,70 EUR = 29,45 EUR

Tipp

Mit „Netto" bezeichnet man Preise oder Geldbeträge, die noch ohne Steuern (also nackt = netto) sind. Bei einem Nettolohn sind die Steuern schon abgezogen, während der Bruttolohn die Steuern noch enthält. Bei einem Verpackungsgewicht bezeichnet die Nettoeinwaage den Inhalt ohne Verpackungsgewicht, während das Bruttogewicht das gesamte Gewicht kennzeichnet.

Tipp

Vorwärtskalkulation für Schnelle

Alternativ lässt sich die Vorwärtskalkulation auch mit Hilfe der Prozenttaste auf einem einfachen Taschenrechner lösen. Dazu gibt man den Bezugspreis ein, drückt auf Plus, gibt dann den Prozentsatz des Handlungskostensatzes ein (also in diesem Fall 80) und drückt auf die Prozenttaste. Bei einigen Modellen (z. B. auf dem Handy) muss man noch das Gleichheitszeichen drücken. Rechnet man dann auf die gleiche Weise weiter, erhält man den Bruttoverkaufspreis in nur drei Rechenschritten. Die Zwischenergebnisse (Handlungskosten, Gewinnzuschlag und Umsatzsteuer) erhält man durch Subtraktion der jeweiligen Werte.

- Bezugspreis: 12,50 EUR
- Selbstkostenpreis: 12,50 EUR + 80 % = 22,50 EUR.
- Handlungskosten: 22,50 EUR – 12,50 EUR = 10,00 EUR
- Nettoverkaufspreis: 22,50 EUR + 10 % = 24,75 EUR
- Gewinnzuschlag: 24,75 EUR – 22,50 EUR = 2,25 EUR
- Bruttoverkaufspreis: 24,75 EUR + 19 % = 29,45 EUR.
- Umsatzsteuer: 29,45 EUR – 24,75 EUR = 4,70 EUR

Hinweis

Diese vereinfachte Rechnung ist nur bei der Vorwärtskalkulation möglich.

3.1.4 Umsatzsteuer

Der Umsatzsteuer unterliegen alle Lieferungen und sonstigen Leistungen, die ein Unternehmer im Inland gegen Entgelt im Rahmen seines Unternehmens ausführt (§ 1, S. 1. Umsatzsteuergesetz). Die Umsatzsteuer ist eine sogenannte Verbrauchssteuer und trägt der Endverbraucher. Sie wird beim Kauf von Waren und Dienstleitungen erhoben und muss vom Händler an das zuständige Finanzamt abgeführt werden. Die Umsatzsteuer ist neben der Einkommenssteuer in ihrer Höhe die bedeutendste Einnahmequelle in Deutschland für Bund, Länder und Kommunen. Dabei werden die Lieferungen und Leistungen nicht alle mit einem einheitlichen Steuersatz besteuert. In Deutschland beträgt der reguläre Umsatzsteuersatz 19 %. Darüber hinaus zählt das Umsatzsteuergesetz eine Vielzahl an Fällen auf, bei denen der ermäßigte Steuersatz in Höhe von 7 % gilt, wie z. B. für Lebensmittel, Blumen, Bücher und Zeitungen, Kunstgegenstände und Hotelübernachtungen. Einige Leistungen sind auch vollkommen von der Umsatzsteuer befreit, wie z. B. Bankdienstleistungen, Heilbehandlungen und Vermietungen.

Beispiel: *Auf dem Kassenbon eines Lebensmittelhändlers wird deshalb unterschieden, ob der ermäßigte Satz (gekennzeichnet mit A oder der allgemeine Steuersatz (gekennzeichnet mit B) auf die verschiedenen Produkte angewandt wurde.*

Supermarkt KG
Bachstraße 8
40223 Düsseldorf

		EUR
6133	Mineralwasser classic	0,19 B
6205	Pfand	0,25 B
6120	Bio-Vollmilch 3,8 %	1,05 A
6885	Puffreis	1,19 A
2797	Apfelsaft	0,69 B

Summe 3,37

4 Artikel
Bar EUR 3,37

A 07,0 % Netto 2,09 MwSt 0,15
B 19,0 % Netto 0,95 MwSt 0,18
*1641 027/047/002/002 10.10.16 17:43

Unsere Öffnungszeiten
Mo–Sa: 08:00–21:00 Uhr

Bei der Höhe der Umsatzsteuer gibt es eine Reihe nur schwer nachvollziehbarer Unterschiede. So werden z. B. Getränke in der Regel mit 19 % besteuert, aber Leitungswasser und Milch mit 7 %. Mineralwasser und Sojamilch werden hingegen mit 19 % besteuert. Im Schnellrestaurant wird man immer gefragt, ob man das Essen mitnehmen möchte oder vor Ort verspeist. Der Grund für diese Frage liegt an dem unterschiedlichen Umsatzsteuersatz. Essen zum Mitnehmen unterliegt dem ermäßigten Satz, während Speisen, die in einem Lokal gegessen werden, mit 19 % besteuert werden.

Schritte der Vorwärtskalkulation

1. Im ersten Schritt wird der Handlungskostenzuschlag berechnet und dann zum Bezugspreis addiert um den Selbstkostenpreis zu erhalten.	Bezugspreis	12,50 EUR
	+ Handlungskosten	12,50 EUR × 80 ÷ 100 = 10,00 EUR
	= Selbstkostenpreis	12,50 EUR + 10,00 EUR = 22,50 EUR
2. Im zweiten Schritt wird der Gewinnzuschlag berechnet und dann zum Selbstkostenpreis addiert um den Nettoverkaufspreis zu erhalten.	+ Gewinnzuschlag	22,50 EUR × 10 ÷ 100 = 2,25 EUR
	= Nettoverkaufspreis	22,50 EUR + 2,25 EUR = 24,75 EUR
3. Im dritten Schritt wird die Umsatzsteuer errechnet und diese dann zum Nettoverkaufspreis addiert um den Bruttoverkaufspreis zu erhalten.	+ Umsatzsteuer	24,75 EUR × 19 ÷ 100 = 4,70 EUR
	= Bruttoverkaufspreis	24,75 EUR + 4,70 EUR = 29,45 EUR

3.1.5 Bestimmung des Roh- und Reingewinns

Der Erfolg des Verkaufs einer Ware misst sich am Gewinn, der dadurch erzielt wurde. Ein Händler unterscheidet zwischen Roh- und Reingewinn. Beim Reingewinn handelt es sich um den Betrag, der dem Händler nach Abzug aller Kosten übrigbleibt. Er errechnet sich somit aus der Differenz zwischen dem Nettoverkaufspreis und dem Selbstkostenpreis bzw. entspricht dem oben ermittelten Gewinnzuschlag.

Formel

Reingewinn = Nettoverkaufspreis – Selbstkostenpreis

Der Rohgewinn (oder auch Rohertrag) ist eine betriebswirtschaftliche Kennzahl, die sich aus der Differenz zwischen den (Netto-)Umsatzerlösen und dem Wareneinsatz ergibt. Sie informiert den Händler darüber, wie viel er an einem Produkt verdienen muss. Ein Rohgewinn von z. B. 100,00 EUR sagt dem Händler, dass er an einem Produkt mindestens 100,00 EUR verdienen muss, um einerseits seine Handlungskosten zu decken und andererseits einen erwünschten Gewinn zu erzielen. Im Handel entspricht der prozentuale Rohgewinn der Handelsspanne.

Kap. 3.4.2

Formel

Rohgewinn = Nettoverkaufspreis – Bezugspreis

Beispiel: *Bei der Kalkulation der Blusen des Modehauses Bernert e. K. lässt sich aus den vorhandenen Werten der Reingewinn für eine Damenbluse folgendermaßen berechnen: 24,75 EUR – 22,50 EUR = 2,25 EUR. Der Rohgewinn beträgt in diesem Fall: 24,75 EUR – 12,50 EUR = 12,25 EUR. Der Reingewinn entspricht somit dem Gewinnzuschlag, der Rohgewinn entspricht der Summe aus dem Gewinnzuschlag und den Handlungskosten.*

3.1.6 Ermittlung des Handlungskosten- und des Gewinnzuschlagssatzes

LF 8, Kap. 5.4

Der Handlungskosten- und der Gewinnzuschlagssatz sind keine Fantasiewerte oder Zufallsprodukte, sondern können aus der Gewinn- und Verlustrechnung des Vorjahres ermittelt werden. Dadurch stellt der Händler sicher, dass er zumindest die Kosten des Vorjahres decken kann und den gleichen Gewinn des Vorjahres erzielt, wenn er die gleiche Kalkulation und den gleichen Umsatz zugrunde legt. Will er für das nächste Jahr eine Änderung erreichen, kann bzw. muss er die Werte anpassen.

Beispiel: *Das Modehaus Bernert e. K. möchte mithilfe der Gewinn- und Verlustrechnung des vergangenen Jahres den Handlungskostenzuschlagssatz und den Gewinnzuschlagssatz für die diesjährige Kalkulation genauer bestimmen. Im vergangenen Jahr wurden die folgenden Aufwendungen und Erträge ermittelt:*

Gewinn- und Verlustrechnung

Soll			**Haben**
Aufwendungen		**Erträge**	
Wareneinsatz	440.000,00 EUR	Umsatzerlöse	
Gehälter	179.000,00 EUR	(Netto)	850.000,00 EUR
Mietaufwendungen	90.700,00 EUR		
Abschreibungen	30.000,00 EUR		
Werbeaufwendungen	15.000,00 EUR		
Kreditzinsen	12.400,00 EUR		
Energie und Wasser	1.500,00 EUR		
Steuern	1.000,00 EUR		
Versicherungen	400,00 EUR		
Gewinn	80.000,00 EUR		
Summe	**850.000,00 EUR**	**Summe**	**850.000,00 EUR**

Das Konto der Gewinn- und Verlustrechnung hat zwei Seiten, links die Aufwendungen und rechts die Erträge. Die Aufwendungen setzen sich zusammen aus dem Wareneinsatz und den Handlungskosten. Der Wareneinsatz stellt die Summe der Bezugspreise aller eingekauften Waren dar. Alle anderen Aufwendungen lassen sich den Handlungskosten zuordnen. Die Summe der gesamten Aufwendungen ergeben somit die Selbstkosten.

Name	Beschreibung	Wert
Aufwendungen für Waren (Wareneinsatz)	Summe der Bezugspreise	440.000,00 EUR
+ Handlungskosten	Summe der anderen Aufwendungen	330.000,00 EUR
= Selbstkosten	Summe der Aufwendungen bzw. Summe der Artikel zum Selbstkostenpreis	770.000,00 EUR

Auf der Habenseite stehen vor allem die Umsatzerlöse, die man durch den Verkauf der Waren zum Nettoverkaufspreis erzielen konnte. Da die Umsatzsteuer an das Finanzamt abgeführt werden muss, spielt sie für die Erfolgsrechnung eines Unternehmens keine Rolle. Zieht man alle Aufwendungen von den Erlösen ab, erhält man (im besten Fall) den Gewinn. Dieser wird, wenn er positiv ist, auf der Sollseite eingetragen, sodass gemäß der doppelten Buchführung beide Seiten des Kontos die gleiche Summe haben. Sollte sich ein Verlust ergeben, wird dieser auf die Ertragsseite geschrieben.

Bezeichnung	Wert
Umsatzerlöse	850.000,00 EUR
– Aufwendungen (Selbstkosten)	770.000,00 EUR
= Gewinn	80.000,00 EUR

In einer anderen Darstellung erkennt man, dass für die Gewinn- und Verlustrechnung im Prinzip die gleichen Regeln gelten wie für die Vorwärtskalkulation.

Bezeichnung	Wert
Wareneinsatz (Bezugspreis)	440.000,00 EUR
+ Handlungskosten	330.000,00 EUR
= Selbstkosten	770.000,00 EUR
+ Gewinn	80.000,00 EUR
= Umsatzerlöse (Netto)	850.000,00 EUR

Der Gewinn setzte sich in der Vorwärtskalkulation als Differenz des Nettoverkaufspreises und des Selbstkostenpreises zusammen. Auch in der Gewinn- und Verlustrechnung wird dieser aus der Differenz der Erlöse und der Aufwendungen ermittelt.

Will man die Prozentsätze für den Handlungskostenzuschlagssatz und den Gewinnzuschlagssatz errechnen, muss nur noch ermittelt werden, wie hoch die prozentuale Steigerung war.

$$\text{Handlungskostenzuschlagssatz (in \%)} = \frac{\text{Handlungskosten} \times 100}{\text{Wareneinsatz}}$$

Formel

Beispiel: *Der Handlungskostenzuschlagssatz lässt sich aus der GuV ermitteln, da die Handlungskosten 330.000,00 EUR betragen und der Wareneinsatz 440.000,00 EUR. Es ergibt sich dann folgender Prozentsatz: 330.000,00 ÷ 440.000,00 × 100 = 75 %.*

$$\text{Gewinnzuschlagssatz (in \%)} = \frac{\text{Gewinn in EUR} \times 100}{\text{Selbstkosten}}$$

Formel

Beispiel: *Der Gewinnzuschlagssatz ergibt sich durch den Gewinn von 80.000,00 EUR und den Selbstkosten von 770.000,00 EUR. Der Prozentsatz beträgt 80.000,00 ÷ 770.000,00 × 100 = 10,4 %.*

Der Gewinnzuschlag kann aus der Gewinn- und Verlustrechnung des Vorjahres ermittelt werden. Gleichzeitig kann aber auch ein zu erzielender Gewinn für das kommende Jahr angesetzt werden, um einen anderen Gewinnzuschlagssatz anzusetzen.

Beispiel: *Mit den oben ermittelten Zuschlagsätzen (75 % Handlungskostenzuschlag und 10,4 % Gewinnzuschlagsatz) kann Frau Bernert nun die Preiskalkulation für das kommende Jahr durchführen. Für einen Pullover, den Sie zum Bezugspreis von 45,00 EUR einkaufen würde, könnte Frau Bernert den folgenden Bruttoverkaufspreis errechnen:*

Bezugspreis:		*45,00 EUR*
Handlungskosten:	*45 × 75 ÷ 100 =*	*33,75 EUR*
Selbstkostenpreis:	*33,75 + 45,00 =*	*78,75 EUR*
Gewinnzuschlag:	*78,75 × 10,4 ÷ 100 =*	*8,19 EUR*
Nettoverkaufspreis:	*78,75 + 8,19 =*	*86,94 EUR*
Umsatzsteuer:	*86,93 × 19 ÷ 100 =*	*16,52 EUR*
Bruttoverkaufspreis:	*86,93 + 16,52 =*	*103,45 EUR*

Der Pullover würde dann zum Preis von 103,45 EUR kalkuliert werden. Frau Bernert könnte sich nun überlegen, den Pullover z. B. zum Preis von 104,00 EUR auszuzeichnen, oder im Sinne der psychologischen Preisfestsetzung einen krummen Preis auf das Preisetikett zu drucken.

3.1.7 Exkurs: Mathematisches vs. kaufmännisches Runden

Bei der Handelskalkulation wird viel mit „krummen" Beträgen gerechnet, deshalb müssen diese bei jedem Schritt auf zwei Stellen hinter dem Komma gerundet werden. Dabei werden üblicherweise zwei verschiedene Verfahren verwendet. Das kaufmännische und das genauere mathematische Verfahren.

Das kaufmännische Runden (geregelt in der DIN 1333) geschieht wie folgt:

Ist die Ziffer an der ersten wegfallenden Dezimalstelle eine 0, 1, 2, 3 oder 4, dann wird die Ziffer davor abgerundet.

Ist die Ziffer an der ersten wegfallenden Dezimalstelle eine 5, 6, 7, 8 oder 9, dann wird die Ziffer davor aufgerundet.

Beispiel: *So wird 2,356 aufgerundet zu 2,36 (die erste wegfallende Ziffer ist eine 6) und 2,354 wird abgerundet zu 2,35 (die erste wegfallende Ziffer ist eine 4).*

Bei dem mathematischen Runden gelten die gleichen Rundungsregeln wie oben, nur dass nun **alle** Stellen nach dem Komma beginnend bei der letzten Stelle berücksichtigt werden.

Beispiel: *So wird aus 2,34467 mathematisch gerundet 2,35, da die 7 und die 6 aufgerundet werden. Würde man 2,34467 kaufmännisch runden, wäre das Ergebnis 2,34, da hierbei nur die erste wegfallende Ziffer betrachtet wird (in diesem Fall die 4, sodass die Ziffer davor abgerundet werden muss).*

Aufgaben

1. Wie hoch ist der Bruttoverkaufspreis einer Hose, wenn der Bezugspreis 45,00 EUR, die Handlungskosten 40,00 EUR, der Gewinnzuschlag 15,00 EUR und die Umsatzsteuer 19,00 EUR betragen?
2. Der Bezugspreis eines Lederschuhs beträgt 175,00 EUR. Der Einzelhändler kalkuliert mit 28 % Handlungskosten, 8 % Gewinn und 19 % Umsatzsteuer. Berechnen Sie
   a) die Handlungskosten und den Selbstkostenpreis,
   b) den Gewinnzuschlag und den Nettoverkaufspreis und
   c) die Umsatzsteuer und den Bruttoverkaufspreis.
3. Berechnen Sie den Bruttoverkaufspreis für die folgenden Artikel A–D.

Artikel	Bezugspreis	Handlungskosten-zuschlagssatz	Gewinnzuschlags-satz	Umsatzsteuer
A	9,80 EUR	65 %	30 %	19 %
B	35,80 EUR	70 %	45 %	19 %
C	67,30 EUR	90 %	30 %	7 %
D	110,50 EUR	110 %	65 %	19 %

4. Das Modehaus bietet neben der Kleidung auch Bücher und Bildbände über Modestile an. Der Nettoverkaufspreis eines Bildbandes beträgt 55,00 EUR, der Umsatzsteuersatz 7 %. Wie viel EUR betragen
   a) die Umsatzsteuer und
   b) der Bruttoverkaufspreis?
5. Ein Einzelhandelsgeschäft bezieht 10 Jacken zum Bezugspreis von 650,00 EUR für die gesamte Lieferung. Berechnen Sie den Bruttoverkaufspreis für einen Artikel, wenn der Händler mit 65 % Handlungskosten und 12,5 % Gewinnzuschlag rechnet. Die Mehrwertsteuer beträgt 19 %.

6. Ein Einzelhändler bezieht von einem Großhändler 5 Blusen zum Bezugspreis von 45,00 EUR/Stück. Zu welchem Nettoverkaufspreis kann 1 Stück des Artikels angeboten werden, wenn der Einzelhändler mit 40 % Handlungskosten und 33 % Gewinnzuschlag kalkuliert? Wie hoch sind der Rohgewinn und der Reingewinn je Stück?

7. Ein Händler erzielt mit einer Ware, die dieser zum Nettoverkaufspreis von 110,00 EUR anbietet, einen Reingewinn von 65,00 EUR. Berechnen Sie den Selbstkostenpreis.

8. Der Bezugspreis eines Marken T-Shirts beträgt 23,00 EUR, der Rohgewinn 87,00 EUR. Wie hoch ist der Bruttoverkaufspreis, wenn diese Ware mit 19 % Umsatzsteuer versteuert werden muss?

9. Die Textilwarenhandels GmbH hat 200 Jeans zu einem Gesamtpreis (inkl. Bezugskosten) von 1.100,00 EUR eingekauft. Der Händler kalkuliert mit einem Handlungskostenzuschlagssatz von 40 % und einem Gewinnzuschlagssatz von 10 %. Der Umsatzsteuersatz für Textilien beträgt 19 %. Berechnen Sie den Bruttoverkaufspreis für eine Jeans! Wie hoch ist der Reingewinn, wenn alle 200 Jeanshosen verkauft werden? Wie hoch ist der Rohgewinn pro Jeanshose?

10. Ein Kunde zeigt Interesse an einem bestimmten Artikel. Er wünscht einen Preisnachlass, da ein Mitbewerber diesen Artikel günstiger anbietet. Welcher Preis ist die Untergrenze, um keinen Verlust zu machen?

1. Selbstkostenpreis zuzüglich Umsatzsteuer	
2. Nettoverkaufspreis zuzüglich Umsatzsteuer	
3. Bezugspreis zuzüglich Umsatzsteuer	
4. Bezugspreis ohne Umsatzsteuer	
5. Selbstkostenpreis ohne Umsatzsteuer	

11. Bestimmen Sie aufgrund der Zahlen der unten abgebildeten Gewinn- und Verlustrechnung für das kommende Geschäftsjahr
a) die Höhe der Handlungskosten und den Handlungskostenzuschlagssatz und
b) die Höhe der Selbstkosten und den Gewinnzuschlagssatz.

Gewinn- und Verlustrechnung

Soll			**Haben**
Wareneinsatz	890.000,00 EUR	Nettoumsatzerlöse	1.600.000,00 EUR
Abschreibungen	42.000,00 EUR		
Gehälter	360.000,00 EUR		
Mieten	50.000,00 EUR		
Werbung	23.000,00 EUR		
Energieaufwendungen	9.000,00 EUR		
Zinsaufwendungen	26.000,00 EUR		
Sonstige Aufwendungen	130.000,00 EUR		
Gewinn	70.000,00 EUR		
Summe	**1.60.000,00 EUR**	**Summe**	**1.600.000,00 EUR**

12. Der Betriebskalkulation eines Einzelhandelsgeschäftes sind folgende Zahlen zu entnehmen: Wareneinsatz: 740.000,00 EUR, Handlungskosten: 370.000,00 EUR, Nettoumsatzerlöse: 1.144.000,00 EUR. Berechnen Sie den Handlungskostenzuschlagssatz und den Gewinnzuschlagssatz.

3.2 Vereinfachung der Vorwärtskalkulation

© bernardbodo – stock.adobe.com

Üblicherweise besteht das Sortiment einer kleinen Modeboutique aus 100–500 unterschiedlichen Artikeln. Größere Modehäuser führen dagegen bis zu 10.000 Artikel. Da wird es mühsam, für jeden Artikel das gesamte Kalkulationsschema anzuwenden. Bei genauerer Betrachtung muss das auch nicht sein, denn viele der Zuschläge aus der Vorwärtskalkulation werden sich ähneln bzw. sind gleich, egal welchen Artikel man vor sich hat. Die Umsatzsteuer beträgt für Bekleidung grundsätzlich 19 %, auch der Handlungskostenzuschlag und der Gewinnzuschlag werden sich innerhalb einer Abteilung bzw. einer Warengruppe kaum unterscheiden. Deshalb werden im Einzelhandel zwei Vereinfachungen angewendet, um die Kalkulation vieler Artikel schneller zu bewerkstelligen: der Kalkulationszuschlag und davon abgeleitet der Kalkulationsfaktor.

Beispiel: *Die neue Sommerkollektion ist eingetroffen! Kleider, Hemden, Shorts und Blusen – der Sommer kann also kommen. Doch vorher muss das Modehaus Bernert e. K. für alle neu eingetroffenen Waren (siehe Tabelle) die Bruttoverkaufspreise kalkulieren:*

Artikelbezeichnung	Bezugspreis	Artikelbezeichnung	Bezugspreis
kurzes Kleid	*10,50 EUR*	*Top aus Baumwolle*	*2,50 EUR*
Kurzarmbluse	*7,50 EUR*	*Baumwoll-Shirt*	*5,10 EUR*
Jeans-Shorts	*9,50 EUR*	*Off-Shoulder-Bluse*	*6,60 EUR*
Wickelrock	*8,20 EUR*	*Jersey-Kleid*	*7,80 EUR*
Kleid mit Strukturmuster	*8,40 EUR*	*Twill-Shorts*	*4,50 EUR*

3.2.1 Kalkulationszuschlag

Als Kalkulationszuschlagssatz bezeichnet man den Prozentsatz, den man auf den Bezugspreis aufschlagen muss, um den Bruttoverkaufspreis zu erhalten. Der Kalkulationszuschlag ist dann der Betrag in EUR, den man zu dem Bezugspreis addieren muss, um den Bruttoverkaufspreis zu erhalten.

Um den Kalkulationszuschlagssatz zu ermitteln, muss man zunächst für einen beliebigen Artikel der Warengruppe eine Vorwärtskalkulation durchführen.

Beispiel: *Der Bezugspreis des kurzen Kleides beträgt 10,50 EUR. Bei einem Handlungskostenzuschlagsatz von 75 %, einem Gewinnzuschlagsatz von 10,4 % und einer Mehrwertsteuer von 19 % beträgt der Bruttoverkaufspreis durch Vorwärtskalkulation:*

Bezugspreis:		*10,50 EUR*
Handlungskosten:	*10,50 × 75 ÷ 100 =*	*7,88 EUR*
Selbstkostenpreis:	*10,50 + 7,88 =*	*18,38 EUR*
Gewinnzuschlag:	*18,38 × 10,4 ÷ 100 =*	*1,91 EUR*
Nettoverkaufspreis:	*18,38 + 1,91 =*	*20,29 EUR*
Umsatzsteuer:	*20,29 × 19 ÷ 100 =*	*3,85 EUR*
Bruttoverkaufspreis:	*20,29 + 3,85 =*	*24,14 EUR*

Sobald der Bruttoverkaufspreis ermittelt wurde, kann die prozentuale Steigerung vom Bezugspreis berechnet werden. Die prozentuale Steigerung entspricht dem Kalkulationszuschlagsatz:

$$\text{Kalkulationszuschlagssatz (in \%)} = \frac{\text{Bruttoverkaufspreis} - \text{Bezugspreis}}{\text{Bezugspreis}} \times 100$$

Formel

Beispiel: *Die Vorwärtskalkulation hat für ein das kurze Kleid einen Bruttoverkaufspreis in Höhe von 24,14 EUR ergeben. Da der Bezugspreis des Kleides bei 10,50 EUR liegt, lautet der Kalkulationszuschlagssatz (24,14 EUR – 10,50 EUR) ÷ 10,50 EUR × 100 = 129,90; gerundet = 130 %.*

Anschließend können die Bruttoverkaufspreise aller Artikel der gleichen Warengruppe mit Hilfe des Kalkulationszuschlagsatzes berechnet werden, ohne dass man für jeden Artikel eine neue Vorwärtskalkulation machen müsste.

Dazu berechnet man zunächst den Kalkulationszuschlag in EUR, indem man den Kalkulationszuschlagsatz auf den Bezugspreis anwendet:

$$\text{Kalkulationszuschlag} = \frac{\text{Bezugspreis} \times \text{Kalkulationszuschlagssatz}}{100}$$

Formel

Im letzten Schritt muss der Kalkulationszuschlag zum Bezugspreis addiert werden um den Bruttoverkaufspreis zu errechnen:

$$\text{Bruttoverkaufspreis} = \text{Bezugspreis} + \text{Kalkulationszuschlag}$$

Formel

Beispiel: *Der oben ermittelte Kalkulationszuschlagssatz beträgt 130 %. Um den Bruttoverkaufspreis für die Kurzarmbluse zu berechnen, muss auf den Bezugspreis von 7,50 EUR der Kalkulationszuschlagsatz in Höhe von 130 % aufgeschlagen werden:*

Somit beträgt der Kalkulationszuschlag in EUR: 7,50 × 130 ÷ 100 = 9,75 EUR. Addiert man den Zuschlag zum Bezugspreis ergibt sich ein Bruttoverkaufspreis in Höhe von 7,50 + 9,75 = 17,25 EUR

3.2.2 Kalkulationsfaktor

Der Kalkulationsfaktor ist ein Multiplikator, mit dem man den Bezugspreis multiplizieren muss, um den Bruttoverkaufspreis zu erhalten. Auch beim Kalkulationsfaktor muss zunächst eine Vorwärtskalkulation durchgeführt werden. Ist der Bruttoverkaufspreis bekannt, kann man den Faktor berechnen, indem der Bruttoverkaufspreis durch den Bezugspreis geteilt wird. Um die Genauigkeit des Faktors zu gewährleisten, sollte man den Faktor mindestens auf vier Stellen hinter dem Komma runden.

Formel

$$\text{Kalkulationsfaktor} = \frac{\text{Bruttoverkaufspreis}}{\text{Bezugspreis}}$$

Beispiel: *Die Vorwärtskalkulation für die Jeans Shorts hat einen Bruttoverkaufspreis von 21,85 EUR ergeben. Somit beträgt der Kalkulationsfaktor 21,85 EUR ÷ 9,50 EUR = 2,3.*

Um den Bruttoverkaufspreis von anderen Artikeln aus dieser Warengruppe zu ermitteln, muss der Bezugspreis mit dem Kalkulationsfaktor multipliziert werden.

Formel

$$\text{Bruttoverkaufspreis} = \text{Bezugspreis} \times \text{Kalkulationsfaktor}$$

Beispiel: *Der Wickelrock kostet im Einkauf 8,20 EUR. Wenn der Faktor 2,3 beträgt, beträgt der Bruttoverkaufspreis des Wickelrocks 8,20 EUR × 2,3 = 18,86 EUR.*

Zuschlagssatz und Kalkulationsfaktor sind im Grunde genommen gleichwertig, sie werden nur anders dargestellt. Während der Kalkulationszuschlagssatz in Prozent ausgedrückt wird, ist der Faktor ein reiner Multiplikator und trägt deshalb keine Einheitenbezeichnung, wie z. B. EUR oder %. Hat man den Kalkulationszuschlagsatz bereits berechnet kann der Kalkulationsfaktor auch mit der folgenden Formel umgerechnet werden:

Formel

$$\text{Kalkulationsfaktor} = \frac{\text{Kalkulationszuschlagssatz}}{100} + 1$$

Ist der Kalkulationsfaktor bekannt, kann mit der folgenden Formel auch der Kalkulationszuschlagsatz ermittelt werden:

Formel

$$\text{Kalkulationszuschlagssatz (in \%)} = (\text{Kalkulationsfaktor} - 1) \times 100$$

Beispiel: *Im obigen Fall hatte das Kleid einen Zuschlagssatz von ungefähr 130 %, das entspricht einem Faktor von 130 ÷ 100 + 1 = 2,3. Die Jeans Short hatte einen Kalkulationsfaktor von 2,3, das entspricht einem Kalkulationszuschlagssatz von (2,3 – 1) × 100 = 130 %.*

Die anderen Artikel lassen sich mithilfe des Kalkulationszuschlagssatzes oder des Kalkulationsfaktor gleichermaßen berechnen. Bei beiden Rechenverfahren kommt das gleiche Ergebnis heraus. Rundungsdifferenzen könnten sich allerdings ergeben, wenn der Faktor zu stark gerundet wurde.

Artikelbezeichnung	Bezugspreis	Kalkulationszuschlag bei einem Satz von 130 %	Bruttoverkaufspreis
kurzes Kleid	*10,50 EUR*	*13,65 EUR*	*24,15 EUR*
Kurzarmbluse	*7,50 EUR*	*9,75 EUR*	*17,25 EUR*
Jeans-Shorts	*9,50 EUR*	*12,35 EUR*	*21,85 EUR*
Wickelrock	*8,20 EUR*	*10,66 EUR*	*18,86 EUR*
Kleid mit Strukturmuster	*8,40 EUR*	*10,92 EUR*	*19,32 EUR*
Top aus Baumwolle	*2,50 EUR*	*3,25 EUR*	*5,75 EUR*
Baumwoll-Shirt	*5,10 EUR*	*6,63 EUR*	*11,73 EUR*
Off-Shoulder-Bluse	*6,60 EUR*	*8,58 EUR*	*15,18 EUR*
Jersey-Kleid	*7,80 EUR*	*10,14 EUR*	*17,84 EUR*
Twill-Shorts	*4,50 EUR*	*5,85 EUR*	*10,35 EUR*

3.2.3 Exkurs: Grundlagen der Prozentrechnung

Im Grunde genommen handelt es sich bei der Berechnung des Kalkulationszuschlagssatzes um angewandte Prozentrechnung. Wer Prozentrechnung anwendet, der muss sich nicht die Formel für den Kalkulationszuschlagssatz merken. Ein Prozent (Schreibweise: 1 %) ist nichts anderes als ein Hundertstel oder als Dezimalzahl 0,01. Demzufolge kann man 10 % auch als 10/100 oder 0,1 darstellen.

Bei der Prozentrechnung werden drei verschiedene Begriffe unterschieden: der Grundwert (G), der Prozentwert (W) und der Prozentsatz (p %).

Daraus ergeben sich drei mögliche Rechenoperationen, je nachdem, welcher der drei Werte gesucht wird.

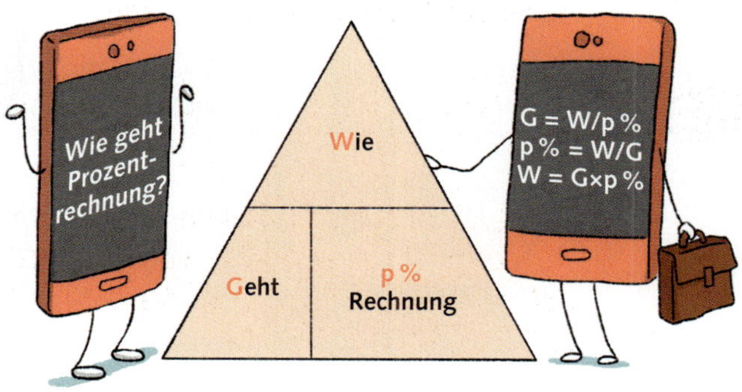

Fall 1: Prozentwert wird gesucht

Formel

$$\text{Prozentwert (W)} = \frac{\text{Grundwert (G)} \times \text{Prozentsatz (p \%)}}{100}$$

Wie viel sind 5 % von 400,00 EUR? Antwort: Der Prozentwert (W) = 400 × 5 ÷ 100 = 20,00 EUR

Fall 2: Prozentsatz wird gesucht

Formel

$$\text{Prozentsatz (p \%)} = \frac{\text{Prozentwert (W)}}{\text{Grundwert (G)}} \times 100$$

Wie viel % beträgt ein Rabatt von 40,00 EUR auf 500,00 EUR? Die Antwort lautet: Prozentsatz (p %) = 40 ÷ 500 × 100 = 8 %

Fall 3: Grundwert wird gesucht

Formel

$$\text{Grundwert (G)} = \frac{\text{Prozentwert (W)}}{\text{Prozentsatz (p \%)}} \times 100$$

Ein Rabatt beträgt 15,00 EUR, bei einem Prozentsatz von 5 %. Wie hoch war der Ausgangspreis? Die Lösung lautet: Grundwert (G) = 15 ÷ 5 × 100 = 300,00 EUR.

Bei der Vorwärtskalkulation handelt es sich um den Fall Nr. 1. So sind z. B. die Handlungskosten der gesuchte Prozentwert, der Handlungskostenzuschlagssatz ist der Prozentsatz und der Bezugspreis ist der Grundwert. Bei der Suche nach dem Kalkulationszuschlagssatz handelt es sich um den Fall Nr. 2. Der Grundwert entspricht in diesem Fall dem Bezugspreis und der Prozentwert ist der Kalkulationszuschlag, der sich aus der Differenz von Bruttoverkaufspreis und Bezugspreis errechnet.

1. Der Bezugspreis eines Mantels beträgt 100,00 EUR. Der Händler kalkuliert mit einem Handlungskostenzuschlagssatz von 25 % und einem Gewinnzuschlagssatz von 15 %. Die Umsatzsteuer beträgt 19 %.
   a) Berechnen Sie den Kalkulationszuschlagssatz und den Kalkulationsfaktor für das Einzelhandelsunternehmen.
   b) Berechnen Sie mit Hilfe des in a) berechneten Kalkulationszuschlagssatzes den Bruttoverkaufspreis einer anderen Ware, die für 122,50 EUR eingekauft wurde.
   c) Berechnen Sie mit Hilfe des in a) berechneten Kalkulationsfaktors den Bruttoverkaufspreis einer weiteren Ware, die für 88,80 EUR eingekauft wurde.
2. Berechnen Sie für drei Artikel aus unterschiedlichen Warengruppen den Kalkulationszuschlagssatz und den Kalkulationsfaktor:

Artikel	Bezugspreis	Handlungskostenzuschlagssatz	Gewinnzuschlagssatz	Umsatzsteuer
A	23,80 EUR	70 %	20 %	19 %
B	4,50 EUR	45 %	16 %	19 %
C	67,20 EUR	88 %	23 %	7 %

3. Der Bruttoverkaufspreis eines Kleides beträgt 75,60 EUR. Der Einzelhändler kauft diesen Artikel zum Bezugspreis von 34,00 EUR ein. Ermitteln Sie den Kalkulationszuschlagssatz (auf zwei Stellen nach dem Komma runden) und den Kalkulationsfaktor (auf vier Stellen nach dem Komma runden).
4. Berechnen Sie die in der Tabelle fehlenden Werte:

Artikel	Bezugspreis	Kalkulationszuschlagssatz	Kalkulationsfaktor	Bruttoverkaufspreis
A	23,50 EUR			65,20 EUR
B	45,10 EUR		1,2339	
C	126,50 EUR	53,2 %		

5. Ein Einzelhändler bietet einen Herrenanzug zum Bruttoverkaufspreis von 429,10 EUR an. Der Kalkulationsfaktor beträgt 2,1455. Wie viel EUR beträgt der Bezugspreis (Einstandspreis) der Ware?
6. Berechnen Sie den Kalkulationszuschlagssatz für eine Abteilung eines Warenhauses, die mit 70 % Handlungskostenzuschlagsatz, 25 % Gewinnzuschlagssatz und 19 % Umsatzsteuer kalkuliert.

3.3 Rückwärtskalkulation

© bernardbodo – stock.adobe.com

Oftmals ergibt sich aus der Vorwärtskalkulation ein Preis, der von der Konkurrenz unterboten wird. Das liegt daran, dass die Mitbewerber entweder andere Bezugspreise erzielen konnten (z. B. durch Großkundenrabatte), eine günstigere Kostenstruktur aufweisen (z. B. günstigere Ladenmiete) oder eine geringere Gewinnerwartung an dieses Produkt haben. Der Händler ist gezwungen, den Preis an den der Konkurrenten anzupassen, wenn er nicht möchte, dass seine Kunden dort einkaufen gehen. Es ergeben sich für ihn drei Möglichkeiten, auf den Preis der Konkurrenz zu reagieren:

1. Er senkt den Preis, indem er seinen eigenen Gewinnzuschlag senkt.
2. Er senkt den Preis, indem er seine Handlungskosten im Betrieb verringert.
3. Er senkt den Preis, indem er günstiger bei den Lieferanten einkauft.

Von den drei Möglichkeiten wird ein Unternehmer immer die wählen, die für ihn am vorteilhaftesten ist. Alternative 1 ist deshalb zunächst eine schlechte Wahl, da er nun weniger Gewinn erzielt und damit die Jahresziele nicht mehr erreicht. Deshalb wird er zu dieser Alternative erst greifen, wenn die beiden anderen Möglichkeiten bereits ausgereizt sind.

Alternative 2 wird er vermutlich in Betracht ziehen und versuchen, bestimmte Kosten einzusparen. Aber gerade bei den größten Positionen Miete und Personal lässt sich eine Reduktion der Kosten nur sehr schwer bewerkstelligen. Auf jeden Fall würde es den Unmut der Mitarbeiter heraufbeschwören, wenn beispielsweise das Weihnachtsgeld gestrichen werden würde.

Bei Alternative 3 hingegen kann er das Problem auf seine Lieferanten abwälzen. Er muss selbst weder Kosten sparen noch auf einen Teil seines Gewinns verzichten. Fraglich ist allerdings, ob seine Lieferanten mitspielen. In einer Situation, in der es mehrere Lieferanten gibt oder der Händler über eine große Einkaufsmacht verfügt, wird ihm das eher gelingen, als in einer Situation, in der es nur einen Lieferanten gibt.

3.3.1 Schritte der Rückwärtskalkulation

Bei der Rückwärtskalkulation wird ausgehend vom Bruttoverkaufspreis mit der Berechnung begonnen. Dann wird schrittweise „zurück" zum Bezugspreis gerechnet. Mit diesem Preis kann ein Händler schließlich mit seinen Lieferanten neu in Verhandlung treten.

Beispiel: *Das Modehaus Bernert e. K. führt auch eine einfache Basic-Kollektion für Unterwäsche. In diesem Segment ist der Preiskampf extrem hoch und das Modehaus muss deswegen darauf achten, dass seine Preise nicht über den Preisen der Mitbewerber liegen. Ein einfaches weißes Rundhals-T-Shirt darf deshalb auf keinen Fall mehr als 10,00 EUR kosten. Zu welchem Einkaufspreis muss das Modehaus Bernert e. K. also das Shirt einkaufen, damit es für das Modehaus noch wirtschaftlich ist?*

Schritt 1

Zuerst muss der Nettoverkaufspreis errechnet werden. Dazu wird die Umsatzsteuer von dem Bruttoverkaufspreis abgezogen. Da die Umsatzsteuer in dem Bruttoverkaufspreis bereits enthalten ist, muss mit dem sogenannten vermehrten Grundwert gerechnet werden und auf den ursprünglichen Grundwert zurückgerechnet werden.

Beispiel: *Das T-Shirt soll mit einem Bruttoverkaufspreis von 10,00 EUR ausgezeichnet werden. Da auf den ursprünglichen Nettoverkaufspreis ein Umsatzsteuersatz von 19 % aufgeschlagen wurde, entspricht der Bruttoverkaufspreis einem vermehrten Grundwert von 100 + 19 = 119 %. Die darin enthaltene Umsatzsteuer beträgt somit: 10,00 EUR × 19 ÷ 119 = 1,60 EUR (gerundet). Zieht man die Umsatzsteuer von dem Bruttoverkaufspreis ab, erhält man den Nettoverkaufspreis in Höhe von 8,40 EUR.*

Bruttoverkaufspreis	10,00 EUR
–	
Umsatzsteuer	10 × 19 ÷ (100 + 19) = 1,60 EUR
=	
Nettoverkaufspreis	10,00 EUR – 1,60 EUR = 8,40 EUR

Schritt 2

Als Nächstes muss vom Nettoverkaufspreis der Gewinn abgezogen werden, um den Selbstkostenpreis zu erhalten. Da es sich hier um eine neue Rechnung handelt, enthält nun der Nettoverkaufspreis den vermehrten Grundwert.

Beispiel: *Ausgehend vom Nettoverkaufspreis in Höhe von 8,40 EUR berechnet man den darin enthaltenen Gewinnzuschlag. Der vermehrte Grundwert des Nettoverkaufspreises lautet: 100 + 10 = 110 %. Somit beträgt dieser: 8,40 EUR × 10 ÷ 110 = 0,76 EUR. Zieht man den Gewinnzuschlag von dem Nettoverkaufspreis ab, erhält man den Selbstkostenpreis in Höhe von 7,64 EUR.*

Nettoverkaufspreis	8,40 EUR
–	
Gewinnzuschlag	8,40 × 10 ÷ (100 + 10) = 0,76 EUR
=	
Selbstkostenpreis	8,40 EUR – 0,76 EUR = 7,64 EUR

Schritt 3

Zum Schluss müssen noch vom Selbstkostenpreis die Handlungskosten abgezogen werden, um den gesuchten Bezugspreis zu erhalten. Der Selbstkostenpreis stellt in diesem Fall den vermehrten Grundwert da, der Bezugspreis ist der gesuchte Grundwert.

Beispiel: *Der vermehrte Grundwert des Selbstkostenpreises lautet 100 + 80 = 180 %. Die in dem Selbstkostenpreis enthaltenen Handlungskosten betragen bei einem Handlungskostenzuschlagssatz: 7,64 EUR × 80 ÷ 180 = 3,40 EUR. Diese müssen von dem Selbstkostenpreis abgezogen werden, um den Bezugspreis in Höhe von 4,24 EUR zu erhalten.*

Das Modehaus Bernert e. K. muss also einen Lieferanten finden, der das T-Shirt zu einem Bezugspreis von maximal 4,24 EUR anbietet.

Selbstkostenpreis	7,64 EUR
–	
Handlungskosten	7,64 × 80 ÷ (100 + 80) = 3,40 EUR
=	
Bezugspreis	7,64 EUR – 3,40 EUR = 4,24 EUR

Tipp

Rückwärtskalkulation für Schnelle
Alternativ lässt sich die Rückwärtskalkulation auch mithilfe der Prozenttaste auf dem Taschenrechner lösen. Dazu gibt man den Bruttoverkaufspreis ein, drückt auf das Geteiltzeichen, gibt dann den um Hundert vermehrten Prozentsatz der Umsatzsteuer ein (also 119) und drückt schließlich die Prozenttaste. Rechnet man auf die gleiche Weise weiter, erhält man den Bezugspreis in nur drei Rechenschritten. Die Zwischenergebnisse (Handlungskosten, Gewinnzuschlag und Umsatzsteuer) erhält man wieder durch Subtraktion der jeweiligen Werte.

- Bruttoverkaufspreis: 10,00 EUR
- Nettoverkaufspreis: 10,00 EUR ÷ 119 % = 8,40 EUR
- Umsatzsteuer: 10,00 EUR – 8,40 EUR = 1,60 EUR
- Selbstkostenpreis: 8,40 EUR ÷ 110 % = 7,64 EUR
- Gewinnzuschlag: 8,40 EUR – 7,64 EUR = 0,76 EUR
- Bezugspreis: 7,64 EUR ÷ 180 % = 4,24 EUR
- Handlungskosten: 7,64 EUR – 4,24 EUR = 3,40 EUR

Hinweis

Diese vereinfachte Rechnung ist nur bei der Rückwärtskalkulation möglich.

3.3.2 Exkurs: Vermehrter und verminderter Grundwert

Der Grundwert (G) gibt das Ganze (= 100 %) an. Man spricht von einem vermehrten Grundwert, wenn der Grundwert um einen bestimmten Prozentsatz erhöht wurde ($G_{vermehrt}$ = 100 + x %). Wird der Grundwert um einen bestimmten Prozentsatz verringert, spricht man von einem verminderten Grundwert ($G_{vermindert}$ = 100 – x %). In einigen Aufgabenstellungen wird oft der um einen bestimmten Prozentsatz erhöhte oder verminderte Grundwert angegeben und der ursprüngliche Grundwert muss dann berechnet werden.

Wenn sich ein Preis z. B. um 10 % erhöht hat und nun 495,00 EUR beträgt, entsprechen die 495,00 EUR dem vermehrten Grundwert von 110 %. Um den ursprünglichen Preis zu berechnen, muss nun mit dem vermehrten Grundwert gerechnet werden:

$$G\,(100\,\%) = \frac{G \times 100}{G_{vermehrt}} = \frac{495{,}00\text{ EUR} \times 100}{110} = 450{,}00\text{ EUR}$$

Formel

Wenn sich ein Preis z. B. aufgrund eines Rabattes um 10 % verringert und nun 450,00 EUR beträgt, entspricht der Preis von 450,00 EUR dem verminderten Grundwert von 90 %. Den ursprünglichen Preis kann man wie folgt berechnen:

$$G\,(100\,\%) = \frac{G \times 100}{G_{vermindert}} = \frac{450{,}00\text{ EUR} \times 100}{90} = 495{,}00\text{ EUR}$$

Formel

Bei der Rückwärtskalkulation wird vom Bruttoverkaufspreis zurück zum Bezugspreis mit dem vermehrten Grundwert gerechnet.

Beispiel: *„Wir schenken Ihnen die Mehrwertsteuer von 19 %!"*

Mit diesem oder einem ähnlichen Werbespruch werben Händler für eine besondere Verkaufsaktion. In Wirklichkeit bekommt der Kunde aber nicht 19 % Rabatt, sondern nur die im Produkt enthaltene Mehrwertsteuer. Die richtige Höhe des Rabattes muss erst mit Hilfe des vermehrten Grundwertes berechnet werden. Kostet ein Produkt z. B. 200,00 EUR, bekommt man als Rabatt nur die darin enthaltende Mehrwertsteuer, und das sind: 200 × 19 ÷ 119 = 31,93 EUR. Das entspricht einem Prozentsatz von nur 31,93 EUR ÷ 200 × 100 = 15,97 %. Der Rabatt beträgt also nur 15,97 % und nicht 19 %.

Im Übrigen muss der Händler auch auf den um 15,97 % rabattierten Betrag Umsatzsteuer in Höhe von 19 % an den Staat abführen.

3.3.3 Exkurs: Kalkulatorische Rückrechnung unter Berücksichtigung von Kundennachlässen

In manchen Fällen wird eine Rückwärtskalkulation bis hin zum Listeneinkaufspreis notwendig. Dieser unterscheidet sich vom Bezugspreis dadurch, dass dem Einzelhändler auf den Listeneinkaufspreis häufig Rabatt und Skonto eingeräumt werden, aber die Bezugskosten hinzukommen. Das folgende Beispiel verdeutlicht, dass bei einer Rückwärtskalkulation dann sowohl der vermehrte als auch der verminderte Grundwert zu beachten sind.

LF 6

Beispiel: *Das Modehaus Bernert e. K. bietet eine Kollektion Damen-Wintermäntel zum Bruttoverkaufspreis von 688,88 EUR an. Welchen Listeneinkaufspreis hat der Hersteller ursprünglich verlangt, wenn dem Modehaus Bernert e. K. ein Rabatt von 10 % und Skonto in Höhe von 2 % eingeräumt wurden und Bezugskosten von 20,00 EUR pro Jacke zu berücksichtigen sind? Der Handlungskostenzuschlagssatz von 80 % und der Gewinnzuschlagssatz von 10 % hat das Modehaus von den anderen Kalkulationen übernommen, die Umsatzsteuer beträgt 19 %.*

Kalkulation	Erläuterung	Schema	Rechnung
Verkaufspreiskalkulation	1. Zuerst wird die Umsatzsteuer zurückgerechnet und der Nettoverkaufspreis ermittelt.	Bruttoverkaufspreis	688,88 EUR
		– Umsatzsteuer	688,88 × 19 ÷ (100 + 19) = 109,99 EUR
		= Nettoverkaufspreis	688,88 EUR – 109,99 EUR = 578,89 EUR
	2. Im zweiten Schritt wird der Gewinnzuschlag ermittelt und der Selbstkostenpreis bestimmt.	– Gewinnzuschlag	578,89 × 10 ÷ (100 + 10) = 52,63 EUR
		= Selbstkostenpreis	578,89 EUR – 52,63 EUR = 526,26 EUR
	3. Im dritten Schritt wird nun der Bezugspreis berechnet, indem die Handlungskosten herausgerechnet werden.	– Handlungskosten	526,26 × 80 ÷ (100 + 80) = 233,89 EUR
		= Bezugspreis/ Einstandspreis	526,26 EUR – 233,89 EUR = 292,37 EUR
Bezugspreiskalkulation	4. Schritt: Der Bezugspreis entspricht dem Einstandspreis. Diesem sind die Bezugskosten von 20,00 EUR abzuziehen, die ursprünglich zum Bareinkaufspreis hinzuaddiert wurden.	– Bezugskosten	– 20,00 EUR
		= Bareinkaufspreis	292,37 EUR – 20,00 EUR = 272,37 EUR
	5. Schritt: Da der Skonto den ursprünglichen Zieleinkaufspreis „verbilligt" hat, muss jetzt der verminderte Grundwert berücksichtigt werden. Der Zieleinkaufspreis wird dadurch „teurer".	+ Skonto	272,37 × 2 ÷ (100 – 2) = 5,56 EUR
		= Zieleinkaufspreis	272,37 EUR + 5,56 EUR = 277,93 EUR
	6. Schritt: Zum Schluss ist noch der Liefererrabatt hinzuzurechnen. Auch hier muss der verminderte Grundwert verwendet werden, da der Rabatt den Listeneinkaufspreis ursprünglich verringert hat.	+ Rabatt	277,93 × 10 ÷ (100 – 10) = 30,88 EUR
		= ~~Bezugspreis~~ Listeneinkaufspreis	277,93 EUR + 30,88 EUR = 308,81 EUR

Tipp

Vollständige Rückwärtskalkulation für Schnelle

Alternativ lässt sich auch diese (vollständige) Rückwärtskalkulation mithilfe der Prozenttaste auf dem Taschenrechner lösen. Dazu gibt man den Bruttoverkaufspreis ein, drückt auf das Geteiltzeichen, gibt dann den um Hundert vermehrten Prozentsatz der Umsatzsteuer ein (also 119) und drückt schließlich die Prozenttaste. Im Bereich der Bezugskalkulation muss dann durch den verminderten Grundwert (also z. B. beim Skonto mit 100 – 2 = 98 %) geteilt werden. Die Zwischenergebnisse erhält man dann durch Subtraktion der jeweiligen Werte.

- Bruttoverkaufspreis: 688,88 EUR
- Nettoverkaufspreis: 688,88 EUR ÷ 119 % = 578,89 EUR
- Umsatzsteuer: 688,88 EUR – 578,89 EUR = 109,99 EUR
- Selbstkostenpreis: 578,89 EUR ÷ 110 % = 526,26 EUR
- Gewinnzuschlag: 578,89 EUR – 526,26 EUR = 52,63 EUR
- Bezugspreis: 526,63 EUR ÷ 180 % = 292,37 EUR
- Handlungskosten: 526,63 EUR – 292,37 EUR = 233,89 EUR

- Bezugspreis ÷ Einstandspreis: 292,37 EUR
- Bareinkaufspreis: 292,37 – 20 = 272,37 EUR
- Zieleinkaufspreis: 272,37 ÷ 98 % = 277,93 EUR
- Skonto: 277,93 – 272,37 = 5,56 EUR
- Listeneinkaufspreis: 277,93 ÷ 90 % = 308,81 EUR
- Rabatt: 308,81 – 277,93 = 30,88 EUR

Tipp

Kontrollrechnung mit der Prozenttaste auf dem Taschenrechner

Es empfiehlt sich, ausgehend vom Listeneinkaufspreis eine Vorwärtskalkulation vom Listeneinkaufspreis bis zum Bruttoverkaufspreis als Kontrolle durchzuführen.

308,81 EUR Listeneinkaufspreis – 10 % Rabatt
= 277,93 EUR (Zieleinkaufspreis)

– 2 % Skonto
= 272,37 EUR (Bareinkaufspreis)

+ 20,00 EUR Bezugskosten
= 292,37 EUR (Bezugspreis)

+ 80 % Handlungskostenzuschlagssatz
= 526,26 EUR (aufgerundet, Selbstkostenpreis)

+ 10 % Gewinnzuschlagssatz
= 578,89 EUR (Nettoverkaufspreis)

+ 19 % Mehrwertsteuer
= 688,88 EUR Bruttoverkaufspreis

Das korrekte Ergebnis der Rückwärtskalkulation ist durch eine Kontrollrechnung leicht überprüfbar, indem das Ergebnis durch eine Vorwärtskalkulation bis zum Bruttoverkaufspreis durchgerechnet wird.

Merke

Aufgaben

1. Die unverbindliche Preisempfehlung für einen Pullover (UVP) eines Herstellers beträgt 59,00 EUR. Welchen Bezugspreis kann der Einzelhändler höchstens ansetzen, wenn er mit 35 % Handlungskostenzuschlagssatz, 23 % Gewinnzuschlagssatz und 19 % Umsatzsteuer kalkuliert?
2. Ein Händler kalkuliert mit den folgenden Zuschlägen: 45 % Handlungskosten, 15 % Gewinn, 19 % Umsatzsteuer. Ein Wintermantel, der neu in das Sortiment aufgenommen werden soll, darf aus Konkurrenzgründen höchstens zu einem Auszeichnungspreis von 545,00 EUR verkauft werden. Ermitteln Sie den Bezugspreis, der höchstens aufgewendet werden kann. Bestimmen Sie außerdem den Kalkulationszuschlagssatz und den Kalkulationsfaktor.
3. Errechnen Sie für die in der folgenden Tabelle aufgeführten Artikel A–D die Bezugs-/Einstandspreise, die höchstens aufgewendet werden können.

Artikel	Bruttoverkaufspreis	Handlungskostenzuschlag	Gewinnzuschlag	Umsatzsteuer
A	230,00 EUR	30 %	10 %	19 %
B	145,00 EUR	110 %	25 %	19 %
C	1250,00 EUR	50 %	30 %	19 %
D	7,50 EUR	45 %	5 %	7 %

4. Aus Konkurrenzgründen kann ein Warenhaus ein Tischset nur zu einem Bruttoverkaufspreis von 69,00 EUR auszeichnen. Welchen Bezugspreis kann das Warenhaus höchstens ansetzen, wenn es mit 19 % Umsatzsteuer, 15 % Gewinnzuschlag und 30 % Handlungskostensatz rechnen muss? Wie hoch ist der Rohgewinn?
5. Wegen starken Wettbewerbs kann ein Einzelhändler einen Artikel nur zu 73,50 EUR anbieten. Zu welchem Listeneinkaufspreis darf er diesen Artikel höchstens einkaufen, wenn er mit 19 % Umsatzsteuer, 10 % Gewinnzuschlag, 16 % Handlungskostenzuschlagssatz und Lieferung frei Haus rechnet? Der Großhändler gewährt ihm 25 % Einzelhändlerrabatt und 2 % Liefererskonto.
6. Die Dekoration des Modehauses Bernert e. K. wird modernisiert. Frau Bernert möchte an verschiedenen Stellen mit Kunstblumen dekorierte Gefäße aufstellen und beauftragt damit den Florist Krause. Herr Krause kauft dafür einen Posten Pflanzgefäße (25 Stück) für insgesamt netto 360,00 EUR, zusätzlich wird ein 5 %-iger Treuerabatt und 2 % Skonto vereinbart.
   a) Mit welchem Nettopreis sind die einzelnen (gleichen) Gefäße zu kalkulieren, wenn der Florist 80 % Handlungskosten, 15 % Gewinn einkalkuliert?
   b) Wie hoch ist der Kalkulationsfaktor für die Gefäße?
   c) Für die Blumendekoration benötigt Florist Krause Seidenblumen zum Bezugspreis von jeweils 12,50 EUR (netto). Der Kalkulationsfaktor für diese Warengruppe wird mit 1,8 angesetzt. Wie teuer ist der Blumenschmuck (Nettopreis)?
   d) Was muss Frau Bernert für die 25 dekorierten Blumengefäße bezahlen, wenn der Florist-Fachbetrieb Krause für das Arrangieren der Blumen jeweils 10,00 EUR netto kalkuliert, der Transport einmalig mit 50,00 EUR netto abgerechnet wird und 19 % Umsatzsteuer berechnet werden müssen?

3.4 Vereinfachung der Rückwärtskalkulation

Auch die Rückwärtskalkulation kann vereinfacht werden. Analog zum Kalkulationszuschlag rechnet man hier mit dem Kalkulationsabschlag. Eine andere im Handel sehr verbreitete Methode zur Vereinfachung der Rückwärtskalkulation erfolgt mithilfe der Handelsspanne.

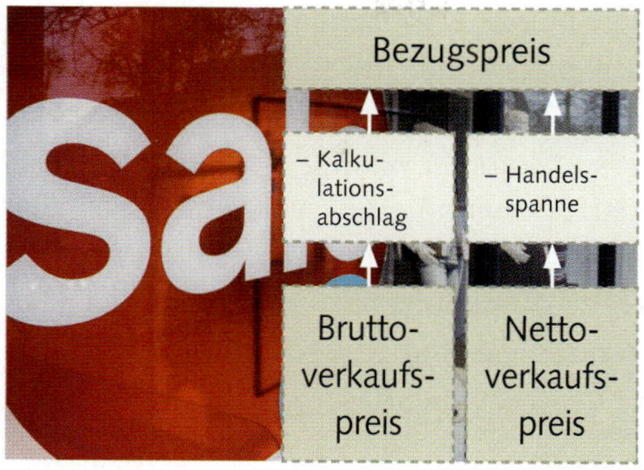

3.4.1 Kalkulationsabschlag

Als Kalkulationsabschlagssatz bezeichnet man den Prozentsatz, der vom Bruttoverkaufspreis abgezogen werden muss, um den Bezugspreis zu erhalten. Der Kalkulationsabschlag ist dann der Betrag in EUR, den man vom Bruttoverkaufspreis abziehen muss, um den Bezugspreis zu erhalten.

Merke: Der Kalkulationsabschlagssatz wird immer mithilfe des Bruttoverkaufspreises und dem Bezugspreis ermittelt.

Formel

$$\text{Bezugspreis} = \text{Bruttoverkaufspreis} - \text{Kalkulationsabschlag}$$

Den Kalkulationsabschlag ermittelt man, indem man den Kalkulationsabschlagsatz auf den Bruttoverkaufspreis anwendet:

Formel

$$\text{Kalkulationsabschlag} = \frac{\text{Bruttoverkaufspreis}}{100} \times \text{Kalkulationsabschlagssatz}$$

Beispiel: *Der Bruttoverkaufspreis einer Bluse beträgt 35,00 EUR. Bei einem Kalkulationsabschlagsatz von 40 % beträgt der Abschlag 14,00 EUR (35,00 EUR × 40 ÷ 100 = 14,00 EUR). Der Bezugspreis muss somit bei 35,00 EUR – 14,00 EUR = 21,00 EUR liegen.*

Um den Kalkulationsabschlagssatz zu ermitteln, muss zunächst für einen beliebigen Artikel eine Rückwärtskalkulation durchgeführt werden. Sobald der Bezugspreis ermittelt ist, kann die prozentuale Reduzierung vom Bruttoverkaufspreis berechnet werden.

Formel

$$\text{Kalkulationsabschlagssatz (in \%)} = \frac{\text{Bruttoverkaufspreis} - \text{Bezugspreis}}{\text{Bruttoverkaufspreis}} \times 100$$

Beispiel: *Der Bezugspreis einer Bluse beträgt 21,00 EUR und der Bruttoverkaufspreis liegt bei 35,00 EUR. Dann lautet der Kalkulationsabschlagssatz (35,00 EUR – 21,00 EUR) ÷ 35,00 EUR × 100 = 40 %.*

3.4.2 Handelsspanne

Die Handelsspanne bezeichnet bei Handelsunternehmen die Differenz zwischen dem Nettoverkaufspreis (Verkaufspreis ohne Umsatzsteuer) und dem Einstandspreis bzw. Bezugspreis, ausgedrückt in Prozent des Nettoverkaufspreises. Häufig wird auch der Begriff „Marge" oder „Gewinnmarge" verwendet. Die Handelsspanne beantwortet die Frage, wie viel Prozent bleiben vom (Netto-)Verkaufspreis übrig, um die Handlungskosten und den Gewinn zu decken?

Die Handelsspanne wird immer mithilfe des Nettoverkaufspreises und dem Bezugspreis ermittelt.

Merke

Formel

$$\text{Handelsspanne (in \%)} = \frac{\text{Nettoverkaufspreis} - \text{Bezugspreis}}{\text{Nettoverkaufspreis}} \times 100$$

Beispiel: *Eine Winterjacke kostet im Einkauf 100,00 EUR. Der Nettoverkaufspreis beträgt 180,00 EUR. Somit beträgt die Handelsspanne der Jacke: (180 EUR – 100 EUR) ÷ 180 EUR × 100 = 44,44 %. Würde der Einkaufspreis sinken oder der Verkaufspreis steigen, würde die Handelsspanne steigen. Eine hohe Handelsspanne signalisiert dem Händler somit, dass er an diesem Artikel viel verdient.*

Bedeutung der Handelsspanne für den Einzelhandel

Die Handelsspanne ist für den Händler eine wichtige Kennzahl, die ihn darüber informiert, wie ertragreich seine Verkäufe waren. Bei einer hohen Handelspanne verdient der Händler relativ viel mit dem Verkauf seiner Produkte. Eine niedrigere Handelsspanne hingegen zeigt, dass der Verdienst an einem verkauften Artikel gering ist. Durch den zunehmenden Wettbewerb im Einzelhandel wurden die Handelsspannen der Einzelhändler immer kleiner. Besonders im Lebensmitteleinzelhandel ist sie aufgrund des Preiskampfes besonders niedrig. Einzelhändler mit vergleichsweise hohen Handlungskosten, wie z. B. der Textilfachhandel, weisen aber immer noch relativ hohe Handelsspannen auf.

Die Höhe der Handelsspanne zeigt auch die Marktmacht eines Produktes. Denn eine hohe Handelsspanne im Einzelhandel kann sich nur ein Produkt leisten, das einen besonderen Wettbewerbsvorteil genießt, den andere Produkte nicht haben. Ein aktuell hochpreisiger Markenschuh wird deshalb eine deutlich höhere Spanne haben als ein No-Name-Schuh vom Discounter. Die Discounter machen ihre Umsätze über die Masse der verkauften Ware, deshalb fällt die Handelsspanne bei diesen Produkten geringer aus.

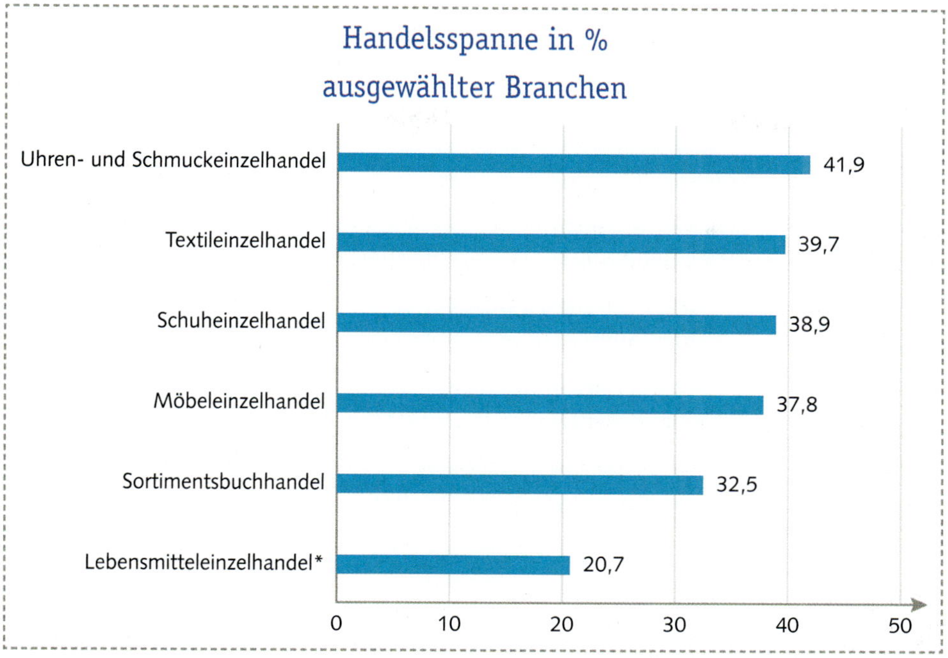

Quelle: EHI Retail Institute GmbH von 2014/*IFH Institut für Handelsforschung Köln GmbH von 2009

Hier noch einmal zur besseren Übersicht die vereinfachten Kalkulationsverfahren der Vorwärtskalkulation (links) und Rückwärtskalkulation (rechts), ausgehend vom Bezugspreis.

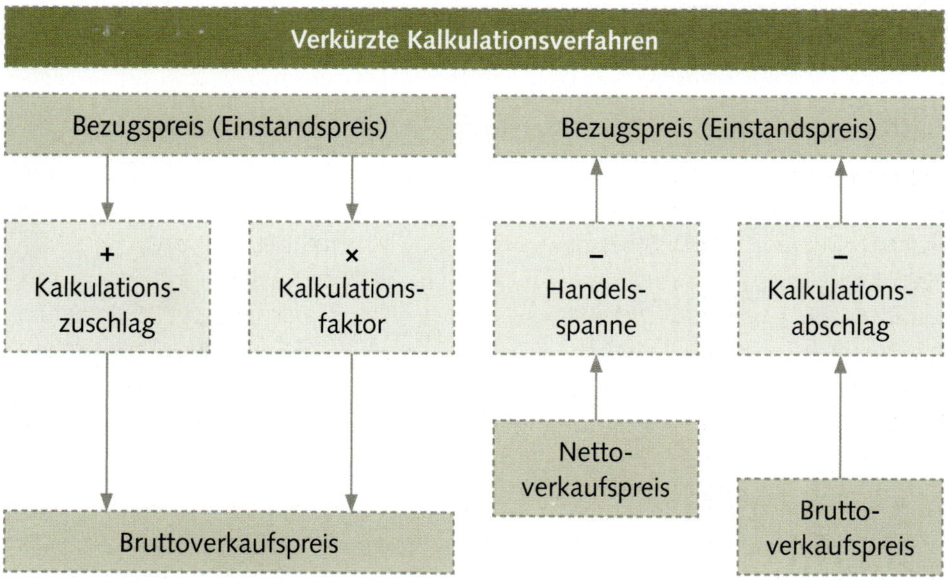

Aufgaben

1. Ein Hemd, das neu in das Sortiment aufgenommen werden wird, soll für 59,00 EUR verkauft werden. Der Händler kalkuliert mit den folgenden Zuschlägen: 55 % Handlungskosten, 20 % Gewinn, 19 % Umsatzsteuer. Ermitteln Sie den Bezugspreis, der höchstens aufgewendet werden kann. Berechnen Sie dann den Kalkulationsabschlagssatz und die Handelsspanne.
2. Der Kalkulationsabschlagssatz in der Warengruppe Herren beträgt 68 %. Berechnen Sie den Bezugspreis eines Artikels mit einem Bruttoverkaufspreis von 120,00 EUR.
3. Die Handelsspanne eines Möbelhändlers beträgt 37 %. Berechnen Sie den Bezugspreis eines Artikels, der mit einem Bruttoverkaufspreis von 65,00 EUR verkauft wird. Die Umsatzsteuer wird mit 19 % festgesetzt.
4. Der Bruttoverkaufspreis eines Markenkleides beträgt einschließlich 19 % Umsatzsteuer 290,00 EUR. Der Einzelhändler kauft diesen Artikel zum Bezugspreis von 138,00 EUR ein. Ermitteln Sie
   a) den Kalkulationszuschlag in Prozent und in EUR,
   b) den Kalkulationsfaktor,
   c) den Kalkulationsabschlag in Prozent und in EUR und
   d) die Handelsspanne in Prozent und in EUR.
5. Ein Warenhaus möchte ein Funktionsunterhemd zu einem Bruttoverkaufspreis von 29,20 EUR je Stück verkaufen. Zu welchem Bezugspreis dürfte das Unterhemd höchstens eingekauft werden? Zu beachten sind 43 % Handlungskostenzuschlag, 11 % Gewinnzuschlag und 19 % Umsatzsteuer. Berechnen Sie außerdem die Handelsspanne und den Kalkulationsabschlagssatz.
6. Berechnen Sie den Kalkulationszuschlagssatz, den Kalkulationsfaktor, den Kalkulationsabschlagssatz und die Handelsspanne folgender Artikel:

Artikel	Bruttoverkaufspreis	Handlungskostensatz	Gewinnzuschlagssatz	Umsatzsteuer
A	45,60 EUR	23 %	10 %	19 %
B	89,00 EUR	45 %	17 %	19 %
C	113,00 EUR	51 %	39 %	7 %
D	230,00 EUR	100 %	50 %	19 %

7. Erklären Sie, warum der Textileinzelhandel im Gegensatz zum Lebensmitteleinzelhandel eine vergleichsweise hohe Handelsspanne hat. (siehe Grafik Seite 265)
8. Erstellen Sie eine Formelsammlung auf einem leeren Blatt Papier mit den Formeln der vier verkürzten Kalkulationsverfahren.

3.5 Differenzkalkulation

Da der Marktpreis häufig durch die Mitbewerber vorgegeben ist, wird bei der Rückwärtskalkulation, ausgehend vom Bruttoverkaufspreis, der Bezugspreis ermittelt. Mit diesem Bezugspreis kann man dann mit seinen Lieferanten neu in Verhandlung treten.

Allerdings kommt es in der Praxis oft vor, dass auch der Lieferant einen Preis vorgibt, der keine Verhandlungsspielräume zulässt. In diesem Fall ist der Händler sowohl beim Bezugspreis als auch beim Bruttoverkaufspreis festgelegt. Er kann jetzt nur noch versuchen, die Handlungskosten zu senken, damit er einen geringeren Handlungskostenzuschlag hat und damit den gewünschten Bruttoverkaufspreis erreicht. Falls auch das aus betrieblichen Gründen nicht möglich ist, bleibt ihm nur noch die Möglichkeit, auf einen Teil seiner Gewinnspanne zu verzichten.

Sollte er dabei feststellen, dass er gar keinen Gewinn mehr mit diesem Artikel macht oder sogar einen Verlust erwirtschaftet, muss er überlegen, den Artikel langfristig aus dem Sortiment zu nehmen.

Beispiel: *Das Textilhaus Bernert e. K. verkauft ein Marken-Polohemd zum Preis von 68,00 EUR. Die Konkurrenz bietet das gleiche Hemd für 59,50 EUR an. Doch der Markenlieferant, von dem der Händler die Waren bezieht, kann ihm nicht mit dem Preis entgegenkommen. Somit ist der Bezugspreis in Höhe von 27,00 EUR unveränderlich. Kann der Händler den Mitbewerberpreis ebenfalls anbieten, ohne selber Verlust zu machen?*

Mathematisch wird dieses Problem mit Hilfe einer Kombination aus Vorwärts- und Rückwärtskalkulation gelöst.

1. Schritt: Berechnung des Selbstkostenpreises mit der Vorwärtskalkulation

Beispiel: *Zunächst kalkuliert man ausgehend vom Bezugspreis vorwärts. Der Handlungskostensatz beträgt 80 %.*

Die Handlungskosten betragen somit:
27 × 80 ÷ 100 = 21,60 EUR.

Der Selbstkostenpreis beträgt:
27,00 + 21,60 = 48,60 EUR.

Bezugspreis	27,00 EUR
+	
Handlungskosten	27,00 EUR × 80 ÷ 100 = 21,60 EUR
=	
Selbstkostenpreis	27,00 EUR + 21,60 EUR = 48,60 EUR

2. Schritt: Berechnung des Nettoverkaufspreises mit der Rückwärtskalkulation

Beispiel: *Jetzt berechnet man den Nettoverkaufspreis ausgehend von dem gegebenen Bruttopreis. Die Mehrwertsteuer beträgt 19 %.*

Die Umsatzsteuer beträgt:
59,90 × 19 ÷ 119 = 9,50 EUR

Damit beträgt der Nettoverkaufspreis:
59,90 – 9,50 = 50,00 EUR

Bruttoverkaufspreis	59,50 EUR
–	
Umsatzsteuer	59,50 × 19 ÷ (100 + 19) = 9,50 EUR
=	
Nettoverkaufspreis	59,50 EUR – 9,50 EUR = 50,00 EUR

3. Schritt: Berechnung der Differenz aus dem Nettoverkaufspreis und dem Selbstkostenpreis

Um den verbleibenden Gewinn zu ermitteln, muss man nur noch den Selbstkostenpreis von dem Nettoverkaufspreis abziehen.

Beispiel: *Der Gewinnzuschlag beträgt somit:*
50,00 – 48,60 = 1,40 EUR

Das entspricht einem Gewinnzuschlagssatz von:
1,40 ÷ 48,60 × 100 = 2,88 %

Nettoverkaufspreis	50,00 EUR
–	
Selbstkostenpreis	48,60 EUR
=	
Gewinnzuschlag	50,00 EUR – 48,60 EUR = 1,40 EUR

Das Modehaus Bernert e. K. kann nun nicht mehr den geforderten Gewinnzuschlag in Höhe von 10 % verwirklichen. Stattdessen muss es sich mit einem Gewinnzuschlag von 2,88 % zufriedengeben. Immerhin macht das Modehaus Bernert e. K. noch einen kleinen Gewinn.

Formel

$$\text{Gewinnzuschlagssatz} = \frac{\text{Nettoverkaufspreis} - \text{Selbstkostenpreis}}{\text{Selbstkostenpreis}} \times 100$$

Erst wenn der Nettopreis genauso groß ist wie der Selbstkostenpreis, macht der Händler keinen Gewinn mehr (Er beträgt dann genau Null!). Wenn der Selbstkostenpreis höher als der Nettoverkaufspreis sein sollte, macht der Händler sogar Verlust. Dann sollte er sich gut überlegen, ob er den Artikel noch im Sortiment behalten möchte.

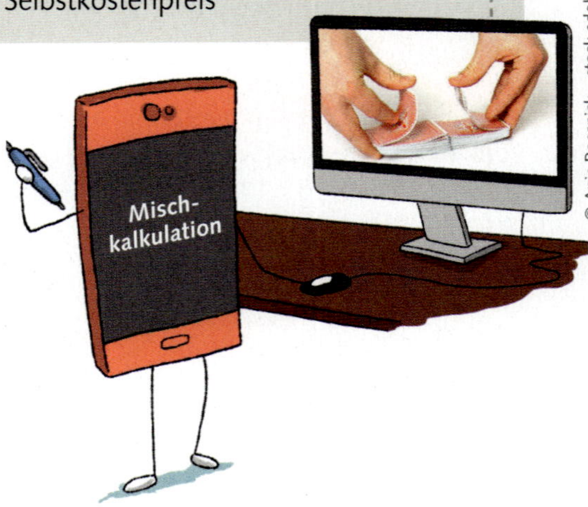

In bestimmten Fällen wird der Händler einige Artikel trotz eines nur geringen Gewinns oder sogar mit einem Verlust weiter im Sortiment führen. Dies geschieht häufig dann, wenn es sich um wichtige Artikel handelt, die der Kunde im Geschäft erwartet, wie z. B. Gemüse bei einem Lebensmittelhändler. Der Händler wird dann versuchen, den Verlust aus dieser Warengruppe durch den Gewinn von anderen Artikeln auszugleichen. Mit Hilfe dieser sogenannten Mischkalkulation versucht er, den Gewinn des gesamten Sortiments zu maximieren.

Aufgaben

1. Ein Spielwarenhändler möchte den Gewinn eines Produktes kalkulieren. Der Bezugspreis beträgt 5,30 EUR. Dieser Artikel wird mit 30 % Handlungskosten kalkuliert. Am Markt kann das Produkt mit 19 % Umsatzsteuer für 9,99 EUR verkauft werden. Wie hoch ist der zu erzielende Gewinn in EUR und in Prozent?
2. Ein Einzelhändler erhält ein Angebot für einen Herrenschuh zum Bezugspreis von 150,00 EUR pro Stück. Der Einzelhändler kalkuliert mit 20 % Handlungskosten und 19 % Umsatzsteuer. Welchen Gewinn in EUR und in Prozent kann der Einzelhändler erzielen, wenn er aus Konkurrenzgründen diesen Artikel für 210,50 EUR zum Verkauf anbietet?
3. Der Bezugspreis eines Damenkleides liegt bei 400,00 EUR. Der Handlungskostenzuschlag beträgt 31 %. Da sich der Händler bei der Preisgestaltung der Konkurrenz anpassen muss, kann er diese Ware nur für maximal 490,00 EUR verkaufen. Beurteilen Sie, ob es sich für den Händler lohnt, diese Ware zu führen. Die Mehrwertsteuer beträgt 19 %.
4. Nennen Sie mindestens fünf Maßnahmen, mit denen der Einzelhändler die Handlungskosten senken kann.
5. Der Bezugspreis einer Hose beträgt 40,00 EUR, der Bruttoverkaufspreis 80,00 EUR. Ein Kunde möchte einen Rabatt von 20 % auf diesen Artikel. Können Sie ihm diesen gewähren, wenn Sie mit einem Handlungskostenzuschlagssatz von 40 % kalkulieren? Die Umsatzsteuer beträgt 19 %. Berechnen Sie den Gewinn mit und ohne Rabatt.
6. Ein Supermarkt hat u. a. drei Produkte im Warensortiment Drogerieartikel: Duschgel, Deodorant und Zahnpasta. Die Auszeichnungspreise (Bruttopreise) betragen für das Duschgel 2,80 EUR, für das Deodorant 1,80 EUR und für die Zahnpasta 1,10 EUR. Der Kalkulationsabschlag beträgt 48,93 %. Das Geschäft kalkuliert mit 50 % Handlungskostenzuschlag (USt.: 19 %).
   a) Berechnen Sie mit Hilfe des Kalkulationsabschlages die Bezugspreise für alle drei Artikel.
   b) Berechnen Sie mit Hilfe der Differenzkalkulation den Gewinn (Reingewinn) für die drei Artikel. Ermitteln Sie auch die Gewinnsumme aller drei Artikel.
   c) Die Konkurrenz senkt den Preis für Zahnpasta auf 1,00 EUR. Welche Folgen hat diese Preissenkung für den Supermarkt, wenn ihm die Lieferanten beim Bezugspreis nicht entgegenkommen?

Zur Wiederholung

Formelsammlung

Reingewinn = Nettoverkaufspreis – Selbstkostenpreis

Rohgewinn = Nettoverkaufspreis – Bezugspreis

$$\text{Handlungskostenzuschlagssatz (in \%)} = \frac{\text{Handlungskosten} \times 100}{\text{Wareneinsatz}}$$

$$\text{Gewinnzuschlagssatz (in \%)} = \frac{\text{Gewinn in EUR} \times 100}{\text{Selbstkosten}}$$

$$\text{Kalkulationszuschlagssatz (in \%)} = \frac{\text{Bruttoverkaufspreis} - \text{Bezugspreis}}{\text{Bezugspreis}} \times 100$$

$$\text{Kalkulationsfaktor} = \frac{\text{Bruttoverkaufspreis}}{\text{Bezugspreis}}$$

$$\text{Kalkulationsabschlagssatz (in \%)} = \frac{\text{Bruttoverkaufspreis} - \text{Bezugspreis}}{\text{Bruttoverkaufspreis}} \times 100$$

$$\text{Handelsspanne (in \%)} = \frac{\text{Nettoverkaufspreis} - \text{Bezugspreis}}{\text{Nettoverkaufspreis}} \times 100$$

$$\text{Gewinnzuschlagssatz} = \frac{\text{Nettoverkaufspreis} - \text{Selbstkostenpreis}}{\text{Selbstkostenpreis}} \times 100$$

LF 10

Besondere Verkaufssituationen bewältigen

1. Unterschiedliche Kunden beraten
2. Kunden in besonderen Verkaufssituationen erfolgreich bedienen
3. Konflikt- und Stresssituationen professionell meistern
4. Umtausch und Reklamation von Waren kundenfreundlich durchführen
5. Kauf durch Finanzierung anbieten und abschließen
6. Ladendiebstahl erkennen und vorbeugen
7. Technische Hilfsmittel fachgerecht und kundenorientiert einsetzen

1 Unterschiedliche Kunden beraten

1.1 Kunden unterscheiden

Jedem Kunden alles verkaufen zu wollen ist unmöglich und wenig sinnvoll. Für den Einzelhändler ist es daher wichtig, seine Kundschaft möglichst genau zu kennen. Nur dann ist er in der Lage, jeden Kunden individuell zu beraten und ihm ein passgenaues Angebot zu machen. Hierfür kann auf eine Vielzahl an Merkmalen zur Kundeneinteilung zurückgegriffen werden, die sich auch kombinieren lassen:

Merkmale zur Einteilung von Kunden

Demografische Merkmale	Geografische Merkmale	Psychografische Merkmale	Verhaltensorientierte Merkmale
Einteilung der Kunden z. B. nach • Alter • Geschlecht • Familiengröße • Beruf	Einteilung der Kunden z. B. nach geografischen Lagen, wie • Staaten • Bundesländer • Regionen • Städte	Einteilung der Kunden anhand von allgemeinen Persönlichkeitsmerkmalen, wie z. B. • Einstellungen • Werte • Motivation • Lebensstil	Einteilung der Kunden anhand ihres Kaufverhaltens • Geschäftstreue • Preisverhalten • Markentreue

← kombinierbar →

Psychografische Merkmale → Kundentypen

Verhaltensorientierte Merkmale → Konsumtypen

Die Einteilung der Kunden nach demografischen und geografischen Kriterien liefert wichtige Erkenntnisse für den Verkäufer. Kunden können jedoch trotz ihres gleichen Alters, ihres Wohnorts bzw. ihres Geschlechts völlig unterschiedliche Ansichten und Einkaufsgewohnheiten haben, auf die sich ein Verkäufer einstellen muss. Eine weitere, darauf aufbauende Kundeneinteilung kann daher anhand psychografischer und verhaltensorientierter Merkmale erfolgen. Kunden mit gleichen oder ähnlichen Merkmalen, Einkaufsverhalten und Eigenschaften werden dann zu Kundentypen bzw. Konsumtypen zusammengefasst. Die Einteilung und Abgrenzung seiner Kunden hilft dem Einzelhändler, sich zunächst ein Bild über die eigene Zielgruppe zu verschaffen und liefert ihm wichtige Orientierungspunkte im Verkaufsgespräch. Die Informationen über die Konsumtypen helfen zudem bei der Sortiments- und Ladengestaltung.

> Kundentypen werden anhand ihrer Persönlichkeitsmerkmale, Konsumtypen anhand ihrer Einkaufsgewohnheiten gebildet.
>
> Merke

Eine wichtige Fähigkeit ist es, seine Kunden zu (er-)kennen und auf dieser Grundlage zu beraten.

Vorgehensweise bei der Kundeneinteilung

1. Kunden beobachten	**2. Kunden einschätzen**	**3. Kunden beraten**
• Gestik • Mimik • Sprache • Auftreten • Kleidung	• Kundengruppe • Kundentyp • keine eindeutige Einordnung möglich	• individuelle Beratung • kundengerechte Sprache nutzen • passende Zusatzangebote machen

Tipp

Die Einteilung der Kunden nach bestimmten Kriterien liefert immer nur eine grobe Orientierung. Hüten Sie sich davor, Kunden vorschnell in Schubladen zu stecken und auf wenige Merkmale bzw. Klischees und Stereotype zu reduzieren.

1.2 Kunden in verschiedenen Lebensphasen beraten

Ältere Kunden haben andere Konsumwünsche und -bedürfnisse als Kinder und Jugendliche. Gehören diese Kundengruppen zur Zielgruppe eines Einzelhändlers, muss er ihre jeweiligen Besonderheiten kennen und sich auf ihre Wünsche und Bedürfnisse einstellen.

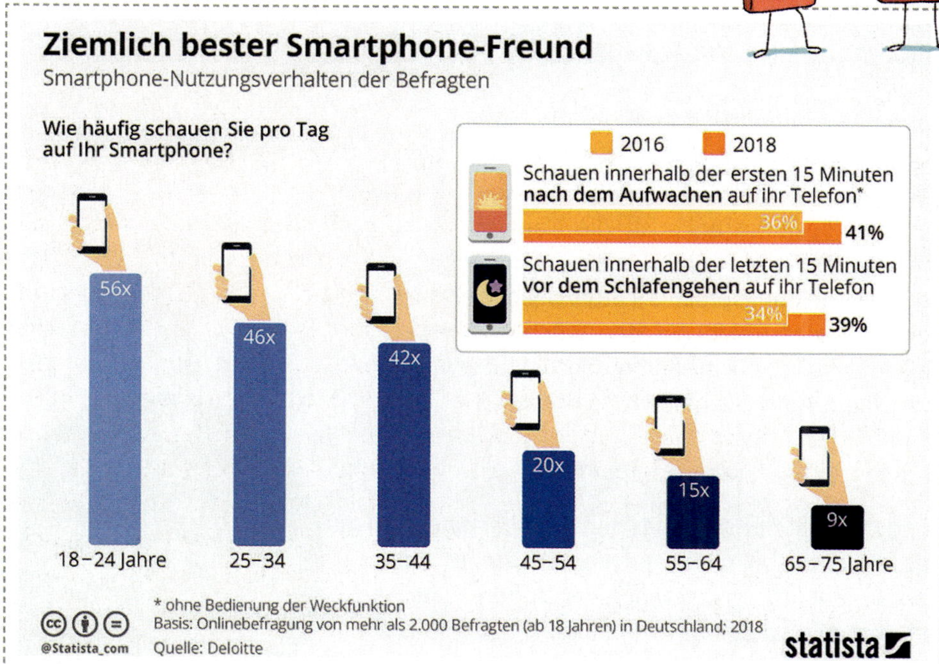

1.2.1 Kinder und Jugendliche als Kunden

Junge Kunden gewinnen als Käufergruppe an Bedeutung, da sie zunehmend über mehr Einkommen verfügen. Im Durchschnitt standen Schülern im Jahre 2018 222 Euro monatlich zur freien Verfügung, Auszubildenden 952 Euro (Altersgruppe 14–24 Jahre). Damit hatten sie rund 20 % mehr Geld zur Verfügung als noch drei Jahre zuvor. Da die meisten Jugendlichen noch bei ihren Eltern wohnen, haben sie keine laufenden Ausgaben, wie Miete, Strom oder Versicherungen, so dass sie über ihr Geld nach ihren Wünschen verfügen können. So geben Kinder zwischen 10 und 13 Jahren ihr Taschengeld für Süßigkeiten, Zeitschriften und sonstige direkte Konsumwünsche aus.

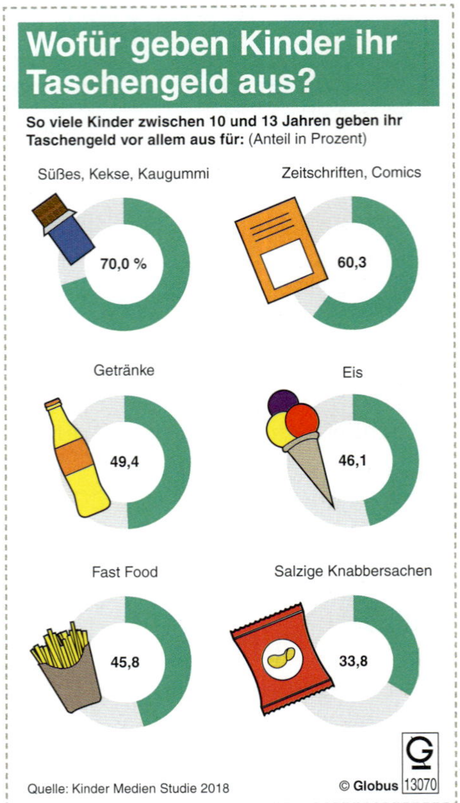

© gpointstudio – stock.adobe.com

Kinder und Jugendliche stellen aber nicht nur aufgrund ihrer zunehmenden Finanzkraft eine bedeutende Zielgruppe dar, sondern sie beeinflussen auch die Kaufentscheidungen ihrer Eltern, da sie aktiv in den Kaufeinscheidungsprozess einbezogen werden. Das gilt sowohl für den wöchentlichen Einkauf als auch bei größeren Anschaffungen, wie z. B. einem Auto oder einem Fernseher.

Merke: In der Werbebranche wurde für diese Zielgruppe bereits ein eigener Begriff geschaffen: die Skippies (School kids with purchasing power).

Rechtliche Voraussetzungen

Für den Verkäufer spielt das genaue Alter eine wichtige Rolle, da beim Verkauf von Waren an Kinder bzw. Jugendliche gesetzliche Vorschriften zu beachten sind. Neben der Geschäftsfähigkeit sind das die Regelungen des Jugendschutzgesetzes.

Merke: Geschäftsfähigkeit ist die Fähigkeit, Rechtsgeschäfte selbständig wirksam abschließen zu können.

Geschäftsfähigkeit

Geschäftsunfähigkeit	beschränkte Geschäftsfähigkeit	volle Geschäftsfähigkeit
• Kinder unter 7 Jahren • Personen im Zustand krankhafter Störung der Geistestätigkeit, der die freie Willensbestimmung ausschließt z. B. Demenz	• Kinder und Jugendliche von 7 bis 17 Jahren • betreute Personen, bei denen gerichtlich ein Einwilligungsvorbehalt angeordnet wurde	• Jugendliche ab 18. Jahren (Volljährige)
↓	↓	↓
• Willenserklärung ist nichtig, d. h. von Anfang an unwirksam, folglich kann ein Geschäftsunfähiger keine Kaufverträge abschließen. • Sie dürfen nur Botengänge für die Eltern machen.	• Rechtsgeschäfte benötigen grundsätzlich die Zustimmung bzw. die Genehmigung der Eltern. • Ausnahmen: Taschengeldkäufe (§ 110 BGB) und nur rechtlich vorteilhafte Rechtsgeschäfte (§ 107 BGB).	• Willenserklärung ist wirksam

Merke

Eine Kreditvergabe an beschränkt geschäftsfähige Kunden ist grundsätzlich verboten. Da es sich bei einem Ratenkauf auch um eine Form des Finanzierungskredites handelt, ist auch dieses nicht möglich, selbst wenn die monatliche Rate mit dem Taschengeld des Jugendlichen bezahlt werden kann.

Tipp

Die Taschengeldhöhe ist nicht gesetzlich festgelegt. Einen Richtwert für die übliche Höhe des Taschengeldes erhält man bei den Jugendämtern.

Jugendschutzgesetz (JuSchG)

Das Jugendschutzgesetz beschränkt Kindern und Jugendlichen den Zugang zu Produkten oder Orten, von denen eine mögliche Gefährdung für sie ausgehen kann. Das betrifft z. B. den Besuch von Gaststätten und Diskotheken sowie den Erwerb und Konsum von Alkohol, Zigaretten und Computerspielen.

Merke

Ein Kind im Sinne des Jugendschutzgesetzes ist eine Person, die noch nicht 14 Jahre alt ist, Jugendliche sind Personen, die 14, aber noch nicht 18 Jahre alt sind.

Einige Alters- und Zeitgrenzen oder die Zugangsbeschränkungen etwa bei Alkoholkonsum gelten unter Umständen nicht oder nur eingeschränkt, wenn Kinder und Jugendliche von personensorgeberechtigten oder erziehungsbeauftragten Personen begleitet werden.

Personensorgeberechtigte Personen	Erziehungsbeauftragte Personen
Sind alle Personen, die das Sorgerecht für ein Kind haben, also grundsätzlich die Eltern. Verwandte, Geschwister oder Lebenspartnerinnen oder -partner sind – keine personensorgeberechtigten Personen.	Ist jede Person ab 18 Jahren, die eine ausdrückliche Vereinbarung mit den Eltern über die Beaufsichtigung getroffen hat. Sie übernehmen dann z. B. die Aufsichtspflicht für die Eltern und tragen damit die Verantwortung für den Jugendlichen. Zwar muss die Erziehungsbeauftragung nicht in schriftlicher Form erfolgen, im Zweifel muss diese aber z. B. dem Veranstalter einer Party auf dessen Verlangen nachgewiesen werden können.

Verkauf- und Konsum von Alkohol und Tabakwaren

	Jugendlicher ist allein	Jugendlicher ist in Begleitung der Eltern	Jugendlicher ist in Begleitung einer erziehungsberechtigten Person
unter 14 Jahren	kein Verkauf/Konsum von alkoholischen Getränken oder Lebensmitteln	kein Verkauf/Konsum von alkoholischen Getränken oder Lebensmitteln	kein Verkauf/Konsum von alkoholischen Getränken oder Lebensmitteln
14 bis 15 Jahre	kein Verkauf von alkoholischen Getränken oder Lebensmitteln	Verkauf/Konsum von Bier, Wein, Sekt Weinschorle, Radler	kein Konsum von alkoholischen Getränken oder Lebensmitteln
ab 16 Jahren	Verkauf/Konsum von Bier, Wein, Sekt Weinschorle, Radler	Verkauf/Konsum von Bier, Wein, Sekt Weinschorle, Radler	Verkauf/Konsum von Bier, Wein, Sekt Weinschorle, Radler
unter 18 Jahren	kein Verkauf und kein Konsum von alkoholischen Getränken wie Schnaps, Likör, Grappa, Wodka, Alkopops, Mixgetränke wie Cola-Rum oder alkoholhaltige Lebensmittel wie Weinbrandbohnen. Kein Verkauf und kein Konsum von Zigaretten, Zigarren, Tabak sowie nikotinhaltige nikotinfreie E-Zigaretten und E-Shishas		

Regelungen für Bildträger (§ 12 JUSchG) und Feuerwerkskörper

DVD und Video-/Computerspiele

Kinder und Jugendliche dürfen nur Filme sehen oder Spiele spielen, die für ihre Altersgruppe freigegeben sind. Die nachfolgenden Abgabebeschränkungen müssen bei Verkauf zwingend beachtet werden.

Die Freiwillige Selbstkontrolle der Filmwirtschaft (FSK)

© made_by_nana – stock.adobe.com

Die Unterhaltungssoftware Selbstkontrolle (USK) ist die verantwortliche Stelle in Deutschland für die Alterskennzeichnung von Computer- und Videospielen.

Die beste Maßnahme zur Einhaltung des Jugendschutzgesetzes ist die Alterskontrolle an der Kasse – auch wenn die Jugendlichen dafür kein Verständnis haben.

Merke

Feuerwerkskörper

Feuerwerkskörper werden in zwei Klassen eingeteilt:

- Feuerwerkskörper der Kategorie I (Kleinstfeuerwerke) dürfen ganzjährig an Personen verkauft werden, die das 12. Lebensjahr vollendet haben. Hierzu zählen z. B. Wunderkerzen, Knallerbsen und Tischfeuerwerk.
- Feuerwerkskörper der Kategorie II (Kleinfeuerwerk) dürfen nur in der Zeit zwischen Weihnachten und Silvester an Personen über 18 Jahren verkauft werden. Hierzu zählen z. B. Raketen, Verbundfeuerwerke und Böller.

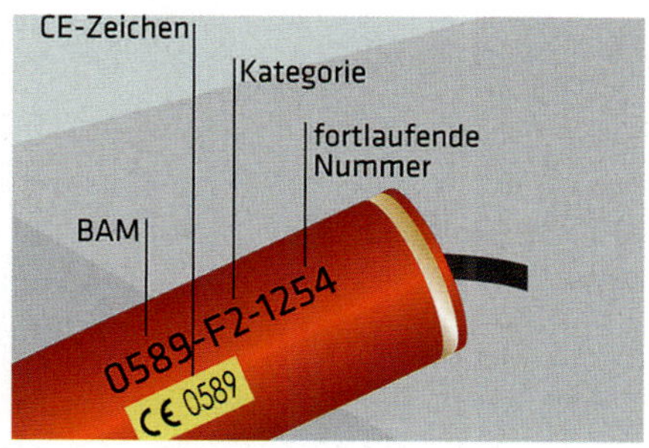

Geprüfte Pyro-Artikel erkennt man an der CE- Kennzeichnung sowie an der vierstellen Rufnummer der Bundesanstalt für Materialwirtschaft und -prüfung (BAM).

Anforderungen an das Geschäft

Auch junge Konsumenten wollen vor einem Kauf überzeugt und begeistert werden. Um dieser Kundengruppe gerecht zu werden, gilt es daher gilt es daher, die richtige Ansprache zu finden und ein positives Einkaufserlebnis zu vermitteln.

Sortimentsgestaltung

Neben den „klassischen" Produkten für Kinder (beispielsweise Süßigkeiten, Spielzeug) haben sich „normale" Lebensmittel speziell für Kinder zu einem wichtigen Markt etabliert. Darunter fallen z. B. Haferflocken, Würstchen, Tütensuppen etc., die sich durch die Bezeichnung („für Kids"), die Aufmachung (Spielzeug-Beigaben) oder durch Aktionen (Online-Spiele, Tipps für Schulreferate) gezielt an Kinder richten. Oft wird dabei die Bekanntheit und Beliebtheit von Medienhelden für die Verkaufsförderung dieser Produkte genutzt. So finden sich beispielsweise die Figuren eines erfolgreichen Trickfilms auf Lebensmitteln wieder, wobei sich im Idealfall das positive Image der Figur auf das Produkt überträgt und bei dem Kind einen Kaufwünsch entstehen lässt. Diese speziellen Kinderlebensmittel sind jedoch unter anderem wegen ihres hohen Zuckergehaltes in die Kritik geraten.

Wie viel Zucker steckt in Frühstücksflocken?

Markenartikel genießen bei Kindern und Jugendlichen ein hohes Ansehen, da sie ihnen im Freundeskreis Status und Prestige bringen und die Jugendlichen damit ihre Zugehörigkeit zu einer bestimmten Gruppe ausdrücken.

Markenartikel

Von Kindern gewünscht, von Eltern gekauft

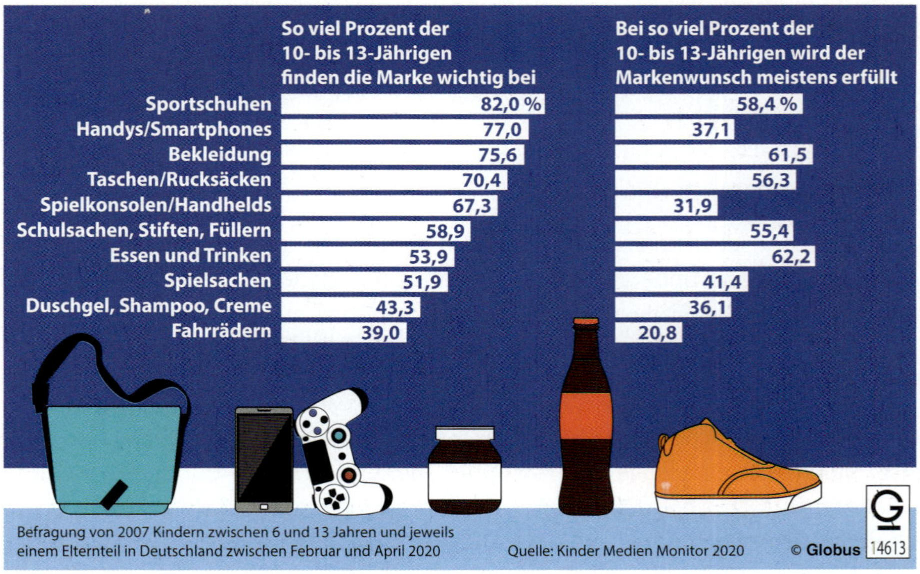

Warenpräsentation und Service

Kinder sind neugierig und begeisterungsfähig. Um die jungen Konsumenten gezielt anzusprechen, müssen diese Produkte die Aufmerksamkeit auf sich lenken, für Kinder greifbar sein und ausprobiert werden können. Wenn möglich, sollten die Waren daher in einem separaten, ansprechenden Warenträger präsentiert werden, wobei die Produkte auch in einem gemeinsamen Verwendungszusammenhang (z. B. Malstifte und Malblöcke) präsentiert werden können.

Es ist stets abzuwiegen, ob eine solche Warenpräsentation nicht die Eltern verärgert und dadurch Konflikte ausgelöst werden. Dies ist z. B. oft in der Kassenzone der Fall, wo Süßigkeiten auf Augenhöhe der Kinder angeboten werden (Quengelware). Einige Unternehmen verzichten daher bewusst darauf, Süßigkeiten in Greifhöhe von Kindern anzubieten. Stattdessen werden dort Artikel des täglichen Bedarfs wie Batterien, Handyladekabel, Drogeriewaren oder auch Einkaufsgutscheine platziert.

LF 4

Um Kindern und Erwachsenen den Einkauf so angenehm wie möglich zu machen, bieten viele Einzelhandelsunternehmen Serviceangebote für ihre Kunden an, wie beispielsweise Spielecken, kindgerechte Einkaufswagen und kleine Geschenke.

Anforderungen an den Verkäufer

Um dieser Kundengruppe gerecht zu werden, sollte der Verkäufer die nachfolgenden Aspekte berücksichtigen:

- Kinder und Jugendliche sollten – genauso wie Erwachsene – ernst genommen und höflich behandelt werden. Sie erkennen sehr schnell, wenn dies nicht der Fall ist und sind dann als Kunden verloren.
- Genauso wie Erwachsene wollen sie respektvoll und ehrlich beraten und nicht belehrt werden. Dabei sollte die Sprache im Verkaufsgespräch dem Alter des Kindes gerecht werden. Ein gewollter übertriebener, aufgesetzter pseudojugendlicher Jargon wird schnell als anbiedernd empfunden und ist genauso fehl am Platz wie komplizierte Formulierungen, Fremdwörter oder Ironie. Dazu gehört auch, Jugendliche bzw. junge Erwachsene ab einem gewissen Alter (z. B. ab 16 Jahren) mit „Sie" anzusprechen.
- Um Kinder und Jugendliche gut beraten zu können, muss der Verkäufer über Trends informieren und die Produkte kennen bzw. vorführen können.
- Dabei ist vom Verkaufspersonal – vor allem bei kleineren Kindern – viel Geduld und Verständnis aufzubringen und auf die Kinder einzugehen. Wenn immer möglich, ist ihnen die Gelegenheit zu geben, die Ware auszuprobieren und zu testen.
- Kommen Kinder in Begleitung Erwachsener, muss der Verkäufer stets neutral bleiben, d. h. er darf sich bei der Kaufentscheidung weder auf die Seite des Kindes noch auf die Seite des/der Erwachsenen schlagen.
- Beim Verkauf von Produkten mit Altersbeschränkungen sollte man sich nicht auf eine persönliche Alterseinschätzung des Käufers verlassen, sondern im Zweifel stets nach einem Altersnachweis (z. B. dem Personalausweis) fragen.

1.2.2 Ältere Kunden

Ein weitere wichtige Kundengruppe für den Einzelhandel sind Senioren. In Deutschland gehören immer mehr Konsumenten dieser Kundengruppen an. Betrug der Anteil der Bevölkerung ab 65 Jahren an der Gesamtbevölkerung in Deutschland 1997 noch 17,7 Millionen Personen, sind es 2021 bereits etwa 22 Millionen. Und der Anteil älterer Menschen an der Gesamtbevölkerung wächst weiter. Im Jahre 2035 wird knapp die Hälfte der Deutschen 50 Jahre und älter, jeder Dritte davon älter als 60 Jahre sein. Damit sind sie die am schnellsten wachsende Altersgruppe aller Konsumenten weltweit. Die Gründe hierfür liegen zum einen in der geringen Geburtenrate sowie in der steigenden Lebenserwartung der Menschen. Doch nicht nur aufgrund des zunehmenden Anteils an der Gesamtbevölkerung entwickelt sich diese Kundengruppe zu einem wichtigen Segment. Auch ihr Vermögensbestand und ihre Kaufkraft sind enorm. Inzwischen entfallen rund 30 Prozent aller Konsumausgaben auf Konsumenten, die mindestens 60 Jahre sind.

Alter ist nicht gleich Alter. Auch die Gruppe der älteren Menschen ist sehr verschieden. Für den Einzelhändler ist es wichtig, grundlegende Unterschiede innerhalb dieser Gruppe zu kennen und im Verkaufsalltag zu berücksichtigen.

50–59 Vorsenioren

- sind überwiegend noch berufstätig und ggf. auf dem Karrierehöhepunkt,
- die Kinder sind aus dem Haus („empty Nest"), dadurch
- wenig Freizeit
- aktive Großelternrolle
- Gesundheit wird immer wichtiger
- klare Ablehnung des „Senioren"-Status

60–69 Junge Senioren

- Übergang vom Berufsleben zur Rente
- zunehmend mehr Freizeit
- Gesundheit gut, jedoch erste Alterserscheinungen
- erste Gedanken an „Senioren"-Status

70plus Ältere Senioren

- Abnahme sozialer Kontakte und Konsumbereitschaft
- Altersbeschwerden schränken Freizeitaktivitäten deutlich ein
- Stärkere Abhängigkeiten von Familie,
- passive Großelternrolle
- Identifikation mit „Senioren"-Status

50–59 Vorsenioren	60–69 Junge Senioren	70plus Ältere Senioren
→ zunehmend erlebnisorientiert, ausgabefreudig, vergleichsweise hoher Lebensstandard	→ tendenziell familien-, gesundheits- und freizeitorientiert	→ tendenziell häuslicher Lebensstil, geringe Konsumausgaben

Anforderungen an das Geschäft

- Die Verschiebung der Altersstruktur macht es für den Einzelhandel notwendig, sich auf diese Kundengruppe einzustellen und diese möglichst schon bei der Planung eines Geschäftes zu berücksichtigen, insbesondere durch barrierefreie Bauweise und breite Gänge
- (langsamere) Rolltreppen, wenn Treppen unvermeidbar, sollten beidseitig Handläufe angebracht werden
- einen rutschfesten, nicht reflektierenden und ebenmäßigen Bodenbelag
- großzügige Umkleidekabinen sowie Toilettenanlagen

Sortiment

Vorteilhaft für die ältere Zielgruppe sind:

- kleinere Packungsgrößen und Artikelmengen
- leicht zu öffnende und gut lesbare Aufschriften von Verpackungen
- spezielle, seniorenfreundliche Produkte (z. B. Telefone und Seniorenhandys mit großen Bedientasten)

Ladengestaltung und Warenpräsentation

- Hier gilt es u. a. nachfolgende Aspekte zu berück sichten:
- Ruhezonen und Sitzmöglichkeiten im Geschäft
- deutliche Markierung und Kennzeichnung aller Gefahrenquellen (Unebenheiten, Trennwände, etc.)
- einfach zu erreichende Regalplätze mit leicht lesbarer Beschriftung (insbesondere bei hoher Nachfrage durch Ältere Personen)
- Kontinuität in der Warenanordnung
- seniorenbezogene Produkte sollten bei den zugehörigen Produktgruppen einsortiert werden (kein „Seniorenregal")

Merke

Eine seniorengerechte Ladengestaltung bedeutet nicht, sich ausschließlich nach den Bedürfnissen und Wünschen der älteren Kunden auszurichten, sondern den Laden so zu gestalten, dass sich diese auch darin zurechtfinden.

www.generationenfreundliches-einkaufen.de

Ausgezeichnet ✓ Generationenfreundlich

Serviceangebote

Diese Kundengruppe zeichnet sich durch eine geringere Preissensitivität aus, der Wunsch nach Service- und Dienstleistungen ist jedoch sehr stark ausgeprägt.

- Hol-, Bring- bzw. Aufbauservice
- Angebote zur Einkaufsunterstützung, wie z. B. beim Einpacken der Ware bzw. beim Transport zum PKW
- leichtläufige Einkaufswagen
- auf Wunsch Begleitung zur Ware
- Parkmöglichkeiten in direkter Nähe zum Geschäft
- telefonische Bestellmöglichkeit

Anforderung an den Verkäufer

Ein entscheidendes Kriterium für die Wahl der Einkaufsstätte ist das Personal. Oftmals wird der soziale Kontakt, Geduld und das freundliche Gespräch von dieser Kundengruppe sogar als wichtiger empfunden als die Fach- und Beratungskompetenz der Mitarbeiter oder die Produktauswahl. Vielfach lassen sich Defizite in anderen Bereichen durch die Mitarbeiter am POS auffangen.

Für den Verkäufer gilt es daher, nachfolgende allgemeine Hinweise zu beachten:

- Auch ältere Kunden möchten mit Würde und Respekt behandelt werden. Hinweise auf ihr Alter bzw. die damit verbundenen Beschwerden oder Einschränkungen verbitten sich.
- Ältere Personen treffen ihre Entscheidungen sorgsam, sie sollten daher differenziert und kompetent beraten werden. Insbesondere Stammkunden legen dabei Wert auf eine persönliche Ansprache mit ihrem Namen.
- Ältere Personen haben jahrzehntelange Konsumerfahrung, sie sind anspruchsvolle und kritische Kunden. Die Nutzenvermittlung eines Produktes steht daher stets im Vordergrund.
- Auch wenn das Gespräch abschweift, Geduld zeigen und freundlich bleiben.
- Ein wichtiger Faktor für ältere Personen ist zudem die Verfügbarkeit und Präsenz des Verkaufspersonals. Wenn Hilfe benötig wird, z. B. um ein Produkt oder einen Preis zu finden, sollten Mitarbeiter schnell auffindbar sein.

1.3 Touristen und Reisende als Kunden

Deutschland ist für viele ein beliebtes Reiseziel. Mit fast 84 Millionen Übernachtungen von Urlaubern und Geschäftsleuten aus dem Ausland hat sich die Zahl der Übernachtungen ausländischer Touristen seit 2001 mehr als verdoppelt. Dabei kommen die meisten Urlauber aus den Niederlanden (11,2 Millionen), der Schweiz (6,7 Million) und den USA (6,2 Millionen). Besonders beliebt bei den Touristen ist Bayern.

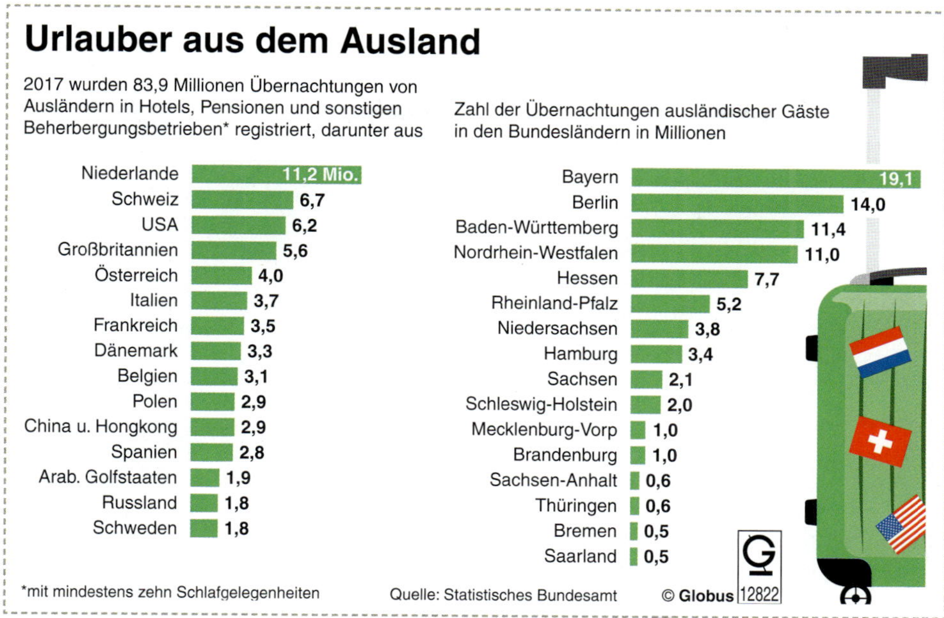

Touristen und Reisende sind schon lange keine Nischenmärkte mehr. Wer sich auf sie einstellt und sie richtig anspricht, kann seinen Umsatz steigern.

Merke

Anforderungen an das Geschäft

Um auch dieser Kundengruppe gerecht zu werden, gilt es einige grundlegende Dinge zu berücksichtigen.

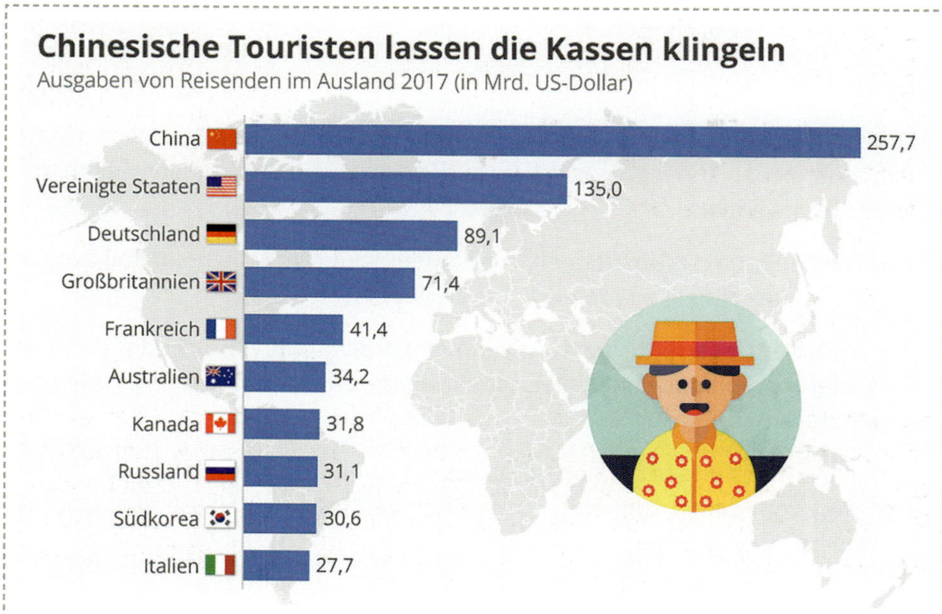

Sortiment und Warenpräsentation

Touristen sind häufig an „typisch" deutschen Produkten und regionalen Spezialitäten wie z. B. Kukucksuhren, Bierkrüge, Lebkuchen und Schwarzwälder Schinken. Einzelhändler in großen Städten mit beliebten Sehenswürdigkeiten, wie z. B. München, Berlin, Köln, Düsseldorf, Frankfurt sowie touristische Regionen haben ihr Sortiment so zugeschnitten, dass es gezielt die reisende Kundschaft anspricht.

© Maridav – stock.adobe.com

Für viele Touristen lohnt sich der Einkauf in Deutschland, da einige Produkte sowie Markenwaren in Deutschland viel günstiger zu erwerben sind als in ihrem Heimatland. Einkaufen zählt daher zu einer beliebten Urlaubsaktivität. Häufig haben sich die Touristen im Vorfeld ihrer Reise sehr genau über die zu erwerbenden Produkte informiert und bringen entsprechendes Fachwissen mit. Shoppingtouristische Destinationen wie z. B. Factory-Outlet-Center setzen schon länger gezielt auf diese Zielgruppe bzw. auf den Einkaufstourismus.

Nachfolgende Serviceleistungen können den Einkauf für Touristen und Reisende erleichtern:

- In vielen deutschen Einzelhandelsgeschäften werden keine ausländischen Zahlungssysteme akzeptiert. Könnten ausländische Touristen die ihnen bekannten und vertrauten Zahlungsmöglichkeiten nutzen, wie z. B. Mobile-Payment-Lösungen (Alipay und WeChat Pay), würde das den Einkauf für sie ungemein erleichtern.
- Um auf die vermehrte Nutzung des Internets durch mobile Endgeräte zu reagieren, sollte neben kundenspezifischen Apps auch freies WLAN in den Geschäften angeboten werden.
- Zusätzliche Produktinformationen in mehreren Sprachen sollten am Point of Sale zur Verfügung gestellt werden.
- Die Mehrwertsteuerrückerstattung kann durch Beratung vor Ort oder durch die Bereitstellung von passenden Hilfsmitteln (Formulare, Apps, Terminals, etc.) unterstützt werden.
- Sonderdienstleistungen, wie beispielsweise der Verpackungsservice oder Warentransport vom Laden zum Hotel oder Direktversand nach Hause etc., kann als besonderer Service angeboten werden.

Anforderungen an den Verkäufer

- Touristen und Reisende werden mit der gleichen Freundlichkeit und vor allem Aufmerksamkeit beraten und bedient wie jeder andere Kunde auch. Akzeptieren Sie Verhalten, Kleidung und Ansichten, die Ihnen womöglich fremd sind, und bleiben Sie stets professionell – genau das zeichnet einen guten Verkäufer aus.
- Verkaufspersonal, das ausländische Gäste und Reisende berät, benötigt besonderes Wissen z. B. in Bezug auf Kleidergrößen bzw. ihre Umrechnung. Zollbestimmungen, Kompatibilität von technischen Geräten oder von technischen Details.
- Sprachbarrieren stellen häufig das größte Problem im Verkaufsgespräch dar, da diese Kundengruppen nur sehr wenig bzw. gar kein Deutsch sprechen und der Verkäufer in der Regel die jeweilige Landesprache nicht beherrscht. Ein paar einfache Vokabeln wie „Danke", „Sehr gerne" und „Auf Wiedersehen" in der Sprache des Kunden können jedoch Ihre Wertschätzung und Aufgeschlossenheit ihm gegenüber ausdrücken.

- Einzelhandelsunternehmen, die Touristen und Reisende zu ihrer Zielgruppe zählen, sollten daher über ausreichend englischsprachiges Personal verfügen. Für viele Einzelhändler ist die individuelle Beratung ihrer Kunden in der jeweiligen Landessprache seit Langem selbstverständlich.

Tipp

Häufig ist es möglich, sich in englischer Sprache mit dem Kunden zu verständigen, schließlich ist es eine der am meisten gesprochenen Sprachen auf der Welt. Als Verkäufer sollten Sie daher mindestens über einen Grundwortschatz in Englisch verfügen.
Egal, wie gut Ihr Englisch ist, haben Sie keine Scheu mit Ihrem Kunden zu sprechen. Es geht nicht darum, fließend oder fehlerfrei zu sprechen, sondern miteinander zu kommunizieren. Auch die Mehrheit der Kunden spricht sicherlich nicht fehlerfrei Englisch. Sollte es für den Kunden jedoch die Muttersprache sein, wird er Ihren Versuch immer positiv bewerten, besonders wenn Sie sich ernsthaft um Ihren Kunden bemühen und es von Herzen kommt. Trauen Sie sich!

1.4 Einteilung der Kunden nach Persönlichkeitsmerkmalen (Kundentypen)

Die Einteilung der Kunden nach demografischen Merkmalen liefert erste wichtige Erkenntnisse für den Verkäufer. Allerdings können Kunden trotz ihres gleichen Alters, ihres Wohnorts bzw. ihres Geschlechts völlig unterschiedliche Ansichten und Einstellungen aufweisen, auf die sich ein Verkäufer einstellen muss. Eine Einteilung nach psychografischen Merkmalen liefert daher weitere Erkenntnisse.

Zwar ist die Mehrheit der Kunden freundlich und umgänglich, es gibt aber immer wieder Kundentypen, die eine Herausforderung für den Verkäufer darstellen, wie die nachfolgenden Kundentypen zeigen:

Merkmale und Hinweise Kundentyp	Beschreibung	Typische Aussagen	Hinweise für das Verkaufsgespräch
misstrauische Kunden  © Krakenimages.com – stock.adobe.com	Diese Kundschaft lässt den Verkäufer deutlich merken, dass sie ihm nicht traut. Sie sind wachsam und wägen ihre Worte genau ab, um evtl. Widersprüche darin zu finden, die ihren Argwohn bestätigen. Die Ware wird von ihnen sehr genau geprüft und ihr Informationsbedarf ist hoch.	„Das kann doch gar nicht sein". „Können Sie mir das garantieren?" „Wie kann ich da sicher sein?"	Das Verhalten beruht oft auf schlechten Erfahrungen mit der Ware bzw. dem Verkaufspersonal, daher sollte sie die Kunden • die Ware ausprobieren lassen • nicht zum Abschluss drängen • sachliche Verkaufsargumente anführen und • auf Garantie oder Umtauschrechte hinweisen.
Vielredner  © lassedesignen – stock.adobe.com	Diese Kundschaft ist besonders mitteilungsbedürftig und hat viel Zeit für den Einkauf. Gerne sprechen sie auch private Dinge an, wobei sie den Verkäufer kaum zu Wort kommen lassen.	„Wussten Sie schon, dass …". „Also, bei uns ist das ja so …".	• Kunden ausreden lassen und Interesse zeigen. • Sprechpausen nutzen, um die Aufmerksamkeit wieder auf das Produkt zu lenken. Dann nicht mehr unterbrechen lassen. • Nicht am Tratsch und Klatsch beteiligen.
unentschlossene Kunden  © Cookie Studio – stock.adobe.com	Diese Kunden können sich nicht für ein Produkt entscheiden. Sie sind ratlos und meist überfordert. Sie verschieben die Entscheidung lieber, als eine falsche zu treffen.	„Wozu würden Sie tendieren?" „Ich glaube, ich schaue morgen noch einmal rein".	• Lassen Sie diesen Kunden ausreichend Zeit zum Überlegen, legen Sie nicht zu viele Waren vor und unterstützen Sie den Entscheidungsprozess durch produktbezogene Argumente. • Überreden oder drängen Sie den Kunden jedoch nicht zu einem Kauf. • Weisen Sie auf die Umtauschmöglichkeiten hin oder bieten Sie einen Kauf auf Probe an.

Merkmale und Hinweise / Kundentyp	Beschreibung	Typische Aussagen	Hinweise für das Verkaufsgespräch
aggressive Kunden 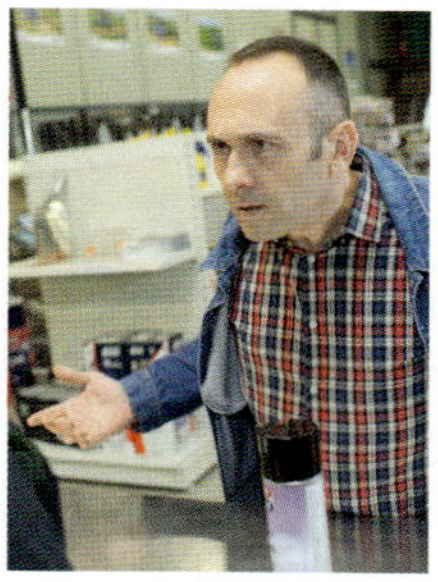 © auremar – stock.adobe.com	Diese Kunden verstehen das Verkaufsgespräch als Machtprobe, die es zu gewinnen gilt. Sie wirken schlecht gelaunt, antworten knapp, provozieren und wollen stets das letzte Wort haben.	„Hören Sie doch auf damit. Jeder weiß doch, dass Sie umsatzbeteiligt sind“. „Was wissen Sie schon, …?!“	• Werten Sie die Verhaltensweise nicht als persönlichen Angriff. • Begegnen Sie diesem Kundentyp keinesfalls auf der gleichen Ebene. • Höflichkeit und Professionalität sind bei dieser Kundengruppe sehr wichtig • Verstärken Sie Ihre positiven Botschaften mit einem Lächeln.
Besserwisser  © dreamsnavigator – stock.adobe.com	Diese Kunden wissen alles und können daher überall mitreden. Sie werfen mit Halbwissen um sich und sind häufig mit allem und jedem unzufrieden. Dabei sind sie wenig kompromissbereit, lassen sich auch von Fakten nicht beirren.	„Da habe ich aber andere Informationen!“ „Jeder weiß doch, dass …“	• Lassen Sie Besserwisser ausreden und beantworten Sie ihre Fragen freundlich, aber kurz und vor allem fachlich richtig. • Hinterfragen Sie nicht ihre Wissensquellen und geben Sie keine Tipps. • Fragen Sie nach ihren Verbesserungsvorschlägen.

1.5 Einteilung der Kunden nach ihren Einkaufsgewohnheiten (Konsumtypen)

Die Abgrenzung von Konsumtypen erfolgt auf der Grundlage des beobachtbaren Kaufverhaltens der Kunden. Im Gegensatz zu den vorgenannten Kriterien handelt es sich damit nicht um Merkmale zu Erklärung des Kaufverhaltens, sondern um das Ergebnis von Kaufentscheidungsprozessen. Die Entwicklung und Veränderung der Einkaufsgewohnheiten von Kunden wird regelmäßig von spezialisierten Marktforschungsinstituten (z. B. der Gesellschaft für Konsumforschung in Nürnberg) branchenbezogen erfasst. Auf dieser Grundlage erfolgt dann die Entwicklung und Festlegung von meist branchenbezogenen Konsumtypen, die dem Einzelhändler wichtige Hinweise z. B. für seine Sortiments- und Preisgestaltung geben können.

Stammkunden und Laufkunden

Eine zunächst einfache Einteilung der Kundentypen nach ihrer Kaufhäufigkeit ist die nachfolgende Darstellung:

Stammkunden

Diese Personengruppe sucht ein Geschäft regelmäßig auf und deckt ihren Bedarf an einem Produkt bzw. Produkten überwiegend dort. Sie tragen erheblich zum Umsatz bei und erhöhen durch ihre regelmäßigen Käufe die Planungssicherheit des Händlers. Stammkunden sind von dem Unternehmen, seinen Produkten oder dem Verkaufspersonal überzeugt und daher in der Regel weniger preissensibel. Der Aufbau eines festen Kundenstammes ist i. d. R. ein wichtiges Ziel für ein Unternehmen

Hinweise für den Verkäufer:
- Stammkunden sind möglichst mit Namen anzusprechen und
- ihre Einkaufsgewohnheiten und Vorlieben sollte man kennen, um diese aktiv im Verkaufsgespräch und für die Kundenpflege nutzen zu können.

Laufkunden

Im Gegensatz zur Stammkundschaft besuchen Laufkunden ein Geschäft nicht regelmäßig, sondern eher zufällig und häufig einmalig. Sie fühlen sich dem Unternehmen gegenüber nicht verbunden und wählen die Einkaufsstätte nach dem Preis-Leistungs-Verhältnis aus oder haben aktuell keine Alternative zur Bedarfsdeckung. Besonders viele Laufkunden haben z. B. Autobahnraststätten, Einkaufszentren und Einzelhandelsgeschäfte an Bahnhöfen und Flughäfen.

Hinweise für den Verkäufer:
- Laufkunden werden mit der gleichen Freundlichkeit und Aufmerksamkeit beraten und bedient wie jeder andere Kunde auch.
- Andernfalls ist es ausgeschlossen, dass Laufkunden irgendwann zu Stammkunden werden.

Mit Blick auf das Preisverhalten lassen sich nachfolgende Konsumtypen identifizieren.

Preisbewusste Kunden

Preisbewusste Käufer verfügen über ein geringes Budget und sind daher gezwungen, preisbewusst einzukaufen und nach Angeboten zu suchen. Diese Kundengruppe wird ihren Bedarf überwiegend in Geschäften mit einem geringen Preisniveau, wie z. B. Discountern, decken.

Preisunsensible Kunden

Für diese Kunden ist der Preis kein ausschlaggebendes Kaufkriterium. Im Vordergrund stehen für diese Kunden eher Kriterien wie Bequemlichkeit, Verfügbarkeit und das Markenimage der Produkte. Sie kaufen überwiegend spontan und informieren sich im Vorfeld nicht über die Produkte.

Smart Shopper[1]

Smart Shopper zeichnen sich durch ihr hybrides Einkaufsverhalten aus, da sie an hochwertigen Marken interessiert sind, diese aber möglichst günstig erwerben wollen. Smart-Shopper sind gut informiert, selbstbewusst und konsumieren geplant. Sie nutzen gezielt Sparmöglichkeiten und kaufen daher z. B. im Factory-Outlet, ordern beim günstigen Anbieter im Internet oder warten auf Angebote und Rabatte zum Saisonende.

© Mix and Match Studio – stock.adobe.com

© Antonioguillem – stock.adobe.com

1 Das Akronym „Smart“ steht dabei für die Käuferattribute selbstbewusst, markenorientiert, aufgeklärt, Rabatt fordernd und taktlos.

Eine weitere Einteilung ergibt sich mit Blick auf die Markentreue der Kunden:

Markentreue Kunden	Abwechslungssuchende Kunden (Variety Seeking)
Kunden, die bewusst immer wieder ein Produkt kaufen und gegenüber diesem eine positive Einstellung haben. Diese Loyalität ergibt sich durch Faktoren wie z. B. dem Preis-/Leistungsverhältnis oder durch die Identifikation mit dem Markenimage. Häufig werden Erfahrungen, Wertungen und Eigenschaften von einem ganz konkreten Produkt auf sämtliche Produkte dieser Marke übertragen.	Bezeichnet das Wechselbedürfnis von Kunden, trotz Zufriedenheit mit dem bisher verwendeten Produkt bzw. dem Hersteller. Der Kundennutzen resultiert allein aus dem Wunsch nach Abwechslung. Dieses Verhalten lässt sich häufig bei Produkten beobachten, bei denen das Risiko und die Konsequenzen einer Fehlentscheidung eher gering sind.

Mit der Bedarfsermittlung erfährt der Verkäufer die Kaufmotive und andere wichtige Informationen über den Beschenkten!

Merke

Aufgaben

1. Nennen Sie jeweils zwei demografische, geografische und psychografische Kriterien, die im Verkaufsgespräch hilfreich sind. Begründen Sie Ihre Auswahl anhand eines konkreten Beispiels.
2. Grenzen Sie die Begriffe „Kundentypen" und „Konsumtypen" voneinander ab und zeigen Sie auf, welche Vorteile die Kenntnisse dieser Einteilung für den Verkäufer bzw. den Einzelhändler bringen.
3. Ein Kollege sagt zu Ihnen: „Ich mache das hier schon lange und weiß, was die Kunden brauchen, noch bevor die das wissen". Wie beurteilen Sie diese Aussage?
4. Können Sie von der Kleidung eines Kunden darauf schließen, was er kaufen oder wie viel Geld er ausgeben möchte?
5. Welche Kundentypen haben Sie in Ihrer Ausbildung bereits kennengelernt? Welche weiteren Konsumtypen kennen Sie bzw. können Sie sich vorstellen?
6. Merchandisingprodukte sind bei Kindern besonders beliebt. Erläutern Sie, was man darunter versteht und nennen Sie ein Beispiel.

Aufgaben

7. Ein 16-jähriger Kunde möchte in einem Supermarkt zwei Flaschen Bier und eine Flasche Wein kaufen. Wie reagieren Sie?
8. Sind Sie auch der Meinung, dass ältere Kunden lieber von älterem Personal, jüngere Kunden lieber von jüngerem Personal bedient werden wollen?
9. Erläutern Sie, was man unter dem Begriff Seniorenmarketing versteht.
10. Nennen Sie drei Artikel, die Sie vor dem Hintergrund der demografischen Entwicklung in Deutschland in das Sortiment Ihres Ausbildungsbetriebes aufnehmen würden und begründen Sie Ihre Entscheidung jeweils.
11. Erläutern Sie, warum es für Verkäufer wichtig ist, Englisch zu können.
12. „Ich versuche immer, exklusive Markenartikel so günstig wie möglich zu bekommen. Dafür ist mir kein Weg zu weit“. Erläutern Sie, welcher Konsumtyp hier beschrieben wird und welche Auswirkungen dieses Einkaufsverhalten auf den (stationären) Einzelhandel hat.
13. Auf welchen Kundentypen lassen die nachfolgenden Äußerungen schließen? Begründen Sie Ihre Einschätzung und schildern Sie, wie sie jeweils reagieren würden.

Aussage	Kundentyp
„Wissen Sie, vor 20 Jahren habe ich schon Urlaub in Italien gemacht und mit meinem Motorroller die Gegend unsicher gemacht. Dass war ein Abenteuer, von dem ich Ihnen kurz erzählen muss“.	
„Ich habe mir diesen Artikel bereits letzte Woche angesehen und bin immer noch nicht 100% überzeugt. Vielleicht ist es besser, ich schaue noch mal im Internet nach Alternativen, oder was meinen Sie?“	
„Ich benötige sofort eine neue Kaffeemaschine. Verschonen Sie mich daher mit dem üblichen Verkaufsgelaber und bleiben sich schön sachlich.“	

14. Wie kommt es zum „varity seeking“ bei Kunden? Erläutern Sie in diesem Zusammenhang ein hybrides Kaufverhalten.
Die Geschäftsleitung überlegt, zusätzlich zu den bestehenden Serviceangeboten Stammkunden probeweise E-Bikes für ein Wochenende kostenlos zur Verfügung zu stellen. Erläutern Sie, welche Ziele das Unternehmen mit dieser Maßnahme erreichen möchte.
Nennen und erläutern Sie fünf mögliche Argumentationsstile in einem Verkaufsgespräch. Wann bietet sich welche Strategie an?

2 Kunden in besonderen Verkaufssituationen erfolgreich bedienen

Im Vergleich zu anderen Unternehmen aus dem Dienstleistungsbereich, ist es dem Einzelhändler meist nicht möglich, seine Kundschaft auf bestimmte Termine am Tag, in der Woche oder außerhalb von Stoßzeiten so zu verteilen, dass ein unkontrollierter Kundenandrang mit Hochbetrieb und Wartezeiten vermieden wird. Störungen im Verkaufsgespräch sind somit vorprogrammiert Trotz dieser Herausforderung für das Verkaufspersonal möchten die Kunden freundlich bedient und zufriedengestellt werden. Kurz gesagt, der Umgang mit Kunden in besonderen Verkaufssituationen sind Alltag für einen Verkäufer.

2.1 Verkauf bei Hochbetrieb

© merfin – stock.adobe.com

Gerade im beratungsintensiven Einzelhandel sind Hochbetriebsphasen für die Verkäufer eine Herausforderung. Sie sind jedoch für einen erheblichen Teil des Umsatzes verantwortlich. Deswegen sollten für Tage, an denen hoher Kundenandrang erwartet wird, Vorbereitungen getroffen werden. Folgende Maßnahmen bieten sich dafür an:

- Verkaufsform „Selbstbedienung und Vorwahl" anbieten (So können Kunden die Ware selbst betrachten und sich das Passende heraussuchen, ohne dass ein Verkaufsgespräch geführt werden muss.)
- für aufgefüllte Regale sorgen und ausreichend verkaufsfähige Ware sicherstellen
- gewährleisten, dass Verkaufsräume aufgeräumt sind
- Ware ansprechend präsentieren
- genügend Verkaufspersonal bereitstellen (Aushilfen übernehmen einfache Arbeiten, zusätzliches Fachpersonal hilft bei der Kundenberatung)
- weitere Kassen öffnen, um lange Warteschlangen zu vermeiden
- Beschilderungen und Informationstafeln aktualisieren
- Funktionstüchtigkeit der Kasse und der Kartenlesegeräte überprüfen

Verkaufsstarke Zeiten sollte der Einzelhändler als Chance verstehen, die vielen Kunden zufriedenzustellen und langfristig ans Unternehmen zu binden.

Merke

Tipp

Verkaufsstarke Zeiten sind (abhängig von der Branche):
- täglich ab 17 Uhr
- am Wochenbeginn (bedingt durch die startenden Angebote)
- freitags nachmittags und samstags ganztägig
- am Monatsbeginn (da die meisten Kunden dann Lohn/Gehalt bekommen)
- am Jahresbeginn (z. B. werden Sportartikel gerne zu Jahresbeginn gekauft, da der Vorsatz, Sport zu machen, sehr ausgeprägt ist)
- an Brückentagen und vor Feiertagen
- bei Sonderaktionen
- bei Saisonware

Der Einzelhändler kennt also verkaufsstarke Zeiten und bereitet sich entsprechend auf diese vor. Eine erfolgsversprechende Kundenberatung und -bedienung bei Hochbetrieb erfordert ebenso ein professionelles Verhalten des Einzelhändlers (Bedarfsermittlung). Dies gelingt ihm am besten, wenn er folgende Aspekte beim Verkauf bei Hochbetrieb beachtet:

LF 2

1. Kundenreihenfolge beachten und Kunden beobachten

Es gibt häufig Verkaufssituationen, in denen Kunden drängeln, ohne Rücksicht auf andere Kunden zu nehmen. Daher gilt es gerade bei hohem Kundenaufkommen, den Überblick zu behalten und die Kundenreihenfolge zu beachten. Die Kunden sollen das Gefühl haben, dass jeder entsprechend seinen Bedürfnissen und vor allem der Reihe nach vom Verkaufspersonal bedient wird. Schaffen es manche Kunden trotz des Bemühens des Verkäufers, sich vorzudrängeln, kann dies zu Streit unter den Kunden führen. Spätestens dann ist das Verkaufspersonal angehalten, sich auf sachlicher Ebene einzumischen und die Kunden zu beruhigen. Darüber hinaus sollte kein Kunde vergessen oder ignoriert werden. Auch dies kann dem Geschäft nachhaltig schaden. Mit einer direkten Kundenansprache lässt sich die labile Situation häufig entspannen:

Beispiel: *„Es werden bei uns alle Kunden bedient. Ich glaube, Sie sind als nächstes dran, richtig?"*

„Guten Tag, bitte warten Sie einen Moment, ich helfe Ihnen gleich weiter!"

2. Streit unter Kunden verhindern

Es kann passieren, dass es manchen Kunden nicht schnell genug geht und sie andere Kunden auffordern, ihr Anliegen mit dem Verkäufer gefälligst zügiger zu klären. Auch hier ist es ratsam, die Situation mit wohl überlegten Worten zu entschärfen. Der Einzelhändler sollte schon allein aus Gründen der Menschlichkeit sorgsam mit solchen Vorkommnissen umgehen und Schwächere oder zu Unrecht angegangene Kunden oder Kundengruppen schützen.

© Robert Kneschke – stock.adobe.com

Beispiel: *Eine schwangere Kundin wird von einer hinter ihr an der Kasse stehenden Kundin aufgefordert, „etwas schneller" das passende Geld vorzulegen.*

Eine Reaktion seitens des Verkaufspersonals könnte so aussehen:

„Sie sind bald dran, bitte haben Sie einen Moment Geduld, die Dame wird das Geld bestimmt passend vorlegen."

3. Mehrere Kunden bedienen

Gerade bei Hochbetrieb kommt es öfter vor, dass sich mehrere Kunden für die gleiche Ware interessieren. Mit der Parallelberatung kann der Verkäufer diesen Vorteil nutzen. Für ihn ergibt sich daraus ein großer Zeitspareffekt, wenn er mehrere Kunden auf einmal berät. Voraussetzung dafür ist jedoch, dass die Kunden mit diesem Vorgehen einverstanden sind.

Beispiel: *„Wenn Sie damit einverstanden sind, erkläre ich Ihnen gemeinsam die Vorteile dieser Skier."*

© Buch&Bee – stock.adobe.com

Bei der Mehrfachbedienung werden mehrere Kunden nebeneinander vom Verkaufspersonal bedient. Dabei geht es darum, auf geschickte Weise mehrere Kundengespräche gleichzeitig zu führen. Hierbei hilft beispielsweise das Selbstbedienungskonzept, bei dem die Kunden gebeten werden, schon einmal einen Artikel aus- oder anzuprobieren, während andere Kunden vorübergehend bedient werden. Folgende Frage wäre eine Möglichkeit die Selbstbedienung im Geschäft anzubieten:

Beispiel: *„Macht es Ihnen etwas aus, wenn ich der Dame kurz weiterhelfe? Sie können gerne in der Zwischenzeit schon einmal die Schuhe anprobieren."*

4. Klug argumentieren

Bei unentschlossenen Kunden ist es vorteilhaft, wenn der Verkäufer einen letzten Anstoß für den Kauf gibt. Dafür sollte er seine persönliche Verkaufsargumentation zu jeder Zeit zügig abrufen können. Um den Verkauf weiter zu fördern, kann er auch auf Ergänzungs- und Zusatzprodukte aufmerksam machen. Darüber hinaus sollte er den Kunden Serviceleistungen anbieten. Dies hebt das Geschäft vom Wettbewerb ab.

Beispiel: *„Wenn Sie den Rucksack und den Helm im gleichen Farbton ausgesucht haben, zeige ich Ihnen statt der roten Trinkflasche gern als Ergänzung auch ein farblich passendes Modell".*

5. „Schlank" verkaufen

Bei Hochbetrieb bietet es sich an, dass der Verkäufer schlank verkauft („Lean Selling"). Dies bedeutet, dass er mit minimalem Zeitaufwand die Kunden bedarfsgerecht bedient, indem er die Ware zügig vorlegt und nur kurze und bündige Fragen stellt. Zusätzlich kann der Kunde vorbereitete Informationen in Prospekten, auf Schautafeln oder digital erhalten. Dabei sollte der Kunde jedoch nicht das Gefühl bekommen, auf die Schnelle bzw. oberflächlich behandelt zu werden.

Beispiel: *„Mit diesem Produkt haben wir bereits gute Erfahrungen gemacht. Das kann ich Ihnen empfehlen."*

Der Einzelhändler sollte beim Verkauf bei Hochbetrieb
- die Kundenreihenfolge beachten,
- auf Streitigkeiten angemessen reagieren,
- in der Lage sein, mehrere Kunden nebeneinander zu bedienen,
- klug argumentieren und
- möglichst schlank verkaufen.

Tipp

Es ist ratsam, vor absehbaren verkaufsstarken Zeiten Absprachen mit den Vorgesetzten, Kollegen und Aushilfen zu treffen, denn nur als Team ist das Geschäft in der Lage, Stresssituationen wie bei Hochbetrieb zu meistern. Hochbetriebsphasen sind sehr anstrengend für die Verkäufer und bedeuten oft ein Arbeiten ohne Pausen, ggf. sogar mit Überstunden.

2.2 Störungen beim Verkaufsgespräch

Die meisten Kunden schätzen guten Service in Form von freundlichen und hilfsbereiten Verkäufern. Voraussetzung für ein erfolgreiches Verkaufsgespräch ist, dass niemand das Verkaufsgespräch behindert oder unterbricht. Leider gehören Störungen aber zur täglichen Arbeit im Einzelhandel dazu. Es kommt daher vor allem auf den richtigen Umgang mit Verkaufsstörungen an. Die folgende Tabelle gibt eine Übersicht über Gründe für Verkaufsstörungen.

<table>
<tr><th colspan="3">Unerwünschte und nachvollziehbare Gründe bei Verkaufsstörungen</th></tr>
<tr><th>Unerwünschte Gründe</th><th>Wirkung auf den Kunden</th><th>Korrektes Verkäuferverhalten</th></tr>
<tr><td>private Handy- bzw. Smartphonenutzung

</td><td>• private Belange sind wichtiger als der Kunde
• kein professionelles Verhalten des Verkäufers
• fehlende Wertschätzung des Verkäufers gegenüber den wartenden Kunden</td><td>• Handy bzw. Smartphone ausschalten bzw. in den Stummmodus schalten
• Eigene Mailbox in Ruhephasen abhören (wenn Vorgesetzter dies erlaubt), sonst auf Pausenzeiten warten</td></tr>
<tr><td colspan="3">Ausnahmen:
Bei privaten oder beruflichen Notfällen darf der Verkäufer selbstverständlich den Anruf entgegennehmen. Dies sollte aber im Vorfeld mit dem Vorgesetzten abgesprochen werden.
„Entschuldigen Sie, aber ich muss aus wichtigem Anlass den Anruf entgegennehmen"!
Ist der Verkäufer allein im Geschäft und es klingelt das Geschäftstelefon, besteht die Möglichkeit, dieses klingeln zu lassen oder den Anruf entgegenzunehmen. Nimmt der Verkäufer den Anruf an, sollte der Kunde vor Ort im Verkaufsgespräch um Verständnis gebeten werden. Der Kunde wird dies in solchen Fällen verstehen und keine Probleme damit haben.
Entschuldigen Sie, darf ich Sie in wenigen Minuten zurückrufen? Ich führe gerade ein Kundengespräch"!</td></tr>
<tr><td>Ein weiterer Kunde unterbricht das Verkaufsgespräch.
„Hallo, ich habe mal eine Frage!"

</td><td>• unhöfliches Verhalten
• Kunde fühlt sich übergangen</td><td>• Kundengespräch zu Ende führen, dann Hinweis geben, dass der „störende" Kunde von ihm oder einem Kollegen zeitnah bedient wird
• Hinweis geben, dass der „störende" Kunde zwischenzeitlich die Ware an- oder ausprobieren kann
„Einen Moment bitte, ich helfe Ihnen gleich weiter!"
„Wenden Sie sich doch bitte an meinen Kollegen!"</td></tr>
</table>

Unerwünschte Gründe	Wirkung auf den Kunden	Korrektes Verkäuferverhalten
Ein Vorgesetzter oder Kollege unterbricht das Verkaufsgespräch. *„Die Ware muss sofort von Ihnen ausgepackt werden!“*	• keine Wertschätzung des Kunden • Der Befehlston würdigt den Mitarbeiter herab und zeigt dem Kunden, in welchem Verhältnis die Mitarbeiter untereinander bzw. zu ihrem Vorgesetzten stehen → Außendarstellung des Geschäfts wird beschädigt	Verkäufer sollte sich beim Kunden entschuldigen und um Verständnis bitten.

Nachvollziehbare Gründe	Wirkung auf den Kunden	Korrektes Verkäuferverhalten
Ein Kollege muss die Beratung übernehmen, weil • das Kundengespräch aus verschiedenen Gründen zu eskalieren droht • der Verkäufer wenig Erfahrung mit der Verkaufsware/mit Verkaufsgesprächen besitzt • der Kunde dies wünscht	• Kunde zeigt Verständnis, wenn ein wichtiger Grund vorliegt • Verkäufer unterbricht nicht absichtlich das Verkaufsgespräch, wenn er dies begründet • Kunde ist beruhigt, wenn ein kompetenter Verkäufer das Verkaufsgespräch übernimmt und ihm somit geholfen wird	Ein Kollege wird gebeten, die Beratung zu übernehmen (der Kollege muss auf jeden Fall über den Zwischenstand des Verkaufsgesprächs informiert werden) *„Entschuldigen Sie bitte, Sie werden sofort weiterbedient, mein Kollege übernimmt die Beratung“!*

Ein weiterer Kunde unterbricht das Verkaufsgespräch. *„Sie haben mir das falsche Rückgeld gegeben!“*	• Kunde zeigt ggf. Verständnis für Situationen, in denen vorherige Kunden nicht korrekt bedient wurden	Bei solchen Unterbrechungen sollte sich der Verkäufer in höflicher Form beim Kunden entschuldigen und den kurzen Kundenkonflikt schnell lösen. *„Entschuldigen Sie, kann ich dem Herrn kurz das passende Rückgeld geben, ich bin sofort wieder bei Ihnen!“ Schauen Sie sich doch schon mal in Ruhe um!“*

Ein Vorgesetzter oder Kollege unterbricht das Verkaufsgespräch. *„Können Sie mir bitte kurz helfen? Die Kasse funktioniert nicht!“*	• Kunde zeigt Verständnis für kurzzeitige derartige Probleme • Dauert das Problem länger, muss mit Kundenabgang gerechnet werden	Verkäufer sollte seinem Vorgesetzten bzw. Kollegen zügig helfen, um sich dann dem Kundengespräch wieder zu widmen. „Einen Augenblick bitte, ich bin sofort wieder bei Ihnen, mein Kollege hat ein Problem mit der Kasse!“

2.3 Verkaufsgespräche per Telefon

© Yakobchuk Olena – stock.adobe.com

„Können Sie mal bitte ans Telefon gehen?" ist eine häufige Aufforderung eines Vorgesetzten oder Kollegen und stellt eine besondere Verkaufssituation dar. Kann der Verkäufer im stationären Einzelhandel bei Kundengesprächen seine Gestik, Mimik und Körpersprache nutzen, um den Kunden für sein Produkt zu begeistern, funktioniert dies bei einem Kundengespräch am Telefon nicht. Hierbei kommt es auf andere Verhaltensweisen an, die der Verkäufer beherrschen sollte.

Voraussetzungen für ein erfolgreiches Verkaufsgespräch per Telefon

Um Fragen und Bestellungen per Telefon sicher und verkaufswirksam beantworten und aufnehmen zu können, ist es erforderlich, einige grundlegende Voraussetzungen zu schaffen. Hierzu gehören

- eine leichte Erreichbarkeit,
- eine ruhige Umgebung und
- eine gute Ausstattung.

Eine leichte Erreichbarkeit wird dadurch gewährleistet, dass ein oder mehrere Telefone ggf. mit Headset im Verkaufsraum (am besten in einer ruhigen Ecke) zur Verfügung stehen. Die Benutzung des Headsets hat den Vorteil, dass der Verkäufer beide Hände frei hat, sich parallel Notizen machen und am PC oder Notebook nach dem gefragten Artikel suchen kann.

Es sollte auch darauf geachtet werden, dass sich eine ausreichende Anzahl von Verkaufsmitarbeitern in der Nähe des Telefons aufhält bzw. genügend Personal anwesend ist, um Telefongespräche anzunehmen. Kann kein Verkaufsmitarbeiter den Anruf annehmen, sollte der anrufende Kunde zumindest die Möglichkeit haben, auf dem Anrufbeantworter oder der Mailbox sein Anliegen vorzutragen. So beugt man entgangenen Kundenanfragen und Informationen vor.

Zu einer guten Ausstattung gehören Schreibutensilien (Stift, Zettel), um eine Telefonnotiz anzufertigen, eine funktionierende Internetverbindung und der Zugriff auf die Datenbanken.

Begrüßung

Um eine Beziehung zum Kunden am Telefon aufzubauen, ist es wichtig, ihn mit dem Namen des Unternehmens, dem eigenen Vor- und Zunamen und dem Satz *„Guten Tag, wie kann ich Ihnen helfen?"* zu begrüßen.

© tongpatong – stock.adobe.com

Beginnt ein Verkaufsgespräch am Telefon außerdem mit einem Lächeln auf dem Gesicht, schlägt sich dies positiv auf die Stimmung und damit auf die Stimme nieder. Da der Kunde den Verkäufer nicht sieht, muss der Verkäufer mit dem überzeugen, was der Kunde hört: mit seiner Stimme. Nachvollziehbar wird dies, wenn sich der Verkäufer vor Augen führt, dass der Kunde nur 15 % des Inhalts aufnimmt (also das, *was* der Verkäufer sagt) aber 85 % die Art und Weise ausmachen, *wie* der Verkäufer etwas sagt.

15 %: Was

85 %: Wie

© made_by_nana – stock.adobe.com © LiluyDesign – stock.adobe.com

Stimme sorgt für Stimmung und hat einen enormen Wiedererkennungswert. Dies sorgt für Sympathie!

Merke

Klare Sprache

Am Telefon sollte klar und deutlich gesprochen werden. Falls es zu Unterbrechungen aufgrund einer schlechten Verbindung kommt, sollte das Gesagte noch einmal langsam und deutlich wiederholt werden. Das Sprechen in kurzen und prägnanten Sätzen ohne Füllwörter wie *„eigentlich"* oder *„sozusagen"* ist erfolgreicher, als viel zu reden und viel zu erklären. Die Kundenansprache sollte grundsätzlich positiv und kundenorientiert sein. Schafft es der Verkäufer allein durch seine Stimme und Sprache, Bilder im Kopf des Kunden zu erzeugen, erhöht sich die Wahrscheinlichkeit, dass das Kundengespräch am Telefon erfolgreich ist.

Beispiel: *„Sie wünschen also ein preisgünstiges Produkt ... Wenn Sie diese energieeffiziente Waschmaschine kaufen, sparen Sie so viel Strom, dass sie davon einen schönen Wochenendtrip machen können ..."*

Tipp

Ein erfolgreicher Verkäufer weiß, welchen „Knopf" er drücken muss, um den Kunden emotional zu überzeugen. Der Kunde möchte, dass sich der Kauf für ihn rechnet und er dabei Geld spart. Durch ein klug vorgebrachtes und überzeugendes Argument erkennt der Kunde leichter den Nutzen des Produkts. Dabei sollte der Verkäufer nicht übertreiben, da das Telefongespräch keine Bühne für Selbstdarsteller sein sollte. Der Kunde will eine Lösung, nur diese sollte ihm präsentiert werden.

Aktives Zuhören

Richtiges Zuhören will gelernt sein, sonst erfährt der Verkäufer nämlich nicht, was der Kunde eigentlich möchte. Ist klar, welches Anliegen der Kunde hat? Hat er eine Zwischenfrage? Hat der Kunde das, was ich gesagt habe, verstanden?

Eine erfolgreiche Methode, um die Bedeutung des Gesagten genau zu erfassen und zu verstehen, ist das aktive Zuhören. Beim aktiven Zuhören kommt es darauf an,

- den Kunden ausreden zu lassen,
- dem Kunden durch aufmerksames Zuhören Respekt zu erweisen,
- die Wünsche des Kunden aufzugreifen,
- dem Kunden durch Anmerkungen wie „Ok“, „Achso“ oder „Ja, ich verstehe“ Interesse und Verständnis zu zeigen und
- das Anliegen des Kunden mit eigenen Worten zusammenzufassen, um zu zeigen, dass seine Wünsche richtig angekommen sind.

Merke

Essen, Trinken, Rauchen und die Smartphone-Nutzung während des Telefonats sind grundsätzlich zu vermeiden, um das Gespräch in Ruhe führen zu können und sich nicht ablenken zu lassen.

Mithilfe von präzisen Fragen kann dem Kunden *„der Wunsch von den Lippen abgelesen werden“*. Beispielsweise eignen sich geschlossene Fragen oder Alternativfragen für einen erfolgreichen Verkaufsabschluss. Nach Klärung offener Fragen endet das Telefongespräch mit einer höflichen Verabschiedung.

© Anna – stock.adobe.com

Beispiel: *„Möchten Sie, dass ich Ihnen das Gerät liefern lasse?“*

„Haben Sie noch Fragen?“

„Vielen Dank für das freundliche Gespräch. Sehr schön, dann verbleiben wir so, Frau Schneider“!

Gespräch reflektieren

Ist das Gespräch nicht zur Zufriedenheit verlaufen, sollte der Verkäufer dieses noch einmal Revue passieren lassen. Mögliche Fragen, um das Telefongespräch zu reflektieren, sind:

- Bin ich mit dem Telefongespräch grundsätzlich zufrieden?
- Habe ich das Telefonat mit einem Lächeln begonnen?
- Mit wem habe ich gesprochen?
- Habe ich alle wesentlichen Informationen über den Kunden und seine Wünsche erhalten?
- Habe ich dem Kunden Serviceangebote gemacht?
- Wie habe ich am Telefon gewirkt?
- War ich glaubwürdig/authentisch?
- Habe ich zu viel geredet?

2.4 Verkauf kurz vor Ladenschluss

Viele Kunden gehen bewusst oder unbewusst kurz vor Ladenschluss einkaufen. Dies kann folgende Gründe haben:

- Berufstätige, die erst spät einkaufen gehen können
- Kunden, die ihre Besorgungen vergessen haben
- Kunden, die durch den Verkehr oder aus anderen Gründen gehindert wurden
- Kunden ohne Zeitempfinden

Das Bedienen von Spätkunden gehört für den Einzelhändler zur täglichen Arbeit. Im Lebensmitteleinzelhandel stellt dies die Mitarbeiter nicht vor große Probleme, da in der Regel keine Bedienung erforderlich ist und die Kunden meist noch rechtzeitig bezahlen und gehen. Es gibt jedoch Einzelhandelsbranchen, in denen Kunden sogar über den Ladenschluss hinaus eine intensive Beratung wünschen. Hier ist vom Einzelhändler ganz besonders professionelles Handeln gefragt.

Generell sind im Einzelhandel Spätkunden stets freundlich und respektvoll zu behandeln, denn Kunden

- haben ein Recht auch kurz vor Ladenschluss einzukaufen.
- die nicht das Gefühl vermittelt bekommen, dass sie „zu spät" sind, fühlen sich als gern gesehene Kunden.
- die *nicht* hektisch und vorwurfsvoll bedient werden, kommen wieder.
- denen man aufmerksam zuhört, entscheiden sich schnell zum Kauf und achten weniger auf den Preis.

„Bediene Deine Kunden so, wie Du auch gerne bedient werden möchtest."
Merke

Der Verkäufer sollte sich vor Augen führen, dass auch er vielleicht mal auf „den letzten Drücker" einkaufen geht. Dann kann er sich besser in diese Verkaufssituationen und den Kunden hineinversetzen.

Selbstverständlich hat aber auch der Verkäufer das Recht, pünktlich nach Hause zu gehen. Manchmal ist er auch aus bestimmten Gründen gezwungen, das Geschäft zeitig zu schließen. Ist in einer solchen Situation abzusehen, dass ein Verkaufsgespräch länger dauert, sollte – wenn möglich – ein Kollege die Beratung übernehmen. Ist dies nicht möglich, sollte er den Kunden freundlich darauf hinweisen, dass er gerne beim nächsten Mal wieder ausführlich beraten wird. Die meisten Kunden schätzen diese ehrliche Art und zeigen für die Situation Verständnis.

© Robert Kneschke – stock.adobe.com

Beispiel: *„Entschuldigen Sie, aber wir schließen gleich. Ich berate Sie gerne morgen weiter. Von 10:00 Uhr bis 20:00 Uhr sind wir wieder für Sie da!"*

Tipp

Spätkunden sind eine Chance, da sie sich in der Regel schnell entscheiden. Der Verkäufer sollte also gerade diese „Gelegenheit am Schopfe packen" und den Kunden mit klugen Verkaufsargumenten von der Ware überzeugen.

optimales Verkäuferverhalten?
- zügige Warenvorlage und Begleitung zur Ware
- freundliche Verabschiedung
- Empathie und Verständnis zeigen
- freundlicher Hinweis auf die Ladenöffnungszeiten
- kurze und freundliche Verkaufsberatung anbieten (lean selling)

2.5 Kunden beim Geschenk- und Besorgungsverkauf

Es gibt viele Anlässe, Geschenke zu machen: zu Weihnachten, zum Geburtstag, zur bestandenen Führerscheinprüfung oder zum erfolgreichen Schulabschluss. Geschenkverkäufe haben eine hohe Bedeutung für den Einzelhandel. Gerade, wenn es sich um höherpreisige Geschenke handelt, ist es von Vorteil, wenn der Verkäufer weiß, wie er sich in solchen Verkaufssituationen verhält und weiß, was er sagt. Die folgende Abbildung verdeutlicht die hohe Bedeutung der Geschenkverkäufe für den Einzelhandel.

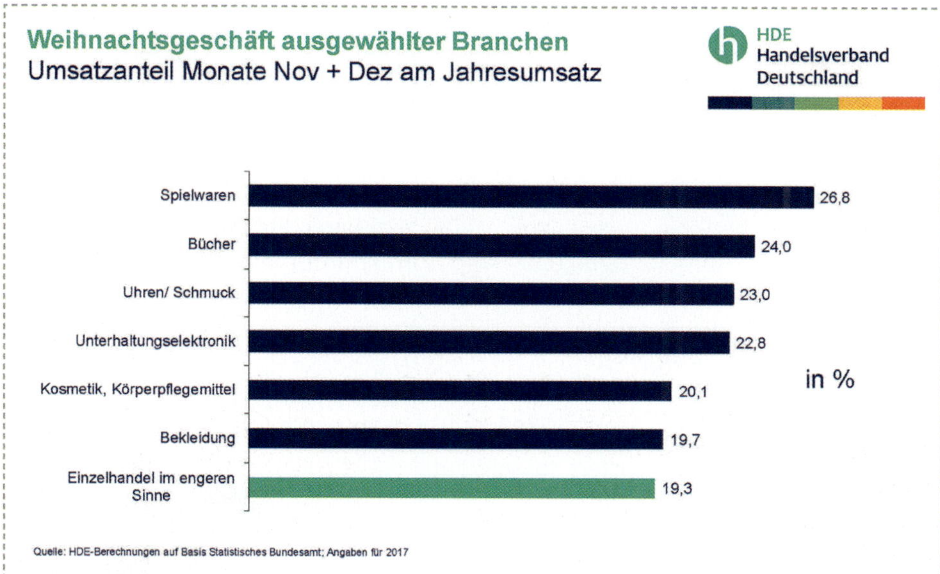

Pro-Kopf-Ausgaben für Geschenke im Jahr 2018

Viele Kunden ahnen, worüber sich die Beschenkten freuen und kaufen zielsicher ein bestimmtes Produkt. Es handelt sich dabei beispielsweise um Parfum einer ausgesuchten Marke, speziellen Schmuck oder Bücher eines bestimmten Autors. Doch häufig sind Kunden auch ratlos, da ihnen einfach die zündende Idee für ein Geschenk fehlt, vor allem dann, wenn es sich um einen besonderen Anlass handelt. Auch bei Besorgungskäufen setzen die Kunden entsprechend auf die Mithilfe des Verkaufspersonals.

Der ideale Umgang mit Kunden bei Geschenkverkäufen

Der Verkäufer sollte im Verkaufsgespräch beim Geschenkkauf folgendermaßen vorgehen: Nach einer freundlichen Begrüßung sollte er dem Kunden signalisieren, dass er bei ihm in „guten Händen ist" und er sicher ein adäquates Geschenk finden wird. Dabei ist es wichtig, dass vor allem die Bedürfnisse des Beschenkten berücksichtigt werden. Wenn der Verkäufer diesen Spagat hinbekommt, wird er erfolgreich sein. Da der Bedarf bzw. das mögliche Geschenk des Kunden nicht immer offenkundig ist, sollte der Verkäufer präzise Fragen (häufig bieten sich offene Fragen durch W-Fragen an) im Rahmen der direkten Bedarfsermittlung (siehe Lernfeld 2) stellen, um herauszufinden, welches Geschenk das Richtige für den Beschenkten ist.

Wirkt der Kunde jedoch gänzlich ideenlos, kann auch auf die indirekte Bedarfsermittlung zurückgegriffen werden. Hierbei sollte der Verkäufer durch die Warenvorlage dem Kunden „auf die Sprünge helfen". Er beobachtet und analysiert also die Reaktion des Kunden auf die Warenvorlage, um weiterführende Informationen zu erhalten. Beispielfragen der direkten als auch der indirekten Bedarfsermittlung – die dem Verkauäufer in solchen Situationen helfen – sind in folgender Tabelle dargestellt.

Mögliche Frage im Rahmen der Bedarfsermittlung beim Geschenkkauf

Direkte Bedarfsermittlung	Indirekte Bedarfsermittlung
→ Für wen suchen Sie ein Geschenk? → Worüber würde sich der Beschenkte freuen? → In welchem Alter ist die zu beschenkende Person? → Gibt es einen besonderen Grund für das Geschenk? → Welche Freizeitbeschäftigungen/Interessen hat der Beschenkte? → Was wünscht sich die zu beschenkende Person?	→ Handelt es sich um ein Überraschungsgeschenk? → Stellt das Geschenk eine Wiedergutmachung dar? → Schenkt der Käufer aus einer Verpflichtung heraus? → Welchen Geschmack/welche Präferenzen hat der Beschenkte? → Welche Preisvorstellung hat der Käufer? → Was gefällt dem Beschenkten als potentielles Geschenk?

Durch geschickte Fragen meistert der Verkäufer die Herausforderung einerseits etwas über die Bedürfnisse und Interessen des Käufers und andererseits über die des Beschenkten zu erfahren.

Meist signalisieren die Kunden diese Informationen im Verkaufsgespräch, ohne dass der Verkäufer speziell danach fragen muss. Durch genaue Beobachtung der Gestik, Mimik und Körperhaltung des Kunden ist es dem Verkäufer möglich, nützliche Hinweise herauszufiltern.

Je nachdem, um welches Kaufmotiv es sich handelt, sollte der Verkäufer in der Lage sein, ein adäquates Geschenk vorzulegen. Dafür ist es allerdings notwendig, dass der Verkäufer über geeignete Geschenke aus seinem Sortiment informiert ist. Ist der Kunde unsicher hinsichtlich der Auswahl des Geschenks, hilft ein Hinweis auf sein Umtauschrecht. Alternativ sollte der Kunde immer die Möglichkeit haben, einen Geschenkgutschein zu erwerben.

Dem Kunden sollte vom Verkäufer nichts Unnützes angedreht werden. Er freut sich, wenn ihm vernünftige Vorschläge gemacht werden. Nur so erinnern sich Kunden gerne an den Kauf zurück und kommen für den nächsten Geschenkkauf gerne wieder.

In der Abschlussphase des Verkaufsgesprächs sollte ein aufmerksamer Verkäufer seinem Kunden den Service anbieten, sein Geschenk verpacken zu lassen.

© auremar – stock.adobe.com

Beispiel: *„Möchten Sie, dass wir das Geschenk verpacken? Sie können sich das Geschenk gerne gleich neben der Kasse von einem Kollegen einpacken lassen."*

Der Besorgungsverkauf

Manchmal verkaufen Einzelhändler Kunden Waren, die sie im Auftrag einer dritten Person erwerben. Auch das gehört zum Alltagsgeschäft des Verkäufers. Zu einer Herausforderung wird es dann, wenn der Kunde unsicher ist, welches Modell der Auftraggeber genau benötigt. Der Einzelhändler kann dann wie beim Geschenkkauf den Bedarf direkt und/oder indirekt ermitteln.

Beispiel: *Frau Nibold soll für ihren Mann einen Schlafanzug aus der Stadt mitbringen. Sie ist sich jedoch nicht sicher, welcher es genau sein soll. Der Verkäufer hat nun die Möglichkeit, durch gezieltes Nachfragen ihren bzw. den Bedarf des Mannes zu ermitteln:*

Verkäufer: „Guten Tag, wie kann ich Ihnen helfen?"

Frau Nibold: Guten Tag, ich suche einen Schlafanzug für meinen Mann."

Verkäufer: „Okay. Welche Größe besitzt denn Ihr Mann?"

Frau Nibold: „Größe L."

Verkäufer: „Hat Ihr Mann eine bestimmte Vorstellung davon, welcher Schlafanzug es sein soll?"

Frau Nibold: (überlegt kurz) „Großen Wert legt er nicht aufs Aussehen, jedoch soll er bequem sein."

Verkäufer: „Okay, ich zeige Ihnen mal einige Schlafanzüge, die wir gerade frisch reinbekommen haben. Wissen Sie vielleicht, welche Farbe/welches Muster Ihr Mann bevorzugt?"

Tipp

Beim Besorgungsverkauf sollte der Einzelhändler den Kunden über die Kulanzregelung informieren und ihn darauf hinweisen, den Kassenbon aufzubewahren für den Fall, dass er die Ware zum Beispiel bei Nichtgefallen, Nichtpassen oder anderen Gründen, umtauschen möchte.

Beispiel: *Bruno kauft im Auftrag seiner Oma mithilfe eines Einkaufszettels verschiedene Lebensmittel.*

Kathrin kauft im Auftrag ihres Mannes ein bestimmtes Parfum.

2.6 Kunden in Begleitung

Jeder kennt die Situation: Mal bittet eine Freundin, sie als Shoppingpartner zu begleiten, mal fordert man selbst einen Einkaufsbegleiter für eine zweite Meinung ein, um vom Fachverkäufer nicht überrumpelt zu werden. Dies ist keineswegs eine leichte Aufgabe, sind Kunden doch oft unterschiedlicher Meinung im Geschäft. Solche Verkaufssituationen können für den Verkäufer herausfordernd sein. Auf der einen Seite sieht er sich gleich mehreren Kunden gegenüber, die er überzeugen muss. Auf der anderen Seite kann er aber im Begleiter auch eine Unterstützung sehen, die er sich zu Nutze machen kann. So oder so, für diese besonderen Verkaufssituationen muss der Verkäufer Feingefühl besitzen.

Gemeinsamer Einkauf

Bei einer größeren Anschaffung kommt es oft vor, dass Kunden nicht allein ins Geschäft kommen. Meist kommen Kunden dabei zu zweit, nicht selten ist sogar die ganze Familie mit dabei. Der Verkäufer muss in solch einem Fall alle Wünsche erfüllen, denn für ihn ist nicht ersichtlich, wer den Kauf tätigt bzw. die Ware letztendlich bezahlt.

Beispiel: *Herr Westernburg benötigt für eine Dienstreise unbedingt einen neuen Anzug. Während für Frau Westernburg das Design und die Passform wichtig sind, steht für Herrn Westernburg die Funktionalität und Leichtigkeit im Vordergrund. Der Verkäufer bietet beiden leichte Anzüge mit tollem Design, guter Passform und einfacher Funktionalität an.*

Einkauf mit passiver Begleitung

Zum Berufsalltag eines Einzelhändlers gehören auch Kunden mit einer *passiven* Begleitung. Gemeint ist der unbeteiligte Begleiter, der in der Regel Desinteresse am Einkauf des Kunden zeigt. Damit der Kunde sich jedoch in Ruhe im Laden umsehen und unbeschwert seine Ware aus- oder anprobieren kann, sollte sich der Verkäufer diesem Begleiter widmen, ihm eine Beschäftigung anbieten und ihm die Wartezeit so angenehm wie möglich gestalten. Das Geschäft sollte dafür im Idealfall zum Beispiel Sitzgelegenheiten, Kaffeeautomaten, Wasserspender und etwas zum Lesen aus seinem Servicepool bereitstellen.

Beispiel: *Frau Schulze nimmt zu ihrer Shoppingtour ihren Mann mit. Nach kurzer Zeit wird dieser ungeduldig. Während sich Frau Schulze im Geschäft umsieht, bietet ein Verkäufer ihrem Ehemann einen Sitzplatz und etwas zum Lesen an. „Guten Tag, wenn Sie mögen, können Sie sich gern an unserem neuen Kaffeeautomaten bedienen."*

Durch guten Service wird aus einem *passiven* Begleiter irgendwann ein *aktiver* Kunde!

Einkauf mit Kindern

Ob beim wöchentlichen Großeinkauf im Lebensmittelgeschäft oder bei einer Shoppingtour durch die Fußgängerzone, das Einkaufen in Begleitung von Kindern sorgt oft für Stressmomente bei den Erwachsenen. Darunter leiden aber auch die Kinder, da ihnen beim Einkaufen schnell langweilig wird oder sie Durst und Hunger bekommen. Für den Einzelhändler bedeutet dies, dass er optimale Gegebenheiten für ein entspanntes Einkaufen für beide Seiten schaffen muss. Kinderfreundlichkeit zahlt sich dann nämlich im wahrsten Sinne des Wortes aus. Möglichkeiten, Eltern bei ihren Einkäufen zu entlasten sind:

- Spielecken (mit Aufsichtsperson)
- Einkaufswagen, die zum Transport von Kleinkindern geeignet sind
- kleine Einkaufwagen für Kinder
- Wickelkommoden
- Wasserspender
- Sitz- und Stillgelegenheiten
- Toiletten
- gut strukturierte Kassenbereiche
- breite Gänge
- Eltern-Kind-Parkplätze

Tipp

Dem Verkäufer sollte bewusst sein, dass gerade Kleinkinder beim Einkaufen schnell ungeduldig werden. Dabei kann es vorkommen, dass Kinder Ware beschädigen oder unbewusst – und von den Eltern unbemerkt – Waren zu sich nehmen.

Beispiel: *Die alleinerziehende Mutter Annika geht zweimal in der Woche mit ihren beiden Kindern einkaufen. Der 5-jährige Lukas steckt eines Morgens im Vorbeigehen eine Packung Kaugummis in seine Tasche und geht damit unbemerkt aus dem Laden.*

Einkauf mit dem Geldgeber

Handelt es sich beim Shoppingpartner um denjenigen, der den Einkauf des Kunden bezahlt, ist dieser unbedingt mit ins Verkaufsgespräch einzubeziehen. Bei unterschiedlichen Interessen sollte der Verkäufer

- das Gespräch beruhigen und sich nicht auf eine Seite stellen,
- den Geldgeber nicht zum Kauf des teuersten Produktes überreden,
- sich den enormen Einfluss dieses Kundenbegleiters für einen erfolgreichen Verkaufsabschluss zu Nutze machen. (Methoden der Preisnennung)

LF 2

Beispiel: *Luise geht mit ihrem Vater ins Sportgeschäft. Sie möchte unbedingt den neuesten Trainingsanzug ihres Sportidols haben. Der Vater würde allerdings einen „praktischen Anzug“ bevorzugen.*

„Gerne zeige ich Ihnen mal dieses Modell. Dieser Trainingsanzug besitzt zum Beispiel abknöpfbare Ärmel und einen Reißverschluss an der Hose. Daneben besitzt er einen praktischen Wetterschutz, der Kälte und Nässe fernhält. Aus diesem Grund wird er auch von vielen Profisportlern getragen.“

Einkauf in Begleitung eines Experten

Kennt sich der Kunde nicht oder nur wenig mit der Ware aus, kommt er häufig in Begleitung eines Experten, der seinem Status als Fachmann natürlich gerecht werden will. Der Verkäufer sollte darauf achten, dass dieser Status nicht in Frage gestellt wird. Besonders diesem Typ von Begleiter ist im Verkaufsgespräch genügend Aufmerksamkeit entgegenzubringen, da er einen erheblichen Einfluss auf den Kunden und damit auf seine Kaufentscheidung hat. Es lohnt sich also, wenn der Verkäufer

- den Experten akzeptiert und respektiert,
- seine Ratschläge aufnimmt und ins Verkaufsgespräch einbindet,
- ihm aufmerksam zuhört,
- ihn ausreden lässt, auch wenn die Aussagen nicht oder nicht exakt der Wahrheit entsprechen,
- ihn mit Bedacht in seiner Argumentation verbessert,
- ihn nicht belehrt und
- ihn (und den Kunden!) mit einer durchdachten Verkaufsargumentation sachlich und emotional überzeugt.

Behandelt der Verkäufer den Begleiter wie einen Kunden, gewinnt er einen neuen Kunden hinzu!

Tipp

Es ist auch möglich, dass der Experte ein größeres Fachwissen besitzt als der Verkäufer. In diesem Fall sollte sich der Verkäufer einen erfahreneren Kollegen zu Hilfe holen. Eine solche Situation kann für den Verkäufer auch ein Anreiz sein, sich noch mehr mit der Ware zu beschäftigen und selbst zu einem Experten zu werden.

Aufgaben

1. Zählen Sie verkaufsstarke Zeiten auf, die in Ihrem Ausbildungsunternehmen vorkommen können.
2. Welche vorbereitenden Maßnahmen sind bei Hochbetrieb zu ergreifen? Erläutern Sie dazu drei Maßnahmen.
3. Erläutern Sie, wie Sie mit Kundenandrang in Ihrem Betrieb umgehen?
4. Unterscheiden Sie die Mehrfachbedienung von der Parallelberatung und nennen Sie Vor- und Nachteile dieser Beratungsformen.
5. Nehmen Sie kritisch Stellung zu der Aussage: „Bei Hochbetrieb achte ich immer besonders auf eine intensive Verkaufsberatung, schließlich möchte ich bei Hochbetrieb die Chance nutzen, viele Kunden glücklich zu machen und so für einen hohen Umsatz zu sorgen!"
6. Wie gehen Sie mit streitenden Kunden um?
7. Berichten Sie der Klasse wie Sie mit Verkaufsstörungen aus Ihrem betrieblichen Alltag umgehen.
8. Nennen Sie drei Situationen, in denen ein Kollege Ihre Beratung übernehmen sollte.

Aufgaben

9. Welche vorbeugenden Maßnahmen treffen Sie, um äußere Störungen wie z. B. Anrufe vom privaten Smartphone zu vermeiden?
10. Wie gehen Sie mit folgenden Störungen um? Formulieren Sie in direkter Rede einen passenden Antwortsatz zu folgenden Kundeneinwänden:
    a) Ein Kunde kommt in Ihr Geschäft und unterbricht Sie während eines Kundengesprächs: „Ich habe gestern dieses T-Shirt gekauft, nach dem ersten Waschen hat es sich gleich verfärbt. Ich möchte es sofort umtauschen!"
    b) Eines Morgens im Geschäft entgegnet ein Kunde: „Sie scheinen nicht wirklich Ahnung von diesem Produkt zu haben!"
11. Erstellen Sie eine Liste mit fünf Gesprächsregeln, die beim Telefonieren im Verkauf zu beachten sind.
12. Fertigen Sie ein Muster für eine Notizblockseite an, die bei einer Telefonnotiz alle wichtigen Punkte eines Telefongespräches mit einem Kunden berücksichtigt.
13. Erläutern Sie, was Sie unter „passivem" und „aktivem Zuhören" verstehen?
14. Geben Sie an, wann in Ihrem Ausbildungsbetrieb Telefongespräche vorkommen können und worauf dabei zu achten ist?
15. Erläutern Sie Ihre Erfahrungen mit Spätkunden. Wie wird in Ihrem Ausbildungsbetrieb mit Spätkunden verfahren?
16. Formulieren Sie in wörtlicher Rede für folgende Situationen Hinweise auf die Ladenschlusszeiten:
    a) Jeden Tag erscheint um kurz vor 22:00 Uhr ein älterer Herr, der seine Einkäufe bei Ihnen tätigt.
    b) Eine junge Dame möchte kurz vor Ladenschluss über das neueste Smartphone informiert werden.
    c) Sie schließen um 22:00 Uhr. Um 21:50 interessiert sich eine Kundin für einen Grill, den sie unbedingt kaufen möchte.
17. Erläutern Sie, warum Spätkunden eine Chance für den Einzelhandel darstellen.
18. Fertigen Sie ein Mindmap für einen erfolgreichen Umgang mit Spätkunden an.
19. Frau Markert sucht nach einem Geschenk für eine Freundin. Entwickeln Sie einen Dialog, in dem Sie Frau Markert passende Fragen zur Bedarfsermittlung stellen.
20. Nennen Sie mögliche Kaufmotive von Kunden beim Geschenkkauf.
21. Warum ist es wichtig, vorab über potentielle Geschenke aus dem eigenen Geschäft Bescheid zu wissen?
22. Welche Kundenbegleittypen kennen Sie neben denen im Text genannten noch?
23. Beschreiben Sie, wie aus einem passiven Begleiter ein aktiver Kunde für Ihren Ausbildungsbetrieb werden kann.

3 Konflikt- und Stresssituationen professionell meistern

Jeder Verkäufer hat sicher schon verärgerte Kunden erlebt. Hieraus entstehen Stresssituationen, die sowohl für die Verkaufsmitarbeiter als auch für die Kunden belastend sind. Typische Reaktionen der Kunden sind:

© auremar – stock.adobe.com

Beispiel: *„Jetzt warte ich schon 15 Minuten auf eine Beratung. Wieso geht das hier nicht schneller?" oder „Mir ist egal, warum die Bohrmaschine nicht funktioniert. Ich will jetzt sofort mein Geld zurück."*

Es gibt viele Gründe, warum Kunden verärgert sein können:

- lange Wartezeiten für eine Beratung oder an der Kasse
- Produkte, die mängelbehaftet sind und reklamiert werden müssen
- Produkte, die nicht gefallen und umgetauscht werden sollen
- Verkäufer/Verkäuferinnen, die Sachverhalte anders sehen und beurteilen
- Preise, die als zu hoch angesehen werden
- Verkäufer/Verkäuferinnen, die unfreundlich oder inkompetent erscheinen
- es lässt sich kein Ansprechpartner für eine Frage, Information oder Beschwerde finden

Merke
Die Gründe für den Ärger von Kunden haben in den meisten Fällen zu tun mit:
der **Ware**
dem **Personal**
den **Preisen**
dem **Geschäft**

Ob jedoch der Ärger von Kunden gerechtfertigt ist oder nicht, spielt aus der Sicht der Kunden im ersten Moment keine Rolle. Für ihre Unzufriedenheit gibt es ihrer Meinung nach „gute" Gründe (siehe oben).

Die Verkäufer im Einzelhandel erleben täglich Situationen mit Kunden, die verärgert das Geschäft betreten. Dies kommt in jeder Branche des Einzelhandels vor. Ein Kunde kann missgestimmt sein, weil er im Baumarkt das falsche Holz gekauft hat und es nun zurückbringen muss. Oder eine Kundin reklamiert in einem Schuhgeschäft einen Stiefel, weil sich die Sohle gelöst hat.

Merke
Stresssituationen mit Kunden erleben Verkäufer unabhängig von der Branche.

3.1 Die Stimmungslage von Kunden wahrnehmen

Verkäufer besitzen, wie grundsätzlich alle Menschen, die Fähigkeit wahrzunehmen, in welcher Stimmungslage sich andere Menschen bzw. Kunden befinden, wenn sie mit ihnen in Kontakt treten. Sie können die jeweilige Stimmungslage an verbalen und nonverbalen Anzeichen ablesen:

Anzeichen einer verärgerten Stimmungslage bei Kunden

nonverbale Anzeichen	verbale Anzeichen
• unfreundlicher Gesichtsausdruck • Stirnrunzeln • vor dem Oberkörper verschränkte Arme • mit schnellen Schritten auf das Verkaufspersonal zugehend	• negativ behafteter Tonfall • laute Stimme • verbale Entgleisungen (Beschimpfungen, Kraftausdrücke etc.)

Das Wahrnehmen der Stimmungslagen von Kunden kann dem Verkaufspersonal helfen, in Stresssituationen angemessen zu reagieren. Dabei hilft es auch sehr, wenn man sich auf eher unangenehme Situationen vorab einstellen kann. Sieht das Verkaufspersonal dem Kunden seine Verärgerung bereits beim Eintritt in das Geschäft an, kann es sich von Anfang an konfliktreduzierend verhalten.

Beispiel: *Ein Kunde betritt schnellen Schrittes mit vor dem Oberkörper verschränkten Armen das Geschäft und geht laut schimpfend direkt auf den Verkäufer Maik zu. Dieser hat den Kunden schon von weitem gesehen und gehört. Maik ist bereits jetzt klar, dass keine sehr angenehme Situation auf ihn zukommt.*

Damit sich die unangenehme Situation mit dem Kunden nicht verschlimmert und im besten Fall sogar auflöst, sollte der Verkäufer ruhig zuhören, freundlich Verständnis zeigen und sich um eine kundenorientierte Lösung bemühen. Nachdem der Kunde seinem Unmut zunächst Luft gemacht hat, merkt er nun, dass sich der Verkäufer ruhig und verständnisvoll um sein Anliegen kümmert. Vielleicht ist der Ärger für den Kunden gar nicht mehr so groß und es entwickelt sich sogar ein positiver Gesprächsabschluss mit einer Lösung, die den Kunden zufrieden stellt.

Beispiel: *„Ja, ich kann Ihren Ärger sehr gut verstehen. Wenn ich Sie richtig verstanden habe, möchten Sie das Produkt zurückgeben. Das ist kein Problem. Ich bin sicher, wir finden eine gute Lösung für Sie. (…)"*

3.2 Die Bedeutung der eigenen Persönlichkeit und die Rolle als Verkäufer bewusstmachen

Wie belastend eine Konflikt- oder Stresssituation für den Verkäufer ist und wie gut sie bewältigt wird, hängt häufig von der eigenen Persönlichkeit ab. Dazu sollte sich das Verkaufspersonal selbst folgende Fragen beantworten:

- „Wie lasse ich mich auf diese negative Situation ein?"
- „Versuche ich den Kunden mit seinem Ärger zu verstehen?"
- „Fühle ich mich sofort persönlich angegriffen?"
- „Bin ich an einer Klärung und an einer Lösung für den Kunden interessiert?"
- „Kann ich eigene persönliche Stimmungen ausblenden und mich professionell verhalten?"

Beispiel: *Die Verkäuferin Celine ist wegen eines Streits mit ihrem Freund heute Morgen verspätet zur Arbeit erschienen. Ihre Vorgesetzte hat die Verspätung bemerkt und direkt getadelt. Als nun der erste Kunde auf Celine zugeht, merkt sie schon, dass es zu einer unangenehmen Situation kommen wird. Der Kunde beschwert sich über die offene Naht an der Hose, die er gestern erst gekauft hat. Celine hat schon schlechte Laune und lässt den Kunden spüren, dass sie genervt ist. Die Naht sei nur geringfügig offen und er solle sich nicht so anstellen, antwortet Celine dem missgelaunten Kunden. Eine halbe Stunde später sitzt Celine im Büro ihrer Vorgesetzten. Eine andere Mitarbeiterin hat sich um die berechtigte Reklamation des Kunden gekümmert.*

Damit Konfliktsituationen nicht von der eigenen Persönlichkeit des Verkäufers negativ beeinflusst werden, ist es notwendig, dass er sich seiner Rolle als Verkäufer bewusstmacht, sich die obigen Fragen stellt und diese ehrlich beantwortet. In Konfliktsituationen ist eine professionelle Distanz zwischen der persönlichen Stimmung des Verkaufspersonals und der Situation mit dem Kunden aufzubauen.

Die Antworten auf die obigen Fragen, die eine professionelle Distanz ermöglichen, könnten daher lauten:

- „In meinem Job als Verkäufer kommt es natürlich auch manchmal zu unangenehmen Situationen mit Kunden. Da ich mit Menschen zu tun habe, was mir generell viel Spaß macht, gehören eben auch solche Situationen dazu."
- „Wenn ich mich in die Lage des Kunden versetze, kann ich seinen Ärger gut nachvollziehen. Ich wäre auch nicht begeistert und würde mich beschweren."
- „Der Kunde meint doch gar nicht mich persönlich. Vermutlich wird er sich hinterher nicht einmal an mich erinnern. Ich brauche mich nicht persönlich angegriffen zu fühlen."
- „Natürlich nerven Kunden auch manchmal und ein Tag mit guten Beratungsgesprächen und freundlichen Kunden ist mir lieber. Aber meine Tätigkeit als Verkäufer besteht auch darin, mich für eine Lösung von Problemen der Kunden einzusetzen."

- „Ich bin auch nur ein Mensch und mich belasten auch Dinge aus meinem persönlichen Umfeld. Und am Arbeitsplatz kann man ja keinen Hebel umlegen und die persönlichen Probleme sind ausgeblendet. Aber ich kann versuchen, mich auf meine Aufgaben zu konzentrieren. Der Kunde kann schließlich nichts für meine private Situation. Außerdem erwarte ich bei meinen privaten Einkäufen auch vom Verkaufspersonal, dass sie mich freundlich und professionell beraten."

Das Bewusstmachen der Rolle als Verkäufer kann großen Einfluss darauf nehmen, wie sich eine Konfliktsituation mit Kunden entwickelt.

Merke

3.3 Bewältigung von Stresssituationen

Folgende verbale und nonverbale Verhaltensweisen können Verkäufern helfen, Stress- und Konfliktsituationen von vornherein einzudämmen und zu verhindern, dass sie sich verschlimmern:

Reaktionen und Verhaltensweisen zur Konfliktbewältigung

Nonverbale Verhaltensweisen	Verbale Verhaltensweisen
• bleiben Sie ruhig • unterbrechen Sie den Kunden nicht • hören Sie aufmerksam zu • halten Sie Blickkontakt • zeigen Sie Verständnis durch Nicken • nehmen Sie eine offene Haltung ein	• sprechen Sie höflich und sachlich • sprechen Sie selbstbewusst mit fester Stimme • unterstellen Sie dem Kunden nichts • zeigen Sie Interesse und fragen Sie nach

Neben diesen verbalen und nonverbalen Vorgehensweisen können weitere Methoden helfen, Kundeneinwände oder Konfliktsituationen mit Kunden zu bewältigen:

Methoden zur Bewältigung von Konfliktsituationen oder Kundeneinwänden

Methoden	Erklärung	Beispiel
Ja-aber-Methode 	Ein Kunde ist verärgert. Das Verkaufspersonal zeigt zunächst Verständnis, indem es bestätigt, was der Kunde vorgebracht hat. Anschließend wird argumentiert, warum ein bestimmter Sachverhalt so ist.	Kunde: *„Ich warte schon seit 15 Minuten auf eine Beratung. So langsam bin ich genervt."* Verkäufer: *„Ja, ich kann Ihren Ärger verstehen. Aber wir möchten jeden Kunden zufriedenstellend beraten und das dauert manchmal etwas länger. Nun habe ich Zeit für Sie. Was kann ich für Sie tun?"*

Methoden zur Bewältigung von Konfliktsituationen oder Kundeneinwänden

Methoden	Erklärung	Beispiel
Umkehrmethode (Bumerangmethode) 	Ein Kunde äußert offen einen Nachteil oder eine Beschwerde. Der Verkäufer wandelt diesen Nachteil oder diese Beschwerde in einen Vorteil bzw. etwas Positives für ihn um.	Kunde: *„Diese Haarschneidemaschine ist aber sehr klein."* Verkäufer: *„Gerade diese Eigenschaft ist das Besondere an ihr. Sie ist sehr leicht und handlich. So können Sie Haare und Konturen präzise schneiden."*
Gegenfrage-Methode 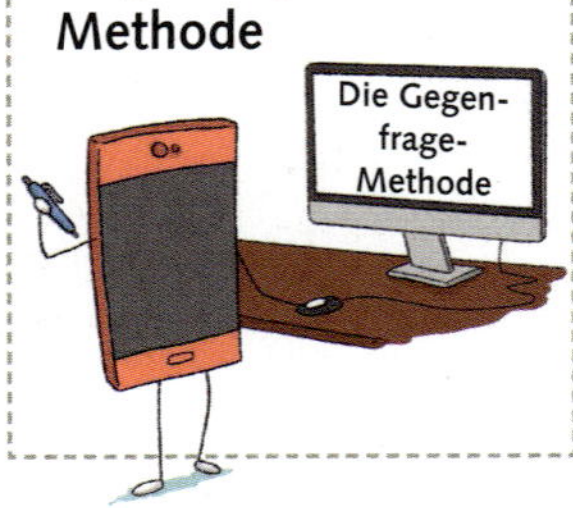	Ein Kunde äußert einen „ungenauen" Einwand. Der Verkäufer fragt den Kunden, worin sein Ärgernis oder Einwand konkret besteht.	Kunde: *„Die Funktionen dieses Weckers habe ich mir anders vorgestellt."* Verkäufer: *„Welche Funktionen sind Ihnen bei einem Wecker wichtig?"*

3.4 Anbieten von Lösungen

In Konfliktsituationen möchten beide Seiten (Kunde und Verkäufer) ihr Ziel erreichen. Die Kunden wünschen sich, mit ihrem Ärger ernst genommen zu werden und eine Lösung angeboten zu bekommen. Die Verkäufer wünschen sich, dass der Kunde letztlich zufriedengestellt ist und dem Geschäft als Kunde erhalten bleibt.

Für den Verkäufer ist es manchmal schwierig, die Lösungen anzubieten, die der Kunde erwartet.

Beispiel: *Kunde: „Dieser Pullover, den ich gestern bei Ihnen gekauft habe, gefällt meiner Frau überhaupt nicht. Hier haben Sie ihn zurück. Geben Sie mir bitte mein Geld wieder."*

Aber häufig reichen schon bestimmte Verhaltensweisen des Verkäufers, um Situationen zu entschärfen und Kunden das Gefühl zu geben, dass sich um ihr Anliegen gekümmert wird.

Beispiel: *Verkäufer: „Schade, dass der Pullover Ihrer Frau nicht gefällt. Heute früh haben wir neue Ware bekommen. Die zeige ich Ihnen gerne. Was trifft denn eher den Geschmack Ihrer Gattin?"*

Bei Preiseinwänden der Kunden ist es hilfreich, eine vorgesetzte Person hinzuzuziehen.

Beispiel: *Verkäufer: „Einen Preisnachlass in dieser Höhe darf ich nicht gewähren. Aber ich hole die Abteilungsleiterin Frau Kleine gerne dazu. Einen kleinen Moment bitte."*

In manchem Fall ist es sogar so, dass sich Kunden nach einer Beschwerde und einem positiven Umgang mit ihrer Beschwerde stärker an das Geschäft gebunden fühlen als vorher.

Beispiel: *Kunde: „Danke, dass Sie das so schnell regeln konnten mit der Reparatur des defekten DVD-Players. Fehler passieren eben auch in der Produktion. Und für das Leihgerät brauche ich wirklich nichts bezahlen? So stelle ich mir Kundenorientierung vor. Vielen Dank!"*

Merke

Eine Lösung, die den Kunden nach einer Beschwerde zufrieden stellt, kann die Kundenbindung fördern.

Aufgaben

1. In den meisten Fällen lassen sich die Gründe für den Ärger von Kunden den vier Bereichen Ware, Personal, Preise und Geschäft zuordnen. Finden Sie für jeden dieser Bereiche mindestens ein Beispiel, warum Kunden verärgert sein können.
2. Beschreiben Sie eine Stresssituation mit einem Kunden, die Sie selber in Ihrem Ausbildungsbetrieb erlebt haben:
   a) Wie verlief die Kontaktaufnahme mit dem Kunden?
   b) Welche Anzeichen gab es dafür, dass eine schwierige Situation auf Sie zukommen würde?
   c) Wie haben Sie im ersten Moment und im weiteren Verlauf des Kundengespräches reagiert?
   d) Wie konnten Sie die Situation entschärfen bzw. was konnten Sie dem Kunden anbieten?
   e) Was haben Sie für sich aus solchen Situationen mitgenommen für die Bewältigung zukünftiger ähnlicher Kundensituationen?
3. Woran können Sie als Verkäufer die Stimmungslage von Kunden vorab wahrnehmen?
4. Warum kann es Ihnen als Verkäufer helfen, wenn Sie die Stimmungslage von Kunden vorab wahrnehmen können?
5. Sicher haben Sie solche Arbeitstage auch schon erlebt, an denen die eigene Stimmung, z. B. aufgrund privater Probleme, nicht gut ist.
   a) Wie gehen Sie in Ihrer Rolle als Verkäufer damit um?
   b) Welche Tipps haben Sie, um eine professionelle Distanz aufzubauen?
6. Führen Sie für die drei Methoden zur Bewältigung von Konfliktsituationen eigene konkrete Beispiele an, welche sich auf Ihre Arbeit in Ihrem Ausbildungsbetrieb beziehen.
7. Kunden erwarten in Konfliktsituationen manchmal Lösungen von Ihnen, die Sie nicht erfüllen können. Beschreiben Sie, wie Sie solche Situationen erlebt haben und wie Sie damit umgegangen sind.

4 Umtausch und Reklamation von Waren kundenfreundlich durchführen

Im Einzelhandel kommt es häufig vor, dass Kunden gekaufte Ware zurückbringen. Die Gründe hierfür können sehr unterschiedlich sein (siehe unten). Aus rechtlicher Sicht muss bei der Rückgabe von gekaufter Ware durch den Kunden zwischen Umtausch, Rückgabe und Reklamation unterschieden werden.

4.1 Umtausch und Rückgabe

Ein Umtausch und eine Rückgabe liegen dann vor, wenn der Kunde Ware zurückbringt, die eigentlich fehlerfrei bzw. frei von Mängeln ist. Soll die Ware gegen eine andere Ware aus der gleichen Gattung ersetzt werden, liegt ein Umtausch vor. Wird die Ware mit der Bitte um Rückerstattung des Kaufpreises zurückgebracht, liegt eine Rückgabe vor.

Mögliche Gründe für einen Umtausch bzw. eine Rückgabe

Beispiele für den Umtausch:

 © Dmitry Naumov – stock.adobe.com	Die Farbe des gekauften T-Shirts passt nicht zu der Trainingsjacke, die der Kunde darüber tragen will. Deshalb soll es in eine passende Farbe umgetauscht werden.
 © Milos Tasic – stock.adobe.com	Die Joggingschuhe sind entgegen der Aussage der Verkaufsberaterin zu eng (siehe unten). Deshalb sollen sie in eine andere Größe umgetauscht werden.

Beispiele für die Rückgabe:

 © C-You – stock.adobe.com	Der gerade gekaufte Tennisschläger wird nicht mehr benötigt, weil der Sohn der Kundin entschieden hat, nicht mehr Tennis zu spielen.
 © MP2 – stock.adobe.com	Die von der Oma als Geburtstagsgeschenk gekauften Inliner sind bereits von der Mutter des Beschenkten gekauft worden. Der Geldbetrag für die Inliner soll jetzt lieber gespart werden.

4.1.1 Rechtliche Grundlagen

Obwohl der Einzelhändler grundsätzlich gesetzlich nicht verpflichtet ist, Ware ohne einen vorhandenen Mangel umzutauschen bzw. zurückzunehmen, bieten viele Einzelhandelsunternehmen einen Umtauschservice an.

Merke

Der Einzelhändler ist zum Umtausch oder zur Rücknahme von Ware gesetzlich nicht verpflichtet! Umtausch bzw. Rücknahme von Waren erfolgen freiwillig auf Kulanz, um Kundenzufriedenheit und Kundenbindung zu erhöhen.

Ausnahmen davon sind:

© Daniel Ernst – stock.adobe.com

LF 3, 6

LF 2

1. Regelungen zum Umtausch, die der Einzelhändler zum Inhalt des Kaufvertrages macht, wie z. B. durch die AGB, durch Aushänge im Schaufenster bzw. im Innenraum oder durch mündliche Zusagen.
2. Regelungen zum Umtausch bei Fernabsatzgeschäften: Bei Käufen über Online Shop-Systemen, Telefon, Fax etc. besteht ein gesetzliches Widerrufsrecht von vierzehn Tagen. Innerhalb dieser Frist kann der Käufer ohne Angabe von Gründen von dem Vertrag zurücktreten. Dieses Widerrufsrecht wurde eingeführt, damit der Käufer sich in dieser Zeit mit der Ware bekanntmachen kann, z. B. durch Anprobieren, Fühlen, Tasten, Sehen etc. Bei Käufen im stationären Einzelhandel erfolgt das Bekanntmachen mit der Ware bereits am Point of Sale (im Laden).

Tipp

Vorsicht:
Auch im Online-Handel gibt es Ausnahmen, die den Händler vom Widerrufsrecht befreien:

- Bei Ware, die den persönlichen Bedürfnissen der Kunden angepasst oder individuell für sie geschnitten ist.
- Bei Ware, die schnell verderben kann, wie z. B. frische Lebensmittel.
- Bei Ware, die vom Kunden unüberprüfbar beschädigt oder abgenutzt sein kann, wie z. B. Batterien.
- Bei Verträgen über die Lieferung von Zeitungen, Zeitschriften oder Illustrierten (das gilt nicht für ein Abo).

3. Bestimmte Ware ist aus unterschiedlichen Gründen vom Umtausch generell ausgeschlossen:

Vom Umtausch ausgeschlossene Ware

	Warenart	Beispiele
	verderbliche Waren © Brigitte Bonaposta – stock.adobe.com	Lebensmittel
	Ware, bei der besondere Hygienevorschriften gelten © Alexandra_K – stock.adobe.com	Unterwäsche, Nachtwäsche, Bademode, Zahnbürsten, Haarbürsten
	individualisierte Ware © luismolinero – stock.adobe.com	T-Shirts mit eigenen Fotos oder Logos, maßgeschneiderte Hemden etc.
 © tpx – stock.adobe.com	reduzierte Ware	Saisonschlussverkäufen, Lagerräumung

4.1.2 Kundenfreundliche Abwicklung

Der Einzelhändler sollte auch im Falle eines Umtausches oder einer Reklamation seine Kunden freundlich und mit Respekt behandeln. Nur so wird der Kunde auch später wieder gerne in das Einzelhandelsgeschäft kommen.

Die Abwicklung einer Reklamation oder eines Umtausches läuft in der Regel nach dem folgenden Schema ab:

Merke: Um die Kundenbindung zu verstärken, muss ein Umtausch oder eine Reklamation freundlich und respektvoll durchgeführt werden.

LF 3

Beim Umtausch oder bei der Rückgabe von Ware muss der Kassenbon vorgelegt werden. Dieser wird überprüft und mit der Ware verglichen, damit der Einzelhändler die Gewissheit hat, dass die Ware tatsächlich bei ihm sowie zu dem benannten Datum und zu dem tatsächlichen Verkaufspreis gekauft worden ist.

© pit24 – stock.adobe.com

Ergeben sich keine Abweichungen von den Informationen (Kaufdatum, Kaufpreis, Artikelnummer) des Kassenbons, kann die Ware gegen andere Ware umgetauscht oder gegen Geld zurückgenommen werden.

Aus Kulanzgründen tauschen auch viele Einzelhändler die bei ihm gekaufte Ware um, obwohl der Kassenbon fehlt.

Tipp

Der Umtausch sollte stets so erfolgen, dass andere Kunden nichts davon mitbekommen und nicht gestört werden. Hierbei ist folgende Vorgehensweise zu befolgen:

- Nehmen Sie die Kunden an die Seite.
- Bleiben Sie freundlich und sachlich.
- Beruhigen Sie die Kunden, falls diese verärgert sind (etwa wegen der falschen Beratung beim Kauf des Joggingschuhs, siehe Beispiel oben).
- Hören Sie den Kunden aufmerksam zu.
- Informieren Sie die Kunden über die weitere Vorgehensweise.
- Lassen Sie sich den Kassenbon zeigen.
- Tauschen Sie die zurückgebrachte Ware um, sofern sie mangelfrei ist.

Beispiel: *Nachdem der Kunde, Jörg Bender, kurz vor Ladenschluss viele verschiedene Joggingschuhe anprobiert hat, wendet er sich an die Verkäuferin, Madlin Batko (Auszubildende im dritten Ausbildungsjahr), um von ihr beraten zu werden. Er findet die roten Joggingschuhe besonders stylisch und ist von dem Dämpfsystem überzeugt. Bedenken hat Jörg aber wegen der Passform.*

Er hat das Gefühl, dass der Schuh zu eng ist. Madlin ist der Meinung, dass am Abend die Füße meist geschwollen sind und er deshalb keine Bedenken haben sollte. Jörg kauft die Joggingschuhe und freut sich auf das Wochenende, an dem er die neuen Joggingschuhe ausprobieren will.

Am Montag betritt er in seiner Mittagspause missgelaunt die E F S – Everything for Sport GmbH und wendet sich verärgert und laut an die Verkäuferin: „Die Joggingschuhe sind mir viel zu eng! Von wegen, die Füße sind abends besonders geschwollen! Sie haben mich sehr schlecht beraten!“
Madlin sieht den Kunden freundlich an und bittet ihn, ihr an das Regal mit den Joggingschuhen zu folgen. Hier ist es ruhig und es sind keine weiteren Kunden anwesend. Sie lässt Jörg ausreden.

Sachlich und freundlich sagt sie:
„Das tut mir sehr leid! Ihren Ärger kann ich sehr gut verstehen. Selbstverständlich werden wir die Joggingschuhe umtauschen. Bitte geben Sie mir den Kassenbon, damit ich für den Umtausch alles vorbereiten kann. Gerne können Sie in der Zwischenzeit andere Joggingschuhe auswählen.

Heute haben wir neue Modelle eingeräumt, wie wäre es mit den orangen Joggingschuhen? Diese haben ein besseres Dämpfungssystem, besonders erprobte Stützelemente und sind etwas weiter geschnitten."

Jörg hat sich beruhigt. Er probiert die orangen Joggingschuhe an und ist sofort überzeugt.

„Dieses Modell passt wie angegossen, diese Schuhe nehme ich!". Madlin packt die Joggingschuhe und passende Schnürsenkel in eine Papiertüte ein und überreicht sie Jörg. „Die Schnürsenkel bekommen Sie von uns für die entstandenen Unannehmlichkeiten geschenkt! Jetzt wünsche ich Ihnen viel Spaß beim Joggen!"

Jörg bedankt sich, sein Ärger ist verflogen und er wird wieder bei der E F S – Everything for Sport GmbH einkaufen.

4.2 Reklamation

LF 7

Eine Reklamation liegt dann vor, wenn die Kundschaft Ware zurückbringt, die fehlerhaft ist bzw. Mängel aufweist.

4.2.1 Rechtliche Grundlagen

Grundsätzlich haben Kunden das Recht auf fehlerfreie bzw. mangelfreie Ware.

LF 7

Wird nach dem Kauf festgestellt, dass die neue Ware einen Mangel aufweist (siehe Sachmängelarten), können verschiedene Rechte aus der mangelhaften Lieferung geltend machen.

LF 7

Hierbei werden folgende zwei Stufen unterschieden, die Kunden gegenüber dem Einzelhandel zur Mängelbeseitigung einhalten müssen: die vorrangigen und die nachrangigen Rechte.

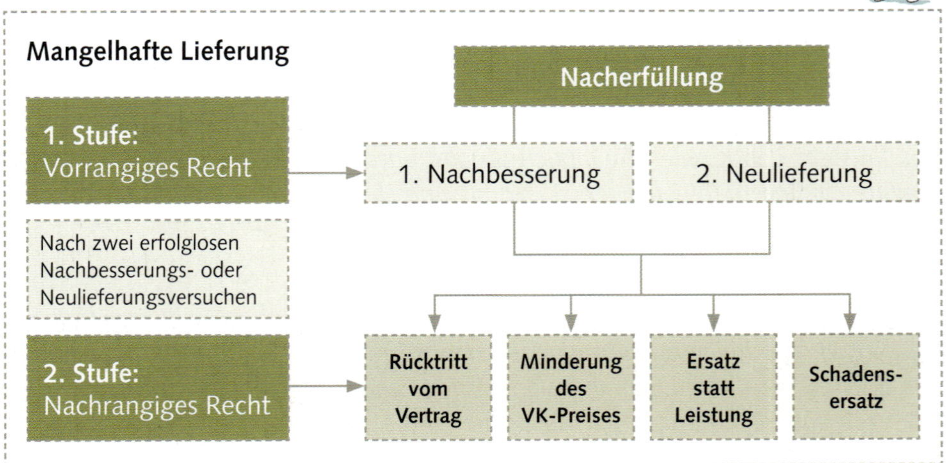

Gesetzliche Gewährleistung

Der Gesetzgeber hat den Einzelhändler verpflichtet, die Reklamationen im Falle eines Sachmangels zwischen Kunden und dem Hersteller zu regeln.

Kunde → Einzelhandel ← Lieferant

© georgerudy – stock.adobe.com

> **Merke:** Die gesetzliche Gewährleistung beträgt insgesamt zwei Jahre.

Reklamation innerhalb der ersten sechs Monate

Wird die Ware innerhalb der ersten sechs Monate reklamiert, wird unterstellt, dass der Sachmangel bereits beim Kauf vorgelegen hat. Innerhalb dieser Zeit wird die Reklamation in der Regel ohne weitere Überprüfungen akzeptiert.

> **Merke:** Ausgenommen von einem Gewährleistungsanspruch sind selbstverschuldete Schäden, wie z. B. das zerbrochene Glas eines Smartphones oder eine eingelaufene Trainingshose, die falsch gewaschen wurde.

© photalo – stock.adobe.com

Reklamation nach Ablauf der ersten sechs Monate

Hier gilt die Umkehr der Beweislast: Der Käufer muss beweisen, dass der Sachmangel schon beim Kauf (Gefahrenübergang) vorhanden war.

Gewährleistung	
24 Monate	
6 Monate	nach 6 Monaten
↓	↓
Reklamation erfolgt in der Regel ohne weitere Überprüfungen.	Hier gilt die Umkehr der Beweislast: Der Käufer muss beweisen, dass der Sachmangel schon beim Kauf (Gefahrenübergang) vorhanden war.

Garantie

Im Konkurrenzkampf um die Kunden verlängern Einzelhändler oftmals die gesetzliche Gewährleistungsfrist durch eine zusätzliche Garantiezusage. Hierbei handelt es sich um ein freiwilliges Versprechen des Einzelhändlers, die fehlerhaften Produkte oder Produktteile innerhalb einer bestimmten Frist nachzubessern oder neu zu liefern. Die Garantiezusage bezieht sich auf die Funktionsfähigkeit bestimmter Teile eines Produktes oder des gesamten Produktes für einen –vorher festgelegten- bestimmten Zeitraum. Die kaufmännische Absicht des Einzelhändlers hierbei ist die Gewinnung neuer Kunden und die Stärkung der Kundenbindung.

© guukaa – stock.adobe.com

Die zusätzliche Garantiezusage der Einzelhändler ist ein freiwilliges Versprechen.
Merke

Beispiel: *In der neuen Werbekampagne der E F S – Everything for Sport GmbH wird darauf hingewiesen, dass auf alle elektronischen Teile der Laufbänder eine Garantie von fünf Jahren übernommen wird.*

Produkthaftung

Leider kommt es auch vor, dass Produkte fehlerhaft sind, so dass durch deren Nutzung Schäden am Eigentum der Kunden entstehen oder sogar die Gesundheit der Kunden Schaden nimmt. Zum Schutz der Verbraucher regelt das Produkthaftungsgesetz (Gesetz über die Haftung für fehlerhafte Produkte), dass der Hersteller eines Produktes (Ware) für Folgeschäden verantwortlich ist, die durch die Benutzung seiner Produkte entstehen.

Der Hersteller einer Ware muss für Schäden, die bei der Nutzung der Ware entstanden sind, haften!
Merke

Beispiel: *Bei dem in einem Fachgeschäft neu gekauften Fahrrad ist das Bremssystem fehlerhaft. Auf der ersten Tour mit dem neuen Fahrrad ist die Käuferin gestürzt, weil die Bremsen nachweislich (ein Sachverständiger konnte das Bremsversagen bestätigen) unzureichend funktioniert haben.*

© Photographee.eu – stock.adobe.com

Für den erlittenen körperlichen Schaden muss der Hersteller aufkommen.

Beispiel: *Die Auszubildende Madlin hat sich eine neue Schreibtischlampe in einem Fachgeschäft gekauft.*

Eine Woche später entwickelte der Stecker einen beißenden, weißen Rauch, der innerhalb von wenigen Sekunden den ganzen Raum vernebelte und sich kurze Zeit später zu einem Brand entwickelte. Für alle nachweisbaren Schäden, die hierdurch entstanden sind, muss der Hersteller aufkommen.

4.2.2 Kundenfreundliche Abwicklung

Bei einer fehlerhaften Ware haben Kunden das Recht auf Nacherfüllung. Sollte die Nacherfüllung nach Setzen einer angemessenen Nachfrist zum zweiten Mal gescheitert sein, kann ein nachrangiges Recht (siehe oben) in Anspruch genommen werden.

LF 7

Häufig kommt es vor, dass Kunden beim Vorliegen eines Sachmangels sehr verärgert sind. Sie können die gekaufte Ware nicht wie gewollt nutzen und müssen wieder zurück zu dem Einzelhandelsgeschäft, in dem die Ware gekauft worden ist.

Wenn die Kunden verärgert sind, ist es für das Verkaufspersonal besonders wichtig, ruhig, freundlich und sachlich zu bleiben. In diesen Fällen sollte es die folgenden Empfehlungen (siehe auch Empfehlungen zum Umtausch) beachten:

- Nehmen Sie den Kunden an die Seite.
- Beruhigen Sie den Kunden.
- Bleiben Sie freundlich und sachlich.
- Hören Sie dem Kunden aufmerksam zu.
- Zeigen Sie Verständnis für seinen Ärger.
- Entschuldigen Sie sich für die entstandenen Unannehmlichkeiten.

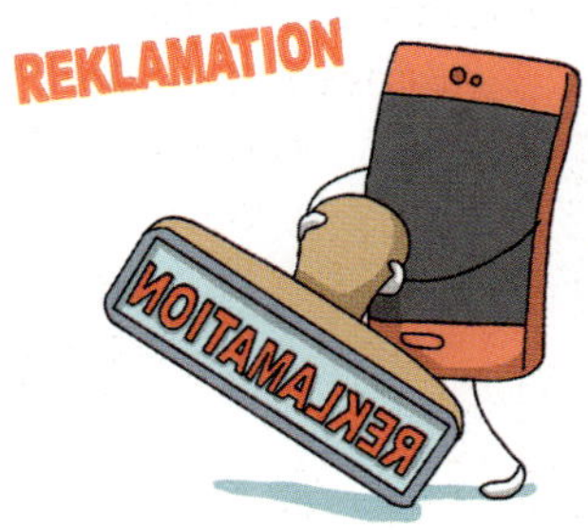

- Lassen Sie sich den Sachmangel zeigen und überprüfen Sie den Kassenbon.
- Ist die Ware noch im Einzelhandelsunternehmen vorhanden, dann tauschen Sie die Ware um. Ist die Ware nicht mehr vorhanden, bieten Sie eine kundenfreundliche Lösung an (z. B. Ware wird dem Kunden bestellt und direkt nach Hause geschickt).
- Prüfen Sie die neue Ware, ob der Sachmangel auch hier vorliegt.
- Verabschieden Sie den Kunden freundlich und entschuldigen Sie sich nochmals für die entstandenen Unannehmlichkeiten.

Beispiel: *Der Kunde Jörg Bender hat Pech! Die vor drei Wochen gekauften Joggingschuhe passen perfekt, allerdings hat sich nun die Sohle gelöst.*

Erneut sucht er die E F S – Everything for Sport GmbH auf und zeigt sehr verärgert den Joggingschuh mit der gelösten Sohle. Die Abteilungsleiterin, Julia Holtmann, stellt fest, dass es sich hierbei um eine Reklamation handelt, weil ein Sachmangel vorliegt.

Nachdem Julia Holtmann auch den Kassenbon überprüft hat und gesehen hat, dass der Kauf erst drei Wochen zurückliegt, erklärt sie Jörg Bender, dass er einen Anspruch auf Nachbesserung oder Neulieferung hat. Da das gleiche Modell in Jörgs Größe noch im Regal steht, möchte Jörg die anderen Joggingschuhe sofort mit nach Hause nehmen. Julia überprüft die Sohlen der anderen Joggingschuhe auf Festigkeit, um den gleichen Sachmangel auszuschließen.

Danach nimmt sie die mangelfreien Joggingschuhe und sagt, „Es tut mir sehr leid, dass Sie mit den Joggingschuhen so viele Unannehmlichkeiten hatten. Der Sachmangel an den Joggingschuhen kommt bei diesem Hersteller sehr selten vor! Beim Laufen mit den neuen Joggingschuhen wünsche ich Ihnen viel Spaß! Unser begehrter Sportrucksack kostet normalerweise fünf Euro, diesen schenken wir Ihnen dazu! Welche Farbe möchten Sie gerne?“

Aufgaben

1. In einem Textilfachgeschäft bringen verschiedene Kunden gekaufte Waren zurück. Entscheiden Sie, ob es sich bei den folgenden Begründungen der Kunden jeweils um eine Reklamation aufgrund eines Mangels oder um einen Umtausch (= Kulanz mit 14-tägigem Rückgaberecht) handelt. Begründen Sie Ihre Entscheidung!
   a) Der Reißverschluss an der Jacke geht immer auf.
   b) Die Farbe der Hose gefällt nicht mehr.
   c) Nach der ersten Wäsche ist die Bluse verfärbt.
   d) Das gestern gekaufte Kleid hat einen unvorteilhaften Schnitt.
   e) Die Naht der Jeans ist gerissen.
2. Obwohl die Kunden keinen gesetzlichen Anspruch auf einen Umtausch haben, bieten viele Einzelhandelsunternehmen diese Möglichkeit an. Erläutern Sie, warum das Rückgaberecht eingeräumt wird.
3. Wie verhalten Sie sich gegenüber einem Kunden, der wegen des Kaufs einer defekten Stehlampe verärgert ist und die Ware missgelaunt zurückbringt? Beschreiben Sie, wie Sie sich gegenüber dem Kunden verhalten müssten!

   Erläutern Sie, welche vorrangigen Rechte der Kunde bei einer (berechtigten) Reklamation an einer Ware hat! In welcher Situation kann der Kunde auch nachrangige Rechte beanspruchen? Welche nachrangigen Rechte sind möglich?
4. Schon von Weitem sehen Sie, dass die Kundin, die gerade auf Sie zukommt, verärgert ist. Sie greift in ihre Tasche und holt eine Baumwollhose und ein T-Shirt heraus und sagt unfreundlich: „Diese beiden Teile habe ich vor wenigen Tagen hier gekauft. Nun schauen Sie sich die Hose an, hier sind die oberen Nähte alle gerissen und die schreckliche Farbe von dem T-Shirt steht mir gar nicht …“

   Wie verhalten Sie sich in dieser Situation angemessen?
   Welche rechtliche Grundlage haben Sie zur Argumentation gegenüber der Kundin?
   Begründen Sie, welche Lösung Sie der Kundin anbieten würden?

5 Kauf durch Finanzierung anbieten und abschließen

Zu den Serviceleistungen eines Händlers gehört auch die Einräumung von unterschiedlichen Zahlungsmöglichkeiten für den Kunden. Üblicherweise bezahlt der Kunde die Ware bar oder per Kartenzahlung sofort im Geschäft. In bestimmten Fällen, z. B. wenn die Ware hochpreisig ist, oder erst geliefert werden muss, kann der Händler dem Kunden aber auch andere Zahlungsmöglichkeiten anbieten.

Übersicht der häufigsten Zahlungsmöglichkeiten

Art der Zahlungsmöglichkeit	Bezahlung	Lieferung
Vorauszahlung Bei einer Vorauszahlung müssen Kunden den Kaufpreis mit Abschluss des Kaufvertrages bezahlen. Erst wenn der volle Kaufpreis beim Einzelhändler eingegangen ist, liefert dieser die Ware an die Kunden. Bei der Vorauszahlung handelt es sich im Grunde genommen nicht um eine Serviceleistung, da sie aus Kundensicht die schlechteste Zahlungsmöglichkeit darstellt. Für den Händler stellt diese Form aber sicher, dass er auf jeden Fall den Kaufpreis erhält.	sofort	später
Anzahlung Bei einer Anzahlung bezahlen Kunden einen Teil des Kaufpreises zum Zeitpunkt des Abschlusses des Kaufvertrages. Der Restbetrag muss dann bei Übergabe oder Lieferung der Ware von den Kunden bezahlt werden. Eine Anzahlung wird immer gerne verwendet, wenn zwischen dem Abschluss des Kaufvertrages und der Lieferung der Ware viel Zeit liegt, wie z. B. beim Kauf eines Neuwagens.	ein Teil sofort, Rest bei Lieferung	später
Kauf auf Rechnung Beim Kauf auf Rechnung wird den Kunden mit der Übergabe bzw. der Lieferung der Ware vom Einzelhändler eine Rechnung ausgestellt, die er innerhalb einer bestimmten Zahlungsfrist, z. B. von 30 Tagen begleichen muss. In diesem Fall spricht man davon, dass der Händler den Kunden ein Zahlungsziel eingeräumt hat.	später	später oder sofort
Finanzierungskauf (Kauf auf Raten) Bei einem Finanzierungskauf erhalten Kunden die Ware sofort. Der Kaufpreis kann aber in monatlichen Raten an den Händler „abgestottert“ werden. Der Händler gibt somit seinen Kunden einen Kredit in Höhe des Kaufpreises. Ratenkäufe werden häufig bei hochpreisigen und langlebigen Artikeln vereinbart.	später in monatlichen Raten	sofort

5.1 Merkmale eines Finanzierungskaufs

Während die Vorauszahlung, die Anzahlung und der Kauf auf Rechnung unproblematisch zwischen Händler und Kunden im Kaufvertrag vereinbart werden können, werden beim Finanzierungskauf strenggenommen zwei Verträge abgeschlossen. Zum einen der Kaufvertrag über die Ware und zum anderen ein Kreditvertrag bzw. ein sogenannter Verbraucherdarlehensvertrag, der die Art der Bezahlung regelt. Verbraucherdarlehensverträge werden im Bürgerlichen Gesetzbuch geregelt.

Bei einem Finanzierungskauf schließt der Kunde einen Kaufvertrag und einen Verbraucherdarlehensvertrag ab.

Merke

§ 491 ff. BGB

Bei einem Verbraucherdarlehen handelt es sich um eine vertragliche Vereinbarung zwischen dem Darlehensnehmer (dem Kunden) und dem Darlehensgeber (dem Händler bzw. die für das Darlehensgeschäft verantwortliche Bank des Händlers). Dieser Vertrag beinhaltet, dass die Bezahlung des fälligen Kaufpreises nicht sofort in einer Summe, sondern durch mindestens zwei Teilzahlungen (bzw. Raten) erbracht wird. Der Kaufpreis entspricht dem auf dem Preisschild ausgewiesenen Bruttoverkaufspreis, dieser wird in einem Verbraucherdarlehensvertrag auch Barverkaufspreis genannt. Bei einer Teilzahlung (bzw. einer Rate) handelt es sich also um die in kleinere Teilbeträge aufgeteilte Gesamtsumme des Barverkaufspreises. In der Fachsprache spricht man auch von Tilgung, wenn eine Rate zurückbezahlt wird.

Beispiel: *Die Ruderbank XR70 hat einen Barverkaufspreis von 1.200,00 EUR. Bei einer Laufzeit von einem Jahr, würde die monatliche Rate 1200/12 = 100,00 EUR betragen. Bei einer Laufzeit von zwei Jahren beträgt die monatliche Rate 1200/24 = 50,00 EUR. Nach 24 Raten zu 50 EUR ist der Kredit vollständig getilgt.*

In der Regel verlangt der Darlehensgeber für die Überlassung des Darlehensbetrags einen Preis, den sogenannten Sollzins. Dieser Zins muss zusätzlich zu dem Kaufpreis bezahlt werden. Insofern unterscheidet sich der Barverkaufspreis vom Teilzahlungskaufpreis durch die Höhe der Kreditzinsen und anderer Kreditkosten. Die Zinsen und mögliche weitere Kosten, z. B. Bearbeitungsgebühren oder eine Restschuldversicherung, werden dann anteilig zu der monatlichen Rate hinzugerechnet.

Formel

Teilzahlungskaufpreis
= Barverkaufspreis + Kreditkosten

Beim Sollzins handelt es sich um den Zins, den Kreditgeber für die Vergabe eines Darlehens pro Jahr erheben.

Merke

Beispiel: *Für die Überlassung des Kaufpreises von 1.200,00 für die Ruderbank XR70 wird ein Sollzinssatz von 5 % pro Jahr verlangt. Dadurch erhöht sich der Kaufpreis bei einer Laufzeit von einem Jahr um 1200 × 5/100 = 60,00 EUR. Der Teilzahlungspreis beträgt dann 1.260,00 EUR. Die monatliche Rate hat sich um 60/12 = 5,00 EUR auf 105,00 EUR erhöht. Bei einer Laufzeit von zwei Jahren beträgt der Teilzahlungspreis dementsprechend 1200 + 2 × 60 = 1.320,00 EUR. Die monatliche Rate beträgt dann 1320/24 = 55,00 EUR.*

Formel

$$\text{monatliche Rate} = \frac{\text{Teilzahlungskaufpreis}}{\text{Laufzeit in Monaten}}$$

Da die Vergabe von Krediten nicht zum Kerngeschäft von Einzelhandelsunternehmen gehört, arbeiten die meisten Händler mit einer Bank zusammen, die die Abwicklung des Kreditgeschäfts übernehmen. Das folgende Schaubild verdeutlicht den Zusammenhang:

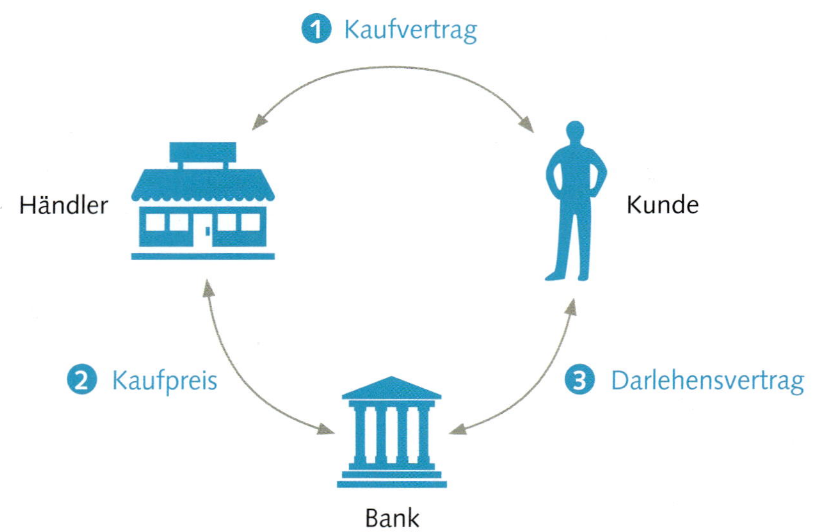

1. Kunden schließen mit dem Händler einen Kaufvertrag ab, der Händler liefert die Ware den Kunden sofort.
2. Der Händler erhält von der Bank den vollen Kaufpreis ausgezahlt. Für diese Leistung muss der Händler der Bank in der Regel Gebühren entrichten.
3. Die Kunden vereinbaren einen Darlehensvertrag mit der Bank. Dazu bezahlen sie der Bank den Kaufpreis zzgl. Kreditkosten in monatlichen Raten ab.

5.2 Vor- und Nachteile des Finanzierungskaufs

Insbesondere Einzelhandelsunternehmen, die hochpreisige Produkte anbieten z. B. im Bereich der Unterhaltungselektronik oder bei Möbeln, nutzen gern den Finanzierungskauf, um den Absatz zu erhöhen und erleichtern dem Kunden z. B. mit einer günstigen Finanzierung den Verkaufsabschluss. Die folgende Übersicht stellt die wichtigsten Vor- und Nachteile eines Finanzierungskaufs einerseits für den Kunden und andererseits für den Händler gegenüber.

Übersicht Vor- und Nachteile eines Finanzierungskaufs

	Kunde	Händler
Vorteile	• Spontankäufe durch diese Art der Finanzierung möglich • bekommt die Ware nach Finanzierungsabschluss sofort mit • benötigt nicht viel Eigenkapital für größere Anschaffungen • muss keine Ansparungen tätigen, um sich etwas zu leisten • finanzielle Engpässe können so überbrückt werden • muss ggf. keinen teuren Dispokredit aufnehmen	• Möglichkeit des Finanzierungskaufs erhöht den Absatz der Ware • kann den Umsatz sofort verbuchen • kann dem Kunden eine Serviceleistung anbieten • kann Ware an Kunden verkaufen, die sie sich sonst nicht leisten könnten • das Angebot einer Ratenzahlung sorgt für mehr Kundenzufriedenheit, dadurch verbessert sich auch das Image des Händlers
Nachteile	• ist vertraglich gebunden und verschuldet sich mittelfristig • Teilzahlungspreis ist meist höher als der Barzahlungspreis • Finanzierungsangebote ohne Zinsen verführen zum unüberlegten Konsum • kleine Raten lenken vom eigentlichen Kaufpreis ab, Produkt erscheint somit vergleichsweise günstig • schwierig wird es, wenn es mit der Ware Probleme gibt. Möchte man vom Kauf zurücktreten, muss man sich nicht nur an den Verkäufer, sondern auch an den Zahlungsdienstleister wenden.	• muss gegebenenfalls Gebühren an die Bank bezahlen • teilweise umfangreiche Dokumentations- und Informationspflichten sind dem Kunden zur Kenntnis und zur Überprüfung vorzulegen 

5.3 Rechtliche Rahmenbedingungen eines Finanzierungskaufs

Zwischen dem Darlehensgeber (der Bank) und dem Darlehensnehmer (dem Kunden) kommt ein Darlehensvertrag nur zustande, wenn in dem Vertrag alle wichtigen Inhalte vorhanden sind und wenn bestimmte Voraussetzungen erfüllt werden. Zudem muss ein Darlehensgeschäft abgesichert werden.

Inhalt des Darlehensvertrags bzw. des Teilzahlungsgeschäftes sind u. a.:

- Namen und Anschrift von Darlehensgeber und Darlehensnehmer
- der effektive Jahreszins
- der Barverkaufspreis (Nettodarlehensbetrag)
- der Sollzinssatz
- die Vertragslaufzeit
- Betrag und Fälligkeit der einzelnen Teilzahlungen
- alle sonstigen Kosten und Gebühren
- der Gesamtbetrag (Teilzahlungskaufpreis)
- ein Warnhinweis zu den Folgen ausbleibender Zahlungen

Die Voraussetzungen für einen Darlehensvertrag sind u. a.:

- § 491 BGB — Der Kaufpreis muss mindestens 200,00 Euro betragen.
- § 492 BGB — Der Vertrag muss schriftlich zustande kommen.
- Der Vertrag muss zwischen voll geschäftsfähigen, d. h. zwischen Personen, die älter als 18 Jahre sind abgeschlossen werden. (Ausnahme: das Vormundschaftsgericht (nicht die Eltern!) genehmigt die Kreditaufnahme eines Minderjährigen) — § 1822 BGB
- Der Darlehensnehmer muss vor Vertragsabschluss umfänglich vom Darlehensgeber über den Inhalt des Vertrages informiert werden. — § 491a BGB
- § 495 BGB — Dem Darlehnsnehmer muss ein 14-tägiges Widerrufsrecht eingeräumt werden.
- Der Darlehensgeber ist verpflichtet, die Kreditwürdigkeit des Darlehensnehmers zu überprüfen. — § 505a BGB

Sicherung des Verbraucherdarlehens

Der Kreditgeber trägt das Risiko des Kreditausfalls. Sollte der Kreditnehmer nicht mehr in der Lage sein, die fälligen Raten zu bezahlen, muss der Kreditgeber in aller Regel sehr lange auf sein Geld warten oder sogar in bestimmten Fällen vollständig auf das Geld verzichten. Um sich vor diesem Risiko zu schützen, hat er im Grunde genommen vier Möglichkeiten, von denen in Abhängigkeit der Kreditwürdigkeit des Kunden nur einzelne oder sogar alle herangezogen werden können.

Möglichkeiten zur Absicherung eines Verbraucherdarlehens

1. Kreditwürdigkeitsüberprüfung	Die Kreditwürdigkeit wird auch als Bonität bezeichnet. Die Bonitätsüberprüfung erfolgt vor Vertragsabschluss durch eine Risikoabschätzung, wie wahrscheinlich eine vollständige Rückzahlung der Raten ist. Häufig verlangt der Kreditgeber einen Nachweis über stabile Arbeits- und Einkommensverhältnisse, wie z. B. eine unbefristete Arbeitsstelle mit einem regelmäßigen Einkommen.
2. Schufa-Auskunft	Ergänzend zur Kreditwürdigkeitsüberprüfung holt der Kreditgeber häufig eine Schufa-Auskunft über den Kreditnehmer ein. Bei der Schutzgemeinschaft für allgemeine Kreditsicherheit (Schufa) werden viele Kundendaten wie z. B. Bankkonten, Handyverträge, Kreditverträge etc. gespeichert. Sollte an dieser Stelle ein negativer Eintrag vorhanden sein oder es sonstige Bedenken geben, wird der Wunsch der Kunden für einen Ratenkauf abgelehnt (www.schufa.de).
3. Eigentumsvorbehalt	Bei einem Eigentumsvorbehalt vereinbaren Käufer und Verkäufer, dass die Ware solange Eigentum des Verkäufers bleibt, bis der vollständige Kaufpreis bezahlt wurde. Der Eigentumsvorbehalt muss bei Verbrauchsgüterkäufen auf der Rechnung vermerkt sein. Sollten Kunden die Raten nicht mehr bezahlen können, kann der Händler die Ware wieder zurückfordern. Eigentumsvorbehalte eignen sich immer dann, wenn die Ware wieder zurückgenommen werden kann, wie z. B. bei Möbeln, Elektronik, Autos etc.
4. Restschuldversicherung	Bei schlechter Kreditwürdigkeit kann der Händler von Kunden verlangen, dass diese eine Restschuldversicherung abschließen. Diese übernimmt die Raten, falls die Kunden durch ein bestimmtes Ereignis wie z. B. Arbeitslosigkeit, Arbeitsunfähigkeit oder Tod ihren Zahlungsverpflichtungen nicht mehr nachkommen können. Für die Restschuldversicherung müssen Kunden aber in aller Regel hohe Prämien bezahlen, die die monatliche Rate dadurch erheblich erhöhen.

WWW

Widerspruch und Kündigung eines Darlehensvertrags

Wie jeder Vertrag kann auch ein Darlehensvertrag unter bestimmten Umständen entweder vom Kreditnehmer oder vom Kreditgeber gekündigt werden.

Durch den Kreditnehmer

Nach Abschluss des Vertrags haben Kunden zunächst eine 14-tägige Widerspruchsfrist. Während dieser Frist kann ohne Angabe von Gründen dem Vertrag widersprochen werden. In diesem Fall wird die Ware zurückgeben und die gegebenenfalls geleistete Teilzahlung vom Händler erstattet. Der Widerruf muss von den Kunden schriftlich erfolgen.

Damit ein Darlehensvertrag gültig ist, muss der Händler den Kunden eine Widerrufsbelehrung übergeben, die über ihr Widerspruchsrecht informiert.

Widerrufsbelehrung

Widerrufsrecht
Sie können Ihre Vertragserklärung innerhalb von 14 Tagen ohne Angaben von Gründen mittels einer eindeutigen Erklärung widerrufen. Die Frist beginnt nach Erhalt dieser Belehrung auf einem dauerhaften Datenträger, jedoch nicht vor Vertragsabschluss und auch nicht vor Erfüllung unserer Informationspflichten gemäß Art. 246b § 2 Absatz 1 in Verbindung mit Art. 246b § 1 Absatz 1 EGBGB. Zur Wahrung der Widerrufsfrist genügt die rechtzeitige Absendung des Widerrufs, wenn die Erklärung auf einem dauerhaften Datenträger (z. B. Brief, Telefax, E-Mail) erfolgt. Der Widerruf ist zu richten an:

Die BANK AG
60331 Frankfurt am Main

Telefax: (069) 94 6 00
E-Mail: info@diebank.de

Besondere Hinweise
Bei Widerruf dieses Vetrags sind Sie auch an einen mit diesem Vertrag zusammenhängenden Vertrag nicht mehr gebunden, wenn der zusammenhängende Vertrag eine Leistung betrifft, die von uns oder einem Dritten auf der Grundlage einer Vereinbarung zwischen uns und dem Dritten erbracht wird.

Ende der Widerrufsbelehrung

§ 500 BGB

Auch nach der Widerspruchsfrist kann der Kreditnehmer den Ratenkreditvertrag gemäß BGB § 500 jederzeit ohne Einhaltung einer Kündigungsfrist kündigen. Die Banken dürfen dann allerdings eine Vorfälligkeitsentschädigung verlangen, wenn der Kreditnehmer frühzeitig aus seinem Vertrag aussteigt.

Durch den Kreditgeber

§ 498 BGB

Der Kreditgeber hat die Möglichkeit, den Ratenvertrag mit einer Frist von zwei Wochen vorzeitig zu kündigen. Dazu muss er den Kreditnehmer vorher schriftlich informieren,

- wenn mindestens zwei aufeinanderfolgende Teilzahlungen nicht geleistet wurden oder
- wenn die durch den Verzug ausstehenden Raten mindestens 10 % des gesamten Darlehensbetrages betragen (bei über 3- jähriger Laufzeit: 5 %).

§ 490 BGB

Darüber hinaus hat der Kreditgeber ein außerordentliches Kündigungsrecht, wenn die Vermögensverhältnisse des Kreditnehmers sich so dramatisch verschlechtert haben oder sich zu verschlechtern drohen, dass eine regelmäßige Zahlung der Raten nicht mehr gesichert werden kann. In diesem Fall kann der Kreditgeber fristlos kündigen.

Wird der Vertrag gekündigt, darf der Kreditgeber die gesamte Schuld sofort zurückfordern oder er kann die Ware zurückverlangen. Der Kreditnehmer muss eventuelle Wertminderungen oder Schäden an der Ware tragen sowie die Aufwendungen, die durch Porto und Transport entstanden sind. Anzahlung oder Teilleistungen sind dem Kreditnehmer zu erstatten.

Zusammenhängende Verträge

Kunden schließen bei einem Finanzierungskauf zwei Verträge ab: den Kaufvertrag über die Ware und einen Darlehensvertrag. Da Kunden die Ware nicht ohne das Darlehen erworben hätten, spricht man davon, dass die beiden Verträge zusammenhängend bzw. verbunden sind. Die beiden Verträge bilden somit eine wirtschaftliche Einheit. Das heißt, dass wenn z. B. der Darlehensvertrag innerhalb der 14-tägigen Frist widerrufen wird, kommt auch der Kaufvertrag nicht zustande. Das gleiche gilt, wenn Kunden vom Kaufvertrag zurücktreten. Auch dann ist der Darlehensvertrag nicht mehr gültig. § 360 BGB

5.4 Effektiver Jahreszins

Zu den Kreditkosten eines Finanzierungskaufs gehört in erster Linie der Sollzins (siehe oben). Das ist der Zins, den die Bank für die Überlassung der Kreditsumme verlangt. Darüber hinaus verlangen die Banken aber häufig noch andere Gebühren, wie z. B. Abschluss- und Verwaltungsgebühren oder die Prämien einer Restschuldversicherung, die die Kreditkosten erhöhen können.

Der effektive Zinssatz enthält neben dem Sollzins auch die zusätzlichen Gebühren und Kosten, die anfallen können. Damit Kreditangebote von Verbrauchern besser verglichen werden können, hat der Gesetzgeber in der Preisangabenverordnung (PAngV § 6) verfügt, dass bei einem Verbraucherdarlehensvertrag immer der effektive Zinssatz angeben werden muss. Der effektive Jahreszins wird immer als Jahreszins angegeben. Dabei wird häufig die Abkürzung „p. a." (lat. per anno = pro Jahr) verwendet. § 6 PAngV

Der effektive Zinssatz enthält alle Kosten, die durch einen Kreditvertrag entstehen umgerechnet auf ein Jahr.

Merke

Die Berechnung des effektiven Jahreszinssatzes ist nicht nur vom Bankzinssatz und weiteren Darlehenskosten abhängig, sondern auch abhängig von der Art der Tilgung. Die genaue Berechnung ist sehr aufwändig und erfolgt mit Computerprogrammen.

Eine vereinfachte Formel (nach der Uniformmethode) für den effektiven Zinssatz lautet:

$$\text{effektiver Zinssatz} = \frac{\text{Summe der Kreditkosten}}{\text{Nettodarlehensbetrag}} \times \frac{2.400}{(\text{Laufzeit in Monaten} + 1)}$$

Formel

Beispiel: *Ein Snowboardset mit Bindung und Schuhen kostet 860,00 EUR. Der Händler bietet dazu einen Finanzierungskauf mit den folgenden Konditionen an:*

Laufzeit: 24 Monate, Sollzins 4,5 %, einmalige Abschlussgebühr: 1 % der Kreditsumme, Kosten der Restschuldversicherung: 45,00 pro Jahr.

Damit bestehen die gesamten Kreditkosten aus den Zinsen (860 × 4,5 × 24) / (100 × 12) = 77,40 EUR, zzgl. der Abschlussgebühr in Höhe von 860 × 1 / 100 = 8,60 EUR und der Restschuldversicherung für zwei Jahre in Höhe von 45 × 2 = 90,00 EUR. Das ergibt zusammen: 77,40 + 8,60 + 90,00 = 176,00 EUR.

Der effektive Jahreszins beträgt somit näherungsweise {176,00/860,00} × {2400 / (24 + 1)} = 0,2046 × 96 = 19,64 % p. a.

Null-Prozent-Finanzierung und negativer Zinssatz

© guukaa – stock.adobe.com

Häufig sieht man, dass Händler ihre Waren mit einer Null-Prozent-Finanzierung oder sogar mit einem negativen effektiven Zinssatz anbieten.

Bei einer Null-Prozent-Finanzierung entspricht der Barverkaufspreis dem Teilzahlungspreis. Der Händler verdient also nichts an der Finanzierung des Produktes. Im Gegenteil, da das Kreditgeschäft häufig über eine Bank abgewickelt wird, muss der Händler für deren Leistung in der Regel Gebühren an die Bank entrichten. Trotzdem kann das Geschäft für den Händler aus absatzpolitischer Sicht interessant sein, da er auf diese Weise seinen Umsatz erhöhen kann.

Bei einem negativen Zinssatz ist der Teilzahlungspreis sogar niedriger als der Barverkaufspreis. In diesem Fall handelt es sich streng genommen um eine Rabattierung des Artikels. Dies dient genauso wie die Null-Prozent-Finanzierung dazu, den Absatz des Artikels zu erhöhen, dem Kreditvermittler geht es dabei ausschließlich um die Daten der Kunden als Kreditnehmer. Nur mit guter Bonität haben Kunden allerdings eine Chance auf einen Kredit mit Minuszinsen. Zudem sind die Angebote häufig nur Neukunden vorbehalten und können nur einmalig in Anspruch genommen werden. Dementsprechend handelt es sich bei einer solchen Art der Finanzierung um ein Marketinginstrument zur Förderung des Absatzes des Händlers.

Ein Finanzierungskauf führt immer dazu, dass Kunden sich verschulden. Da einige Kunden die Folgen einer zu hohen Verschuldung nicht absehen können, hat der Einzelhandel hier eine besondere Verantwortung, die Kunden über die Risiken und Folgen einer zu hohen Verschuldung aufzuklären. Denn falls Kunden nicht mehr in der Lage sind, die ausstehenden Raten zu begleichen, gelten sie als überschuldet und erhalten einen negativen Schufa-Eintrag, der weitere negative Folgen hat. Im schlimmsten Fall droht die Zwangsvollstreckung und es bleibt nur noch die Privatinsolvenz als letzter Ausweg.

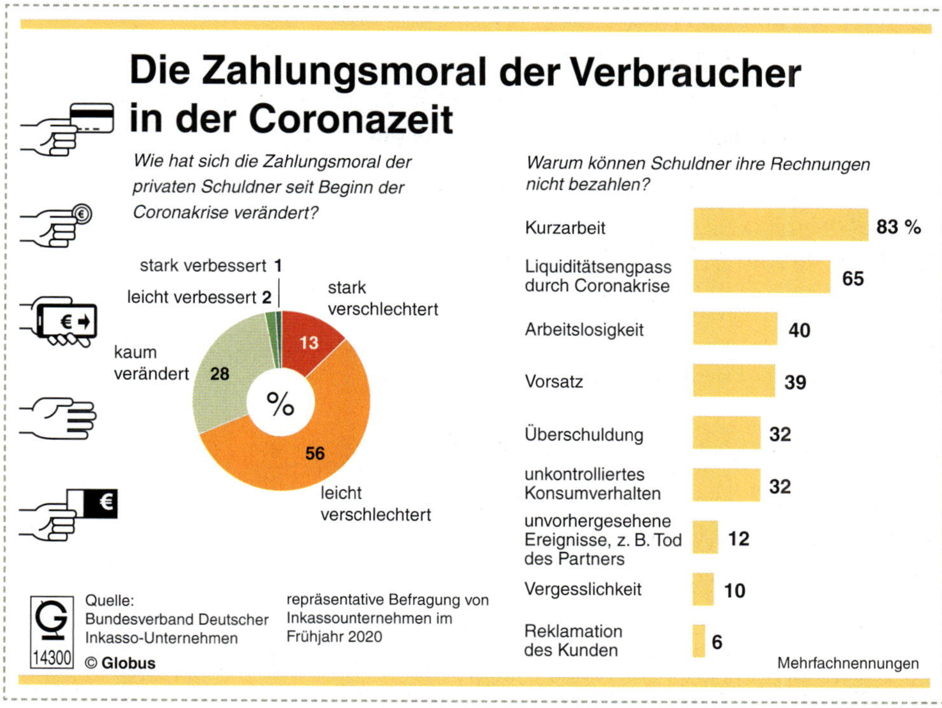

Aufgaben

1. Welcher Fall liegt vor, wenn Kunden den geforderten Preis nicht auf einmal bezahlen, sondern den Betrag in mehreren, kleineren Beträgen begleichen? Wie nennt man einen solchen Kauf? Beschreiben Sie, welche Verträge die Kunden in dieser Situation mit wem abschließen.
2. Welche Voraussetzungen und welche Inhalte muss ein Verbraucherdarlehensvertrag haben, damit er gültig ist?
3. Erläutern Sie die folgenden Begriffe:

Barzahlungspreis	
Teilzahlungspreis	
Rate	
Tilgung	
Sollzins	
Effektiver Zins	
Eigentumsvorbehalt	

4. Peter Meyer, 20 Jahre, hat sich ein neues Laufband gekauft. Da er das Geld dafür nicht auf einmal aufbringen konnte, hat er einen Ratenkaufvertrag abgeschlossen. Als er nach Hause kommt, machen ihm seine Eltern schwere Vorwürfe und verlangen, dass er das Geschäft rückgängig macht. Welche rechtlichen Möglichkeiten hat Herr Meyer?

Aufgaben

5. Das Sportgeschäft Müller bietet ein BMX-Fahrrad zum Barverkaufspreis von 1680,00 EUR an. Zu dem Kauf wird folgendes Finanzierungsangebot gemacht: 2 % (Soll) Zinsen bei einer Laufzeit von 36 Monaten. Die einmalige Bearbeitungsgebühr beträgt 10,00 EUR, eine Restschuldversicherung kostet 35,00 EUR pro Jahr.
   a) Berechnen Sie die gesamten Kreditkosten.
   b) Berechnen Sie den Teilzahlungspreis.
   c) Berechnen Sie die über die gesamte Laufzeit gleichen monatlichen Raten in EUR.
   d) Berechnen Sie den effektiven Jahreszins.
6. Nach der Kreditwürdigkeitsüberprüfung stellt das Sporthaus Müller fest, dass der Kunde Herbert Klee nicht zu 100 % kreditwürdig ist. Beschreiben Sie, wie Sie in dieser Situation als Verkäufer des Sporthauses Müller reagieren.
7. Nehmen Sie unter Berücksichtigung der unten abgebildeten Statistik kritisch Stellung zu der folgenden Aussage der Verbraucherzentrale:

Info

„Null-Prozent-Finanzierungen“ sind schnell, unüberlegt und unbürokratisch abgeschlossen: Mitarbeiter des Händlers verfolgen festgelegte Absatzziele und möglicherweise mit der Aussicht auf Provision auch eigene Interessen, wenn sie Verbrauchern den Kauf mit einer Finanzierung erleichtern wollen. Sie sind auch nicht als Bankkaufleute ausgebildet. Entsprechend rudimentär ist die Beratung bzw. Aufklärung über die Besonderheiten und Risiken einer Kreditaufnahme.

Quelle: Verbraucherzentrale NRW e. V.: Null-Prozent-Finanzierung: Hintergründe, Vor- und Nachteile, veröffentlicht am 17.04.2018 unter www.verbraucherzentrale.de/wissen/geld-versicherungen/kredit-schulden-insolvenz/nullprozentfinanzierung-hintergruende-vor-und-nachteile-5853

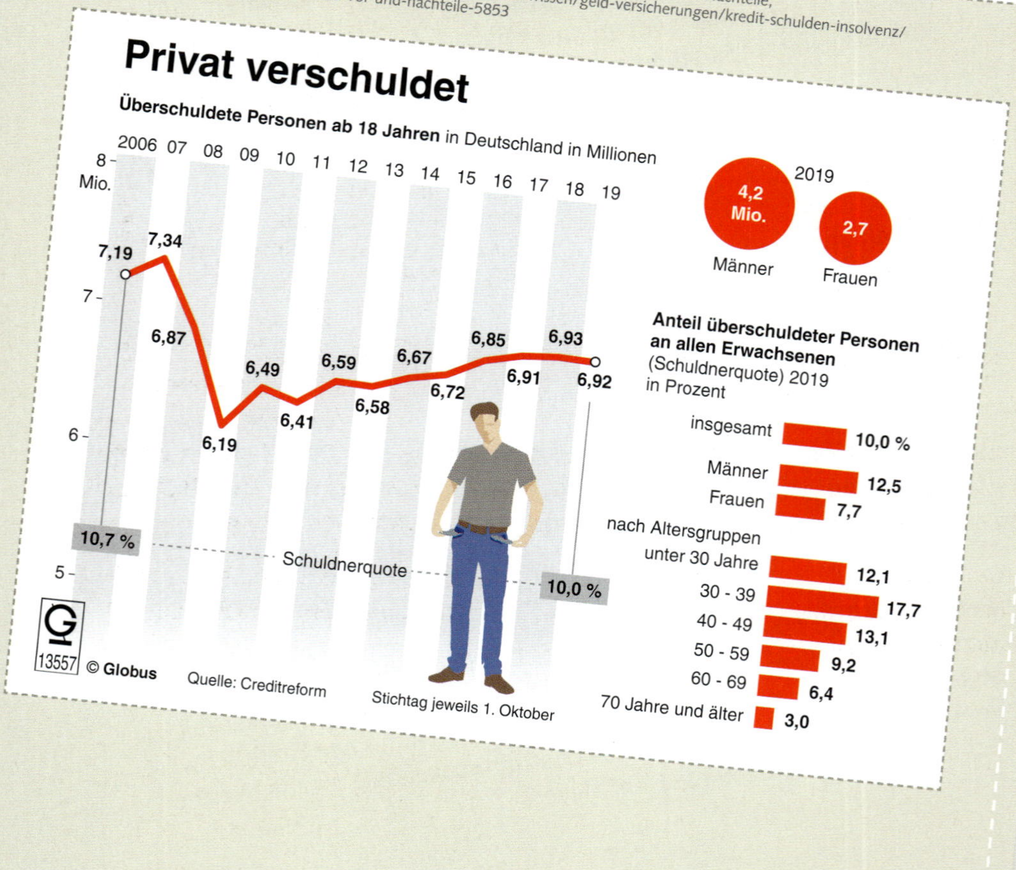

6 Ladendiebstahl erkennen und vorbeugen

In den letzten zehn Jahren wurden in Deutschland pro Jahr zwischen 350.000 und 400.000 Fälle von Ladendiebstahl polizeilich registriert. Dabei sind jährlich Waren im Wert von deutlich über zwei Milliarden Euro gestohlen worden. Täter sind dabei Kunden, Mitarbeiter und immer öfter auch Profis, d.h. organisierte Banden, die durch Ladendiebstähle ihren Lebensunterhalt verdienen.

© Gina Sanders – stock.adobe.com

Auch wenn die Tendenz rückläufig ist, d.h. Diebstähle nehmen in den letzten Jahren ab, wird der tatsächliche Schaden durch Diebstähle deutlich höher liegen, da Fehlbestände oft erst im Rahmen der Inventur auffallen und dann nicht mehr der Polizei gemeldet werden.

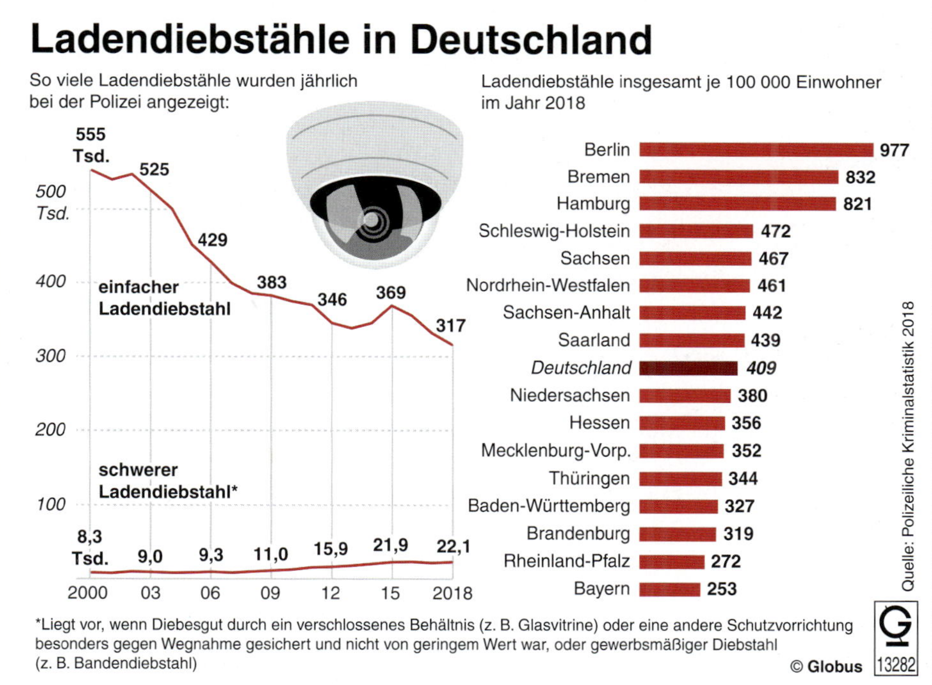

Für den Einzelhandel ergibt sich dadurch ein bedeutender Umsatzverlust. Deswegen ist es sehr wichtig, Ladendiebe zu erkennen und anzuzeigen oder den Diebstahl durch geeignete Präventionsmaßnahmen von vornherein zu verhindern.

Auch für die Kunden ist der Ladendiebstahl nachteilhaft, da die Kosten durch Diebstähle und Diebstahlprävention zum großen Teil über die Handlungskostenzuschläge auf die Verkaufspreise aufgeschlagen werden.

6.1 Die unterschiedlichen Straftaten

Kriminelle haben verschiedene Strategien, um an ihr Ziel zu kommen. Zur Abschreckung auf die unterschiedlichen Vorgehensweisen von Straftätern existieren entsprechende gesetzliche Grundlangen. Diese sind im Strafgesetzbuch verschriftlicht:

Diebstahl

Ein Kunde betritt ein Einzelhandelsgeschäft und steckt einen Artikel in seine Tasche. Damit verlässt er den Markt, ohne zu bezahlen. Ein Ladendetektiv beobachtet den Vorfall und spricht den Kunden an: „Sie haben einen Diebstahl begangen." Der Kunde möchte sich herausreden und beteuert, dass er nur vergessen habe, zu bezahlen.

§ **Strafgesetzbuch (StGB)**

§ 242 Diebstahl

(1) Wer eine fremde bewegliche Sache einem anderen in der Absicht wegnimmt, die Sache sich oder einem Dritten rechtswidrig zuzueignen, wird mit Freiheitsstrafe bis zu fünf Jahren oder mit Geldstrafe bestraft.

(2) Der Versuch ist strafbar.

§ 242 StGB

Ein Diebstahl liegt laut § 242 des Strafgesetzbuches (StGB) jedoch bereits vor, wenn die folgenden beiden Voraussetzungen erfüllt sind:

Der Täter muss beim Ladendiebstahl mit Vorsatz und Zueignungsabsicht gehandelt haben

Vorsatz bedeutet: Der Ladendieb muss wissen, dass er sich eine Sache rechtswidrig aneignet. Er handelt mit „Wissen" und „Wollen".

Zueignungsabsicht: Der Ladendieb muss versuchen, den Eigentümer dauerhaft zu enteignen. Der Täter hat also die feste Absicht, die Sache sich selbst oder einem Dritten rechtswidrig zueignen zu wollen.

Beide Bedingungen sind im obigen Beispiel erfüllt. Der Kunde versteckt die Ware in seiner Jackentasche und möchte sich die Sache aneignen. Die Ausrede, er habe vergessen, zu bezahlen, zählt hier nicht.

Tipp

Insbesondere kleinere höherwertige Artikel wie z. B. Kosmetik oder kleine Elektroartikel werden häufig gestohlen. Aber auch Alkohol (gerade durch Jugendliche) oder Textilien werden oft zu Diebesgut.

Raub und räuberischer Diebstahl

§ **Strafgesetzbuch (StGB)**

§ 249 Raub

(1) Wer mit Gewalt gegen eine Person oder unter Anwendung von Drohungen mit gegenwärtiger Gefahr für Leib oder Leben eine fremde bewegliche Sache einem anderen in der Absicht wegnimmt, die Sache sich oder einem Dritten rechtswidrig zuzueignen, wird mit Freiheitsstrafe nicht unter einem Jahr bestraft.

§ 252 Räuberischer Diebstahl

Wer, bei einem Diebstahl auf frischer Tat betroffen, gegen eine Person Gewalt verübt oder Drohungen mit gegenwärtiger Gefahr für Leib oder Leben anwendet, um sich im Besitz des gestohlenen Gutes zu erhalten, ist gleich einem Räuber zu bestrafen.

Gerade in kleinen Einzelhandelsbetrieben, in denen oft über längere Zeit keine Kunden anzutreffen sind und nur wenig Verkaufspersonal im Geschäft ist, nutzen Kriminelle die Situation für einen Überfall bzw. einen Raub aus. Ziel sind dabei in der Regel die Bargeldbestände in den Kassen und gut weiter verkaufbare hochpreisige Produkte wie z. B. Tabakwaren oder Elektronik. Insbesondere Tankstellen oder Kioske sind hiervon betroffen.

§ 242 und 252 StGB Strafgesetzbuch (StGB) www.gesetze-im-internet.de/stgb/

Wird ein Dieb auf frischer Tat ertappt und übt dabei Gewalt gegen das Verkaufspersonal oder andere Kunden aus, spricht man von einem räuberischen Diebstahl.

Betrug

§ **Strafgesetzbuch (StGB)**

§ 263 Betrug

(1) Wer in der Absicht, sich oder einem Dritten einen rechtswidrigen Vermögensvorteil zu verschaffen, das Vermögen eines anderen dadurch beschädigt, dass er durch Vorspiegelung falscher oder durch Entstellung oder Unterdrückung wahrer Tatsachen einen Irrtum erregt oder unterhält, wird mit Freiheitsstrafe bis zu fünf Jahren oder mit Geldstrafe bestraft.
(2) Der Versuch ist strafbar.

Ein Kunde kauft eine Bluetooth-Box und erhält einen Kassenzettel. Mit diesem Kassenzettel geht er am nächsten Tag wieder in das Einzelhandelsgeschäft und nimmt sich neben anderen günstigeren Produkten eine weitere Box. An der Kasse behauptet er, er habe die Box gestern bereits gekauft und auch bezahlt. Beliebt ist es auch, dass sich die Betrüger mit Hilfe des Kassenbons vom Vortag und dem neu aus dem Regal genommenen Produkt einen Umtausch vorgeben und sich den Kaufpreis erstatten lassen wollen.

§ 263 StGB

Ein Betrug liegt vor, sobald ein Kunde versucht, den Kassierer zu täuschen. Dies tat er in diesem Fall durch die falsche Behauptung, die Box bereits bezahlt zu haben.

Betrug mit Urkundenfälschung

§ **Strafgesetzbuch (StGB)**

§ 267 Urkundenfälschung

(1) Wer zur Täuschung im Rechtsverkehr eine unechte Urkunde herstellt, eine echte Urkunde verfälscht oder eine unechte oder verfälschte Urkunde gebraucht, wird mit Freiheitsstrafe bis zu fünf Jahren oder mit Geldstrafe bestraft.

(2) Der Versuch ist strafbar.

§ 267 StGB

Eine Kundin kommt in das Ladenlokal und sieht einen Verkaufstisch mit roten Preisschildern. Die Ware wurde stark reduziert, da sie zum Auslaufsortiment zählt. Um ein paar Euro zu sparen, klebt die Kundin das rote Preisschild auf einen anderen Artikel und geht damit zur Kasse.

Es liegt eine Urkundenfälschung vor, sobald ein Kunde ein Preisschild vertauscht.

6.2 Verhalten, Motive und Methoden der Diebe

Wer stiehlt was am häufigsten? Warum wird gestohlen?
Auf diese Fragen gibt es keine eindeutigen Antworten. Unter den Tätern findet man Menschen aller Altersgruppen, aller Nationalitäten und aller sozialen Schichten:

- Jugendliche sind genauso unter den Dieben wie Rentner,
- Deutsche ebenso wie Menschen mit Migrationshintergrund,
- Arme genauso wie Gutverdiener,
- Profis genauso wie Gelegenheitsdiebe,
- Kunden genauso wie Personal oder Lieferanten.

Das EHI Retail Institute, ein wissenschaftliches Institut des Einzelhandels, hat in einer Studie 2019 untersucht, wo die „beliebtesten Diebesgüter" zu finden sind, wer daran beteiligt ist und wie hoch der Warenwert ist.

Statistisch entfällt auf den deutschen Haushalt jährlich ein Warenwert von 60 Euro, der infolge von Diebstählen nicht bezahlt wird. Für etwa 2,4 Milliarden Euro Schaden sind Kunden verantwortlich.

Allgemein wird Ladendiebstahl durch längere Öffnungszeiten und geringere personelle Besetzung begünstigt. Die Studie „Inventurdifferenzen 2019" gibt auch Auskunft über die beliebtesten Branchen und Güter die gestohlen werden. Der Lebensmittelmarkt ist dabei wertmäßig der mit Abstand das beliebteste Ziel von Dieben. Baumärkte und Drogeriemärkte stellten dabei überdurchschnittliche Bestandsdifferenzen bei der Jahresinventur fest. „Was sich gut verkauft, wird auch oft geklaut", heißt es in der EHI-Studie.

Allgemein lässt sich sagen: die Zahl einfacher Ladendiebstahlsdelikte ist kontinuierlich gesunken, allerdings ist diese Zahl nur bedingt aussagekräftig, denn die Dunkelziffer der nicht angezeigten Diebstähle liegt bei 98 Prozent.

Methoden der Diebe

Armut, Hunger oder Bedürftigkeit spielen als Motiv für einen Diebstahl nur in den seltensten Fällen eine Rolle. Oft ist es der Wunsch, etwas zu besitzen, oder der Nervenkitzel oder einfach fehlendes Unrechtsbewusstsein.

Dabei gibt es unterschiedliche Vorgehensweisen, die Diebe besonders häufig verwenden. Die Kenntnis dieser Methoden hilft bei der Vermeidung und Aufklärung von Diebstahl. Welche Methode sich für die Diebe besonders anbietet, hängt von der gestohlenen Ware, dem Aufbau und der Größe des Ladenlokals sowie dem Einsatz verschiedener Sicherungssysteme ab.

Methoden der Diebe	Erläuterung
Schmuggelmethode 	Bei der Schmuggelmethode wird Diebesgut in Einkaufskörben, Einkaufswagen, Handtaschen oder auch Kinderwagen versteckt. Häufig wird auch eine Getränkekiste genutzt, um das Diebesgut zu verbergen.
Methode „Trojanisches Pferd“ 	Das Diebesgut (oft hochwertig) wird in günstigeren Waren mit Hohlräumen versteckt. Die günstige Ware wird regulär bezahlt. In Baumärkten wird z. B. oft ein günstiger leerer Werkzeugkoffer mit hochwertigen Werkzeugen gefüllt.
Versteckmethode 	Die einfachste und häufigste Methode der Diebe: Diebesgut wird z. B. in der Jackentasche, in einem anderen Kleidungsstück oder in einem Regenschirm versteckt.
Ablenkungsmethode 	Die Ablenkungsmethode funktioniert nur im Team. Ein Helfer lenkt das Verkaufspersonal ab, während der Dieb die Ware einsteckt. Anders als bei der Versteckmethode ist der Diebstahl hier gut geplant.

<table>
<tr><th>Methoden der Diebe</th><th>Erläuterung</th></tr>
<tr><td>Ergänzungskaufmethode
</td><td>Hierbei werden Ergänzungsartikel bereits in den Hauptartikel eingesetzt. Das funktioniert gut bei Batterien und Taschenlampen oder bei Patronen und Druckern.</td></tr>
<tr><td>Zwiebelmethode
</td><td>Die Zwiebelmethode wird vor allem in der Bekleidungsbranche beobachtet. Diebe gehen in die Umkleidekabine und ziehen mehrere Schichten übereinander an. Die oberste Schicht ist dabei die mitgebrachte Kleidung des Diebes, die die gestohlene Kleidung verdeckt.</td></tr>
<tr><td>Überrumpelungsmethode

</td><td>Bei der Überrumpelungsmethode versucht der Dieb gezielt, die Unsicherheit des Verkaufspersonals auszunutzen. In stressigen Situationen setzen sie diese massiv unter Druck z. B. durch komplizierte Anfragen oder Reklamationen. Es gelingt ihnen dadurch, die Konzentration des Verkaufspersonals abzulenken. Dies funktioniert ähnlich wie bei der Ablenkungsmethode, kann allerdings auch von einem Dieb allein durchgeführt werden.</td></tr>
<tr><td>Wechselgeldmethode

</td><td>Zu den Überrumpelungsmethoden zählt u. a. die Wechselgeldmethode. Dabei wird der Kassiervorgang unterbrochen und der Kassierer gebeten, Geld zu wechseln. Oft ändern dabei die Diebe ihre Wünsche. So will der Dieb z. B. erst einen 100-Euro-Schein in fünf 20-Euro-Scheine gewechselt haben und danach in sechs 10-Euro-Scheine und zwei 20-Euro-Scheine. Das wird so lange gemacht, bis am Ende der Betrag, den der Betrüger fordert, höher ist als der ursprünglich abgegebene Betrag.</td></tr>
</table>

Typische Situationen

Diebe nutzen häufig Situationen aus, in denen es für das Verkaufspersonal besonders schwer ist, aufmerksam zu sein. Herrscht zum Beispiel im Geschäft Hochbetrieb, kommt es auch verstärkt zu Ladendiebstahl. Auch die Zeit kurz vor Ladenschluss wird gerne genutzt.

Weiterhin ist es verdächtig, wenn Kunden lange ziellos umhergehen und dabei das Verkaufspersonal und die Gegebenheiten im Laden (uneinsichtige Ecken, Kameras etc.) beobachten. Diebe halten sich oft verhältnismäßig lange im Verkaufsraum auf.

Ladendiebstahl durch Mitarbeiter

Nicht nur Kunden begehen Diebstähle. Auch unter den Mitarbeitern eines Einzelhandelsgeschäftes finden sich regelmäßig schwarze Schafe. Obwohl bereits kleinste Diebstähle für weniger als einen Euro eine fristlose Kündigung rechtfertigen können, versuchen immer wieder Mitarbeiter, sich am Unternehmen zu bereichern. Dabei geht die Spanne der gestohlenen Artikel vom Brötchen für die Mittagspause bis hin zu größeren Geldbeträgen aus der Kasse.

Mitgebrachte und bezahlte Artikel sollten daher immer vom Vorgesetzten abgezeichnet werden. Zudem sind Kassenbereiche oft videoüberwacht, sodass hier ein Fehlverhalten leicht aufgedeckt werden kann.

6.3 Umgang mit Ladendiebstahl

Betritt eine Person das Geschäft, die dem Verkaufspersonal verdächtig vorkommt, hilft es häufig, die Person freundlich zu begrüßen und weiterhin zu beobachten. Es ist zudem empfehlenswert, durch Blickkontakt Aufmerksamkeit zu signalisieren.

Am besten ist es, einen Diebstahl von vornherein zu verhindern. Kommt es trotzdem vor, dass das Verkaufspersonal einen Diebstahl wahrnimmt, sollte es einen Kollegen oder Vorgesetzten um Hilfe bitten. Rein rechtlich gesehen, ist es bereits ein Diebstahl, wenn der Dieb einen Artikel in seine Gewahrsamsenklave (z. B. seine Handtasche oder die Jackentasche) bringt. Um allerdings Missverständnisse zu vermeiden, sollten Sie hier erst genau beobachten.

> Sprechen Sie den Dieb, nachdem er durch die Kassenzone gegangen ist, unauffällig in einem höflichen neutralen Ton an. Vermeiden Sie dabei die Begriffe Dieb oder Diebstahl.

Tipp

§ **Strafprozessordnung (StPO)**

§ 127 Vorläufige Festnahme

(1) Wird jemand auf frischer Tat betroffen oder verfolgt, so ist, wenn er der Flucht verdächtig ist oder seine Identität nicht sofort festgestellt werden kann, jedermann befugt, ihn auch ohne richterliche Anordnung vorläufig festzunehmen. [...]

Strafprozessordnung (StPO) www.gesetze-im-internet.de/stpo/

§ 127 StPO

Sollte der Dieb versuchen zu fliehen, hat das Verkaufspersonal das Recht, ihn bis zum Eintreffen der Polizei festzuhalten. Dies ist die sogenannte „Jedermann-Festnahme" gemäß § 127 der Strafprozessordnung. Es ist allerdings nicht gestattet, den Dieb eigenmächtig einzusperren, da dies den Straftatbestand der Freiheitsberaubung erfüllt.

Um den Sachverhalt aufzuklären, empfiehlt es sich, mit dem Dieb ins Büro oder einen anderen Raum zu gehen. Dabei sollte er stets vor Ihnen hergehen, damit er nicht unauffällig das Diebesgut aus der Tasche legen kann.

Tipp

Behalten Sie den Dieb immer in Ihrem Blickfeld.

Gibt die Person den Diebstahl zu, können die Personalien festgestellt und ein Protokoll erstellt werden. Zudem ist es ratsam, die Polizei zu informieren, gerade wenn bei den Personalien Zweifel bestehen oder der Dieb schon mehrfach auffällig wurde.

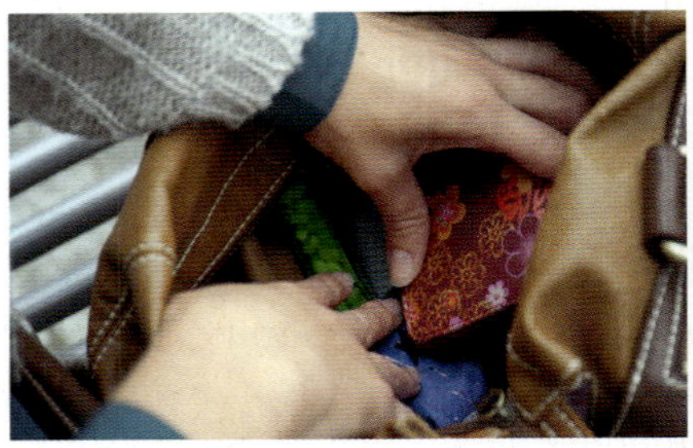

© Imaginis – stock.adobe.com

Gibt die Person den Diebstahl nicht zu, darf das Verkaufspersonal nicht ohne Zustimmung die Person oder seine Taschen durchsuchen. Das darf nur die Polizei.

Der Dieb sollte daher immer aufgefordert werden, die Taschen zu leeren.

§ **Strafprozessordnung (StPO)**

§ 105 Verfahren bei der Durchsuchung

(1) Durchsuchungen dürfen nur durch den Richter, bei Gefahr im Verzug auch durch die Staatsanwaltschaft und ihre Ermittlungspersonen angeordnet werden.. [...]

Tipp

Beachten Sie in kritischen Situationen immer zuerst Folgendes: Ihre Gesundheit geht vor. Bringen Sie sich also nicht in Gefahr!

Sind die Täter Kinder, muss die Polizei eingeschaltet werden. Zudem sind die Eltern zu informieren.

Da dem Einzelhändler durch den Diebstahl Aufwand entsteht, darf er diesen dem Dieb in Rechnung stellen. Hier empfiehlt es sich, potenzielle Diebe schon durch den Hinweis auf eine Fangprämie am Ladeneingang abzuschrecken.

© pressmaster – stock.adobe.com

Checkliste: Was tue ich in verdächtigen Situationen?

1. Aufmerksam beobachten, ggf. Kollegen/Vorgesetzten informieren
2. Ruhige Ansprache der verdächtigen Person hinter der Kassenzone
3. Bringen Sie sich nicht Gefahr, falls die Person Gegenwehr leistet
4. Verdächtige Person ins Büro bitten
5. Sie dürfen die Person festhalten, aber nicht einsperren
6. Hinter der Person hergehen (Im Blick behalten)
7. Verständigen Sie die Polizei
8. Bitten Sie die Person, die Taschen zu leeren oder das Diebesgut auszupacken.
9. Durchsuchen Sie die Person nicht selbst.

6.4 Diebstahlprävention

Im Idealfall kann der Einzelhändler Diebstähle verhindern, bevor sie entstehen. Dazu stehen ihm unterschiedliche Ansätze zur Verfügung, die sich hinsichtlich des Aufwandes und auch der Wirksamkeit sehr stark unterscheiden.

Personal

Wichtigster Ansatzpunkt der Diebstahlvermeidung ist gut geschultes und aufmerksames Personal. Jede der unten erwähnten Maßnahmen ist nur wirksam, wenn das Verkaufspersonal aufmerksam ist und im Verdachtsfall richtig reagiert. Daher sollten die Mitarbeiter ...

- genaue Verhaltensanweisungen vom Vorgesetzten bekommen,
- regelmäßig geschult werden und
- in ausreichender Menge eingesetzt werden.

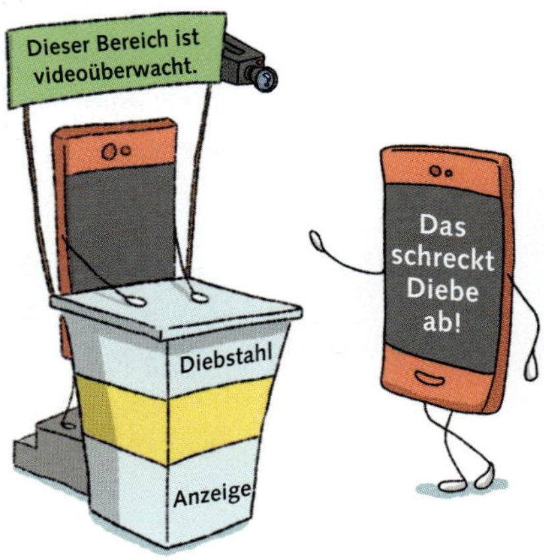

Das Personal sollte darauf achten, dass Kunden ihre Einkäufe in vom Geschäft zur Verfügung gestellten Einkaufswagen oder Körben transportieren und nicht in selbst mitgebrachten Taschen. An der Kasse ist eine Kontrolle der Einkaufswagen oder der Körbe dringend zu empfehlen.

Abschreckung

Der wohl günstigste, aber nur eingeschränkt wirksamste Ansatz ist, den Dieb durch Hinweisschilder abzuhalten. Gerade Gelegenheitsdiebe können so manchmal von einem Diebstahl abgehalten werden.

Überwachung

Wirksamer als die reine Abschreckung ist die Überwachung des Verkaufsraumes. Diese muss in erster Linie durch das Verkaufspersonal durchgeführt werden. Ein ausreichender Personalbestand ist daher Voraussetzung.

© Seikka – stock.adobe.com

Für einen effektiven Diebstahlschutz durch das Verkaufspersonal ist eine übersichtliche Gestaltung des Verkaufsraumes sehr wichtig. Denn nur so kann das Verkaufspersonal zu jeder Zeit die gesamte Verkaufsfläche beobachten.

Tipp Gerade Waren, die in uneinsichtigen, schlecht beleuchteten Ecken präsentiert werden, werden besonders häufig gestohlen.

Da hierdurch ein Konflikt mit anderen Zielen der Ladengestaltung, wie z. B. eine optimale Ausnutzung und eine verkaufsfördernde Warenpräsentation entstehen kann, muss der Einzelhandel zwischen verschiedenen Zielen abwägen.

Durch das Anbringen von Spiegeln kann der Einzelhändler hier eventuell einen guten Kompromiss erreichen, mit dem er die Aspekte der Ladengestaltung mit der Diebstahlprävention in Einklang bringt. Spiegel sind zudem kostengünstig und ohne großen Aufwand zu installieren. Wirksam sind sie allerdings nur, wenn sie auch vom Personal im Auge behalten werden.

© jyzynism – stock.adobe.com

Eine weitere Möglichkeit der Überwachung stellen Kameras dar. Sie sind teurer als Spiegel, dienen aber auch als Beweismittel und wirken zudem abschreckend.

Tipp Sollte sich ein Einzelhändler dazu entschließen, Kameras aufzuhängen, ist es jedoch zwingend erforderlich, den Kunden darüber durch Hinweisschilder zu informieren. Dies ist aus Datenschutzgründen vorgeschrieben und schreckt darüber hinaus Diebe ab.

Ladendetektive

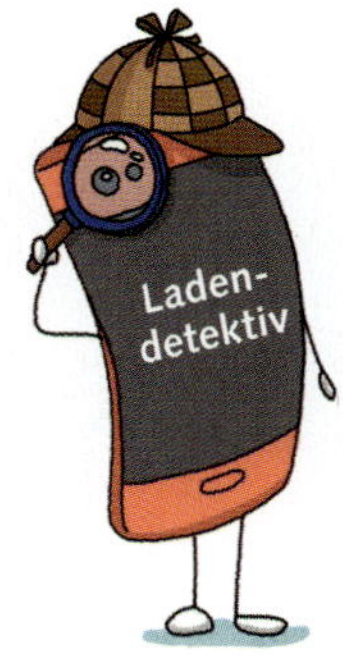

Auch Ladendetektive sind in der Regel eine sehr wirkungsvolle Möglichkeit, um Diebstähle zu verhindern und aufzudecken. Gerade in Kombination mit anderen Instrumenten wie der Kameraüberwachung erweisen sie sich als sehr effektiv. Dennoch verursachen Ladendetektive auch hohe Personalkosten, weshalb sie in der Regel nicht dauerhaft im Geschäft präsent sind.

Warensicherung

Insbesondere gefragte Artikel, die häufig vom Diebstahl betroffen sind, und Produkte, die aufgrund ihrer geringen Größe und ihrem hohen Wert für Diebe sehr attraktiv sind, sollten besonders gegen Diebstahl gesichert werden. Dies kann zum einen durch das Wegschließen in Vitrinen erfolgen. Hierbei werden zum Beispiel Spirituosen, Rasierklingen oder Speicherkarten in Vitrinen eingeschlossen, sodass Kunden nur mithilfe des Verkaufspersonals an die Ware gelangen. Von Nachteil ist hierbei der dadurch entstehende Arbeitsaufwand für das Personal und der Umstand, dass die Kunden die Ware beim Betrachten nicht anfassen und sich so z. B. ein Etikett nicht genau durchlesen können. Letzteres kann durch eine Leinensicherung umgangen werden. So werden unter anderem Smartphones häufig mit Leinen gesichert. Die Kunden können die Ware so betrachten und ausprobieren, aber ohne Hilfe des Verkaufspersonals nicht mitnehmen. Sensormatten geben hingegen ein Signal, wenn der Artikel von seinem Platz angehoben wird.

Es können auch elektronische Sicherungen am Artikel angebracht werden. Wird diese durch eine Schleuse am Ausgang geschmuggelt, ertönt ein akustisches Signal. Infolge der RFID-Technologie ist die elektronische Artikelsicherung (EAS) deutlich kleiner und günstiger geworden und nicht mehr mit den auf dem Foto sichtbaren Sicherungen zu vergleichen. Der RFID-Chip ist kaum einen Millimeter dick und kann so z. B. in Etiketten nahezu unsichtbar eingearbeitet werden.

Maßnahmen der Diebstahlprävention

Personal	Abschreckung	Überwachung	Warensicherung
• aufmerksames Verhalten • regelmäßige Schulungen • Verhaltensanweisungen	• Hinweisschilder	• Kameras • Spiegel • Ladendetektive • Ausreichend aufmerksames Personal • Übersichtliche Verkaufsraumgestaltung	• Vitrinen • Elektronische Artikelsicherung/RFID • Leinensicherung • Sensormatten

Aufgaben

1. Identifizieren Sie fünf in Ihren Ausbildungsbetrieb bei Dieben besonders beliebte Artikel und machen Sie Vorschläge, wie diese gesichert werden können.
2. Erstellen Sie eine Skizze von der Verkaufsfläche Ihres Ausbildungsbetriebes und markieren Sie dabei schlecht einsichtige Stellen farblich.
3. Beurteilen Sie die Präventionsmaßnahmen Ihres Betriebes und unterbreiten Sie ggf. Verbesserungsvorschläge.
4. Beschreiben Sie, wie Sie in folgenden Situationen vorgehen:
   a) Sie beobachten, dass eine Kundin einen Lippenstift in ihre Jackentasche steckt.
   b) Eine Gruppe Jugendlicher sieht sich lange im Laden um. Daraufhin kommen zwei auf Sie zu und fragen Sie nach einem Artikel, welcher sich am anderen Ende des Ladens befindet.
   c) Eine Kundin geht mit auffällig vielen verschiedenen Artikeln in die Umkleide.
   d) Sie sehen, wie ein Kind einen Schokoriegel in seinen Rucksack steckt.
   e) Ein Kunde will einen Mülleimer kaufen und bewegt sich mit dem Mülleimer durch verschiedene Abteilungen.
5. Erläutern und bewerten Sie die statistischen Daten zu den leichten und schweren Ladendiebstählen in den letzten 20 Jahren.
6. Erläutern Sie den Satz „Was sich gut verkauft, wird auch oft geklaut"?
7. Recherchieren Sie mithilfe des Internets, wie sich die leichten Ladendiebstähle auf die Altersgruppen Kinder unter 14 Jahre, Jugendliche 14-18 Jahre, Heranwachsende 18–21 Jahre, Jungerwachsene 21–25 Jahre und Vollerwachsene >25 Jahre aufteilen.

7 Technische Hilfsmittel fachgerecht und kundenorientiert einsetzen

Viele Branchen des Einzelhandels sind seit vielen Jahren mit einem sich ständig ändernden Umgestaltungsprozess konfrontiert, der insbesondere durch die Globalisierung, den demografischen Wandel, durch das wechselnde Konsumverhalten der Kunden, durch die Möglichkeiten der Digitalisierung und der damit verbundenen technischen Neuerungen und nicht zuletzt durch die Corona-Pandemie verursacht worden ist.

Im Wettbewerbsdruck zum Online-Handel (E-Commerce) setzt der stationäre Einzelhandel auf den Einsatz verschiedener Verkaufswege und technischer Hilfsmittel, die kombiniert werden können.

Merke

Durch die vielfältigen Informationsmöglichkeiten, die das Internet bieten kann, entscheiden Kunden bewusst,ob sie sich Informationen zu Produkten im Netz verschaffen und dann „online" kaufen oder ob die gewünschte Ware lieber im stationären Handel erwerben möchten, um sich dort vor Ort beraten zu lassen.

Der Beratungsprozess ist einer der bedeutendsten Faktoren und Vorteile, die der stationäre Einzelhandel gegenüber dem Online-Handel aufweisen kann. Darüber hinaus ist es wichtig, dass durch die Kombination unterschiedlicher Verkaufskanäle und den Einsatz technischer Hilfsmittel die Verkaufserfolge optimiert werden.

7.1 Unterschiedliche Verkaufskanäle

Ist an dieser Stelle die Rede von „unterschiedlichen Verkaufskanälen", wird hierbei auf die Möglichkeiten verschiedener Ausprägungen eines Mehrkanalhandels eingegangen. Hinter diesen Mehrkanalstrategien finden sich Kommunikations- und Vertriebsformen von Unternehmen, die damit potentielle Kunden über unterschiedliche mediale, telekommunikative oder institutionelle Kanäle erreichen wollen.

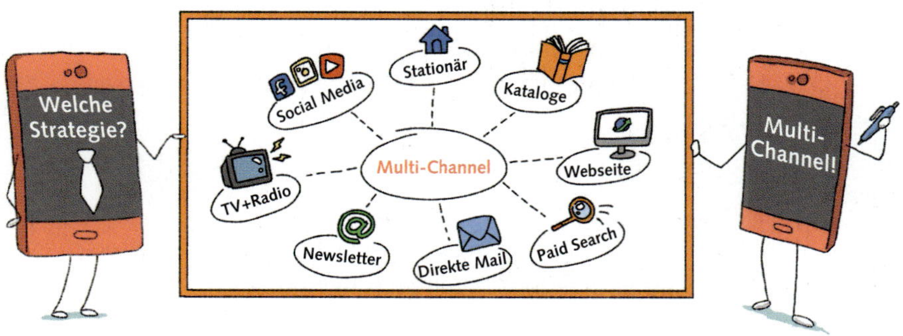

7.1.1 Multi-Channel

Multi-Channel kennzeichnet eine Kommunikations- und Vertriebsstrategie, die potentielle Kunden auf mehreren Wegen erreichen und auf das eigene Angebot aufmerksam machen möchte, wie z. B. über den stationären Einzelhandel, das Internet, mit Werbung in den Printmedien, im Fernsehen oder Rundfunk oder per Katalogbestellung.

Die hierbei verwendeten Kanäle existieren nebeneinander und sind klar voneinander getrennt. So werden für jeden Kanal neue Zielgruppen erreicht und über die einzelnen voneinander unabhängigen Kanäle kann der Kundenstamm erweitert werden.

Einzelhändler, die auf Multi-Channel setzen, bieten ihren Kunden mehr Flexibilität beim Einkaufen. Während also nach wie vor im stationären Einzelhandelsgeschäft eingekauft werden kann, bekommen Kunden beim Multi-Channel – Retailing (=Einzelverkauf) beispielsweise zusätzlich die Möglichkeit, im Internet oder per Katalog zu bestellen.

Der Vorteil des Multi – Channel ist, dass neben dem eigenen Shop das Internet ebenso zur Verfügung steht wie Printmedien, Newsletter, Rundfunk und TV.

Nachteilig ist, dass es für Kunden jedoch nicht möglich ist, ihren Informations- oder Einkaufsprozess kanalübergreifend zu gestalten.

Merke: Beim Multi-Channel-Marketing, also der Vermarktung über mehrere Kanäle, geht es darum, potentielle Kunden auf mehreren Wegen zu erreichen und auf das eigene Angebot aufmerksam zu machen!

Das Positive für den Kunden	Das Negative für das System
• Zeitersparnis • Vermeidung von Anstrengungen	Kanäle sind getrennt in Hinblick auf: • Technik und • Organisation

Beispiel: *Beim Einzelhändler im Laden ist ein Hinweis auf den Händleraccount zu lesen, mit dem seine Waren auch auf einem Marktplatz verkauft werden. Dadurch sind Kunden nicht an die Öffnungszeiten des stationären Handels gebunden oder können sich Ware vom Marktplatz aus direkt nach Hause liefern lassen.*

7.1.2 Cross-Channel

Als Cross – Channel wird eine Marketingstrategie bezeichnet, die unterschiedlichen Vertriebskanäle eines Unternehmens miteinander vernetzt.

Durch die Nutzung der unterschiedlichen Vertriebssysteme können die Stärken der einzelnen Kanäle optimal genutzt und Nachteile aufgefangen werden.

Durch die Vernetzung der Kanäle erfahren die Kunden einen großen Mehrwert, indem sie dort aufgefangen werden, wo sie sich gerade im Kaufprozess befinden. Sie können Ihren Kauf sofort abschließen, ohne zu einem anderen Kanal wechseln zu müssen.

Während der Lockdown-Phasen der Corona-Pandemie konnten auf diese Weise nach der Schließung einzelner Bereiche des stationären Einzelhandels zusätzliche Verkaufsmöglichkeiten realisiert werden (Click & Collect, Click & Reserve und Click & Meet).

7.1.3 Omni-Channel

Omni-Channel bezeichnet im Einzelhandel eine Strategie, bei der Einzelhändler verschiedene verfügbaren Vertriebskanäle nutzen, um das Einkaufserlebnis von Kunden zu optimieren. Hierbei lassen sie den Kunden die Freiheiten, den Kanal zu nutzen, der für sie der bequemste ist. Zu diesen Kanälen zählen Einzelhandelsgeschäfte, Onlineshops, Online-Marktplätze und Plattformen, Käufe über Apps auf mobilen Endgeräten, Telefonkäufe sowie Transaktionen mit den Kunden bei der Suche, beim Kauf, beim Warenversand etc. So können Verkäufer mit einer Omni-Channel-Strategie eine Vielzahl von umsatzstarken Vertriebskanälen nutzen.

Wie beim Cross-Channel-Commerce sind auch hier die Vertriebskanäle miteinander vernetzt.

Ein Unterschied zum Cross-Channel-Handel:

Beim Omni-Channel-Handel hat der Kunde in der Regel über jeden Kanal Zugriff auf das gesamte Sortiment. Zudem gelten Werbeaktionen wie zum Beispiel ein 10-Prozent-Rabatt auf eine bestimmte Warengruppe für alle Kanäle gleichermaßen.

Das muss bei einem Cross-Channel-Händler nicht der Fall sein, bei dem es beispielsweise Rabattaktionen geben kann, die ausschließlich für den Online-Shop gelten.

Aus: https://www.cyberday-gmbh.de/blog/2016/04/26/von-multi-bis-omnichannel-was-bedeutet-was/ am 28. Mai 2019.

Zusammenfassend stellt die folgende Grafik die Evolution vom Multi-Channel zum Omni-Channel, dem sogenannten MXO – Modell, dar:

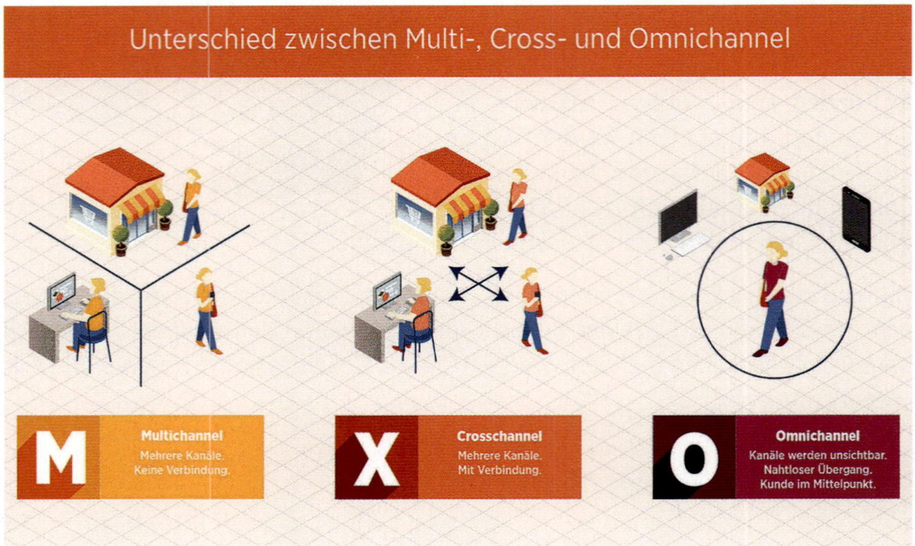

© EHI/ECR Austria

7.2 Nutzung neuer Serviceleistungen

Durch die Verzahnung der einzelnen Vertriebskanäle werden die folgenden Serviceleistungen für Kunden ermöglicht:

© alotofpeople – stock.adobe.com

‚Click & Collect' und ‚Click & Reserve'

Bei diesen angebotenen Serviceleistungen kann der Kunde die im Internet bestellte Ware sofort, ohne Wartezeiten, im stationären Einzelhandel abholen und er bezahlt keine Liefergebühren!

7.2.1 Click & Collect

Click & Collect liegt zurzeit im Trend:
Die Kunden können im Internet bestellen, bezahlen und ihre Ware dann in dem gewünschten stationären Einzelhandelsunternehmen abholen.

Auf Kundenwunsch besteht auch die Möglichkeit, die Bezahlung bei Abholung im Unternehmen zu tätigen.

Diese Serviceleistung ist für den Verbraucher von Vorteil, weil keine Lieferungskosten entstehen. Zeitlich ist die Lieferung für die Kunden beeinflussbar und kontrollierbar. Zusätzlich besteht die Möglichkeit, Beratungsleistungen des Verkaufspersonals in Anspruch zu nehmen sowie die Ware im stationären Einzelhandel sofort zu begutachten, indem sie angefasst, anprobiert oder ausprobiert werden kann. Auch die Bezahlung könnte auf Wunsch bei der Abholung an der Kasse des Einzelhandelsunternehmens erfolgen.

Für den Einzelhändler ist diese Serviceleistung von Vorteil, weil zusätzliche Kunden in das Unternehmen kommen und möglicherweise durch spontane Zusatzkäufe dazu beitragen, den Umsatz zu erhöhen.

Da verschiedene Branchen während des Lockdowns der Corona-Pandemie den stationären Einzelhandel schließen mussten, war diese Form des Vertriebs die einzige Einnahmequelle z. B. für die Textilbranche, für den Möbelhandel oder für die Unterhaltungselektronik-Branche.

7.2.2 Click & Reserve

Click & Reserve ist zurzeit noch nicht so stark verbreitet. Es ermöglicht dem Kunden, ein im Internet ausgewähltes Produkt im stationären Einzelhandelsunternehmen hinterlegen zu lassen. Hierdurch hat der Kunde die Gewissheit, dass die Ware tatsächlich verfügbar ist und er den Weg nicht umsonst machen muss. Zusätzlich kann er dort die Beratungsleistungen des Verkaufspersonals nutzen sowie die Ware anfassen, anprobieren oder ausprobieren. Der Kauf und die Bezahlung erfolgen dann vor Ort.

Auch gelten die oben erwähnten Vorteile (siehe oben: Click & Collect) für die Kunden und den Einzelhändler. Zusätzlich haben die Kunden den Vorteil, dass sie über die Verfügbarkeit eines bestimmten Artikels informiert sind und nicht den Weg nicht umsonst antreten müssen.

7.2.3 Click & Meet

Eine Weiterentwicklung des „Click and Collect"-Konzepts ist das Konzept „Click & Meet". Dieses Konzept wurde während des Lockdowns in der Corona-Krise eingeführt. Hierbei können die Kunden die gewünschte Ware online oder telefonisch bestellen und zu einem vereinbarten Zeitpunkt im angegebenen Einzelhandelsunternehmen abholen.

© Christian Horz – stock.adobe.com

Aus: https://www.versacommerce.de/blog/was-zur-hoelle-ist-click-and-meet; am 30. Mai 2021, um 23.00 Uhr

7.2.4 Anforderungen an das Verkaufspersonal

Die Nutzung der oben genannten Serviceleistungen von Kunden erfordern auch vom Verkaufspersonal entsprechende digitale Anwendungskenntnisse. Es ist daher notwendig, die Kenntnisse durch entsprechende betriebsinterne Schulungen oder durch Fortbildungsmaßnahmen zu vermitteln und zu vertiefen. Diese können an Kunden weitergegeben werden, die bisher noch nicht Nutzer dieser Systeme sind.

© auremar – stock.adobe.com

Beispiel: *Die Verkäuferin, Monika Herbst, muss einem Kunden sagen, dass der gewünschte Tennisschläger zurzeit nicht verfügbar ist. Verärgert äußert der Kunde, dass er extra wegen dem Kauf dieses Tennisschlägers in „die Stadt“ gekommen ist und dadurch viel Zeit und die teuren Parkgebühren vergeudet hat. Monika Herbst erklärt ihm die Serviceleistungen „Click & Collect“ sowie „Click & Reserve“ und verabschiedet den Kunden mit den Worten: „Wenn Sie diese Serviceleistungen nutzen, müssen Sie nicht mehr umsonst hierhin kommen! Ich kümmere mich sofort um die Liefermöglichkeiten Ihres gewünschten Tennisschlägers. Sollte er nicht mehr verfügbar sein, bestelle ich Ihnen das Nachfolgemodell zum gleichen Preis und lasse ihn den neuen Schläger zu Ihnen nach Hause schicken, wenn Sie möchten.“*

Zusätzlich sollte das Verkaufspersonal berücksichtigen, dass die viele Kunden über Preise, Produkteigenschaften und -alternativen durch das Internet bestens informiert sind (digitaler Kunde).

Der Einsatz von Technischen Hilfsmitteln, verbunden mit neuen Marketingstrategien im Einzelhandel, stellt somit besondere Anforderungen an das Verkaufspersonal.

7.3 Einsatz von technischen Hilfsmitteln

Durch den Einsatz technischer Hilfsmittel, auch in Kombination mit der Nutzung verschiedener Verkaufskanäle, sollen Beratungs- und Verkaufsprozesse vereinfacht werden. Die Beratung und der persönliche Austausch mit Kunden kann effizienter gestaltet werden und die Qualität von Beratungs- sowie Serviceleistungen erhöht werden. Der Einsatz von digitalen Medien wird sich in vielen Branchen des Einzelhandels zunehmend durchsetzen.

7.3.1 Einsatz von Tablets und Laptops im Verkauf

Die Verwendung eines Tabletsoder Laptops ist im stationären Einzelhandel in einzelnen Branchen bereits weit verbreitet. Diese können im Verkaufsgespräch verschiedene Funktionen erfüllen, so beispielsweise zur:

- Produktinformation:
  Zur Stärkung der Verkaufsargumentation lassen sich detaillierte Produktinformationen, aber auch Produktvariationen, insbesondere zu verschiedenen Größen, Farben, Materialeigenschaften, Qualitäten oder Mustern abfragen und visualisieren.
- Preisinformation:
  Es können die Preise für die Produkte und deren Variationen eingesehen und gegebenenfalls mit Mitbewerberangeboten verglichen werden.

- Information von Zusatzservice:
  Es lassen sich Liefertermine mit dem Lieferservice, insbesondere bei sperriger Ware, vereinbaren oder Waren, die nicht im Sortiment sind, bestellen und eine Warensendung zum Kunden veranlasst werden. Somit dient das Tablet auch als „digitale Verlängerung des Verkaufsregals".

7.3.2 Virtual Reality und Augmented Reality

Durch den Einsatz von Virtual Reality und Augmented Reality können die Kunden eine neue Interaktion und Erlebnisse von Angeboten und Diensten erfahren, indem sie u. a. Produktinformationen selbstständig abrufen können.

Über 50 % der Deutschen interessieren sich laut einer Umfrage (https://www.ipsos.com/de-de/virtual-reality-bei-ipsos) für VR-Erlebnisse beim Shopping.

Merke

Virtual Reality

© Prostock-studio – stock.adobe.com

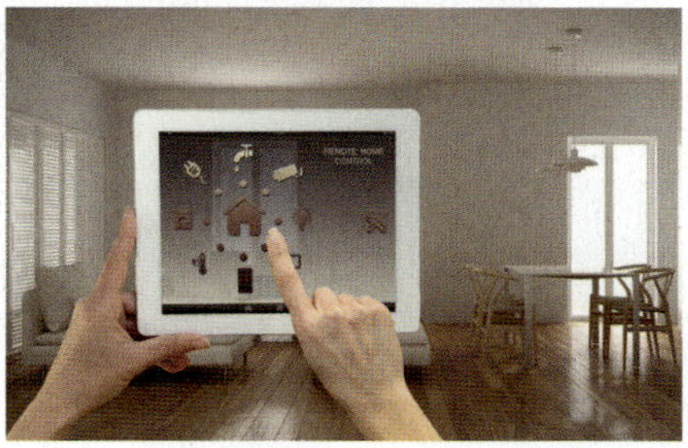

© ArchiVIZ – stock.adobe.com

Beispiel 1: *Tommy Hilfiger:*
Tommy Hilfiger lässt seine Kunden bereits 2015 mithilfe einer Virtual Reality Brille in verschiedenen Stores weltweit in der ersten Reihe einer Modeschau Platz nehmen. Präsentiert wurde die aktuelle Herbstkollektion. Als kleines Extra gab es sogar interessante Eindrücke aus dem Backstage-Bereich.

Beispiel 2: *Outdoortextil-Hersteller Merrell*
Zur Produkteinführung eines neuen Wanderstiefels setzt der Hersteller auf eine virtuelle alpine Umgebung. Mit dem Headset können Besucher in den neuen Schuhen direkt einen Bergpfad besteigen. Selbst Ventilatoren und ein echter Holzpfad kamen hier zum Einsatz, um das Kundenerlebnis perfekt zu machen.

© nickolae – stock.adobe.com

Augmented Reality

Beim Einsatz von Augmented Reality (Abkürzung: AR) (engl. Erweiterte Realität) werden durch computergestützte Ergänzungen der Realität visuelle Elemente eingefügt, also die existierende visuelle Wahrnehmung durch digitale Informationen erweitert und so eine „sogenannte Mixed-Reality" geschaffen. Die digitalen Informationen, beispielsweise neu angebotene Möbel, werden direkt und nahtlos in die Umgebung eingebettet. Durch AR ist eine dreidimensionale Produktdarstellung in vertrauter Umgebung, also z. B. in seinem Wohnzimmer, möglich.

Unterschiede von VR und AR

Während die Nutzer bei der Virtual Reality komplett in eine künstliche Welt abtauchen, nimmt die Augmented Reality die vorhandene Umgebung und erweitert sie um digitale Informationen und Elemente.

Heute nimmt man dazu in der Regel sein Smartphone oder Tablet zur Hand. Die AR-Software ergänzt das Live-Bild aus der eingebauten Kamera entsprechend. Es zeigt sich, dass moderne Mobilgeräte keine spezielle Hardware mehr benötigen, um das in erstaunlich guter Qualität zu schaffen.

Beispiele zu AR aus dem Handel:

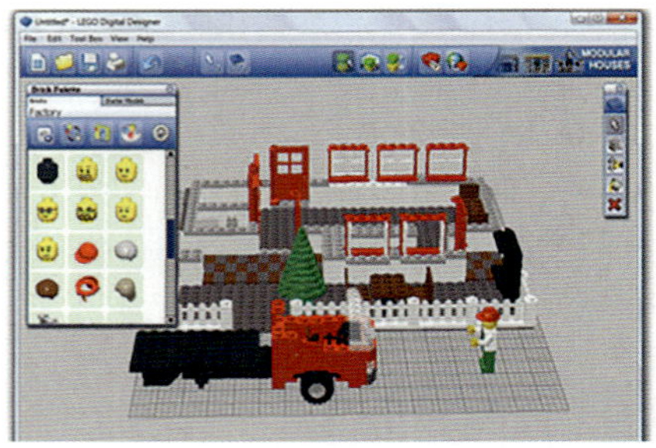

(Foto aus: https://en.wikipedia.org/wiki/Lego_Digital_Designer#/media/File:Lego_Digital_Designer_screenshot.png/am 30.5.19)

Beispiel 1: *„In diversen Spielwarenhäusern hat beispielsweise Lego eine „Digital Box" aufgestellt. Hält man die originale Lego Verpackung vor den digitalen Aufsteller, so wie vor einen Spiegel, erscheinen die Legoelemente und Figuren 3D-animiert auf dem Display.*

(aus: Media-Markt Augmented reality experience – youTube)

Beispiel 2: *AR-Erlebnisse bietet auch eine e-App von Media Markt an. Einzelne Artikel können als 3D-Hologramme am Smartphone angezeigt werden. Es reicht, dass die Kamera des Smartphones den jeweiligen Trigger erfasst, um die Animation zu starten – z. B. am QR-Code im Prospekt oder auf der Kartonage direkt im Geschäft.*

© ipopba – stock.adobe.com

Beispiel 3: *Durch den Einsatz von AR können Kunden aus einer Auswahl von rund 2.000 Möbeln Einzelstücke direkt in ihre eigene Wohnumgebung einbetten. Der Point of Sale wird hier vielschichtiger und kann sich verlagern. Das haptische Erlebnis kann jedoch nur im Möbelhaus erfahren werden.*

© zapp2photo, Andrey Popov – stock.adobe.com

7.3.2 Roboter

Vereinzelt werden im stationären Einzelhandel bereits humanoide Roboter als Verkaufshelfer eingesetzt.

Das Foto zeigt Pepper, der darauf programmiert ist, Menschen und deren Mimik und Gestik zu analysieren und auf diese Emotionszustände entsprechend zu reagieren. Sein Einsatz ist u. a.in Verkaufsräumen und hinter Empfangstischen vorgesehen.

© dpa

7.4 Zusätzliche digitale Lösungen im Einzelhandel

Die fortschreitende Digitalisierung wird sich auch in einzelnen Bereichen des Einzelhandels immer weiterentwickeln. Am Point of Sale (auf der Verkaufsfläche und im Kassenbereich, siehe LF 3) und in Zusammenwirkung mit den Bereichen der Warenwirtschaft (siehe LF 6) oder auch im Backoffice werden digitale Lösungen für die Kunden zunehmend erkennbarer.

LF 3, 6

LF 1

Ergänzend zu den oben beschrieben digitalen Lösungen können je nach Branche sowie nach Verkaufs- und Betriebsform beispielhaft folgende digitale Lösungen zusätzlich genutzt werden:

Technologien zur Lenkung der Kundenwege; Frequenzmessung	 © supparsorn – stock.adobe.com
Digitale Preisauszeichnung	 © Björn Wylezich – stock.adobe.com
QR-Preis und weitere Produktinformationen	 © Buffaloboy – stock.adobe.com
Warensicherung (z. B. RFID, radio-frequency identification) zur Diebstahlsicherung	 © wladimir1804 – stock.adobe.com

▶

Kostenfreies WLAN	 © krunja – stock.adobe.com
Einsatz Beacons (eine auf Bluetooth-basierte Technologie, die Interessenten vor dem Geschäft mit einer Push-Nachricht ansprechen, um sie z. B. mit einem Einkaufscoupon zum Einkauf zu motivieren.)	 © Monopoly919 – stock.adobe.com
Interaktives Schaufenster, um die Aufmerksamkeit der Kunden zu wecken.	 © Vittaya_25 – stock.adobe.com
Interaktiver Spiegel, der als persönlicher Berater der Kunden eingesetzt wird.	 © creative_jen – stock.adobe.com

► Kundenfeedback-Terminal, der dem Einzelhändler im Falle von Abweichungen der Kundenzufriedenheit ermöglicht, sofort zu reagieren.	
Preisscanner	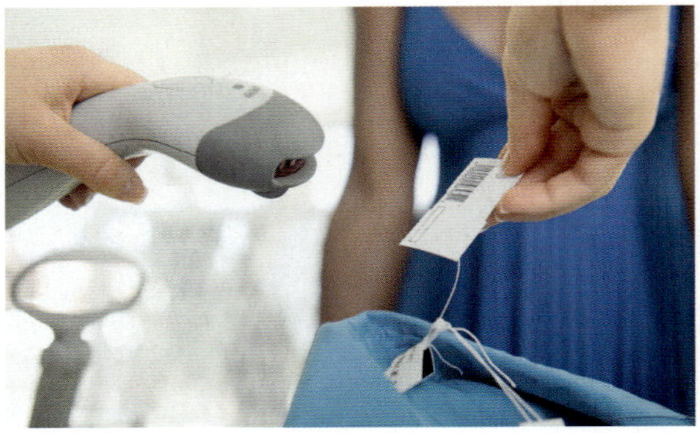

Merke

Durch den zunehmenden Einsatz technischer und digitaler Hilfsmittel sowie unterschiedlichster Verkaufskanäle steigen die Anforderungen an das Verkaufspersonal und dabei wird die Einhaltung der Datenschutzbestimmungen zunehmend komplexer!

Aufgaben

1. Immer häufiger lesen oder hören Sie von unterschiedlichen Verkaufskanälen im Einzelhandel.
   a) Was verstehen Sie darunter?
   b) Beschreiben und unterscheiden Sie die Mehrkanalstrategien Multi-Channel, Cross-Channel und Omni-Channel.
   c) Stellen Sie die Evolution vom Multi-Channel zum Omni-Channel in dem MXO-Modell dar.
2. Durch die Verzahnung der einzelnen Vertriebskanäle werden verschiedene Serviceleistungen für die Kunden ermöglicht
   a) Nennen und beschreiben Sie diese.
   b) Beschreiben Sie, welche Anforderungen an das Verkaufspersonal durch die Nutzung dieser Serviceleistungen gestellt werden müssen.
3. Beschreiben Sie, welche Funktionen die Verwendung eines Tablets oder Laptops in einem Verkaufsgespräch erfüllen können.
4. Beschreiben Sie die folgenden beiden Begriffe:
   a) Virtual Reality (VR)
   b) Augmented Reality (AR)
5. Erläutern Sie die Unterschiede zwischen VR und AR und nennen Sie Beispiele.
6. Beschreiben Sie, wie ein Roboter verkaufsfördernd eingesetzt werden kann.
7. Nennen und beschreiben Sie mindestens 4 verschiedenen digitale Lösungen im Einzelhandel.
8. Sie sind im Einzelhandel in einem großen Sporthaus tätig. Die Unternehmensleitung erweitert das Serviceangebot für Kunden und bietet ab sofort eine Internetpräsenz an, sodass Kunden das gesamte Warenangebot auch vor einem Besuch des Warenhauses oder bei einem Lockdown durch die Corona-Pandemie digital begutachten können. Erläutern Sie,
   a) in welchem Fall die Serviceleistung „click & meet“ für Kunden sinnvoll ist,
   b) welche Vorteile Kunden bei der Serviceleistung „click & collect“ gegenüber einem Onlinekauf haben.

Sachwortverzeichnis

A

B

C

D

E

F

G

Q

R

S

T

U

V

W

Z